Richard Wagner

Gesammelte Schriften und Dichtungen von Richard Wagner

10. Band

Richard Wagner

Gesammelte Schriften und Dichtungen von Richard Wagner
10. Band

ISBN/EAN: 9783742852021

Hergestellt in Europa, USA, Kanada, Australien, Japan

Cover: Foto ©Andreas Hilbeck / pixelio.de

Richard Wagner

Gesammelte Schriften und Dichtungen von Richard Wagner

Gesammelte

Schriften und Dichtungen

von

Richard Wagner.

Zehnter Band.

Leipzig.

Verlag von E. W. Fritzsch.

1883.

Vorbemerkung des Herausgebers.

Die Herausgabe des vorliegenden Bandes bringt eine in den letzten Monaten vor seinem Abscheiden geäußerte Absicht des Meisters zur Ausführung. Seine Bestimmungen, und die in den vorhergehenden Bänden eingehaltene, chronologische Reihenfolge entschieden über Zusammenstellung und Anordnung der hier abzudruckenden Schriften. Der Abbruck ist mit den Manuscripten verglichen worden, woraus einzelne geringe Abweichungen von dem Abbruck in den „Bayreuther Blättern" sich erklären; auch dem Abbruck des Parsifal wurde das Manuscript der Dichtung zu Grunde gelegt, so daß die bei der musikalischen und die für die scenische Ausführung angegebenen Änderungen hier nicht mit aufzunehmen waren.

Inhaltsverzeichniß.

Über

eine Opernaufführung in Leipzig.

Brief an den

Herausgeber des „Musikalischen Wochenblattes".

———

Werthester Herr Fritzsch!

Sie wünschen zur Eröffnung des neuen Jahrganges Ihres „Musikalischen Wochenblattes" einen Beitrag von mir? Nehmen Sie dafür diesen Brief, der Ihnen eigentlich nur sagen soll, daß ich den Lesern musikalischer Zeitschriften wenig oder nichts mehr zu sagen habe. Auch kennen Sie meine Ansichten über die Wirksamkeit solcher Journale, und wie wenig ich mit dieser mich zu befreunden verstehe. Dem Herausgeber einer im Anfange dieses scheidenden Jahres begonnenen Musikzeitung, welcher mich zur Mitwirkung hierbei aufforderte, theilte ich, mit meiner Ablehnung, offen diese Ansichten mit, und begründete sie u. A. auch durch die neueren Erfahrungen, welche mir meine Theilnahme für Ihr Wochenblatt gewonnen habe: von dieser Äußerung erhielten Sie eine fragmentarische Kenntniß, welche Sie an der Redlichkeit meiner Gesinnung für Ihr Blatt irre machte; man hatte nämlich unterlassen, Ihnen mitzutheilen, daß ich jene Äußerung gerade an meine Anerkennung der Tüchtigkeit und Energie der Intentionen, welche bei der Herausgabe Ihrer Wochenschrift Sie leiteten, anknüpfte, womit ich demnach bedeuten wollte, daß eben nur die bewußte Voraussetzung solcher Intentionen mich überhaupt zur Betheiligung an einer musikalischen Zeitung hätte bewegen können. Aber, hier liegt es eben: ich überzeugte mich

1*

von Neuem durch die dringendste Ersichtlichkeit, daß ein solches Blatt
nicht anders bestehen kann, als wenn es sich zur Berücksichtigung der
buntest sich durchkreuzenden Interessen versteht, wodurch schließlich
wiederum die besten Intentionen des Herausgebers selbst so empfindlich
durchkreuzt werden, daß sie fast als aufgehoben erscheinen müssen.

Zudem hat man sich immer zu fragen: wer liest solche Musik=
zeitungen? Auf wen wirkt, und wen bestimmt selbst das beste in
ihnen ausgesprochene Urtheil? Sollen dieß die Musiker sein, so
steht zu befürchten, daß diese, welche heut' zu Tage alle selbst in
die Zeitungen schreiben, Alles auch besser zu wissen vermeinen werden,
als gerade Jener, der heute und hier dieses Urtheil abgiebt. Ich
glaube, daß jeder Musiker auf eine ihm vorgelegte Musikzeitung
schimpft, außer wenn gerade Er einmal darin gelobt wird. Soll
es nun aber das Musik liebende Publikum sein, welches solch ein
Blatt ernstlich liest? Es ist mir so, als ob man hierauf rechnete;
auch mag es sein, daß hie und da nach dieser Seite hin es zu einer
guten Wirkung kommt. Gewiß aber will ein solches Publikum keine
zu gründlich eingehenden, gar philosophisch demonstrirenden, durch
viele Wochennummern unendlich sich hinziehenden Abhandlungen
lesen. Diese aber braucht der unglückliche Herausgeber, wenn er
das ernstlich gemeinte Format seines Blattes ausfüllen und zugleich
eine bedeutende, d. h. belehrende Tendenz desselben aufrecht erhalten
will. Sie erfuhren, daß ich mich nicht entschließen konnte, meine
größeren Abhandlungen zur Zerstückelung in Ihrem Blatte zu über=
geben. Das „Fortsetzung folgt" figurirt hierbei unvermeidlich als
Vogelscheuche für den Leser, welcher nur picken will, zum Pflücken
der Frucht aber nicht die Kraft hat. Muß man daher diese aus=
gearbeiteteren Abhandlungen in einer solchen Wochenschrift als übel
untergebracht ansehen, so fragt es sich nun weiter, was es sein
könne, womit der Leser etwa zur Theilnahme gefesselt werden möchte.
Vielleicht Rezensionen neu erschienener Kompositionen? Außer wenn
sie sehr witzig geschrieben war, muß ich gestehen, daß eine solche

Rezension mich selbst noch nicht zur Durchlesung bestimmen konnte:
der Schreiber, ob er es ernstlich oder spaßhaft meine, weiß was er
will, denn es ist anzunehmen, daß er das rezensirte Musikstück sich
wirklich zur Kenntniß gebracht hat; was aber weiß der Leser davon?
Und doch, so scheint es, ist es einer Musikzeitung hauptsächlich an
solchen Rezensionen neu erschienener Kompositionen gelegen, welche
(frage man sich ernstlich!) Niemand interessiren können, als die
rezensirten Komponisten allein, während selbst deren Verlegern nur
das Facit der Rezension, ob „gut" oder „schlecht" beachtenswerth
dünkt. Für das eigentliche Musik liebende Publikum (wenn dieses
unter den Abonnenten einer musikalischen Zeitung zu verstehen
sein darf) ist aber immer noch kein rechter Lese-Genuß hierbei abzusehen.

Hiergegen muß ich nun gestehen, daß ich selbst bei der Durch-
sicht Ihres freundlichst mir zugesandten Wochenblattes gemeiniglich
erst dann froh aufathme, wenn ich darin einen Brief Ihres vortrefflichen Mitarbeiters W. Tappert aus Berlin wahrnehme. Da
geht mir das Herz auf. Ich treffe da auf die einzig richtige Behandlung der, unsere heutige Kultur so merkwürdig charakterisiren-
den, Fragen und Interessen der jetzt so wunderlich sich ausbreitenden
„musikalischen" Öffentlichkeit. Es ist hierbei wahrlich nichts eigentlich ernst zu nehmen, selbst wenn einem bei dieser Wahrnehmung
zuweilen das Herz brechen zu wollen scheinen sollte. Lebte ich in
einer großen Stadt Germanien's, wie Herr Tappert, und hätte ich
dessen eigenthümlichen Witz, so wäre es denkbar, daß auch ich Ihnen
häufiger einen Beitrag für Ihr Wochenblatt lieferte. Dieß fällt
mir nun allerdings von meinem abgelegenen, kleinen Bayreuth aus
schwer. Dennoch will ich, da ich diesem Briefe doch etwas Inhalt
geben möchte, die Erfahrungen eines kürzlich vollführten eintägigen
Ausfluges nach „Klein=Paris", dem bereits mit ziemlich starkem
Anspruch auf Anregung und Angeregtheit erfüllten Leipzig, zu
einem Versuche, in Ihrem Blatte als Rezensent mich zu empfehlen,

benutzen. Vielleicht glückt es mir bei dieser Gelegenheit, meine Leser von der Richtigkeit der Empfindung zu überzeugen, welche mir davon angekommen ist, daß ich eigentlich meine Bestimmung verfehlt habe, als ich Opernkomponist und nicht lieber Rezensent wurde. Namentlich zu einem Theaterrezensenten hatte ich Alles, gewiß wenigstens viel mehr, als die berühmtesten Rezensenten unserer großen politischen Zeitungen: vor allen Dingen viel Erfah= rung und darauf begründete Kenntniß von der Sache, somit auch die Fähigkeit zu sagen, wie man es besser machen solle, wenn man es schlecht oder unrichtig machte. Und wie schnell hätte ich dann einen durch nichts zu schwächenden Einfluß gewonnen! In Wien z. B. hätte ich die Aufführung der neuen Oper eines Komponisten, den ich nicht leiden mochte, einfach dadurch unmöglich gemacht, daß ich die Sänger, Dirigenten u. s. w. bis zur alleröbersten Intendanz hinauf in die gehörige Furcht vor mir gesetzt hätte; denn, so tapfer unsere Soldaten auf dem Schlachtfelde sein mögen, am häuslichen Heerde fürchtet sich Alles vor der „Presse". In solch erhabene Stellung mich zu bringen, habe ich nun leider versäumt: was hilft es dagegen, wenn ich jetzt in einem bescheidenen Musikalischen Wochenblatte von meiner verfehlten Bestimmung etwas nachholen will? Ja, könnte ich die „Neue freie Presse", oder die „National= Zeitung" bekommen, da würde es bald nach etwas aussehen! So= mit will ich mich denn für heute auch nur mit der Kundgebung einiger Andeutungen im Betreff der kürzlich in Leipzig von mir besuchten Vorstellung der Spohr'schen „Jessonda" begnügen, ohne weitere Prätensionen daran zu knüpfen.

Wer so selten eine Theatervorstellung, und namentlich die Aufführung einer Oper besucht, wie ich, der verspürt, in schwächerem oder stärkerem Grade, gewiß auch die Empfindung einer dem Vor= gange sehr günstigen Überraschung. Namentlich das Erklingen des Orchesters übt, in solchen Fällen, stets einen wahrhaft magischen Eindruck auf den sonst in so großer Zurückgezogenheit Dahinleben=

den. Nicht anders erging es mir auch dießmal beim Erklingen der Duvertüre zu „Jessonda". Es war hier nicht Alles, wie es sollte: namentlich wurden die Sätze der Holzbläser etwas zu matt vorgetragen; hiergegen war das erste Solo des Hornes zu stark und bereits mit einiger Affektation geblasen, und ich erkannte hierin die schwache Seite aller unserer Hornisten seit der Erfindung des Ventil-Hornes. Was vermochten aber die hierdurch sofort aufgekommenen zarten Bedenken gegen die einnehmende Gewalt des ganzen orchestralen Vorganges, welcher sich hier vor mir dahinbewegte? Daß diese Bedenken nur leise aufkommen konnten, bezeugte mir die Bedeutenheit des durch das Ganze empfangenen Eindruckes. Aus dieser Stimmung ergab sich bei mir eine Neigung zur unbedingten Nachsicht, und die völlige Vornahme, durch Nichts in meiner glücklichen Empfindung mich stören zu lassen. Alle Schwächen der weiteren Aufführung durfte ich in dieser guten Stimmung wirklich auch nur als unerläßliche Ergebnisse eines so seltsam unfertigen Kunstgenre's, als zu welchem bei uns Deutschen die „Oper" sich gestaltet hat, erkennen. Wer, bei andererseits nothwendiger wärmster Verehrung für unsere großen Meister der Musik, hierüber sich nicht klar wird, weiß somit auch jene Ergebnisse im Betreff der Aufführung nicht richtig zu beurtheilen, und faßt die Kritik derselben daher beim falschen Punkte an. In der, auch von Spohr ausgeübten, aus gänzlicher Unbeachtung der scenischen Vorgänge erklärlichen Manier der Behandlung der sogenannten „Nummern" einer „Oper" ist gewisser Maaßen alles vorgezeichnet, was einen Regisseur gleichgiltig, den Darsteller, und namentlich in diesem auch den Sänger, endlich ganz verwirrt machen und gleich wie in einem trägen Taumel erhalten muß. So z. B. will ich es dem Regisseur, welcher vor der ersten Verwandlung einen starken Chor, während eines Orchesternachspieles von unbedachtsamster Kürze, durch die Coulissen abgehen lassen soll, nicht ganz verdenken, wenn er im Verlaufe seiner Arbeit die Versuche zur Herstellung einer Übereinstimmung des Orchesters mit dem scenischen Vorgange immer weniger als seine Aufgabe betrachtet.

Nun läßt er auch wohl das portugiesische Heer im Anfange des zweiten Aktes, steif vor der Rampe in das Publikum ausblickend, eine ziemliche Weile lang dastehen, unbekümmert um die Bewegung eines Lagers; denn er denkt, dem Komponisten komme es doch nur darauf an, daß sein „Chor" tüchtig und sicher herabgesungen werde, worin er einzig seine Wirkung ersähe. Man kann hiergegen nicht viel sagen, da bei der augenfälligen Vernachlässigung der Scene durch den Komponisten wohl nur Künsteleien des Regisseurs auf= kommen möchten, welche häufig auf Bühnen, wo ein ehrgeiziger Regisseur sich zur Geltung bringen will, zu den absurdesten Erfin= dungen führen. Wirklich kommt es auch in dieser Oper nur durch gelungene musikalische Kombinationen des Tonsetzers zu ergreifenden Effekten: ein Zeugniß hierfür gab die große Chorscene im dritten Akte, welche, statt in einem dem Gewitterhimmel offenstehenden Vor= hofe, in einem geschlossenen Tempelraume vor sich ging, und, in der Darstellung mannigfach vernachlässigt, nur durch ihre kräftige und sichere Ausführung von dem tüchtigen Chorpersonale zur Wirkung kam.

So würden wir mit der „Oper" eigentlich immer noch im Oratorienstyle haften, wenn nicht andererseits mit großem Eifer für gefällige und auf Effekt berechnete Gesangsstücke der ersten Personen des Dramas gesorgt würde. Diese bleiben, sobald die Oper gefallen soll, das Haupt=Augenmerk, namentlich auch für die Aufführung. Wo sich nun das lyrische Verweilen so willig ein= stellt, wie in einigen Momenten des zweiten Aktes, da wird, wie in dem lieblichen Blumen=Duett der beiden Frauen, und selbst auch in dem, bereits etwas affektirten, vom Publikum aber stets mit entscheidender Freudigkeit aufgenommenen Liebes=Duett des jungen Brahmanen mit seiner Freundin, der Komponist sein glücklichstes Feld beschreiten. Daß er nun aber sich gehalten fühlt, jedem Ge=

fangsstücke eine, für unerläßlich erachtete, schließliche Heiterkeit und vermeinte lyrische Brillance zu geben, entwürdigt ihn 'oft bis zur offenbaren Lächerlichkeit. Was nun einmal nicht in der Befähigung, ja in der ganzen Charakter=Anlage des Deutschen liegt, Elégance, ohne dieses glaubt er nicht bestehen zu können, und daß ihm hier= für, wenn er eben doch vaterländisch gesinnt bleiben will, nur etwas dem Meißener Champagner Aehnliches zur Verfügung steht, läßt ihn, bei diesem sonderbaren Bestreben, uns eben geschmacklos er= scheinen.

So scheinen die größten Schwächen unserer deutschen Opern= komponisten aus einem Hauptgebrechen, aus mangelndem Selbst= vertrauen hervorzugehen. Woher sollte ihnen dieses Selbstver= trauen aber auch von jeher entstehen? Etwa aus einer Ermunterung unserer fürstlichen Höfe, an welchen, wenn von Kunst und Musik die Rede ist, in erster Linie nur Ausländer, möglichst mit schwarzen Bärten, und jedenfalls nur Solche, welche das Deutsch mit einem fremden Accente sprechen, unter Künstlern verstanden werden? Oder sollte unseren Meistern die Haltung unseres Theaterpublikums jenes Selbstvertrauen geben? Wer sollte dieß annehmen können, wenn er die Opern=Repertorien überblickt, welche dem Publikum Jahr aus Jahr ein vorgeführt werden? Es ist, als wären diese sämmtlich aus den fürstlichen Kanzeleien unmittelbar diktirt!

Einem Fluche alles Deutschen, dem selbst der edle Weber sich nicht zu entziehen vermochte, konnte Spohr noch weniger entgehen, da er als Violin=Virtuos ein gefälliges Genre in der „Polacca", und hierzu eine gewisse Passagen=Elégance sich ausgebildet hatte, mit denen er nun auch in der Oper glücklich zu bestehen hoffen mochte. Wirklich singt auch in „Jessonda" fast Alles „à la Polacca", und, wenn der brahmanische Oberpriester sich dessen enthält, so stürzt doch sein Zögling, beim ersten Abfall vom indischen Aberglauben, in dieses Welterlösungs=Motiv, — was sich namentlich bei seinem muthigen Abgange im zweiten Akt, unter dem Nachspiele seiner

Arie, fast zu freundlich ausnimmt, zumal wenn dem jungen Brah=
manen, wie es hier in Leipzig der Fall war, ein blonder Schnurr=
und Backenbart dabei behilflich ist. — Nun bedenke man aber, was
unseren Sängern mit diesen gewissen, meistens am Schlusse der
Arien aus der Spohr'schen Violinschule sich einfindenden, Fiorituren
und Passagen zugemuthet wird. Kein Rubini, keine Pasta oder
Catalani, wäre je diese Passagen zu singen im Stande gewesen,
welche allerdings der verstorbene Konzertmeister David als Kinder=
spiel zum Besten geben durfte.

Ist nun mit der zuletzt bezeichneten Verirrung dem Sänger
eine, im Sinne eines gesunden Gesangsstyles, unüberwindliche
Schwierigkeit vom Komponisten bereitet, so legt dessen oben charak=
terisirte Selbstvertrauenslosigkeit ihm aber noch verfänglichere Schlin=
gen durch eine wunderliche Inkorrektheit in der Deklamation. Der
deutsche Tondichter, welcher den sogenannten höheren Operngenre nur
aus Werken der italienischen und französischen Muse, somit, offen
gesagt, nur aus Übersetzungen kennt, hält die Tonfälle, welche in
den fremden Sprachen, dem Charakter derselben gemäß, sich mit
ausschließlicher Neigung auf die Endsylben senken, für ein musi=
kalisches Gesetz, und behandelt nun (z. B. wenn das „Vaterland"
vorkommt) nach diesem — immer im Mistrauen gegen sich selbst —
seine eigene Sprache. Daß auf diese Weise im sogenannten melo=
dischen Gesange der Arie, der Text mishandelt wird, wie z. B.

nie = der   thauten,

welchem sogleich darauf ein richtiges:

nie = der   thauten

folgt, soll am Ende nicht viel auf sich haben; hier könnte es heißen: „Singe nur hübsch und mit angenehmem, rein musikalischem Accente, so bemerken wir das nicht weiter." Nun kommt aber das „Reci= tativ"; und hier wird jetzt, ohne jeden anderen Grund, als weil man die deutsche Sprache nicht für recitativ=fähig, somit eigentlich für undramatisch hält, eine gewisse Opernsprache von oft empören= der Unverständlichkeit gesprochen. Bei Spohr, und namentlich auch in seiner „Jessonda", ist diese Abhängigkeit von einem undeutschen Sprachaccente, welche Fälle wie

ober:

Waffen = = = brü = der

Speere sausen, Schwerter klingen —

zu Tage fördert, um so bedauerlicher wahrzunehmen, als gerade hier andererseits ein ernstlicher Wille, der deutschen Sprache auch in der „Oper" eine sinnige Geltung zu verschaffen, durchgehends für die Gestaltung auch des Recitatives erkenntlich wird, — des „Recitatives", welches nun aber wiederum so gründlich undeutsch ist, daß es uns immer ein schwerfällig zu handhabendes Außenwerk bleiben wird.

Die voranstehenden flüchtigen Andeutungen der Gebrechen des deutschen Operngenres zeichnete ich eigentlich doch nur wiederum in dem Sinne auf, mir als Prämisse zu einem ermuthigenden Urtheile über die von mir erkannten guten Anlagen unserer Sänger und Musiker zu dienen. Ich konnte es nur, bei erneueter Wahrnehmung, nämlich nicht in Abrede stellen, daß unsere deutschen Operisten es mit ungemeinen Schwierigkeiten zu thun haben, und es nun im er= freulichsten Sinne verheißungsvoll ist, zu gewahren, wie sie es immer noch zu offenbar schönen Wirkungen, welche alles Jenes vergessen

machen, zu bringen verstehen. Eine einzige Gestalt, wie diejenige
des, vom Komponisten wohl etwas zu weichlich gehaltenen, portu=
giesischen Generales, Tristan d'Acunha, sobald sie uns ein Künstler
von der Begabung des Herrn Gura vorführt, kann uns als eine
wahrhaft interessante Erscheinung einnehmen. Dieser gegenüber
durfte dießmal jedes Bedenken verschwinden: Alles war rein und edel.
Allerdings fesselte schon des Darstellers einfaches Auftreten: als er,
von Nadori gerufen, mit der Frage: „wer soll jenen Tod erleiden?"
vom Hügel zu den Frauen herabschritt, stellte sich mir in ihm eine
tragische Erscheinung von rührendster und ergreifendster Einfachheit dar.
Wie schwer, ja wie unmöglich die Vorzüge eines solchen männlich=
künstlerischen Naturells durch die selbst sorgfältigste Verwendung
vereinzelter glücklicher Begabungen, wie angenehmes Äußere, gutes
Stimm=Material u. s. w., zu ersetzen sind, dieß erkennt man sofort
an der Umgebung eines jener „aus dem Ganzen Geschnittenen"!
Hier gelingt Alles, selbst die unsingbarste Spohr'sche Violinpassage
beeinträchtigt den Vortrag des Sängers nicht mehr, weil dieser
uns jeden Augenblick fesselt, und somit unsere Aufmerksamkeit auf
das verfehlte Außenwerk seiner ihm aufgedrungenen Leistung gleich=
sam entkräftet wird. So herrscht auch hier die so selten in der
Oper anzutreffende höhere künstlerische Schicklichkeit; sein Vertrauter
bleibt theilnahmvoll ihm zur Seite, wenn er ihm seine Schmerzen
schildert, während die arme Jessonda in ähnlicher Lage von ihrer
Freundin, welcher die Sache offenbar langweilig wird, sich verlassen
sieht, und nun desto eifriger von der Rampe aus dem Publikum
ihre Herzensempfindungen unvermittelt vorklagen muß, welches uns
dann immer wieder daran erinnert, daß wir in der „Oper" sind.

Doch sei mit diesem schließlichen Seitenblicke weiter nichts
Übeles gesagt! Genug, wenn zu bestätigen sein kann, daß die
vortrefflichen Eindrücke eines solchen Theaterabends, wie ich ihn
kürzlich in Leipzig erlebte, die minder günstigen offenbar darnieder=
hielten. Gewiß muß für ein so gutes Ergebniß die Macht der

Musik als der allerkräftigste Faktor anerkannt werden, wenngleich wiederum selbst nicht zu leugnen ist, daß das dramatische Interesse, so übel es oft durch die süßliche Mitwirkung der „poëtischen Diktion" des Textdichters auch beeinträchtigt wird, seinen großen Antheil an jenem Ergebnisse hat. Aber gerade in diesem Werke Spohr's, in welchem er seine ganze Einseitigkeit zur vollsten Geltung bringen und gleichsam zu einem Naturgesetz (nämlich zu dem Gesetze seiner Natur) erheben konnte, möge der Musik der überwiegende Haupt= Antheil zugesprochen werden. Die Ausführung derselben wurde vom Kapellmeister Schmidt mit entschiedenem Verständnisse und verehrungsvoller Liebe geleitet: nur schadete dem von ihm genomme= nen Tempo hie und da eine gewisse Ängstlichkeit, welche ich mir, als solche, wiederum aus jenem Mangel an Selbstvertrauen er= kläre, welcher allen deutschen Musikern innewohnt. Keiner getraut sich recht bestimmt zu sagen: „so ist es!" Sondern, ohne großes bestimmendes Beispiel, und schließlich durch unwissende Recensenten ängstlich und unsicher gemacht, schwankt Alles hin und her. So z. B. würde ich dem jetzigen Leipziger Kapellmeister, mit dem nöthi= gen Selbstvertrauen, welches mir nun einmal zu eigen geworden ist, den Rath geben, in Zukunft alle die Tempi im $^6/_8$=Takt, in welchen die Bayaderen sich kund geben, um ein Bedeutendes schneller zu nehmen, als er es sich (vermuthlich des vorgeschriebenen „Alle= gretto" wegen?) getraute: der Balletmeister möge dann die Schritte oder Tänze und Bewegungen der indischen Hierodulen in das wie= derum entsprechende Feuer bringen; und wir werden dann in diesen kleinen Chören die wahrhaft meisterlichsten Inspirationen Spohr's selbst als Dramatiker erkennen.

Doch nun genug für dießmal! —

Mit den besten Grüßen

Ihr

ergebener

Bayreuth, 28. Dez. 1874.   Richard Wagner.

Bayreuth.

Bayreuther Blätter.

* · *
*

Unter dieser Überschrift sind zunächst diejenigen Kundgebungen, welche sich auf die mit seiner Niederlassung in Bayreuth verbundenen Pläne des Meisters beziehen, sowie die kleineren „Einführungen" aus den „Bayreuther Blättern" zusammengestellt worden. Dann folgen die größeren Arbeiten der letzten Jahre, welche ebenfalls (mit alleiniger Ausnahme der Mittheilung aus Venedig vom Dezember 1882) in den Bayreuther Blättern zum Abdruck gekommen sind.

1.

An die
geehrten Vorstände der Richard Wagner-Vereine.

Wenn ich am Schlusse der vorjährigen Aufführungen meiner Bühnenfestspiele in Bayreuth, durch die Wahrnehmung des befriedigenden Eindruckes derselben auf die große Mehrheit ihres Publikum's, die förderlichste Anregung zur Wiederholung und Fortsetzung des Begonnenen gewinnen konnte, so durfte es mir andererseits jedoch auch nicht entgehen, daß ich, um den ursprünglichen Charakter meiner Unternehmung rein zu erhalten, mich von Neuem um den Wiedergewinn der ersten Grundlage derselben zu bemühen hatte.

Der äußerliche Erfolg der Aufführungen stellte sich, nachdem durch den Verlauf derselben die anfänglich von einem mächtigen Theile der Presse verbreiteten abschreckenden Berichte günstig widerlegt worden waren, so bedeutend heraus, daß aus öfteren sofortigen Wiederholungen für einen spekulativen Unternehmer ansehnlicher Gewinn zu ziehen gewesen sein würde. Was diese Wiederholungen verhinderte, war nicht nur die Unmöglichkeit, die ausübenden Künstler noch länger in Bayreuth festzuhalten, sondern auch die sich mir aufdrängende Einsicht, daß wir auf diesem Wege der Darbietung unserer Leistungen an das schlechthin eben nur zahlende Publikum, gänzlich von der, meinen Patronen ursprünglich verheißenen, Tendenz abweichen würden.

Diese selbe Rücksicht ist es, was heute noch mir Bedenken da=gegen erweckt, eine in diesem Jahre sofort zu veranstaltende Wie=derholung der Bühnenfestspiele öffentlich anzukündigen, und zu ihrem Besuche durch Anbietung von Eintrittskarten zu einem gewissen Preise einzuladen, obwohl meine geschäftskundigen Freunde der Meinung sind, die Plätze würden bei dem jetzt möglich gewordenen, sehr ermäßigten Preise, leicht und schnell bis in die weiteste Ferne zu verkaufen sein.

Um mich über diesen meinen Widerstand zu erklären, verweise ich auf den Wortlaut meiner zuerst erlassenen „Aufforderung an die Freunde meiner Kunst“. Nachdem ich dort den Charakter meiner Unternehmung näher bezeichnet, sprach ich für die Mittel zur Er=reichung meines Zweckes lediglich die Freunde meiner Kunst und Solche an, welche sich zu willigen Förderern der Tendenz meiner Unternehmung berufen fühlen würden. Ward mir nun auch die Genugthuung zu Theil, wirklich nur durch eine in dem angesproche=nen Sinne sich bewährende Theilnahme zunächst die Mittel zur Inangriffnahme, sowie zur ersten weiteren Fortführung meiner Un=ternehmung mir zugewiesen zu sehen, so fand ich mich, nach einge=tretenen erschwerenden Umständen, endlich doch genöthigt, an die Neugierde des Publikums allgemeinhin mich zu wenden, indem Eintrittskarten zum Verkaufe ausgeboten werden mußten. Hierdurch geriethen mein Werk, sowie die seiner Ausführung im uneigen=nützigsten Sinne ihre Kräfte widmenden Künstler, in diejenige falsche Stellung zur Öffentlichkeit, in welcher beide gleichmäßig zu leiden hatten. Es entsprang daraus das Mißverständniß, als dränge ich mein Werk und den Styl seiner Ausführung dem Opernpublikum im Allgemeinen gewaltsam auf; wogegen meine Absicht, wie ich dieß entschieden erklärt hatte, deutlich die einzige Annahme aussprach, nur dem Wollenden und Fördernden das Gegebene darzubieten.

Ich glaube daher jetzt mit Strenge zu meiner ursprünglichen Tendenz mich zurückwenden zu müssen, da ich unmöglich die eigentlichen und wahren Förderer meiner Unternehmung fernerhin in die beschwerlichsten Lagen Denjenigen gegenüber versetzen darf, welche die Absicht, mein Werk und seinen Einfluß zu stören, ihnen zur Seite führt. Wie meinem Publikum, bin ich dieß nicht minder meinen Künstlern schuldig, welche ich durch die Tendenz ihrer Leistungen, sowie des ganzen Verhältnisses zu dem Publikum, willig in eine Sphäre des öffentlichen Kunstverkehrs zog, in welcher sie den Mißbräuchen unserer gewöhnlichen Opernaufführungen überhoben sein sollten. Noch sind wir aber erst in der Ausbildung des neuen Styles begriffen; wir haben nach jeder Seite hin Mängel zu beseitigen, und Unvollkommenheiten, wie sie einer so jungen und dabei so ungemein komplizirten Unternehmung nothwendig anhaften mußten, auszugleichen. Diese, wie ich hoffe, für die deutsche theatralische Kunst bedeutungsvollen Übungen dürfen nicht vor solchen angestellt werden, welche ihnen mit feindseliger Unverständigkeit zusehen; sondern, wir müssen wissen, daß wir mit Gleicheswollenden und Gleichesfördernden uns in Gemeinsamkeit befinden, um so in richtiger Wechselbeziehung die einzig wirksame Hochschule für dramatisch-musikalische Darstellung zu bilden, welche man andererseits in verschiedener Weise, aber immer erfolglos, zu gründen versucht hat.

Meine hierauf bezügliche Tendenz haben diejenigen Männer von Anfang an richtig verstanden, welche in Folge meiner ersten Aufforderung sofort zur Bildung von Vereinen zur Förderung derselben schritten. Konnten diese Vereine, da sie nicht eben den vermögendsten Theil des Publikums in sich schlossen, die materielle Unterstützung des Unternehmens, so wenig sie an sich gering zu schätzen war, dennoch nicht bis zur Erreichung des letzten Zieles steigern, so bildeten sie hiergegen, vermöge der deutlich ausgesprochenen Tendenz ihrer Verbindung, die moralische Grundlage der ganzen

Unternehmung. An diese bisher wirksamen Vereine wende ich mich daher jetzt mit dem Wunsche, durch sie an die weiteren Freunde meiner Kunst die Aufforderung zur Bildung eines

Patronat-Vereines
zur Pflege und Erhaltung der Bühnenfestspiele in Bayreuth

erlassen zu sehen. Mit dem Namen, welchen ich diesem Vereine gebe, bezeichne ich die ganze von ihm gewünschte Wirksamkeit; diese wird nicht mehr, wie die bisherige Theilnahme meiner Patrone, sich auf die Begründung der ganzen Unternehmung durch Erbauung eines Festspielhauses und die Beschaffung der scenischen Einrichtung desselben, sondern auf die zu gewährleistende alljährliche Wieder= holung, Fortsetzung und Erweiterung, in dem anderen Ortes genau von mir bezeichneten Sinne, zu erstrecken haben. Einem näher zu verabredenden Plane gemäß würde dieser Verein zu jeder der drei alljährlichen Aufführungen tausend Zuschauerplätze für je hundert Mark zu besetzen haben, und es würde ein solcher Platz nur einem, den Statuten desselben gemäß aufgenommenen, Mitgliede des Vereines überlassen werden. Da, des Weiteren, aber von je es in meiner Absicht gelegen hat, eine größere Anzahl von Freiplätzen an Unbe= mittelte, namentlich Jüngere, Strebsame und Bildungsluftige zuge= wiesen zu sehen, andererseits aber gerade diese Zuweisung, schon wegen der Auswahl der Würdigen, mit großen Schwierigkeiten verbunden war, so dürfte, meines Erachtens, an diesem Punkte sehr schicklich und würdig der Weg zu einer Verbindung mit den obersten Reichsbehörden selbst aufzufinden sein.

Schon in meinen frühesten Ankündigungen habe ich die endlich zu gewinnende Theilnahme der Reichsbehörden als den lohnenden Erfolg bezeichnet, den ich erwartete und anspräche, sobald es mir gelungen sein würde, durch die ersten Vorführungen meines Werkes den besonderen Charakter meiner künstlerischen Tendenz und der auf sie begründeten Unternehmung in ein klares Licht zu setzen. Darf ich nun hoffen, daß nicht nur Franzosen, Engländer und Amerikaner, welche die richtige Erkenntniß der Bedeutung meiner Wirksamkeit bestimmt und deutlich ausgesprochen haben, sondern auch einsichtsvolle Männer der deutschen Nation zu einer gleichen Würdigung derselben sich entschließen konnten, so würde ich nun jenen Erfolg in Wahrheit anzusprechen mir gestatten, und dem zu Folge es gern dem von mir gemeinten allgemeinen Patronat-Vereine übergeben wissen, mit dem Gesuche um eine reichliche Unterstützung der jährlichen Bühnenfestspiele sich an den Reichstag zu wenden. Diese Dotation hätte sich, um erfolgreich zu sein, auf jährlich hun= derttausend Mark zu belaufen, mit welcher Summe die entsprechende Anzahl von Zuschauerplätzen aufgekauft wären, welche als Freiplätze von Reichswegen an die solcher Auszeichnung Würdigen zu vergeben sein würden. Durch diese eine Maaßregel würde auch am Zweck= mäßigsten die Idee einer Nationalisirung der ganzen Unternehmung, zum großen Ruhme derselben, verwirklicht werden, und somit zum ersten Male einem theatralischen Institute der Stempel einer natio= nalen Bedeutung auch im Bezug auf seine Verwaltung aufgedrückt sein. Denn hierdurch gewännen die obersten Reichsbehörden ein Interesse an der ernstlichen Wahrung des, von mir genugsam be= zeichneten, ursprünglichen Charakters dieser, von allen sonst bestehen= den durchaus sich unterscheidenden, Theateranstalt, da es ihnen da= ran gelegen sein muß, die innere Verwaltung derselben, von jeder Spekulation auf Geldgewinn frei, und einzig dem Zwecke der Pflege der vorgezeichneten künstlerischen Tendenz erhalten zu wissen. —

Zu weit würde es an diesem Orte führen, diese zukünftige Verwaltung bereits durch Vorschläge in Erwägung zu stellen, zumal da alles hierauf Bezügliche von Denjenigen, denen es nur an der Sache selbst, nicht aber an einem äußeren Vortheile liegt, schnell und leicht zu ordnen sein wird. Deßhalb möge, meinem ernstlichen

Wunsche gemäß, vielleicht durch eine Versammlung von Delegirten der Vereine, nur alsbald der erste Schritt geschehen, zu welchem ich durch diese Mittheilung zu allernächst die geehrten Vorstände der bisher bestehenden Wagner-Vereine veranlaßt haben wollte.

Bayreuth, 1. Januar 1877.

2

Entwurf

veröffentlicht mit den

Statuten des Patronatvereines.

Ich erkläre mich bereit, mit der Unterstützung der mir nöthigen Hilfs-Lehrkräfte, im Laufe der hierfür erforderlichen Jahre, diejenigen Übungen und Ausführungen zu leiten, welche ich für unerläßlich halte, um nicht nur ein Personale für die Darstellung meiner dramatisch-musikalischen Werke auszubilden, sondern überhaupt Sänger, Musiker und Dirigenten zur richtigen Ausführung ähnlicher Werke wahrhaft deutschen Styles verständnißvoll zu befähigen.

Die hierzu nöthigen Übungen, denen ich wöchentlich mindestens dreimal persönlich beizuwohnen gedenke, sollen mit dem 1. Januar des nächsten Jahres 1878 ihren Anfang nehmen, und lade ich zur Theilnahme an denselben solche Sänger, Sängerinnen und Musiker im Allgemeinen ein, welche entweder die bestehenden Musikschulen vollständig absolvirt haben, oder doch mit diesen auf der gleichen Ausbildung der musikalischen Technik stehen. Die mindeste Verpflichtung bindet die Theilnehmer an den Übungen, vom 1. Januar bis 30. September des Übungsjahres sich in Bayreuth aufzuhalten.

1878.

Unter der Anleitung eines spezifischen Gesangslehrers sollen von Sängern und Sängerinnen alle guten dramatischen Werke vorzüglich deutscher Meister, nach meinen besonderen Angaben hierfür, eingeübt und zum Vortrag gebracht werden, wobei die Ausbildung der Stimme als vollendet vorausgesetzt wird, die hierauf bezüglichen Übungen demnach nicht mehr in Betracht gezogen werden, sondern einzig die Richtigkeit der geistigen Auffassung, sowie der höhere Vortrag selbst zur Geltung gelangen sollen. Mit diesen Übungen treten zugleich diejenigen Musiker in Verbindung, welche entweder das zu Erlernende zu ihrer allgemeinen musikalischen Bildung sich aneignen, oder auch vollständig zu Dirigenten dramatischer Aufführungen sich ausbilden wollen. Hierzu ist fertiges Klavierspiel unerläßlich, da die Übungen zunächst nur bei Klavierbegleitung stattfinden. Abseits ihrer Assistenz bei den Gesangsübungen sollen die des Klavierspiels mächtigen Musiker jedoch auch die großen Instrumentalwerke unserer deutschen Meister, zumal Beethoven's, unter meiner Anleitung für das Verständniß derselben im Betreff des richtigen Vortrages und des Zeitmaaßes, als Vorübung für die Direction von Orchesteraufführungen selbst, für das Erste nach Klavierauszügen studiren.

Dem Erfolge der von mir zu erwartenden Anmeldungen wird es überlassen bleiben, ob auch, von unseren Musikschulen absolvirte, Orchester-Instrumental-Musiker in genügender Anzahl und Mannigfaltigkeit sich einfinden, um durch sie ein vollständiges Orchester zu bilden, welches im dritten Quartale des Jahres, also vom 1. Juli bis 30. September, unsere klassische Instrumentalmusik unter meiner Anleitung durchspielen, aber auch die Vortragsübungen der Sänger dramatischer Musikstücke begleiten, und hiermit zugleich im höheren Opernstyl für das Accompagnement sich ausbilden würden. Sollten sich nicht junge Musiker in genügender Anzahl und erforderlich mannigfaltiger Spezialität vereinigen, so würden die Lücken durch Mitglieder einer fürstlichen Musikkapelle, welche sich für diese Zeit in Urlaub befinden, ausgefüllt, und ein ausreichend starkes Orchester somit hergestellt werden, dessen Übungen im Laufe dreier Sommermonate zum Theil bereits als öffentliche Aufführungen zu verwerthen sein würden. Jedenfalls sollen schon im zweiten Quartale, also vom 1. April bis 30. Juni Übungen im Saitenquartett=Spiele statt finden, und hierbei der richtige Vortrag unserer klassischen Quartett=Werke festgestellt werden.

Unter meiner Anleitung sollen alle Übungen in den ange= gebenen verschiedenen Zweigen durch Vorträge verbunden werden, in welchen die kulturhistorisch=ästhetische Tendenz jener Übungen, insofern sie auf einen bisher noch nicht, oder nicht erfolgreich ge= pflegten deutschen Styl abzielt, zur gegenseitigen sicheren Aufklärung hierüber abgehandelt werden soll.

Das zweite Übungsjahr

1879

soll (wiederum vom 1. Januar ab bis 30. September) in gleicher Weise zu Studien verwendet werden, welche nun aber bereits auf meine eigenen dramatischen Werke und deren Vortrag im Besonderen sich beziehen sollen, und es werden den Übungen und Ausführungen mit Orchester,. im Sommerquartale, bereits größere Theile meiner früheren Opern zu Grunde gelegt werden.

Das dritte Jahr

1880

(wiederum mit dem 1. Januar beginnend) soll dann im Sommer= quartale zu vollständigen scenischen Aufführungen mehrerer meiner früheren Werke (womöglich „fliegender Holländer", „Tann= häuser" und „Lohengrin") befähigen, welchen Aufführungen sich, unter den gleichen Vorgängen, im vierten Jahre

1881

noch „Tristan und Isolde" und die „Meistersinger" an= schließen würden. Das fünfte Jahr

1882

soll dann in gleicher Weise den „Ring des Nibelungen" zu Tage fördern. Im sechsten Jahre

1883

soll endlich die ganze Reihe meiner dramatischen Werke mit der ersten Aufführung des „Parsifal" beschlossen werden. —

(Ob alle, mit dem 1. Januar 1878 eintretenden Sänger und Musiker, bis zum Schluß des sechsten Jahres den Übungen und Ausführungen der Bayreuther Schule würden angehören können, steht wohl nur in seltenen Fällen zu vermuthen; jedenfalls dürfte aber wohl der Stamm derjenigen erhalten bleiben, welche zu den schließlichen Aufführungen sich als befähigt und auswählbar erweisen, und um welche sich dann die stete Erneuerung der Schule bilden würde, der sie nun auch als Lehrende und Vorbildgebende zu erhalten wären.)

Bayreuth, 15. September 1877.

Zur Einführung.

(Bayreuther Blätter, Erstes Stück.)

Wiederholt bin ich vor meinen Freunden als Schriftsteller er=
schienen, noch nicht aber an der Spitze einer Zeitschrift. Gab zu
dem Ersteren mir der Drang der Umstände die Veranlassung, so
hat auch den letzteren Entschluß mehr der Zufall als ernstere Er=
wägung hervorgerufen: durch seine Ausführung soll vorläufig die
Verbindung, welche die Freunde meiner Kunst zum Zwecke der
Förderung der praktischen Tendenzen derselben vereinigt, in mög=
lichst erfprießlicher Weise erhalten und sinnvoll befestigt werden.

Ich kann, als den betreffenden Vereinen wohlbekannt, die letzte
Veranlassung zur Herausgabe dieser „Bayreuther Blätter" übergehen;
wogegen ich auf meine Eröffnungen vom 15. September des ver=
flossenen Jahres mich zu beziehen habe, um für jetzt zu bestätigen,
daß von dem, dort in weit ausgedehntem Plane vorgelegten Ent=
wurfe, nur die Herstellung eben dieser Blätter zunächst als aus=
führbar sich bewährt hat.

Die Wunder unserer Zeit produziren sich auf einem anderen
Gebiete als dem der deutschen Kunst und deren Förderung durch
die Macht. Ein Wunder unerhörtester Art wäre es aber gewesen,
wenn mein vorgelegter Plan zur Ausbildung einer vollkommen
tüchtigen musikalisch=dramatischen Künstlergenossenschaft, welche die

anbauernde Pflege eines uns Deutschen durchaus eigenthümlichen
Kunststyles gewährleisten sollte, sofort allseitig, oder wenigstens am
rechten Orte, begriffen, und seine Ausführung ergiebig gefördert
worden wäre. Wer die schweren Mühen kennt, mit welchen ich das
bisher von mir Erreichte zu Stande brachte, weiß, daß ich gewöhnt
bin, ohne deutsch=staatliche Kulturwunder mir zu helfen; wogegen
ich getrosten Herzens an der warmen Theilnahme verständiger, wenn
auch machtloser Freunde mich zu genügen gelernt habe, und nun
einem Reichskultur=Ministerium gern es überlasse, in den Provinzial=
Hauptstädten der norddeutschen Hauptmonarchie Filialanstalten der
wunderlichen Berliner Musik=Hochschule einzurichten. Dieses Letztere
ist nämlich, wie ich vernehme, in Wahrheit der einzige auffällige
Erfolg der Veröffentlichung jenes meines Planes gewesen. Mich
durfte es dagegen befriedigen, daß sich, namentlich in den kleineren
Städten, die Zahl der Vertreter meiner Tendenzen vergrößerte, und
diese Freunde, wenn auch nur mit den ihnen zu Gebote stehenden,
geringeren Privatmitteln, zu einem weit verzweigten Vereine sich
verbanden, welchem ich mit Allem, was ich schaffe oder wirke, ferner
einzig nur mich noch mitzutheilen gedenke.

Sollten nun diese Blätter ursprünglich dazu bestimmt sein,
Mittheilungen aus der Schule an die außerhalb stehenden Vereins=
mitglieder zu geben, so werden sie jetzt allerdings einem abstrakteren
Zwecke dienen müssen. Hiermit wird es uns so ergehen, wie es
mir immer ergangen ist: während es mir stets nur auf ganz kon=
krete Kunstleistungen ankam, mußte ich mich lange Zeit hindurch
mit der schriftstellerischen Feder theoretisch zu erklären suchen. Schon
hatte ich mich wohl gehütet, den Gegenstand meines Entwurfes mit
dem Namen einer Schule zu benennen, — was, der Kürze und
gemeinen Verständlichkeit wegen, nur in den Anzeigen unseres Ver=
waltungsrathes so geschah. Dagegen hatte ich, sehr vorsichtig, nur
von „Übungen und Ausführungen unter meiner Anleitung" ge=
sprochen. Mir war es aufgegangen, daß, wer gegenwärtig in

Deutschland von einer „Schule" der dramatisch=musikalischen Kunst
spricht, nicht weiß, was er sagt, wer aber gar eine solche gründet
und einrichtet, sie dirigirt und zur Belehrung durch dieselbe auf=
fordert, nicht weiß, was er thut. Ich frage alle Direktoren soge=
nannter „Hochschulen", also solcher Schulen, in welchen nicht ledig=
lich instrumentale Technik, oder Harmonie und Kontrapunkt gelehrt
werden soll, von wem denn sie, und die von ihnen angestellten
Lehrer jenes Höhere erlernt haben, was sie ihr Institut mit jenem
großen Namen zu belegen berechtigt? Wo ist die Schule, welche sie
belehrt hat? Etwa in unseren Theatern und Konzerten, diesen pri=
vilegirten Anstalten für Mißhandlung und Verwahrlosung unserer
Sänger und, namentlich, Musiker? Woher haben diese Herren etwa
nur das richtige Tempo irgend eines klassischen Musikstückes, wel=
ches sie aufführen, kennen gelernt? Wer zeigte ihnen dieses? Etwa
die Tradition, während für solche Werke es bei uns gar keine
Tradition giebt? Wer lehrte ihnen den Vortrag Mozart's und
Beethoven's, deren Werke wild, und jedenfalls ohne die Pflege
ihrer Schöpfer, bei uns aufwuchsen? Mußte ich es nicht erleben,
daß bereits achtzehn Jahre nach Weber's Tode, an dem Orte, wo
dieser längere Jahre über ihre Aufführungen selbst dirigirt hatte,
die Tempi seiner Opern dermaaßen gefälscht waren, daß des Mei=
sters damals noch lebende Wittwe mein Gefühl hierüber erst durch
die ihr verbliebene treue Erinnerung berichtigen konnte! — Auch
ich war hierfür in keiner Schule: nur habe ich mir eine negative
Belehrung über den richtigen Vortrag unserer großen Musikwerke
dadurch angeeignet, daß ich der tiefen Verletzung Rechnung trug,
welche mein Gefühl mit zunehmender Stärke erlitt, wenn ich unsere
große Musik, gleichviel ob in Hochschulkonzerten oder auf dem mili=
tärischen Paradeplatz, aufgeführt hörte. Auf diese Belehrungen hin
kam es mir aber noch keineswegs in den Sinn, eine „Schule" zu
gründen, sondern eben „Übungen und Ausführungen" anzuleiten,
durch welche ich selbst mit meinen jüngeren Freunden erst dazu ge=

langen wollte, über das rechte Zeitmaaß und den richtigen Vortrag unserer großen Musik uns zu verständigen, sowie durch diese Verständigung ein klares Bewußtsein zu begründen.

Meine Freunde ersehen, daß es mir auf einen durchaus lebenvoll praktischen Verkehr mit solchen ankam, welche aus diesem Verkehre selbst sich ihre Belehrung gewinnen sollten. In diesem Sinne können nun freilich diese „Blätter", zu denen wir für jetzt unsere Zuflucht nehmen müssen, nicht zur Belehrung verhelfen. Es bleibt uns also nur übrig, uns gegenseitig eben darüber zu belehren, welches die Gründe hiervon sind, und welcher Anstrengungen es bedürfen werde, um die Hindernisse einer edlen Ausbildung des deutschen Kunstvermögens auf dem von uns beschrittenen Gebiete siegreich zu überwinden. Die Ausführung meiner Bayreuther Bühnenfestspiele zeigte meiner Seits, daß ich die Förderung dieses Vermögens durch das lebendige Beispiel vor Augen hatte. Ich muß mich für das Erste damit begnügen, vielen Einzelnen hierdurch eben nur eine ernste Anregung gegeben zu haben. Das Angeregte, somit die empfangenen Eindrücke, Wahrnehmungen und hieraus entsprungenen Hoffnungen zu bestimmter Einsicht und festem Wollen zu erheben und zu kräftigen, mögen wir uns nun gemeinschaftlich angelegen sein lassen.

Deßhalb sollen diese „Blätter" nur als Mittheilungen innerhalb des Vereines gelten. Die hierfür mit mir zunächst verbundenen Freunde werden sich nie an die außerhalb des Vereines stehenden Vertreter der öffentlichen Kunstmeinung wenden, oder auch nur den Anschein nehmen, als sprächen sie zu ihnen. Was jene vertreten, kennen wir: bedienen sie sich zu Zeiten eines wahren Wortes, so können wir sicher sein, daß es sich auf einen Irrthum gründet. Sollte hiervon etwas von uns beachtet werden, so wird dieß nie geschehen, um Jene, sondern um uns zu belehren; in welchem Sinne sie uns wiederum oft recht ersprießlich werden dürften.

Auch wird unser kleines Blatt in den Augen jener Großblättler sich recht verächtlich ausnehmen; hoffentlich beachten sie es gar nicht, und wenn sie es ein Winkelblatt nennen, so wird das zwar eine, in ihrem Sinne, unzutreffende Bezeichnung sein, da unsere Winkel sich über ganz Deutschland ausdehnen; immerhin dürften wir sie aber gerne annehmen, und dieß zwar um einer guten Vorbedeutung willen, welche diese geahnte, schmählich gemeinte Benennung mir eingiebt.

In Deutschland ist wahrhaftig nur der „Winkel", nicht aber die große Hauptstadt produktiv gewesen. Was wäre uns je von den großen Marktplätzen, Ring= und Promenadenstraßen zugekommen, als der Zurückfluß des dort durch „Gestank und Thätigkeit" ver= dorbenen einstigen Zuflusses der nationalen Produktion? Ein guter Geist waltete über unseren großen Dichtern und Denkern, als er sie aus diesen Großstädten Deutschlands verbannt hielt. Hier, wo sich Rohheit und Servilismus gegenseitig den Bissen des Amüse= ments aus dem Munde zerren, kann nur wiedergekäut, nicht aber hervorgebracht werden. Und nun gar eben unsere deutschen Großstädte, wie sie unsere nationale Schmach uns zum Ekel und Schrecken aufdecken! Wie muß es einem Franzosen, einem Engländer, ja einem Türken zu Muthe werden, wenn er solch eine deutsche Parlamentshauptstadt beschreitet, und hier überall, nur in schlechtester Kopie, eben sich wiederfindet, dagegen nicht einen Zug von deut= scher Originalität antrifft? Und nun diese ausgebreitete Nichts= würdigkeit wiederum von einer „allgewaltigen" Tagespresse, vor welcher die Minister ihrer Seits bis in die Reichskanzelei hinein sich fürchten, zum Vortheil von Staatsschuldenaktionären um und um= gewendet, gleichwie um dem nachzuspüren, ob der „Deutsche" wirk= lich, wie es Moltke gelehrt hat, einen Schuß Pulver werth sei! —

Wahrlich, wer in diesen Hauptstädten nicht wiederum nur den „Winkel" aufsucht, in welchem er etwa unbeachtet und nichts beach= tend über die Lösung des Räthsels „was ist der Deutsche?" ruhig nachzudenken vermag, der möge uns für würdig gelten, zum Mini=

sterialrath ernannt und im Auftrage des Herrn Kulturministers ge=
legentlich auf das Arrangiren von hauptstädtischen Musikzuständen
ausgeschickt zu werden.

Hiervon wissen wir Kleinstädter nun nichts. Allerdings ent=
behren wir kleine und große Operntheater; wir haben weder ein
gut noch schlecht dirigirtes Orchester, höchstens ein Militärmusikcorps,
welches in seinen Vorträgen uns damit bekannt macht, wie der
Herr Oberhofkapellmeister in der Residenz über Tempo und der=
gleichen Dinge gesinnt ist; und repräsentirt sind wir unter uns
durch ein fast schon zu häufig erscheinendes „Tageblatt". Aber in
unserem Winkel fühlen wir uns ungenirt und hegen noch Originale.
Da wir nichts von öffentlicher Kunst zu schmecken bekommen, haben
wir auch keinen verdorbenen Geschmack. — Da wir für uns allein
in dem großen Vaterlande nicht viel bedeuten, pflegen wir aber die
gute altdeutsche Gewohnheit der periodischen bundesschaftlichen Ver=
einigungen; und siehe da, wenn wir so als Schützen, Turner
oder Sänger aus allen „Winkeln" zusammenkommen, steht plötzlich
der eigentliche „Deutsche" da, wie er eben ist, und wie aus ihm zu
Zeiten schon so manches Tüchtige gemacht worden ist.

So wurde mir denn aus diesen „Winkeln" des deutschen
Vaterlandes am kräftigsten und ermuthigendsten auch für mein Werk
zugesprochen, während in den großen Markt= und Hauptstädten zu=
meist nur Spaß damit getrieben worden ist. Und dieß dünkt mich
ein schönes Zeugniß für die Güte meiner Sache, von welcher ich
immer deutlicher erkenne, daß sie nur auf einem von unserem großen
Weltverkehre und den ihn vertretenden öffentlichen Mächten gänzlich
abliegenden Boden gedeihen könne werde. Was keine dieser Mächte
fördern will und kann, dürfte sehr wohl durch die Vereinigung
solcher Kräfte ermöglicht werden, welche einzeln machtlos, verbunden
aber dasjenige in das Leben führen können, von dessen Tüchtigkeit
und Adel die Wenigsten nur noch eine Ahnung haben.

Von Jenen da außen erbitte ich mir daher nur Nichtbeachtung!

Nichts Anderes. Wenn sie durch Aufführungen meiner Werke in ihren großen Städten geärgert werden, so mögen sie dagegen ver=sichert sein, daß dieß nicht zu meinem Vergnügen geschieht. — Somit verbleibe es für jetzt, bis unsere Kräfte wachsen, bei diesen bescheidenen Blättern. Für immer sage ich meine Betheiligung an ihnen zu. Nur werden meine Freunde es begreifen, daß, nach=dem ich bereits in neun gedruckten Bänden zu ihnen gesprochen, ich jetzt nicht viel Neues mehr zu sagen habe, dagegen es mir sehr er=wünscht sein muß, wenn nun diese Freunde selbst sich darüber auf=klären und belehren, was von dem allen zu halten, und wie es, namentlich auch durch neue Anwendungen, weiter zu entwickeln sei. Ich werde hierbei wahrscheinlich sehr oft in dritter Person angeführt werden müssen, was es an sich schon etwas bedenklich macht, daß ich mich häufig in erster Person dazwischen zeigen sollte.

So werde mir denn durch jede Nachsicht die friedliche Muße für die völlige musikalische Ausführung meines „Parsifal" gegönnt, welchen ich, unter so freundlichen Umständen, jedenfalls zu einer ersten Aufführung in unserem Bühnenfesthause zu Bayreuth im Sommer 1880 bereit zu stellen verspreche. Diese Aufführung soll dann unter ähnlichen Umständen, wie die erste vom „Ring des Nibelungen", vor sich gehen, — nur dießmal unfehlbar ganz — unter uns!

4.

Ein Wort zur Einführung
der Arbeit Hans von Wolzogen's
„Über Verrottung und Errettung der deutschen Sprache".

Den vortrefflichen Freund, der sich der Redaktion dieser Blätter unterzog, bestimmte ich dazu, die vorliegende größere Arbeit, vor ihrer Veröffentlichung als ganzes Buch, mit möglichst gedrängter Aufeinanderfolge in einzelnen Absätzen bereits dem Leserkreise unseres Patronat=Vereines zur Kenntniß zu bringen. Welches die Schicksale eines Buches aus meiner oder meiner Freunde Feder auf unserem öffentlichen Litteraturmarkte sein können, vermögen wir nicht genau zu erwägen; von meinen wichtigsten Abhandlungen weiß ich, daß sie meist nur von Denen durchblättert worden sind, welche sie herunter zu reißen beauftragt waren. Den Mitgliedern unseres Vereines möchte ich nun aber wohl zumuthen, mit der Angelegenheit, welche uns vereinigt, es ernst zu nehmen. Wer mit seinem Hinzutritt zu demselben eben nur vermeinen sollte, sich eine Entree zur ersten Aufführung einer neuen Oper von mir zugesichert zu haben, dürfte es allerdings für eine harte Zumuthung halten, den strengen Erörterungen meiner Freunde über die Tendenz, welche wir auch mit jener erwarteten Aufführung im Auge haben, aufmerksam zu folgen. Daß es mir aber gerade an dieser Aufmerksamkeit liegt, müssen unsere

Patrone aus der Begründung dieser Blätter ersehen haben. Hierbei
habe ich zu bedauern, daß es mir bisher noch nicht gelungen ist,
ernstgesinnte Musiker zur Mitarbeit heran zu ziehen, da nicht nur
die Mannigfaltigkeit der uns nöthig dünkenden Erörterungen, sondern
auch der Charakter derselben durch ihre Betheiligung deutlicher sich
bestimmt haben würde. Die Deutschen scheinen aber außerordentlich
viel zu thun zu haben, während allerdings die Undeutschen immer
Zeit haben, ihre Blätter mit kritischen Zoten zu beschmieren. So
haben denn einstweilen diejenigen meiner Freunde, welche vorzüglich
nur der weiteren Kultur=Tendenz meiner Bestrebungen ihre eingehende
Aufmerksamkeit zuzuwenden sich berufen fühlen, das Feld unserer
Mittheilungen fast einzig zu pflegen. Daß ich hierin ein Misge=
schick ersähe, kann ich jedoch nicht sagen, da ich es vielmehr als ein
solches betrachten mußte, bisher meine Kunst und meine Tendenzen
meistens nur von impotenten Musikern beurtheilt zu wissen. Machte
sich endlich auch der Litterat hierzu auf, so durfte uns dieß hier=
gegen schon als ein gutes Zeichen gelten, denn jetzt war offen mit
den allergefährlichsten Gegnern zu verkehren, weil diese, mehr als
jene verkommenen Musiker, wissen, um was es sich handelt, und
die Frage demnach auf ein Gebiet übertrat, auf welchem nun der
volle Ernst derselben zum Austrag kommen soll. Auf diesem Ge=
biete nun, dünkt mich, ist bisher kein so fest und sicher vorschreiten=
der Schritt gethan worden, als wie mit der vorliegenden größeren
Abhandlung meines Freundes. Mögen Alle, die sich von mir mehr
als eine Extra=Opern=Aufführung erwarten, meiner Ansicht von der
Wichtigkeit dieser bedeutenden Arbeit beistimmen können, denn dieser
Wunsch gab es mir ein, meinen Freund zur Mittheilung in diesen
Blättern zu veranlassen.

<hr />

3*

5.

Erklärung an die Mitglieder des Patronatvereines.

Ich glaube den Mitgliedern unseres Vereines, welche meine Dar=
stellungen unserer Lage verfolgt haben, keine durchaus unerwartete
Mittheilung zu machen, wenn ich ihnen heute melde, daß die Auf=
führung des „Parsifal" im Jahre 1880 noch nicht stattfinden kann.
Doch halte ich mich für verpflichtet, diese Erklärung ausdrücklich zu
geben, sowohl um Mißverständnisse zu vermeiden, als auch um
denjenigen Mitgliedern, welche nur in der Erwartung dieser für
das nächste Jahr projektirten Aufführung, nicht aber aus Über=
einstimmung mit der allgemeinen Tendenz desselben dem Vereine
sich zugesellt haben, den Austritt, mit dem Anrechte auf Zurück=
erstattung der bisher gelieferten Beiträge, zu ermöglichen.

Der Vermehrung und Erkräftigung unseres Vereines bleibe es
dagegen vorbehalten, mich zu ermächtigen, mit der Bestimmung des
Zeitpunktes jener Aufführung zugleich auch die Begründung des
auf periodische Wiederholung von Bühnenfestspielen abgesehenen
Unternehmens zur Kenntniß zu bringen.

Bayreuth, 15. Juli 1879.

6.

Zur Einführung in das Jahr 1880.

Eigentlich sollte ich beim Eintritt in dieses neue Jahr mit einiger Verlegenheit mich vor meinen Freunden vernehmen lassen. Unter diesen wird es Viele geben, welche die Verzögerung eines neuen Bühnenfestspieles in Bayreuth mir zur Schuld geben dürften; nur sehr Wenige haben sich jedoch durch ihren Austritt aus unserem Verein offen als Getäuschte bekannt. Dem Ernste unserer Vereinigung ist die durch jene nothwendige Verzögerung herbeigeführte Entscheidung jedenfalls förderlich gewesen. Über die Gesinnung der jetzt noch Hinzugetretenen — und dieser sind nicht wenige — dürfen wir fortan nicht mehr im Zweifel sein. Da ich heute somit nur an Gleichgesinnte mich wenden zu können glaube, wäre mir denn auch die Verlegenheit benommen, in welche mich eine Nöthigung zu umständlicheren Auseinandersetzungen und Erklärungen leicht gebracht haben müßte. Sind wir demnach einverstanden, ein Bühnenfestspiel nicht eher wieder stattfinden zu lassen, als bis periodische Wiederholungen solcher Feste überhaupt uns zugesichert sind, so haben wir glücklicher Weise jetzt auch nur unsere höheren Zwecke in das Auge zu fassen, und um über diese uns vollkommen klar zu

werden, möchten wir vielleicht gerade so langer Zeit bedürfen, als
die Herbeischaffung der Mittel kosten wird.

In der That scheint unseren heutigen öffentlichen Zuständen
nichts ferner zu liegen, als die Begründung einer Kunstinstitution,
deren Nutzen nicht allein, sondern deren ganzer Sinn von äußerst
Wenigen erst verstanden wird. Wohl glaube ich nicht es daran
fehlen gelassen zu haben, über Beides deutlich mich kund zu geben:
wer hat es aber noch beachtet? Ein einflußreiches Mitglied des
deutschen Reichstages versicherte mich, weder er noch irgend einer
seiner Kollegen habe die geringste Vorstellung von dem was ich
wolle. Und doch darf ich für die Förderung meiner Ideen nur
Solche in das Auge fassen, die überhaupt von unserer Kunst gar
nichts wissen, sondern etwa der Politik, dem Handel und Wandel
sich zugewendet erhalten; denn hier kann einem redlichen Kopfe ein=
mal ein Licht aufgehen, während ich unter den Interessenten an
unserer heutigen Kunst solch einen Kopf vergebens suchen zu dürfen
glaube. Hier wird mit Hartnäckigkeit daran fest gehalten, daß die
Kunst ein Métier sei, welches seinen Mann oder seine Frau zu er=
nähren habe; der allerhöchst gestellte Hoftheater=Intendant kommt
hierüber nicht hinaus, und somit fällt es auch dem Staate nicht ein,
sich in Dinge zu mischen, welche mit der Regelung der Gewerbe=
ordnung für abgemacht gelten. Da hält man es mit Fra Diavolo:
„es lebe die Kunst, und vor Allem die Künstlerinnen", und läßt
die Patti kommen.

Gestehen wir, in unserer Kunst unseren allergrößten Feind vor
uns zu haben, und daß wir am Ende doch immer besser thun,
lieber unsere Politiker und Kulturbesorger im Allgemeinen in das
Auge zu fassen, wobei wir vor dem Betreten mühevoller Umwege,
um ihnen beizukommen, allerdings nicht zurück schrecken dürfen.
Wohl fürchte ich, daß diese uns sehr weit abführen und viel Zeit
kosten werden. An Milliarden=Üppigkeit ist im deutschen Reiche
ja nicht mehr zu denken; selbst für neue gewonnene Schlachten

hätten wir jetzt keine Dotationen mehr zur Hand, um wie viel weniger für Kultur-Angelegenheiten, da wir ja selbst nicht mehr Schullehrer genügend bezahlen können, trotzdem man doch neuerdings findet, daß diese dem Volke zur Bewahrung vor Umsturzgedanken recht nöthig wären. Wo erfrorene Handwerker auf den Straßen aufgefunden werden, sollte eigentlich selbst von der Kunst, die andererseits gegen gute Honorare sich mitten unter uns ganz behaglich fühlt, nicht die Rede sein dürfen, wie viel weniger nun von derjenigen, die wir im Sinne haben und die gar nichts einbringt, sondern nur kostet. Doch trotz des Hungers, des Elendes und der Noth wird immer noch viel Bilder gemalt und unglaublich viel Buch gedruckt, so daß es an Heizungs-Material gar nicht zu fehlen, sondern dieses nur am unrechten Orte, an Zimmerwänden und auf Büchertischen, verbraucht zu werden scheint. Daß „im Staate Dänemark etwas faul" sei, hat eine große Autorität für sich; dennoch finde ich für diese Behauptung das Lokal zu enge gegriffen. Von dem faulen Futter, daß wir ihnen überlassen, bekommen vorzüglich die deutschen Schweine ihre Trichinen, was auf einen ärmlichen Zustand bei uns schließen läßt: unser Publikum dürfte für seine Sicherung bald durchaus zur militärischen Erbswurst übergehen. Unser mit Acker und Ackergeräth an den Juden verpfändeter Bauer soll wirklich erst mit dem Eintritt in den Militärdienst zu gedeihlicher Nahrung und erträglichem Aussehen gelangen; vielleicht thun wir gut, mit Sack und Pack, Weib und Kind, Kunst und Wissenschaft, sowie allem sonst Erdenklichen in die Armee einzutreten; so retten wir am Ende noch Etwas vor dem Juden, an den wir leider Hopfen und Malz bereits verloren haben.

Alles überlegt, dünkte mich der Zeitpunkt übel gewählt, wollten meine Freunde jetzt vom „Reiche" etwas für die Bayreuther Idee verlangen. Einzig dürfte es sich dagegen wiederum fragen, ob der günstige Zeitpunkt je zu erwarten sei. Wohl giebt es Viele, welche die gegenwärtigen Kalamitäten allerdings für nur vorübergehend

halten, ja sogar Manche, welche sie geradeswegs leugnen; denn
Hunger und Elend werde es doch immer geben, aber trotzdem stets
noch frischen Muth zu guten Geschäften zu haben, bezeuge eine un=
versiegbare Kraft, an welche man sich halten müsse und sie durch=
aus nicht als Niederträchtigkeit ansehen lassen dürfe.

Der zuvor schon erwähnte Buchhandel scheint dieß bekräftigen
zu wollen: so schön, so zierlich, auf so herrlichem Papier und mit
so prächtigen Kupferstichen haben die Deutschen noch nie Bücher
gedruckt; und für jedes Publikum ist da gesorgt, selbst die kleinen
Juden bekommen ihr Christgeschenk mit hoffnungsvollen Sprüchen
aus dem Talmud, und Nihilisten jeder Art werden für sechs Mark
mit philologischen Nachgeburten begabt: nur die Hungerer und Frierer
sind dießmal noch vergessen. Ich wurde angegangen, einen Klavier=
auszug des „Parsifal" doch auch für den Weihnachtstisch meiner
Freunde mit zu besorgen. Dieses habe ich nun abgeschlagen: —
mögen meine Freunde es mir nicht verargen. Aber, ehe ich mein
letztes Werk von mir gebe, will ich noch einmal zu hoffen gelernt
haben, — was mir jetzt unmöglich ist. Hiermit will ich Niemand
drängen mir etwa Hoffnung zu machen, wie man dieß vielleicht
durch Auffindung zukunftskunstsinniger „Peabody's" erreichen zu
können vermeinen möchte. Von den ungeheuren Legaten solch eines
Menschen=Wohlthäters ist einmal die Rede: von den Wohlthaten
erfährt man dann aber nichts. Wenn uns heute ein neuer ameri=
kanischer Krösus, oder ein mesopotamischer Krassus Millionen ver=
machte, sicher würden diese unter Kuratel des Reiches gestellt, und
auf meinem Grabe würde bald Ballet getanzt werden.

Dagegen dürfte sich eine andere Hoffnung einmal wieder neu
in mir beleben, sobald ich innig gewahr würde, daß sie auch in
Anderen lebe. Sie kommt nicht von Außen. Die Männer der
Wissenschaft machen sich weis, Kopernikus habe mit seinem Planeten=
system den alten Kirchenglauben ruinirt, weil er ihm die Himmels=
wohnung für den lieben Gott fortgenommen. Wir dürfen dagegen

finden, daß die Kirche durch diese Entdeckung sich nicht wesentlich
in Verlegenheit gesetzt gefühlt hat: für sie und alle Gläubigen
wohnt Gott immer noch im Himmel, oder etwa — wie Schiller
singt — „über'm Sternenzelt". Der Gott im Inneren der Menschen=
brust, dessen unsere großen Mystiker über alles Dasein dahin
leuchtend so sicher sich bewußt wurden, dieser Gott, der keiner
wissenschaftlich nachweisbaren Himmelswohnung bedurfte, hat den
Pfaffen mehr zu schaffen gemacht. Uns Deutschen war er innig zu
eigen geworden; doch haben unsere Professoren viel an ihm ver=
dorben: sie schneiden jetzt Hunde auf, um im Rückenmark ihn uns
nachzuweisen, wobei zu vermuthen ist, daß sie höchstens auf den
Teufel treffen werden, der sie etwa gar beim Kragen packte. Doch
Vieles erzeugte dieser unnahbar eigene Gott in uns, und, da er
uns schwinden sollte, ließ er uns zu seinem ewigen Andenken die
Musik zurück. Er lehrte uns arme Kimmerier wohl auch bauen,
malen und dichten: dieß Alles hat der Teufel aber zu Buchhänd=
lerei gemacht, und beschert es uns nun zum Weihnachtsfeste für den
Büchertisch.

　Aber unsere Musik soll er uns nicht so herrichten; denn sie ist
noch der lebendige Gott in unsrem Busen. Deßhalb wahren wir
sie und wehren wir die entweihenden Hände von ihr ab. Sie soll
uns keine „Litteratur" werden; denn in ihr wollen wir selbst noch
für das Leben hoffen.

　Es ist eben mit der deutschen Musik etwas Eigenes, ja Gött=
liches. Sie macht ihre Geweiheten zu Märtyrern und lehret durch
sie alle Heiden. Was ist allen sonstigen Kulturvölkern, seit dem
Verkommen der Kirche, die Musik anders, als ein Akkompagnement
zu Gesangs= oder Tanz=Virtuosität? Nur wir kennen die „Musik"
als Musik, und durch sie vermögen wir alle Wiedergeburten und
Neugeburten; dieß aber nur, wenn wir sie heilig halten. Könnten
wir dagegen den Sinn für das Ächte in dieser einzigen Kunst ver=
lieren, so hätten wir unser letztes Eigen verloren. Möge es daher

unsere Freunde nicht beirren, wenn wir gerade auf dem Gebiete
der Musik gegen Alles, was uns als unächt gelten muß, uns voll=
ständig ohne Schonung zeigen. Es erweckt uns wahrlich keinen
geringen Schmerz, den Verfall unseres Musikwesens so ganz ohne
Beachtung vor sich gehen zu sehen; denn unsere letzte Religion löst
sich in Gaukelei auf. Mögen Maler und Dichter ruhig für sich
fortwuchern: sie stören wenigstens nicht, sobald man sie nicht sieht
und liest: aber die Musik, — wer will sein Ohr vor ihr ver=
schließen, wenn sie durch die dickesten Mauern zu uns bringt? Wo
und wann aber wird nicht Musik bei uns gemacht? Kündigt den
Weltuntergang an, und es wird ein großes Extra=Konzert dazu
arrangirt! Gegen die Beschwerde der Nachbarn von physiologischen
Operatorien, welche das jammervolle Geheul der dort gemarterten
Hunde nicht ertragen konnten, wurde von Vivisektoren einge=
wendet, daß in der Nähe eines Musik=Konservatoriums es sich noch
viel weniger aushalten ließe. In Stuttgart sollen über sechshundert
Klavier=Lehrerinnen täglich unterrichtet werden: das zieht wieder
sechstausend Klavierstunden in Privathäusern nach sich. Und nun
der Konzertanstalten, der Musikakademien, Oratorienvereine, Kammer=
Soireen und Matineen zu gedenken! Wer endlich komponirt für alle
diese Musikmacher=Konventikel, und — wie einzig kann für sie
komponirt werden? Wir ersehen es: nicht ein wahrhaftiges Wort
sagt diese Musik. Und wir, die darauf hinhören, löschen uns so
das letzte Licht aus, das uns der deutsche Gott zu seinem Wieder=
auffinden in uns nachleuchten ließ! —

Ich gab einmal, bei einem mir zu Ehren in Leipzig veran=
stalteten Festmahle, den freundlich mir Zuhörenden den Rath, zur
Stärkung edler Vorsätze vor Allem der Enthaltung sich zu be=
fleißigen. Ich wiederhole diesen Rath heute. Nur einem edlen
Bedürfnisse kann das Weihevolle sich darbieten; nichts kann die
schöne Erscheinung fördern, als die Stärkung der Sehnsucht nach
ihr. Uns Deutschen ist durch unsere große Musik die Macht ver=

ließen, weithin veredelnd zu wirken; nur muß die Macht mächtig sein, um die Leuchte zu entzünden, in deren Lichte wir endlich wohl auch manchen Ausweg aus dem Elende erkennen, welches uns heute überall umschlossen hält.

Weihnachten 1879.

7.

Zur Mittheilung

an die geehrten Patrone der Bühnenfestspiele in Bayreuth.

Die Veranlassung zu der angekündigten Erneuerung der Bühnen= festspiele durch die Aufführung des „Parsifal" im Sommer des Jahres 1882, ist mir nicht sowohl durch den Vermögensstand des Patronates, als vielmehr aus der Erwägung der undenklichen Ver= zögerung entstanden, welcher diese Erneuerung ausgesetzt sein würde, sobald ich sie, und namentlich auch alljährliche Wiederholungen der Festspiele, von der Stärke jenes Vermögensstandes abhängig erhalten wollte. Sowohl um der bisher mir zugewendeten, meistens auf= opferungsvollen Theilnahme meiner Freunde mich dankbar zu er= weisen, als auch um die Möglichkeit mir zu wahren, noch während meines Lebens vollkommen stylgerechte Aufführungen meiner sämmt= lichen Werke, mit der nöthigen Deutlichkeit und nachhaltigen Ein= bringlichkeit vorzuführen, habe ich mich dazu entschlossen, zunächst meine neueste Arbeit ausschließlich und einzig für Aufführungen in dem Bühnenfestspielhause zu Bayreuth, und zwar in der Weise zu bestimmen, daß sie hier dem allgemeinen Publikum dargeboten sein sollen. Nachdem die bisherigen Patronatvereins=Mitglieder über die

Erfüllung der ihnen zustehenden Rechte außer Zweifel gesetzt sein werden, sollen dann die Aufführungen während eines Monates — vermuthlich August — im eigentlichen Sinne öffentlich stattfinden und hiefür auf das Ausgiebigste zuvor angekündigt werden, wobei dann darauf gerechnet wird, daß außerordentliche Einnahmen nicht nur die Kosten dieser erstjährigen Aufführungen vollkommen decken, sondern auch die Mittel zur Fortsetzung der Festspiele im darauf=folgenden Jahre verschaffen werden, in welchem — wie überhaupt zukünftig — nur in Bayreuth der „Parsifal" zur Darstellung kommen soll. Von dem weiteren Erfolge der vorläufig auf dieses Werk beschränkten Festspiele möge dann der Gewinn der Mittel zur allmählichen Vorführung aller meiner Werke abhängig gemacht sein, und würde endlich einem treuen Patronate dieser Bühnenfestspiele es übergeben bleiben, auch über mein Leben hinaus den richtigen Geist der Aufführungen meiner Werke in dem Sinne ihres Autors den Freunden seiner Kunst zu erhalten.

Bayreuth, 1. Dezember 1880.

8

Zur Einführung

der Arbeit des Grafen Gobineau

„Ein Urtheil über die jetzige Weltlage".

Welche Bestimmung die „Bayreuther Blätter" erhalten werden, sobald ihre nächste, der Mittheilungen über das Werk des Patronat-Vereines, erfüllt ist, kann einzig von dem Grade der Theilnahme abhangen, welche ihren Lesern schon jetzt durch unser Beschreiten von zunächst abliegend erscheinenden, unserem Sinne jedoch als in drängender Nähe sich darstellenden Gebieten der Kultur und Zivilisation, erweckt werden konnte.

Wenn ich wahrhaftig berichtet worden bin, haben meine Gedanken über „Religion und Kunst" bei unseren Lesern keine ungünstige Aufnahme gefunden. Da wir jedoch zunächst uns auf das Kunstgebiet stellen, und, nur von ihm ausgehend, eine Veranlassung, sowie eine Berechtigung dazu finden wollen, auch die weitesten Gebiete der Welt zu beleuchten, so dürfte es unseren Freunden allerdings am angemessensten, wohl auch angenehmsten, dünken, wenn wir immer zuerst die Kunst, oder ein besonderes Problem der Kunst, in den Vordergrund stellten. Nur ist es gerade mir aufgegangen, daß, wie ich für die richtige Darstellung meiner künstlerischen Arbeiten erst mit den beabsichtigten Bühnenfestspielen in dem hierfür besonders erfundenen und ausgeführten Bühnenfestspiel = Hause in Bayreuth einen Boden zu gewinnen hatte, auch für die Kunst über= haupt, für ihre richtige Stellung in der Welt, erst ein neuer Boden gewonnen werden muß, welcher für das erste nicht der Kunst selbst, sondern eben der Welt, der sie zu innigem Verständnisse geboten werden soll, zu entnehmen sein kann. Hierfür hatten wir unsere Kulturzustände, unsere Zivilisation in Beurtheilung zu ziehen, wobei wir diesen immer das uns vorschwebende Ideal einer edlen Kunst gleichsam als Spiegel vorhielten, um sie in ihm reflektirt zu ge= wahren: dieser Spiegel mußte aber blind und leer bleiben, oder konnte unser Ideal nur mit grinsender Verzerrung zurückwerfen. So legen wir denn, wenn wir jetzt weiter gehen, den Spiegel für nächst beiseit, um nackt und offen der, andererseits uns so nah be= drückenden, Welt in das Auge zu sehen, und sagen wir uns dann ohne Scheu, offen und ehrlich, was wir von ihr halten.

Als der heilige Franziskus, nach schwerer Krankheit zum ersten mal wieder vor den wundervollen Anblick der Gegend von Assisi geführt, befragt wurde, wie dieß ihm noch gefiele, antwortete der aus tiefer Entrückung vom Anblicke des Inneren der Welt sein Auge nun wieder auf ihre Erscheinung Richtende: „nicht mehr wie sonst." Den Grafen Gobineau, der aus fernen Wanderungen durch die Gebiete der Völker, müde und erkenntniß=belastet heim= kehrte, frugen wir, was er vom jetzigen Zustande der Welt halte; seine Antwort theilen wir heute unseren Lesern mit. Auch er blickte in ein Inneres: er prüfte das Blut in den Adern der heutigen Menschheit, und mußte es unheilbar verdorben finden. Was seine Einsicht ihm zeigte, wird für eine Ansicht gehalten, die unseren fortschrittlichen Gelehrten nicht gefallen will. Wer des Grafen Gobineau großes Werk: „Über die Ungleichheit der menschlichen Racen" kennt, wird sich wohl davon überzeugt haben müssen, daß es sich hier nicht um Irrthümer handelt, wie sie etwa den Erforschern des täglichen Fortschrittes der Menschheit täglich unterlaufen. Uns darf es dagegen willkommen sein, aus den in jenem Werke enthaltenen Darlegungen eines schärfest blicken=den Ethnologen eine Erklärung dafür zu gewinnen, daß unsere wahrhaft großen Geister immer einsamer dastehen und — vielleicht in Folge hiervon — immer seltener werden; daß wir uns die größten Künstler und Dichter einer Mitwelt gegenüber vorstellen können, welcher sie nichts zu sagen haben.

Fanden wir nun aber aus den Beweisführungen Schopen=hauer's für die Verwerflichkeit der Welt selbst die Anleitung zur Erforschung der Möglichkeit einer Erlösung dieser selben Welt heraus, so stünde vielleicht nicht minder zu hoffen, daß wir in dem Chaos von Impotenz und Unweisheit, welches unser neuer Freund uns aufdeckt, sobald wir es, gegen jedes Vorurtheil schonungslos, durchdringen, selbst einen Weiser auffänden, der uns aus dem Verfalle aufblicken ließe. Vielleicht wäre dieser Weiser nicht ein sichtbarer, wohl aber ein hörbarer, — etwa ein Seufzer des tiefsten Mitleides, wie wir ihn am Kreuze auf Golgatha einst vernahmen, und der nun aus unserer eigenen Seele hervordringt.

Meine Freunde wissen, was ich von diesem hörbaren Seufzer ableite, und ahnen die Pfade, die sich mir öffnen. Nur aber auf dem Wege, den uns so unerschrockene Geister, wie der Verfasser des folgenden Aufsatzes, führen, dürfen wir hoffen, jene Pfade uns erdämmern zu sehen.

Diese hier vorliegende kürzere Arbeit soll uns allerdings nur einen, mehr vom politischen Standpunkt aufgefaßten Überblick über die heutige Weltlage geben; fast könnte sie dem mit den Ergebnissen der in dem zuvor genannten Hauptwerke des Verfassers enthaltenen Forschungen genau Bekannten nur als die vertraute Plauderei des hocherfahrenen und tiefeingeweiheten Staatsmannes erscheinen, mit welcher er für jetzt die ebenfalls vertraulich an ihn gestellte Frage, was ihm das Ende unserer Welt=Verwickelungen dünke, entsprechend beantwortete. Immerhin dürfte sie unseren Freunden bereits den Aufschrecken erregen, dessen wir zur Aufrüttelung aus unserer optimistischen Vertrauensseligkeit sehr wohl bedürfen, um uns ernst= lichst dahin umzusehen, von wo aus wir die zuvor von mir ange= deuteten Pfade einzig aufzusuchen haben.

Was ist deutsch?

(1865. — 1878.)

Aus dem Jahre 1865 fand sich, bei einer neuerlichen Untersuchung meiner Papiere, in zerstückelten Absätzen das Manuskript vor, von welchem ich heute den größeren Theil, auf den Wunsch des mir für die Herausgabe der „Bayreuther Blätter" verbundenen jüngeren Freundes, der Veröffentlichung für unsere ferneren Freunde des Patronatvereines zu übergeben mich bestimmt habe.

War die hier vor mir stehende Frage: „was ist deutsch?" überhaupt so schwierig zu beantworten, daß ich meinen Aufsatz, als unvollendet, der Gesammtausgabe meiner Schriften noch nicht bei= zugeben mich getraute, so beschwerte mich neuerdings wiederum die Auswahl des Mitzutheilenden, da ich mehrere in diesen Aufsätzen behandelte Punkte bereits anderswo, namentlich in meiner Schrift über „deutsche Kunst und deutsche Politik", weiter ausgeführt und veröffentlicht hatte. Mögen hieraus Mängel des vorliegenden Auf= satzes erklärt werden. Jedenfalls habe ich aber dießmal die Reihe meiner damals niedergelegten Gedanken erst noch zu schließen, und es wird dieser Schluß, welchem ich nun, nach dreizehnjähriger neuer Erfahrung, allerdings eine besondere Färbung zu geben habe, dem= nach mein letztes Wort im Betreff des angeregten, so traurig ernsten Themas enthalten. —

Es hat mich oft bemüht, mir darüber recht klar zu werden,
was eigentlich unter dem Begriffe „deutsch" zu fassen und zu ver=
stehen sei.

Dem Patrioten ist es sehr geläufig, den Namen seines Volkes
mit unbedingter Verehrung anzuführen; je mächtiger ein Volk ist,
desto weniger scheint es jedoch darauf zu geben, seinen Namen mit
dieser Ehrfurcht sich selbst zu nennen. Es kommt im öffentlichen
Leben England's und Frankreich's bei Weitem seltener vor, daß man
von „englischen" und „französischen Tugenden" spreche; wogegen
die Deutschen sich fortwährend auf „deutsche Tiefe", „deutschen
Ernst", „deutsche Treue" u. dgl. m. zu berufen pflegen. Leider
ist es in sehr vielen Fällen offenbar geworden, daß diese Berufung
nicht vollständig begründet war; wir würden aber dennoch wohl
unrecht thun anzunehmen, daß es sich hier um gänzlich nur einge=
bildete Qualitäten handele, wenn auch Mißbrauch mit der Berufung
auf dieselben getrieben wird. Am besten ist es, wir untersuchen
die Bedeutung dieser Eigenthümlichkeit der Deutschen auf geschicht=
lichem Wege.

Das Wort „deutsch" bezeichnet nach dem Ergebniß der neuesten
und gründlichsten Forschungen nicht einen bestimmten Volksnamen;
es giebt kein Volk in der Geschichte, welches sich den ursprünglichen
Namen „Deutsche" beilegen könnte. Jakob Grimm hat dagegen
nachgewiesen, daß „diutisk" oder „deutsch" nichts anderes bezeichnet
als das, was uns, den in uns verständlicher Sprache Redenden,
heimisch ist. Es ward frühzeitig dem „wälsch" entgegengesetzt, wo=
runter die germanischen Stämme das den gälisch=keltischen Stämmen
Eigene begriffen. Das Wort „deutsch" findet sich in dem Zeitwort
„deuten" wieder: „deutsch" ist demnach, was uns deutlich ist, somit
das Vertraute, uns Gewohnte, von den Vätern Ererbte, unserem
Boden Entsprossene. Auffallend ist nun, daß nur die Völker, welche
diesseits des Rheines und der Alpen verblieben, sich mit dem Namen
„Deutsche" zu bezeichnen begannen, als Gothen, Vandalen, Franken

und Longobarden ihre Reiche im übrigen Europa gegründet hatten
Während der Name der Franken sich auf das ganze große eroberte
gallische Land ausdehnte, die diesseits des Rheines zurückgebliebenen
Stämme aber sich als Sachsen, Bayern, Schwaben und Ostfranken
konsolidirten, kommt zum ersten Male bei Gelegenheit der Theilung
des Reiches Karl's des Großen der Name „Deutschland" zum Vor=
schein, und zwar eben als Kollektivname für sämmtliche diesseits
des Rheines zurückgebliebenen Stämme. Es sind damit also die=
jenigen Völker bezeichnet, welche, in ihren Ursitzen verbleibend, ihre
Urmuttersprache fortredeten, während die in den ehemaligen roma=
nischen Ländern herrschenden Stämme die Muttersprache aufgaben.
An der Sprache und der Urheimath haftet daher der Begriff
„deutsch", und es trat die Zeit ein, wo diese „Deutschen" des
Vortheils der Treue gegen ihre Heimath und ihre Sprache sich be=
wußt werden konnten; denn aus dem Schooße dieser Heimath ging
Jahrhunderte hindurch die unversiegliche Erneuerung und Erfrischung
der bald in Verfall gerathenden ausländischen Stämme hervor.
Aussterbende und abgeschwächte Dynastieen ersetzen sich aus den
ursprünglichen Heimathsgeschlechtern. Für die verdorbenen Mero=
vinger traten die ostfränkischen Karolinger ein, den entarteten Karo=
lingern nahmen endlich Sachsen und Schwaben die Herrschaft der
deutschen Lande ab; und als die ganze Macht des romanisirten
Frankenreiches in die Gewalt der reindeutschen Stämme überging,
kam die seltsame, aber bedeutungsvolle Bezeichnung „römisches Reich
deutscher Nation" auf. Aus dieser uns verbliebenen glorreichen
Erinnerung konnte uns endlich der Stolz erwachsen, mit welchem
wir auf unsere Vergangenheit zurückzusehen genöthigt waren, um
uns über die Verkommenheit der Zustände der Gegenwart zu
trösten. Kein großes Kulturvolk ist in die Lage gekommen, sich
einen phantastischen Ruhm aufzubauen, wie die Deutschen. Wel=
chen Vortheil uns die Nöthigung zu solchem phantastischen Aufbau
aus der Vergangenheit bringen möchte, kann uns vielleicht klar

werden, wenn wir zuvor die Nachtheile derselben uns vorurtheilsfrei
deutlich zu machen suchen.

Diese Nachtheile finden sich zu allernächst unleugbar auf dem
Gebiete der Politik. Eigenthümlicher Weise tritt uns aus geschicht=
licher Erinnerung die Herrlichkeit des deutschen Namens gerade aus
derjenigen Periode entgegen, welche dem deutschen Wesen verderb=
lich war, nämlich der Periode der Macht der Deutschen über außer=
deutsche Völker. Der König der Deutschen hatte sich die Bestätigung
dieser Macht aus Rom zu holen; der römische Kaiser gehörte nicht
eigentlich den Deutschen an. Die Römerzüge waren den Deutschen
verhaßt und konnten ihnen höchstens als Raubzüge beliebt gemacht
werden, bei denen es ihnen auf möglichst schnelle Rückkehr in die
Heimath ankam. Verdrossen folgten sie dem römischen Kaiser nach
Italien, sehr bereitwillig dagegen ihren deutschen Fürsten in die
Heimath zurück. Auf diesem Verhältnisse begründete sich die stete
Ohnmacht der sogenannten deutschen Herrlichkeit. Der Begriff dieser
Herrlichkeit war ein undeutscher. Was die eigentlichen „Deutschen"
von den Franken, Gothen, Longobarden u. s. w. unterscheidet, ist,
daß diese im fremden Lande sich gefielen, dort niederließen und mit
dem fremden Volke bis zum Vergessen ihrer Sprache und Sitte sich
vermischten. Der eigentliche Deutsche, weil er sich im Auslande nicht
heimisch fühlte, drückte dagegen als stets Fremder auf das aus=
ländische Volk, und auffallender Weise erlebten wir es bis auf den
heutigen Tag*), daß die Deutschen in Italien und in den slavischen
Ländern als Bedrücker und Fremde verhaßt sind, während wir die
beschämende Wahrheit nicht abweisen können, daß deutsche Volks=
theile unter fremdem Scepter, sobald sie in Bezug auf Sprache
und Sitte nicht gewaltsam behandelt werden, willig ausdauern, wie
wir dieß am Elsaß vor uns haben. — Mit dem Verfalle der äußeren

---

*) nämlich 1865.

politiſchen Macht, d. h. mit der aufgegebenen Bedeutſamkeit des römiſchen Kaiſerthumes, worin wir gegenwärtig den Untergang der deutſchen Herrlichkeit beklagen, beginnt dagegen erſt die rechte Ent= wickelung des wahrhaften deutſchen Weſens. Wenn auch im un= leugbaren Zuſammenhange mit der Entwickelung ſämmtlicher euro= päiſchen Nationen, verarbeiten ſich doch deren Einflüſſe, namentlich die Italiens, im heimiſchen Deutſchland auf ſo eigenthümliche Weiſe, daß nun, im letzten Jahrhundert des Mittelalters, ſogar die deutſche Tracht in Europa vorbildlich wird, während zur Zeit der ſogenannten deutſchen Herrlichkeit auch die Großen des deutſchen Reiches ſich römiſch=byzantiniſch kleideten. In den deutſchen Niederlanden wett= eiferte deutſche Kunſt und Induſtrie mit der italieniſchen in deren glorreichſter Blüthe. Nach dem gänzlichen Verfalle des deutſchen Weſens, nach dem faſt gänzlichen Erlöſchen der deutſchen Nation in Folge der unbeſchreiblichen Verheerungen des dreißigjährigen Krieges, war es dieſe innerlichſt heimiſche Welt, aus welcher der deutſche Geiſt wiedergeboren ward. Deutſche Dichtkunſt, deutſche Muſik, deutſche Philoſophie ſind heut zu Tage hochgeachtet von allen Völkern der Welt: in der Sehnſucht nach „deutſcher Herrlichkeit" kann ſich der Deutſche aber gewöhnlich noch nichts anderes träumen als etwas der Wiederherſtellung des römiſchen Kaiſerreiches Ähn= liches, wobei ſelbſt dem gutmüthigſten Deutſchen ein unverkennbares Herrſchergelüſt und Verlangen nach Obergewalt über andere Völker ankommt. Er vergißt, wie nachtheilig der römiſche Staatsgedanke bereits auf das Gedeihen der deutſchen Völker gewirkt hatte.

Um über die, dieſem Gedeihen einzig förderliche, wahrhaft deutſch zu nennende Politik ſich klar zu werden, muß man ſich vor Allem eben die wirkliche Bedeutung und Eigenthümlichkeit desjenigen deutſchen Weſens, welches wir ſelbſt in der Geſchichte einzig mächtig hervortretend fanden, zum richtigen Verſtändniſſe bringen. Um dem= nach den Boden der Geſchichte noch feſt zu halten, betrachten wir hierzu etwas näher eine der wichtigſten Epochen des deutſchen Volkes,

die ungemein aufgeregte Krisis seiner Entwickelung, welche es
zur Zeit der sogenannten Reformation zu bestehen hatte.

Die christliche Religion gehört keinem nationalen Volksstamme
eigens an: das christliche Dogma wendet sich an die reinmenschliche
Natur. Nur in so weit dieser allen Menschen gemeinsame Inhalt
von ihm rein aufgefaßt wird, kann ein Volk in Wahrheit sich christ=
lich nennen. Immerhin kann ein Volk aber nur dasjenige voll=
kommen sich aneignen, was ihm mit seiner angeborenen Empfindung
zu erfassen möglich wird, und zwar in der Weise zu erfassen, daß
es sich in dem Neuen vollkommen heimisch selbst wiederfindet. Auf
dem Gebiete der Ästhetik und des kritisch=philosophischen Urtheils
läßt es sich fast zur Ersichtlichkeit nachweisen, daß es dem deutschen
Geiste bestimmt war, das Fremde, ursprünglich ihm Fernliegende,
in höchster objektiver Reinheit der Anschauung zu erfassen und sich
anzueignen. Man kann ohne Übertreibung behaupten, daß die
Antike nach ihrer jetzt allgemeinen Weltbedeutung unbekannt ge=
blieben sein würde, wenn der deutsche Geist sie nicht erkannt und
erklärt hätte. Der Italiener eignete sich von der Antike an, was
er nachahmen und nachbilden konnte; der Franzose eignete sich wie=
der von dieser Nachbildung an, was seinem nationalen Sinne für
Eleganz der Form schmeicheln durfte: erst der Deutsche erkannte sie
in ihrer reinmenschlichen Originalität und der Nützlichkeit gänzlich
abgewandten, dafür aber der Wiedergebung des Reinmenschlichen
einzig förderlichen Bedeutung. Durch das innigste Verständniß der
Antike ist der deutsche Geist zu der Fähigkeit gelangt, das Rein=
menschliche selbst wiederum in ursprünglicher Freiheit nachzubilden,
nämlich, nicht durch die Anwendung der antiken Form einen bestimmten
Stoff darzustellen, sondern durch eine Anwendung der antiken Auf=
fassung der Welt die nothwendige neue Form selbst zu bilden. Um
dieß deutlich zu erkennen, halte man Goethe's Iphigenia zu der des
Euripides. Man kann behaupten, daß der Begriff der Antike erst seit

der Mitte des vorigen Jahrhunderts besteht, nämlich seit Winckelmann und Lessing.

Daß nun der Deutsche das christliche Dogma in eben so vor= züglicher Klarheit und Reinheit erkannt und, wie die Antike zum ästhetischen Dogma, zum einzig gültigen Religionsbekenntniß erhoben haben würde, kann nicht nachgewiesen werden. Vielleicht wäre er, auf uns unbekannten und unvorstellbaren Entwickelungswegen, hierzu gelangt, und Anlagen zeigen, daß gerade der deutsche Geist dazu berufen gewesen zu sein scheint. Jedenfalls erkennen wir deutlicher, was ihn an der Lösung dieser Aufgabe verhindert hat, da wir er= kennen, was ihm die gleiche Lösung auf dem Gebiete der Ästhetik ermöglichte. Hier nämlich war er eben durch nichts verhindert: die Ästhetik wurde nicht vom Staate beaufsichtigt und zu Staatszwecken verwendet. Mit der Religion war dieß anders: diese war Staats= interesse geworden, und dieses Staatsinteresse erhielt seine Bedeutung und Richtung nicht aus dem deutschen, sondern ganz bestimmt aus dem undeutschen, romanischen Geiste. Das unermeßliche Unglück Deutschlands war, daß um jene Zeit, als der deutsche Geist für seine Aufgabe auf jenem erhabenen Gebiete heranreifte, das richtige Staatsinterresse der deutschen Völker dem Verständnisse eines Fürsten zugemuthet blieb, welcher dem deutschen Geiste völlig fremd, zum vollgültigsten Repräsentanten des undeutschen, romanischen Staats= gedankens berufen war: Karl V., König von Spanien und Neapel, erblicher Erzherzog von Österreich, erwählter römischer Kaiser und Oberherr des deutschen Reiches, mit dem Gedanken der Aneignung der Weltherrschaft, die ihm zugefallen wäre, wenn er Frankreich wirklich hätte bezwingen können, hegte für Deutschland kein anderes Interesse, als dasjenige, es seinem Reiche als fest ge= kittete Monarchie, wie es Spanien war, einzuverleiben. An seinem Wirken zeigte sich zuerst das große Ungeschick, welches in späterer Zeit fast alle deutschen Fürsten zum Unverständniß des deutschen Geistes verurtheilte; gegen ihn stemmten sich jedoch die meisten der

damaligen Reichsfürsten, deren Interesse glücklicherweise dießmal mit
dem des deutschen Volksgeistes zusammen fiel. Es ist nicht zu er=
messen, in welcher Weise auch die wirkliche religiöse Frage zur Ehre
des deutschen Geistes gelöst worden sein würde, wenn Deutschland
damals ein vollblutig patriotisches Oberhaupt, wie den luxemburgischen
Heinrich VII., zum Kaiser gehabt hätte. Jedenfalls ging die ur=
sprüngliche reformatorische Bewegung Deutschland's nicht auf Trennung
von der katholischen Kirche aus; im Gegentheile gilt sie der Neu=
begründung und Befestigung des allgemeinen Kirchenverbandes durch
Abschaffung der entstellenden und das religiöse Gefühl der Deut=
schen beleidigenden Mißbräuche der römischen Kurie. Welches Gute
und Weltbedeutungsvolle hier in das Leben hätte treten können,
läßt sich, wie gesagt, kaum nur annähernd ermessen, während wir
dagegen nur die Ergebnisse des unseligen Widerstreites des deutschen
Geistes mit dem undeutschen Geiste des deutschen Reichsoberhauptes
vor uns haben. Seitdem — Religionsspaltung: ein großes Unglück!
Nur eine allgemeine Religion ist in Wahrheit Religion: verschiedene,
politisch festgesetzte und staatskontraktlich neben oder unter einander
gestellte Bekenntnisse derselben bekennen in Wahrheit nur, daß die
Religion in ihrer Auflösung begriffen ist. In diesem Widerstreite
ist das deutsche Volk seinem gänzlichen Untergange nahe gebracht
worden, ja, es hat diesen, durch den Ausgang des dreißigjährigen
Krieges, fast vollständig erlebt. Waren bis hierher die deutschen
Fürsten meistens mit dem deutschen Geiste gemeinsam gegangen,
so habe ich schon bezeichnet, wie seitdem leider auch noch die Fürsten
fast gänzlich diesen Geist zu verstehen verlernten. Den Erfolg da=
von ersehen wir an unserem heutigen öffentlichen Staatsleben: das
eigentlich deutsche Wesen zieht sich immer mehr von diesem zurück;
theils wendet es sich seiner Neigung zum Phlegma, theils der zur
Phantasterei zu; und die fürstlichen Rechte Preußen's und Öster=
reich's haben sich allmählich daran zu gewöhnen, ihren Völkern gegen=

über, da der Junker und selbst der Jurist nicht mehr recht weiter
kommt, sich durch — Juden vertreten zu sehen.

In dieser sonderbaren Erscheinung des Eindringens eines aller=
frembartigsten Elementes in das deutsche Wesen liegt mehr, als es
beim ersten Anblick dünken mag. Nur in so weit wollen wir hier
jenes andere Wesen aber in Betrachtung ziehen, als wir in der
Zusammenstellung mit ihm uns klar darüber werden dürfen, was
wir unter dem von ihm ausgebeuteten „deutschen" Wesen zu ver=
stehen haben. — Der Jude scheint den Völkern des neueren
Europa's überall zeigen zu sollen, wo es einen Vortheil gab, wel=
chen jene unerkannt und unausgenutzt ließen. Der Pole und Un=
gar verstand nicht den Werth, welchen eine volksthümliche Ent=
wickelung der Gewerbethätigkeit und des Handels für das eigene
Volk haben würde: der Jude zeigte es, indem er sich den verkannten
Vortheil aneignete. Sämmtliche europäische Völker ließen die un=
ermeßlichen Vortheile unerkannt, welche eine dem bürgerlichen Unter=
nehmungsgeiste der neueren Zeit entsprechende Ordnung des Ver=
hältnisses der Arbeit zum Kapital für die allgemeine National=
ökonomie haben mußte: die Juden bemächtigten sich dieser Vortheile,
und am gehinderten und verkommenden Nationalwohlstande nährt
der jüdische Banquier seinen enormen Vermögensstand. Liebens=
würdig und schön ist der Fehler des Deutschen, welcher die Innig=
keit und Reinheit seiner Anschauungen und Empfindungen zu keinem
eigentlichen Vortheil, namentlich für sein öffentliches und Staats=
Leben auszubeuten wußte: daß auch hier ein Vortheil auszunutzen
übrig blieb, konnte nur derjenigen Geistesrichtung erkenntlich sein,
welche im tiefsten Grunde das deutsche Wesen misverstand. Die
deutschen Fürsten lieferten den Misverstand, die Juden beuteten ihn
aus. Seit der Neugeburt der deutschen Dichtkunst und Musik
brauchte es nur, nach Friedrich d. Gr. und dessen Vorgange, zur
Marotte der Fürsten zu werden, diese zu ignoriren oder, nach der

französischen Schablone bemessen, unrichtig und ungerecht zu beur=
theilen, und demgemäß dem durch sie offenbarten Geiste keinen Ein=
fluß zu gewähren, um dafür dem Geiste der fremden Spekulation
ein Feld zu eröffnen, auf welchem er Vortheil zu ziehen gewahrte.
Es ist, als ob sich der Jude verwunderte, warum hier so viel Geist
und Genie zu nichts anderem diente, als Erfolglosigkeit und Armuth
einzubringen. Er konnte es nicht begreifen, daß, wenn der Fran=
zose für die Gloire, der Italiener für den Denaro arbeitete, der
Deutsche dieß „pour le roi de Prusse" that. Der Jude korrigirte
dieses Ungeschick der Deutschen, indem er die deutsche Geistesarbeit
in seine Hand nahm; und so sehen wir heute ein widerwärtiges
Zerrbild des deutschen Geistes dem deutschen Volke als sein ver=
meintliches Spiegelbild vorgehalten. Es ist zu fürchten, daß das
Volk mit der Zeit sich wirklich selbst in diesem Spiegelbild zu er=
sehen glaubt: dann wäre eine der schönsten Anlagen des menschlichen
Geschlechtes vielleicht für immer ertödtet.

Wie es vor solchem schmachvollen Untergange zu bewahren sei,
haben wir aufzusuchen, und wir wollen uns deshalb hier vor Allem
recht deutlich das Charakteristische des eigentlich „deutschen" Wesens
klar machen. —

Führen wir uns den äußerlichen Vorgang der geschichtlichen
Dokumentation des deutschen Wesens in Kürze noch einmal deutlich
vor. „Deutsche" Völker heißen diejenigen germanischen Stämme,
welche auf heimischem Boden ihre Sprache und Sitte sich bewahrten.
Selbst aus dem lieblichen Italien verlangt der Deutsche nach seiner
Heimath zurück. Er verläßt deshalb den römischen Kaiser und hängt
desto inniger und treuer an seinem heimischen Fürsten. In rauhen
Wäldern, im langen Winter, am wärmenden Heerdfeuer seines hoch
in die Lüfte ragenden Burggemaches pflegt er lange Zeit Urväter=
erinnerungen, bildet seine heimischen Göttermythen in unerschöpflich
mannigfaltige Sagen um. Er wehrt den zu ihm dringenden Ein=
flusse des Auslandes nicht; er liebt zu wandern und zu schauen;

voll der fremden Eindrücke drängt es ihn aber, diese wiederzugeben;
er kehrt deshalb in die Heimath zurück, weil er weiß, daß er nur
hier verstanden wird: hier am heimischen Heerde erzählt er, was
er draußen sah und erlebte. Romanische, wälische, französische Sa=
gen und Bücher übersetzt er sich, und während Romanen, Wälsche
und Franzosen nichts von ihm wissen, sucht er eifrig sich Kenntniß
von ihnen zu verschaffen. Er will aber nicht nur das Fremde, als
solches, als rein Fremdes, anstarren, sondern er will es „deutsch"
verstehen. Er dichtet das fremde Gedicht deutsch nach, um seines
Inhaltes innig bewußt zu werden. Er opfert hierbei von dem
Fremden das Zufällige, Äußerliche, ihm Unverständliche, und gleicht
diesen Verlust dadurch aus, daß er von seinem eigenen zufälligen,
äußerlichen Wesen so viel darein giebt, als nöthig ist, den fremden
Gegenstand klar und unentstellt zu sehen. Mit diesen natürlichen
Bestrebungen nähert er sich in seiner Darstellung der frembartigen
Abenteuer der Anschauung der reinmenschlichen Motive derselben.
So wird von Deutschen „Parzival" und „Tristan" wiedergedichtet:
während die Originale heute zu Kuriosen von nur litterar=geschicht=
licher Bedeutung geworden sind, erkennen wir in den deutschen Nach=
dichtungen poetische Werke von unvergänglichem Werthe. — In
demselben Geiste trägt der Deutsche bürgerliche Einrichtungen des
Auslandes auf die Heimath über. Im Schutze der Burg erweitert
sich die Stadt der Bürger; die blühende Stadt reißt aber die Burg
nicht nieder: die „freie Stadt" huldigt dem Fürsten; der gewerb=
thätige Bürger schmückt das Schloß des Stammherrn. Der Deutsche
ist konservativ: sein Reichthum gestaltet sich aus dem Eigenen aller
Zeiten; er spart und weiß alles Alte zu verwenden. Ihm liegt
am Erhalten mehr als am Gewinnen: das gewonnene Neue hat
ihm nur dann Werth, wenn es zum Schmucke des Alten dient.
Er begehrt nichts von Außen; aber er will im Innern unbehindert
sein. Er erobert nicht, aber er läßt sich auch nicht angreifen. —
Mit der Religion nimmt er es ernst: die Sittenverderbniß der

römischen Kurie und ihr demoralisirender Einfluß auf den Klerus verdrießt ihn tief. Unter Religionsfreiheit versteht er nichts anderes, als das Recht, mit dem Heiligsten es ernst und redlich meinen zu dürfen. Hier wird er empfindlich und disputirt mit der unklaren Leidenschaftlichkeit des aufgestachelten Freundes der Ruhe und Bequemlichkeit. Die Politik mischt sich hinein: Deutschland soll eine spanische Monarchie, das freie Reich unterdrückt, seine Fürsten sollen zu bloßen vornehmen Höflingen gemacht werden. Kein Volk hat sich gegen Eingriffe in seine innere Freiheit, sein eigenes Wesen, gewehrt wie die Deutschen: mit nichts ist die Hartnäckigkeit zu vergleichen, mit welcher der Deutsche seinen völligen Ruin der Fügsamkeit unter ihm fremde Zumuthungen vorzog. Dieß ist wichtig. Der Ausgang des dreißigjährigen Krieges vernichtete das deutsche Volk; daß ein deutsches Volk wieder erstehen konnte, verdankt es aber doch einzig eben diesem Ausgange. Das Volk war vernichtet, aber der deutsche Geist hatte bestanden. Es ist das Wesen des Geistes, den man in einzelnen hochbegabten Menschen „Genie" nennt, sich auf den weltlichen Vortheil nicht zu verstehen. Was bei anderen Völkern endlich zur Übereinkunft, zur praktischen Sicherung des Vortheils durch Fügsamkeit führte, das konnte den Deutschen nicht bestimmen: zur Zeit als Richelieu die Franzosen die Gesetze des politischen Vortheils anzunehmen zwang, vollzog das deutsche Volk seinen Untergang; aber, was den Gesetzen dieses Vortheils sich nie unterziehen konnte, lebte fort und gebar sein Volk von Neuem: der deutsche Geist.

Ein Volk, welches nummerisch auf den zehnten Theil seines früheren Bestandes herabgebracht war, konnte, seiner Bedeutung nach, nur noch in der Erinnerung Einzelner bestehen. Selbst diese Erinnerung mußte von den ahnungsvollsten Geistern erst wieder aufgesucht und anfänglich mühsam genährt werden. Es ist ein wundervoller Zug des deutschen Geistes, daß, nachdem er in seiner früheren Entwickelungsperiode die von außen kommenden Einflüsse sich innerlichst angeeignet hatte, er nun, da der Vortheil des äußerlichen politischen Machtlebens ihm gänzlich entschwunden war, aus seinem eigensten innerlichen Schatze sich neu gebar. — Die Erinnerung ward ihm recht eigentlich zur Er-Innerung; denn aus seinem tiefsten Inneren schöpfte er, um sich der nun übermäßig gewordenen äußeren Einflüsse zu erwehren. Nicht seiner äußerlichen Eristenz galt es, denn diese war dem Namen nach durch das Bestehen der deutschen Fürsten gesichert; bestand ja sogar der Name des römisch=deutschen Kaisertitels fort! Sondern, sein wahrhaftigstes Wesen, wovon die meisten dieser Fürsten nichts mehr wußten, galt es zu erhalten und zu neuer Kraft zu erheben. In der französischen Livree und Uniform, mit Perrücke und Zopf, und lächerlich nachgeahmter französischer Galanterie ausgestattet, trat ihm der dürftige Rest seines Volkes entgegen, mit einer Sprache, die selbst der mit französischen Floskeln sich schmückende Bürger im Begriffe stand, nur noch dem Bauer zu überlassen. — Doch wo die eigene Gestalt, die eigene Sprache selbst sich verlor, blieb dem deutschen Geiste eine letzte, ungeahnte Zuflucht, sein innigstes Inneres sich deutlich auszusprechen. Von den Italienern hatte der Deutsche sich auch die Musik angeeignet. Will man die wunderbare Eigenthümlichkeit, Kraft und Bedeutung des deutschen Geistes in einem unvergleichlich beredten Bilde erfassen, so blicke man scharf und sinnvoll auf die sonst fast unerklärlich räthselhafte Erscheinung des musikalischen Wundermannes Sebastian Bach. Er ist die Geschichte des innerlichsten Lebens des deutschen Geistes während des grauenvollen Jahrhunderts der gänzlichen Erloschenheit des deutschen Volkes. Da seht diesen Kopf, in der wahnsinnigen französischen Allongenperrücke versteckt, diesen Meister — als elenden Kantor und Organisten zwischen kleinen thüringischen Ortschaften, die man kaum dem Namen nach kennt, mit nahrungslosen Anstellungen sich hinschleppend, so unbeachtet bleibend, daß es eines ganzen Jahrhunderts wiederum bedurfte, um seine Werke der Vergessenheit zu entziehen; selbst in der Musik eine Kunstform vorfindend, welche äußerlich das ganze Abbild seiner Zeit war, trocken, steif, pedantisch, wie Perrücke und Zopf in Noten dargestellt: und nun sehe man, welche Welt der unbegreiflich große Sebastian aus diesen Elementen aufbaute! Auf diese Schöpfung weise ich nur hin; denn es ist unmöglich, ihren Reichthum, ihre Erhabenheit und Alles in sich fassende Bedeutung durch irgend einen Vergleich zu bezeichnen. Wollen wir uns jetzt aber die überraschende Wiedergeburt des deutschen Geistes auch auf dem Felde der poetischen und philosophischen Litteratur erklären, so können wir dieß deutlich nur, wenn wir an Bach begreifen lernen, was der deutsche Geist in Wahrheit ist, wo er weilte, und wie er rastlos sich neu gestaltete, während er gänzlich aus der Welt entschwunden schien. Von diesem Manne ist neulich eine Biographie erschienen, über welche die Allgemeine Zeitung berichtete. Ich kann mich nicht entwehren, aus diesem Berichte folgende Stellen anzuführen: „Mit Mühe und seltener Willenskraft ringt er sich aus Armuth und Noth zu höchster Kunsthöhe empor, streut mit vollen Händen eine fast unübersehbare Fülle der herrlichsten Meisterwerke seiner Zeit hin, die ihn nicht begreifen und schätzen kann, und stirbt bedrückt von schweren Sorgen einsam und vergessen, seine Familie in Armuth und Entbehrung zurücklassend — das Grab des Sangesreichen schließt sich über den müden Heimgegangenen ohne Sang und Klang, weil die Noth des Hauses eine Ausgabe für den Grabgesang nicht zuläßt. Sollte eine Ursache, warum unsere Tonsetzer so selten Biographen finden, theilweise wohl auch in dem Umstande zu suchen sein, weil ihr Ende gewöhnlich ein so trauriges, erschütterndes ist?" — — Und während sich dieß mit dem großen Bach, dem einzigen Horte und Neugebärer des deutschen Geistes, begab, wimmelten die großen und kleinen Höfe der deutschen Fürsten von italienischen Opernkomponisten und Virtuosen, die man mit ungeheuren Opfern dazu erkaufte, dem verachteten Deutschland den Abfall einer Kunst zum Besten zu geben, welcher heut zu Tage nicht die mindeste Beachtung mehr geschenkt werden kann.

Doch Bach's Geist, der deutsche Geist, trat aus dem Mysterium der wunderbarsten Musik, seiner Neugeburtsstätte, hervor. Als Goethe's „Göß" erschien, jubelte es auf: „das ist deutsch!" Und der sich erkennende Deutsche verstand es nun auch sich und der Welt zu zeigen, was Shakespeare sei, den sein eigenes Volk nicht verstand; er entdeckte der Welt, was die Antike sei, er zeigte dem menschlichen Geiste, was die Natur und die Welt sei. Diese Thaten vollbrachte der deutsche Geist aus sich, aus seinem innersten Ver= langen sich seiner bewußt zu werden. Und dieses Bewußtsein sagte ihm, was er zum ersten Male der Welt verkünden konnte, daß das Schöne und Edle nicht um des Vortheils, ja selbst nicht um des Ruhmes und der Anerkennung willen in die Welt tritt: und Alles was im Sinne dieser Lehre gewirkt wird, ist „deutsch", und deshalb ist der Deutsche groß; und nur, was in diesem Sinne gewirkt wird, kann zur Größe Deutschland's führen.

Zur Pflege des deutschen Geistes, zur Größe des deutschen Volkes kann daher nichts führen, als sein wahrhaftes Verständniß von Seiten der Regierenden. Das deutsche Volk hat seine Wieder= geburt, die Entwickelung seiner höchsten Fähigkeiten, durch seinen konservativen Sinn, sein inniges Haften an sich, seiner Eigenthüm= lichkeit erreicht: es hat für das Bestehen seiner Fürsten sich dereinst verblutet. Es ist jetzt an diesen, dem deutschen Volke zu zeigen, daß sie zu ihm gehören; und da, wo der deutsche Geist die That der Wiedergeburt des Volkes vollbrachte, da ist das Bereich, auf welchem zunächst auch die Fürsten sich dem Volke neu vertraut zu machen haben. Es ist die höchste Zeit, daß die Fürsten sich zu dieser Wiedertaufe wenden: die Gefahr, in welcher die ganze deutsche Öffentlichkeit steht, habe ich angedeutet. Wehe uns und der Welt, wenn dießmal das Volk gerettet wäre, aber der deutsche Geist aus der Welt schwände! —

Wie wäre ein Zustand denkbar, in welchem das deutsche Volk

bestünde, der deutsche Geist aber verweht sei? Das schwer Denkbare
haben wir näher vor uns, als wir glauben. Als ich das Wesen, die
Wirksamkeit des deutschen Geistes bezeichnete, faßte ich die glückliche
Entwickelung der bedeutendsten Anlagen des deutschen Volkes in das
Auge. Die Geburtsstätte des deutschen Geistes ist aber auch der Grund
der Fehler des deutschen Volkes. Die Fähigkeit, sich innerlich zu
versenken, und vom Innersten aus klar und sinnvoll die Welt zu
betrachten, setzt überhaupt den Hang zur Beschaulichkeit voraus,
welcher im minder begabten Individuum leicht zur Lust an der
Unthätigkeit, zum reinen Phlegma wird. Was uns bei glücklichster
Befähigung dem allerhöchst begabten alten Indusvolke als am ver-
wandtesten hinstellt, kann der Masse des Volkes aber den Charakter
der gewöhnlichen orientalischen Trägheit geben; ja selbst die nahe
liegende Entwickelung zur höchsten Befähigung kann uns zum Fluche
werden, indem sie uns zur phantastischen Selbstgenügsamkeit verleitet. Daß aus dem Schooße des deutschen Volkes Goethe und
Schiller, Mozart und Beethoven erstanden, verführt die große Zahl
der mittelmäßig Begabten gar zu leicht, diese großen Geister als
von Rechts wegen zu sich gehörig zu betrachten, und der Masse des
Volkes mit demagogischem Behagen vorzureden, sie selbst sei Goethe
und Schiller, Mozart und Beethoven. Nichts schmeichelt dem Hange
zur Bequemlichkeit und Trägheit mehr, als sich eine hohe Meinung
von sich beigebracht zu wissen, die Meinung, als sei man ganz von
selbst etwas Großes, und habe sich, um es zu werden, gar keine
Mühe erst zu geben. Diese Neigung ist grunddeutsch, und kein
Volk bedarf es daher mehr, aufgestachelt und in die Nöthigung zur
Selbsthilfe, zur Selbstthätigkeit versetzt zu werden, als das deutsche.
Hiervon geschah nun Seitens der deutschen Fürsten und Regierungen
gerade das Gegentheil. Es mußte der Jude Börne sein, der zuerst
den Ton zur Aufstachelung der Trägheit des Deutschen anschlug,
und hierdurch, wenn auch in diesem Sinne gewiß absichtslos, das
große Misverständniß der Deutschen in ihrem eigenen Betreff bis

zur traurigsten Verwirrung steigerte. Das Misverständniß, welches zu seiner Zeit den österreichischen Staatskanzler, Fürsten Metternich, bei der Leitung der deutschen Kabinetspolitik bestimmte, die Bestrebungen der deutschen „Burschenschaft" für identisch mit denen des ehemaligen Pariser Jakobinerclubs zu halten, und demgemäß gegen jene zu verfahren, war höchst ergiebig zur Ausnützung von Seiten des außerhalb stehenden, nur seinen Vortheil suchenden Spekulanten. Verstand dieser es recht, so konnte er sich dießmal mitten in das deutsche Volks= und Staatswesen hinein schwingen, um es auszu= beuten und endlich nicht etwa zu beherrschen, sondern es gerades= wegs sich anzueignen.

Nach allen Vorgängen war es nun endlich doch auch in Deutschland schwer geworden zu regieren. Hatten die Regierungen es sich zur Maxime gemacht, die deutschen Völker nur nach dem Maaße der französischen Zustände zu beurtheilen, so fanden sich auch diejenigen Unternehmer ein, welche vom Standpunkte des unterdrückten deutschen Volksgeistes aus nach französischer Maxime zu den Regierungen hinaufblickten. Der Demagoge war nun wirk= lich da; aber welch klägliche Aftergeburt! Jede neue Pariser Re= volution ward nun in Deutschland alsbald auch in Scene gesetzt: war ja doch jede neue Pariser Spektakeloper sofort auf den Ber= liner und Wiener Hoftheatern zum Vorbilde für ganz Deutschland in Scene gesetzt worden. Ich stehe nicht an, die seitdem vorge= kommenen Revolutionen in Deutschland als ganz undeutsch zu be= zeichnen. Die „Demokratie" ist in Deutschland ein durchaus über= setztes Wesen. Sie existirt nur in der „Presse", und was diese deutsche Presse ist, darüber muß man sich eben klar werden. Das Widerwärtige ist nun aber, daß dem verkannten und verletzten deutschen Volksgeiste diese übersetzte französisch=jüdisch=deutsche De= mokratie wirklich Anhalt, Vorwand und eine täuschende Umkleidung entnehmen konnte. Um Anhang im Volke zu haben, gebährdete sich die „Demokratie" deutsch, und „Deutschthum", „deutscher Geist",

„deutsche Redlichkeit", „deutsche Freiheit", „deutsche Sittlichkeit"
wurden nun Schlagwörter, die Niemanden mehr anwidern konnten,
als den, der wirkliche deutsche Bildung in sich hatte, und nun mit
Trauer der sonderbaren Komödie zusehen mußte, wie Agitatoren
aus einem nichtdeutschen Volksstamme für ihn plaidirten, ohne den
Vertheidigten auch nur zu Worte kommen zu lassen. Die erstaun=
liche Erfolglosigkeit der so lärmenden Bewegung von 1848 erklärt
sich leicht aus diesem seltsamen Umstande, daß der eigentliche wahr=
hafte Deutsche sich und seinen Namen so plötzlich von einer Men=
schenart vertreten fand, die ihm ganz fremd war. Während Goethe
und Schiller den deutschen Geist über die Welt ergossen, ohne vom
„deutschen" Geiste auch nur zu reden, erfüllen diese demokratischen
Spekulanten alle deutschen Buch= und Bilderläden, alle sogenannten
„Volks=" d. h. Aktien=Theater, mit groben, gänzlich schalen und
nichtigen Bildungen, auf welchen immer die anpreisende Empfehlung
„deutsch" und wieder „deutsch", zur Verlockung für die gutmüthige
Menge aufgeklext ist. Und wirklich sind wir so weit, das deutsche
Volk damit bald gänzlich zum Narren gemacht zu sehen: die Volks=
anlage zu Trägheit und Phlegma wird zur phantastischen Selbst=
gefallsucht verführt; bereits spielt das deutsche Volk zum großen
Theil in der beschämenden Komödie selbst mit, und nicht ohne
Grauen kann der sinnende deutsche Geist jenen thörigen Festver=
sammlungen mit ihren theatralischen Aufzügen, albernen Festreden
und trostlos schalen Liedern sich zuwenden, mit denen man dem
deutschen Volke weis machen will, es sei etwas ganz besonderes,
und brauche gar nicht erst etwas werden zu wollen. —

So weit der frühere Aufsatz aus dem Jahre 1865. Er leitete
auf das Project hin, die darin ausgesprochenen Tendenzen von
einer zu gründenden politischen Zeitung vertreten zu sehen: Herr
Dr. Julius Fröbel erklärte sich zu dieser Vertretung bereit: die

„Süddeutsche Presse" trat an das Tageslicht. Leider hatte ich zu
erleben, daß Herrn Fröbel das in Frage stehende Problem anders
aufgegangen war als mir, und wir mußten uns trennen, als ihn
eines Tages der Gedanke, die Kunst solle keinem Nützlichkeitszwecke,
sondern ihrem eigenen Werthe dienen, so heftig anwiderte, daß er
in Weinen und Schluchzen ausbrach.

Gewiß waren es aber auch andere Gründe, welche mich von
einer weiteren Ausarbeitung des Begonnenen abbrachten. — „Was
ist deutsch?" — Ich gerieth vor dieser Frage in immer größere
Verwirrung. Was diese nur steigern konnte, waren die Eindrücke
der ereignißvollen Jahre, welche der Zeit folgten, in der jener Aufsatz
entstand. Welcher Deutsche hätte das Jahr 1870 erlebt, ohne in ein
Erstaunen über die Kräfte zu gerathen, welche hier, wie plötzlich, sich
offenbarten, sowie über den Muth und über die Entschlossenheit, mit
welcher der Mann, der ersichtlich Etwas kannte, was wir Alle nicht
kannten, diese Kräfte zur Wirkung brachte? — Über manches Anstößige
war da hinweg zu sehen. Die wir, mit dem Geiste unserer großen
Meister im Herzen, dem physiognomischen Gebahren unsrer todes=
muthigen Landsleute im Soldatenrocke lauschend zusahen, freuten
uns herzlich über das „Kutschkelied", und waren von der „festen
Burg" vor, sowie dem „nun danket Alle Gott" nach der Schlacht,
tief ergriffen. Freilich fiel es gerade uns schwer zu begreifen, daß
die todesmuthige Begeisterung unserer Patrioten sich immer wieder
nur an der „Wacht am Rhein" stärke; ein ziemlich flaues Lieder=
tafel=Produkt, welches die Franzosen für eines dergleichen Rhein=
weinlieder hielten, über welche sie sich früher schon lustig gemacht
hatten. Aber genug, mochten sie immer spotten, so konnte dießmal
doch selbst ihr „allons enfants de la patrie" gegen das „lieb Vater=
land, kannst ruhig sein" nicht aufkommen und verhindern, daß sie
tüchtig geschlagen wurden. — Bei der Rückkehr unseres siegreichen
Heeres ließ ich in Berlin unter der Hand nachfragen, ob, wenn
eine große Todtenfeier für die Gefallenen in Aussicht genommen

wäre, mir gestattet sein würde, ein dem erhabenen Vorgange zu
widmendes Tonstück zur Ausführung hierbei zu verfassen. Es hieß
aber, bei der so erfreulichen Rückkehr wünsche man sich keine pein=
lichen Eindrücke noch besonders zu arrangiren. Ich schlug, immer
unter der Hand, ein anderes Musikstück vor, welches den Einzug
der Truppen begleiten, und in welches schließlich, etwa beim Defi=
liren vor dem siegreichen Monarchen, die im preußischen Heere so
gutgepflegten Sängercorps mit einem volksthümlichen Gesange ein=
fallen sollten. Allein dieß hätte bedenkliche Änderungen in den
längst voraus getroffenen Dispositionen veranlaßt, und mein Vor=
schlag ward mir abgerathen. Meinen Kaisermarsch richtete ich für
den Konzertsaal ein: dahin möge er nun passen so gut er kann! —
Hierbei hatte ich mir jedenfalls zu sagen, daß der auf den Schlacht=
feldern neu erstandene „deutsche Geist" nicht nach den Einfällen
eines wahrscheinlich für eitel geltenden Opernkomponisten zu fragen
habe. Jedoch auch verschiedene andere Erfahrungen bewirkten, daß
es mir allmählich im neuen „Reiche" sonderbar zu Muthe wurde,
so daß ich, als ich den letzten Band meiner gesammelten Schriften
redigirte, wie dieß oben schon von mir bemerkt ward, meinen Auf=
satz über: „was ist deutsch?" fortzusetzen keine rechte Anregung
finden konnte.

Als ich mich einmal über den Charakter der Aufführungen
meines „Lohengrin" in Berlin aussprach, erhielt ich von dem
Redakteur der „Norddeutschen Allgemeinen Zeitung" eine Zurecht=
weisung in dem Sinne, daß ich den „deutschen Geist" doch nicht
allein gepachtet zu haben glauben sollte. Ich merkte mir das, und
gab den Pacht auf. Dagegen freute ich mich, als eine gemeinsame
deutsche Reichsmünze hergestellt wurde, und namentlich auch, als
ich erfuhr, daß sie so original=deutsch ausgefallen sei, daß sie zu
keiner Münze der anderen großen Weltstaaten stimme, sondern bei
„Franc" und „Shilling" dem „Cours" ausgesetzt bleibe: man sagte
mir, das sei allerdings chicanös für den gemeinen Verkehr, aber

sehr vortheilhaft für den Banquier. Auch hob sich mein deutsches Herz, als wir liberaler Weise für „Freihandel" stimmten: es war und herrscht zwar viel Noth im Lande; der Arbeiter hungert und die Industrie siecht: aber das „Geschäft" geht. Für das „Geschäft" im allergrößesten Sinne hat sich ganz neuerdings ja auch der Reichs=„Makler" eingefunden, und gilt es der Anmuth und Würde allerhöchster Vermählungsfeierlichkeiten, so führt der jüngste Minister mit orientalischem Anstande den Fackeltanz an.

Dieß Alles mag gut und dem neuen deutschen Reiche recht angemessen sein, nur vermag ich es mir nicht mehr zu deuten, und glaube mich zur weiteren Beantwortung der Frage: „was ist deutsch?" für unfähig halten zu müssen. Sollte uns da nicht z. B. Herr Constantin Frantz vortrefflich helfen können? Gewiß wohl auch Herr Paul de Lagarde? Mögen Diese sich als freundlichst ersucht betrachten, zur Belehrung unseres armen Bayreuther Patronatver= eines sich der Beantwortung der verhängnißvollen Frage anzunehmen. Gelangten sie dann etwa bis zu dem Gebiete, auf welchem wir im voranstehenden Aufsatze Sebastian Bach in Augenschein zu nehmen hatten, so würde ich dann vielleicht wieder meinen erwünschten Mit= arbeitern die Mühe abnehmen können. Wie schön, wenn ich bei den angerufenen Herren Beachtung fände!

Modern.

——

Jn einer kürzlich mir zugesandten Flugschrift wird „eine bedeutende jüdische Stimme" herangezogen, welche sich in folgender Weise vernehmen läßt.

„Die moderne Welt muß den Sieg erringen, weil sie unvergleichlich bessere Waffen führt, als die alte orthodoxe Welt. Die Federmacht ist die Weltmacht geworden, ohne die man sich auf keinem Gebiete halten kann, und diese Macht geht euch Orthodoxen fast gänzlich ab. Eure Gelehrten schreiben zwar schön, geistvoll, aber doch nur für ihres Gleichen, während die Popularität das Schiboleth unserer Zeit ist. Die moderne Journalistik und Romantik hat die freigesinnte Juden= und Christenwelt vollständig erobert. Ich sage die freigesinnte Judenwelt — denn in der That arbeitet jetzt das deutsche Judenthum so kräftig, so riesig, so unermüdet an der neuen Kultur und Wissenschaft, daß der größte Theil des Christenthums bewußt oder unbewußt von dem Geiste des modernen Juden= thums geleitet wird. Giebt es doch heut zu Tage fast keine Zeit= schrift oder Lektüre, die nicht von Juden direkt oder indirekt geleitet wäre." —

Wie wahr! — Ich hatte so etwas noch nicht gelesen, sondern vermeint, unsere jüdischen Mitbürger hörten nicht gern von solchen Dingen sprechen. Nun aber dürfen wir, da man uns mit solch offener Sprache entgegenkommt, wohl auch ein eben so offenes Wort

mitreden, ohne sogleich befürchten zu müssen, als lächerlicher und
dabei doch sehr gehaßter Judenverfolger mannigfach geschädigt und
gelegentlich tumultuarisch ausgepfiffen zu werden. Vielleicht gelänge
es sogar, mit unseren Kulturbesorgern, deren Weltmacht wir durch=
aus nicht in Abrede stellen, uns über einige Grundbegriffe, deren sie
sich nicht in einem ganz richtigen Sinne bedienen dürften, dahin zu
verständigen, daß, wenn sie es wirklich mit uns redlich meinen, ihre
„riesenhaften Bemühungen" einen guten Erfolg für Alle haben
möchten.

Da ist nun sogleich „die moderne Welt". — Wenn hierunter
nicht eben nur die heutige Welt, die Zeit in der wir leben, oder —
wie sie so schön lautend im modernen Deutsch heißt — die „Jetzt=
zeit" gemeint ist, so handelt es sich in den Köpfen unserer neuesten
Kulturbringer um eine Welt, wie sie noch gar nicht dagewesen ist,
nämlich: eine „moderne" Welt, welche die Welt zu keiner Zeit ge=
kannt hat — also: eine durchaus neue Welt, welche die vorange=
gangenen Welten gar nichts mehr angehen, und die daher aus ganz
eigenem Ermessen nach ihrem Belieben sich selbst gestaltet. In der
That muß gegenwärtig den Juden, welche — als nationale Masse
— vor einem halben Jahrhundert unseren Kulturbestrebungen noch
ganz fern ab standen, diese Welt, in welche sie so plötzlich eingetreten
sind, und die sie sich mit so wachsender Gewalt angeeignet haben,
auch als eine ganz neue, noch nie dagewesene Welt vorkommen.
Allerdings sollten eigentlich nur sie in dieser alten Welt sich neu
vorkommen: das Bewußtsein hiervon scheinen sie aber gern von sich
abzuwehren, und dagegen sich glauben machen zu wollen, diese alte
Welt sei, eben durch ihren Eintritt in dieselbe, plötzlich ur=neu ge=
worden. Dieß dünkt uns aber ein Irrthum, über welchen sie sich
recht geflissentlich aufklären sollten, — immer vorausgesetzt, daß sie
es ehrlich mit uns meinen, und in unserer, von ihnen bisher doch
nur benutzten und vermehrten, Verkommenheit uns wirklich helfen
wollen. Nehmen wir dieß Letztere unbedingt an. —

Genau betrachtet, war also unsere Welt für die Juden neu, und Alles was sie vornahmen, um sich in ihr zurecht zu finden, bestand darin, daß sie eben unser Alt=Erworbenes sich anzueignen suchten. Dieß galt nun zu allererst unserer Sprache, — da es unschicklich wäre hier von unserem Gelde zu reden. Es ist mir noch nicht begegnet Juden unter sich ihrer Urmutter=Sprache sich bedienen zu hören: dagegen fiel es mir stets auf, daß in allen Län= dern Europa's die Juden deutsch verstanden, leider aber zumeist nur in dem ihnen zu eigen gewordenen Jargon es redeten. Ich glaube, daß diese unreife und unbefugte Kenntniß der deutschen Sprache, welche eine unerforschliche Weltbestimmung ihnen zugeführt haben muß, den Juden bei ihrem gesetzlich befugten Eintritt in die deutsche Welt das richtige Verständniß und die wirkliche Aneignung derselben besonders erschwert haben mag. Die französischen Protestanten, welche sich nach ihrer Vertreibung aus der Heimath in Deutschland ansiedelten, sind in ihren Nachkommen vollkommen deutsch geworden; ja Chamisso, der als Knabe nur französisch sprechend nach Deutsch= land kam, erwuchs zu einem Meister in deutschem Sprechen und Denken. Es ist auffällig, wie schwer dieß den Juden zu werden scheint. Man sollte glauben, sie seien bei der Aneignung des ihnen Ur=Fremden zu haftig zu Werke gegangen, wozu sie eben jene un= reife Kenntniß unserer Sprache, vermöge ihres Jargons, verleitet haben mag. Es gehört einer anderen Untersuchung an, den Charakter der Sprach=Verfälschung zu erhellen, welchen wir, namentlich ver= mittelst der jüdischen Journalistik, der Einmischung des „Modernen" in unsere Kultur=Entwickelung Schuld geben müssen; nur um unser für heute gestelltes Thema etwas näher auszuführen, muß darauf hingewiesen werden, welch schwere Schicksale unsere Sprache lange Zeit betroffen hatten, und wie es eben nur den genialsten Instinkten unserer großen Dichter und Weisen geglückt war, sie ihrer produktiven Eigenheit wieder zuzuführen, als — im Zusammentreffen mit dem hier bezeichneten, merkwürdigen sprach=litterarischen Entwickelungs=

prozeſſe — dem Leichtſinn einer unproduktiv ſich fühlenden Epigonen=
ſchaft es beikam, den ärgerlichen Ernſt der Vorgänger fahren zu
laſſen und dagegen ſich als „Moderne" anzukündigen.

Der originellen Schöpfungen unſerer neuen jüdiſchen Mitbürger
gewärtig, müſſen wir beſtätigen, daß auch das „Moderne" nicht ihrer
Erfindung angehört. Sie fanden es als Miswachs auf dem Felde
der deutſchen Litteratur vor. Ich habe dem jugendlichen Erblühen
der Pflanze zugeſehen. Sie hieß damals das „junge Deutſchland".
Ihre Pfleger begannen mit dem Krieg gegen litterariſche „Ortho=
doxie", womit der Glaube an unſere großen Dichter und Weiſen
des vorausgegangenen Jahrhunderts gemeint war, bekämpften die
ihnen nachfolgende, ſogenannte „Romantik" (nicht zu verwechſeln
mit der, von der oben herangezogenen „bedeutenden jüdiſchen Stimme"
gemeinten Journaliſtik und — Romantik!), gingen nach Paris,
ſtudirten Scribe und E. Sue, überſetzten ſie in ein genial=nachläſſiges
Deutſch, und endeten zum Theil als Theater=Direktoren, zum Theil
als Journaliſten für den populären häuslichen Heerd.

Das war eine gute Vorarbeit, und auf ihrer Grundlage hin
konnte das „Moderne", ohne weitere Erfindung, wenn nur ſonſt
durch die Geldmacht gut unterſtützt, nicht unleicht zu einer „moder=
nen Welt", welche einer „orthodoxen alten Welt" ſiegreich gegen=
über zu ſtellen war, ausgeſtattet werden.

Zu erklären, was unter dieſem „Modern" in Wahrheit zu
denken ſei, iſt aber nicht ſo leicht, als die Modernen es vermeinen,
ſobald ſie nicht zugeben wollen, daß etwas recht Erbärmliches, und
namentlich uns Deutſchen ſehr Gefährliches darunter verſtanden ſei.
Das wollen wir nun aber nicht annehmen, da wir immer voraus=
ſetzen, unſere jüdiſchen Mitbürger meinten es gut mit uns. Sollten
wir nun, eben in dieſer Vorausſetzung, annehmen, ſie wüßten gar
nicht was ſie ſagten, und faſelten nur? Wir halten es hier für
unnütz, dem Begriffe des „Modernen", wie er ſich zunächſt für die
bildenden Künſte in Italien, zur Unterſcheidung von der Antike ent=

wickelte, auf geschichtlichem Wege nachzugehen; genug, daß wir die
Bedeutung der „Mode" für die Ausbildung des französischen Volks=
geistes kennen gelernt haben. Der Franzose kann sich mit einem
eigenthümlichen Stolze „modern" nennen, denn er macht die Mode
und beherrscht durch sie den Außenschein der ganzen Welt. Bringen
es jetzt die Juden, vermöge ihrer „riesigen Anstrengungen in Ge=
meinschaft mit dem liberalen Christenthum", dahin, uns ebenfalls
eine Mode zu machen, nun — so lohne es ihnen der Gott ihrer
Väter, daß sie an uns armen deutschen Sklaven der französischen
Mode so viel Gutes thun! Vorläufig sieht es aber noch ganz anders
damit aus: denn, trotz aller ihrer Macht, haben sie keine Mittel zur
Originalität, und dieß namentlich für die Anwendung derjenigen
Macht, von welcher sie behaupten, daß nichts ihr widerstehen könnte:
der „Federmacht". Mit fremden Federn kann man sich schmücken,
geradeso wie mit den deliziösen Namen, unter denen uns jetzt
unsere neuen jüdischen Mitbürger ebenso überraschend als entzückend
entgegentreten, während wir armen alten Bürger= und Bauernge=
schlechter uns mit den recht kümmerlichen „Schmidt" „Müller"
„Weber" „Wagner" u. s. w. für alle Zukunft begnügen müssen.
Fremde Namen thun allenfalls jedoch nicht viel zur Sache; aber die
Federn müssen uns aus der eigenen Haut gewachsen sein, nämlich,
wenn wir uns damit nicht nur putzen, sondern aus uns damit
schreiben wollen, und zwar in dem Sinne und mit der Wirkung
schreiben wollen, daß wir dadurch eine ganze alte Welt zu besiegen
verhoffen können, was sonst einem Papageno noch nicht beigekommen
ist. Diese alte Welt — oder wollen wir sagen: diese deutsche
Welt, hat aber noch ihre Originale, denen ihre Federn noch ohne
Anwendung von Johannistriebkraft wachsen; und unsere „bedeutende
Stimme" giebt selbst zu, daß unsere Gelehrten „schön" und „geist=
voll" schreiben; von diesen ist zwar zu fürchten, daß sie, unter dem
beständig sich aufdrängenden Einflusse der jüdischen Journalistik,
endlich auch noch ihr weniges Schön= und Geistvoll=Schreiben ver=

lernen: sie sprechen und schweigen bereits „selbstredend", ganz wie
die moderne „Federmacht". Aber immerhin hat das „liberale Juden=
thum" noch „riesig" zu arbeiten, bis alle originalen Anlagen seiner
deutschen Mitbürgerschaft gänzlich ruinirt sind, bis die auf unserer
eigenen Haut gewachsenen Federn nur noch Spiele mit unverstan=
denen Worten, falsch übersetzte und verkehrt angewendete „bons
mots" u. dgl. niederschreiben, oder auch bis alle unsere Musiker die
merkwürdige Kunst sich angeeignet haben, zu komponiren, ohne daß
ihnen etwas einfällt.

Es ist möglich, daß sich dann auch uns die jüdische Originalität
auf dem Gebiete des deutschen Geisteslebens offenbaren wird, näm=
lich, wann kein Mensch mehr sein eigenes Wort versteht. Bei dem
unteren Volke, z. B. bei unseren Bauern, ist es, durch die Für=
sorge des riesig arbeitenden liberalen Judenthums, fast schon so
weit gekommen, daß der sonst Verständigste „selbstredend" kein
vernünftiges Wort mehr herausbringt, und nur den reinsten Unsinn
zu verstehen glaubt.

Aufrichtig gesagt, es fällt schwer, sich von dem Siege der
modernen Judenwelt viel Heil für uns zu erwarten. So sind mir
denn auch einzelne ernstbegabte Männer jüdischer Abstammung be=
kannt geworden, welche, bei dem Bestreben, ihren deutschen Mitbürgern
nahe zu treten, wirklich große Anstrengungen darauf verwendet haben,
uns Deutsche, unsere Sprache und Geschichte gründlich zu verstehen; diese
haben sich aber von den modernen Welteroberungskämpfen ihrer ehe=
maligen Glaubensgenossen durchaus abgewendet, ja, sogar sich sehr
ernstlich z. B. mir befreundet. Diese Wenigen gehen den „Moder=
nen" also ab, wogegen der Journalist und Essayer bei ihnen einzig
zu voller Afflamation gelangt.

Was nun eigentlich hinter der „Orthodoxie" stecken mag, welche
die „bedeutende Stimme" im Geleite der „Modernen" siegreich zu
bekämpfen gedenkt, wird nicht leicht deutlich: ich fürchte, daß auch
dieses Wort, so geradehin auf unsere bis jetzt noch bestehende Geistes=

welt bezogen, ziemlich konfus verstanden und munkelhaft angewandt
worden ist. Sollte es sich auf die jüdische Orthodoxie beziehen, so
dürfte man darunter vielleicht die Lehren des Talmud verstehen,
von welchen sich abzuwenden unseren jüdischen Mitbürgern nicht
unrathsam erscheinen möchte, da, soviel wir hiervon wissen, bei Be=
folgung dieser Lehren ein wohlwollendes Zusammengehen mit uns
ihnen doch ungemein erschwert sein muß. Aber, dieß würde doch
das deutsche Volk, welchem das liberale Judenthum aufhelfen will,
nichts Rechtes angehen, und es haben dergleichen die Juden unter
sich selbst abzumachen. Dagegen geht nun die christliche Orthodoxie
die liberalen Juden doch wiederum gar nichts an, — es wäre denn,
daß sie sich vor lauter Liberalismus in einer schwachen Stunde
hätten taufen lassen. Also ist es doch wohl mehr die Orthodoxie
des deutschen Geistes überhaupt, was sie meinen, — also etwa die
Rechtgläubigkeit im Betreff der bisherigen deutschen Wissenschaft,
Kunst und Philosophie. Diese Rechtgläubigkeit ist aber wiederum
schwer zu verstehen, und namentlich nicht leicht zu definiren. Man=
cher glaubt, Mancher zweifelt; es wird, auch ohne die Juden, viel
gestritten, kritisirt, und im Ganzen nichts Rechtes produzirt. Auch
der Deutsche hat seine Liebe und seine Freude: er freut sich am
Schaden Anderer, und er „liebt das Strahlende zu schwärzen".
Wir sind nicht vollkommen. Somit betrachten wir dieß als ein
fatales Thema, welches wir heute besser unberührt lassen; ebenso
wie die „Popularität", welche die „bedeutende Stimme" zum Schibo=
leth unserer Zeit erhebt; und zwar übergehe ich diesen Passus um
so lieber, als das „Schiboleth" mir Schrecken einflößt: auf nähere
Erkundigung nach der Bedeutung dieses Wortes, erfuhr ich nämlich,
daß es, an sich von keinem beziehungsvollen Werthe, von den alten
Juden in einer Schlacht als Erkennungszeichen für die Angehörigen
eines Stammes, welchen sie gewohnter Maaßen auszurotten im
Sinne hatten, benutzt wurde: wer nämlich das „Sch" ohne Zisch=
laut, wie ein weiches „S" aussprach, wurde niedergemacht. Ein

6*

immerhin fatales „Mot d'ordre" für den Kampf um Popularität,
zumal bei uns Deutschen, denen der Abgang semitischer Zischlaute
sehr verderblich werden dürfte, wenn es einmal zur rechten Popu=
laritätsschlacht der liberal=modernen Juden kommen sollte.

Auch für eine nähere Beleuchtung des „Modernen" dürfte
es, selbst nach diesen so dürftigen Erörterungen, dießmal genug
sein. Dagegen erlaube ich mir, vielleicht zur Erheiterung des be=
freundeten Patronatvereins=Mitgliedes, welches diese Zeilen liest,
für heute meine Mittheilung durch die Aufzeichnung eines drolligen
Reimes zu beschließen, der mir gelegentlich einmal einfiel. Er heißt:

„Laßt klüglich alles Alte modern;
wir rechten Leute sind modern."

Publikum und Popularität.

I.

„Schlecht ist nicht das Schlechte, denn es täuscht nur selten;
das Mittelmäßige ist schlecht, weil es für gut kann gelten."

So sagt ein indischer Weisheitsspruch.

Wer ist nun das „Publikum", dem das Schlechte wie das
Mittelmäßige dargeboten wird? Woher nimmt es das Urtheil zur
Unterscheidung, und namentlich die, wie es scheint, so schwierige
Erkenntniß des Mittelmäßigen, da das Gute selbst sich ihm gar
nicht darbietet, sondern das Merkmal des Guten eben darin besteht,
daß es für sich selbst da ist, und das im Mittelmäßigen und
Schlechten erzogene Publikum sich erst erheben muß, um an das
Gute heranzutreten?

Nun hat aber Alles, außer eben das Gute, sein Publikum.
Niemals wird ein Ausbeuter der Wirkung des Mittelmäßigen sich
auf den Bund seiner Mitinteressenten berufen, sondern immer auf
das „Publikum", nach welchem er sich zu richten habe. Hier ein
Beispiel. Vor einiger Zeit wendete sich einer meiner jüngeren
Freunde an den, nun verewigten, Herausgeber der „Gartenlaube"
mit der Bitte um die Aufnahme der von ihm verfaßten ernstlichen
Berichtigung eines entstellenden Artikels über mich, mein Werk und
mein Vorhaben, welcher, der Gewohnheit gemäß, in jenem gemüth=

lichen Blatte seinen Platz gefunden hatte. Der so populär ge=
wordene Herausgeber wies diese Bitte ab, weil er auf „sein Publikum"
Rücksicht zu nehmen habe. Das war also das Publikum der
„Gartenlaube": gewiß keine Kleinigkeit; denn ich hörte kürzlich,
dieses höchst solide Volksblatt erfreue sich einer ungeheuren Anzahl
von Abnehmern. Offenbar giebt es jedoch neben diesem wiederum ein
anderes Publikum, welches zum Allermindesten nicht weniger zahlreich
ist, als jener Leserbund, nämlich das unermeßlich mannigfaltig zu=
sammengesetzte Theaterpublikum, ich will nur sagen: Deutschland's.
Hiermit steht es nun sonderbar. Die Theaterdirektoren, welche die
Bedürfnisse dieses Publikums etwa in gleicher Weise besorgen, wie
z. B. der verewigte Herausgeber der Gartenlaube für die des
seinigen beflissen war, können, mit wenigen Ausnahmen, alle mich
nicht leiden, ganz so wie die Redaktoren und Rezensenten unserer
großen politischen Zeitungen; sie finden aber ihren Vortheil darin,
ihrem Publikum meine Opern vorzuführen, und entschuldigen sich
wiederum mit der ihnen nöthigen Rücksicht auf dieses ihr Publikum,
wenn Jene ihnen Vorwürfe hierüber machen. Wie mag hierzu sich
das Publikum der „Gartenlaube" verhalten? Welches ist wirklich
ein „Publikum"? Dieses oder jenes?

Jedenfalls herrscht hier eine große Verwirrung. Man könnte
annehmen, solch eine beliebige Anzahl von Lesern eines Blattes
habe in Wirklichkeit nicht den Charakter eines Publikums, denn sie
bezeugt durch nichts, daß sie eine Initiative ausübe, viel weniger
ein Urtheil habe; wogegen ihr Charakter die Trägheit sei, welche
sich das eigene Denken und Urtheilen in weislicher Bequemlichkeit
erspare, und dieß um so eifriger und störrischer, als endlich die
langjährige Gewohnheit dieser Trägheits=Übung den Stempel der
Überzeugung aufdrücke. Das ist nun aber anders bei dem Publikum
der Theater: dieses nimmt unleugbar Initiative, und spricht sich, oft
zum Erstaunen der dabei Interessirten, ganz unmittelbar darüber
aus, was ihm gefällt und was ihm nicht gefällt. Es kann gröblich

getäuscht werden, und soweit die Journale, namentlich auf die
Direktoren der Theater, Einfluß gewinnen, kann besonders das
Schlechte, sonderbarer Weise aber weniger das Mittelmäßige, das
Gefallen eines Theaterpublikums oft tief im Schmutze herumziehen.
Aber, es weiß sich aus jeder Versunkenheit auch wieder herauf zu
helfen, und dieß ist unausbleiblich der Fall, sobald ihm etwas
Gutes geboten wird. Kommt es hierzu, so hat alle Chicane dagegen
die Macht verloren. Der vermögende Bürger einer kleinen Stadt
hatte einem meiner Freunde vor etwa zwei Jahren sich für einen
Patronatplatz zu den Bayreuther Bühnenfestspielen gemeldet: er
nahm dieß zurück, als er aus der „Gartenlaube" erfahren hatte,
meine Sache sei Schwindel und Geldprellerei. Endlich zog ihn
die Neugier an; er wohnte einer Vorstellung des „Ring des
Nibelungen" bei und erklärte in Folge dessen meinem Freunde, zu
jeder Aufführung desselben wieder nach Bayreuth kommen zu wollen.
Wahrscheinlich nahm er an, daß in diesem einzigen Falle die Garten=
laube ihrem Publikum einmal zu viel zugemuthet habe, nämlich:
dem vorgeführten Kunstwerke gegenüber ohne Eindruck zu bleiben.

Dieß wäre für jetzt Etwas vom Theaterpublikum! Man ersieht,
an dieses ist eine Berufung möglich: wenn es nicht zu urtheilen
versteht, so empfängt es Eindrücke doch unmittelbar, und zwar durch
Hören und Sehen, sowie durch seelische Empfindungen. Was ihm
ein wirkliches Urtheil erschwert, ist, daß seine Empfindungen nie
vollkommen rein sein können, weil ihm im besten Falle immer nur
das Mittelmäßige geboten wird, und dieß mit dem Anspruche für
das Gute zu gelten. Ich sagte anfänglich, das Gute böte sich
ihm nicht dar, und ich schien mir selber zu widersprechen, als ich,
in der Folge, den Fall annahm, daß es ihm wirklich dargeboten
würde, als welchen Fall ich meine Bayreuther Bühnenfestspiele
heranzuziehen mir erlaubte.

Hierüber wünschte ich mich nun verständlich zu machen. Ohne
einen allgemeinen, für alle Kultur=Epochen gültigen Grundsatz auf=

stellen zu wollen, fasse ich für jetzt unsere heutigen öffentlichen
Kunstzustände in das Auge, wenn ich behaupte, daß unmöglich
etwas wirklich gut sein kann, wenn es von vornherein für eine
Darbietung an das Publikum berechnet und diese beabsichtigte Dar=
bietung bei Entwerfung und Ausführung eines Kunstwerkes dem
Autor als maaßgebend vorschwebt. Daß dagegen Werke, deren
Entstehung und Ausführung dieser Absicht durchaus ferne liegen
mußten, dennoch dem „Publikum" dargeboten werden, ist ein dämo=
nischer, in der tiefsten Nöthigung zur Konzeption solcher Werke
aber begründeter Schicksalszug, durch den das Werk von seinem
Schöpfer der Welt gewissermaaßen abgetreten werden muß. Fraget
den Autor, ob er sein Werk als ihm noch angehörig betrachtet,
wenn es in die Wege sich verliert, auf welchen nur das Mittel=
mäßige angetroffen wird, und zwar das Mittelmäßige, welches sich
für das Gute giebt. Das von dem oben angeführten indischen
Spruche nicht Berührte ist aber, daß eben das Gute nur unter der
Gestalt des Mittelmäßigen in unsere Öffentlichkeit tritt, und in
dieser Verunstaltung dem Urtheile als dem Mittelmäßigen gleich
dargeboten wird, weil das Gute in seiner reinen Gestalt, eben so
wenig als die vollkommene Gerechtigkeit, in unserer Welt zu der
ihm adäquaten Erscheinung kommen kann.

Wir sprechen noch vom Publikum unserer Theater. Ihm
werden die Werke unserer großen Dichter und Tonsetzer vorgeführt:
gewiß gehören diese dem seltenen, ja einzigen Guten an, was wir
besitzen; aber schon, daß wir sie besitzen und als unser Eigenthum
behandeln, hat sie, eben für uns, in das Gemeingut des Mittel=
mäßigen geworfen. An der Seite welch' anderer Produkte werden
sie dem Publikum vorgeführt? Schon dieses Eine, daß sie auf
derselben Bühne wie jene, und von denselben Darstellern, welche
in jenen sich heimisch fühlen, uns vorgeführt werden, so wie daß
wir endlich diese entwürdigende Nebeneinanderstellung und Ver=
mischung ruhig dahin nehmen, bezeugt doch deutlich, daß jenes Gute

uns nur dann verständlich gemacht werden zu können scheint, wenn es uns auf der Bodenfläche des Mittelmäßigen dargeboten wird. Das Mittelmäßige aber ist die breite Grundlage, und für das Mittelmäßige sind die Kräfte angeleitet und geübt, so daß es von unsren Schauspielern und Sängern richtiger und besser wieder= gegeben wird, als, wie demnach sehr natürlich, das Gute. Dieses festzustellen war für unsere Untersuchung zuerst nöthig, und über die Richtigkeit dieser Feststellung wird, so denke ich, nicht viel zu streiten sein: nämlich, daß nur das Mittelmäßige auf unseren Theatern gut, d. h. seinem Charakter entsprechend, das Gute aber schlecht, weil im Charakter der Mittelmäßigkeit, uns vorgeführt wird. Wer durch diesen Schleier hindurchblickt, und das Gute in seiner wahren Reinheit erkennt, kann, streng genommen, nicht mehr zu dem heutigen Theaterpublikum gezählt werden; wie= wohl, was eben sehr bezeichnend für den Charakter eines Theater= publikums ist, diese Ausnahmen gerade nur hier angetroffen werden: während einem bloßen Leser=Publikum, namentlich einem Zeitungs= leser=Publikum, jener Durchblick auf das wahrhaft Gute stets ver= wehrt bleiben wird. —

Was ist nun aber der Charakter des Mittelmäßigen?

Gemeinhin verstehen wir unter diesem wohl Dasjenige, was uns nicht etwas unbekannt Neues, das Bekannte aber in gefälliger und schmeichelnder Form bringt. Es könnte, im guten Sinn, das Produkt des Talentes darunter verstanden sein, wenn wir dieses mit Schopenhauer so auffassen, daß das Talent in ein Ziel treffe, welches wir zwar Alle sehen, aber nicht leicht erreichen; wogegen das Genie, der Genius des „Guten", in ein Ziel treffe, das wir Anderen gar nicht einmal sehen.

Die eigentliche Virtuosität gehört daher dem Talente an, und an dem musikalischen Virtuosen wird die voranstehende Defi= nition am verständlichsten. Wir haben da die Werke unserer großen Tonsetzer vor uns; sie richtig und im Geiste der Meister uns vor=

zutragen vermag aber nur, wer hierfür das Talent hat. Um seine
Virtuosität ganz für sich glänzen zu lassen, richtet sich der Musiker
oft eigene Tonstücke her: diese gehören dann in die Gattung des
Mittelmäßigen, während ihre Virtuosität an sich dieser Gattung
eigentlich schon nicht mehr zugeschrieben werden kann, da wir doch
offen bekennen müssen, daß ein mittelmäßiger Virtuos in gar keiner
Gattung mitzählt. — Eine, der bezeichneten sehr nahe verwandte Vir=
tuosität, also die Wirksamkeit des eigentlichen Talentes, treffen wir im
schriftstellerischen Fache mit großer Bestimmtheit bei den Franzosen
an. Diese besitzen das Werkzeug zu ihrer Ausübung namentlich in
einer, wie es scheint, eigens dafür ausgebildeten Sprache, in welcher
geistvoll, witzig, und unter allen Umständen zierlich und klar sich
auszudrücken als höchstes Gesetz gilt. Es ist unmöglich, daß ein
französischer Schriftsteller Beachtung findet, wenn seine Arbeit nicht
vor Allem diesen Anforderungen seiner Sprache genügt. Vielleicht
erschwert gerade auch diese vorzügliche Aufmerksamkeit, welche er
auf seinen Ausdruck, seine Schreibart ganz an und für sich zu ver=
wenden hat, dem französischen Schriftsteller wahre Neuheit seiner
Gedanken, also etwa das Erkennen des Zieles, welches Andere
noch nicht sehen; eben schon aus dem Grunde, weil er für diesen
durchaus neuen Gedanken den glücklichen, auf Alle sofort zu=
treffend wirkenden Ausdruck nicht finden können würde. Hieraus
dürfte es zu erklären sein, daß die Franzosen in ihrer Litteratur so
unübertreffliche Virtuosen aufzuweisen haben, während der intensive
Werth ihrer Werke, mit den großen Ausnahmen früherer Epochen,
sich selten über das Mittelmäßige erhebt.

Nichts Verkehrteres kann man sich nun denken, als die Eigen=
schaft, welche die Franzosen auf dem Grunde ihrer Sprache zu
geistreichen Virtuosen macht, von deutschen Schriftstellern adoptirt
zu sehen. Die deutsche Sprache als Instrument der Virtuosität be=
handeln zu wollen, durfte nur Solchen einfallen, welchen die deut=
sche Sprache in Wahrheit fremd ist und daher zu üblen Zwecken

von ihnen gemißbraucht wird. Keiner unserer großen Dichter und
Weisen kann daher als Sprachvirtuos beurtheilt werden: jeder von
ihnen war noch in der Lage Luther's, welcher für seine Übersetzung
der Bibel sich in allen deutschen Mundarten umsehen mußte, um
das Wort und die Wendung zu finden, dasjenige Neue deutsch=
volksthümlich auszudrücken, als welches ihm der Urtext der heiligen
Bücher aufgegangen war. Denn dieß ist der Unterschied des deut=
schen Geistes von dem jedes anderen Kulturvolkes, daß die für ihn
Zeugenden und in ihm Wirkenden zu allernächst etwas noch Unaus=
gesprochenes ersahen, ehe sie daran gingen überhaupt zu schreiben,
welches für sie nur eine Nöthigung in Folge der vorangegangenen
Eingebung war. So hatte jeder unserer großen Dichter und Weisen
sich seine Sprache erst zu bilden; eine Nöthigung, welcher selbst die
erfinderischen Griechen nicht unterworfen gewesen zu sein scheinen,
weil ihre Sprache ihnen als ein stets nur lebenvoll gesprochenes,
und deßhalb jeder Anschauung und Empfindung willig gehorchendes,
nicht aber durch schlechte Schriftstellerei verdorbenes, Element zu
Gebote stand. Wie beklagte es dagegen Goethe, in einem Gedichte
aus Italien, durch seine Geburt zur Handhabung der deutschen
Sprache verurtheilt zu sein, in welcher er sich Alles erst erfinden
müßte, was z. B. den Italienern und Franzosen ganz von selbst
sich darböte. Daß wir unter solchen Nöthen nur wirklich originale
Geister unter uns als produktiv haben erstehen sehen, möge uns
über uns selbst belehren, und jedenfalls zu der Erkenntniß bringen,
daß es mit uns Deutschen eine besondere Bewandniß habe. Diese
Erkenntniß wird uns aber auch darüber belehren, daß, wenn Vir=
tuosität in irgend einem Kunstzweige die Dokumentation des Talentes
ist, dieses Talent, wenigstens im Zweige der Litteratur, den Deut=
schen völlig abgehen muß: wer hierin sich zur Virtuosität auszubil=
den bemüht, wird Stümper bleiben; wenn er aber als solcher,
ähnlich wie etwa der musikalische Virtuos sich eigene Stücke kom=
ponirt, für seine vermeintliche Virtuosität sich dichterische Entwürfe

zurecht legt, so werden diese nicht der Kategorie des Mittelmäßigen, sondern des einfach Schlechten, d. h. gänzlich Nichtigen, angehören. Dieses Schlechte, weil Nichtige, ist nun aber das Element unserer ganzen „modernen" — sogenannten belletristischen — Litte= ratur geworden. Die Verfasser unserer zahlreichen Litteratur= Geschichtsbücher scheinen sich hierauf besinnen zu wollen, wobei sie auf allerhand sonderbare Einfälle gerathen, wie z. B., daß wir jetzt nichts Gutes mehr hervorbrächten, weil Goethe und Schiller uns auf Abwege geführt hätten, von denen uns wieder abzuleiten unsere feuilletonistische Straßenjugend etwa berufen sein müsse. Wer so Etwas mit großer Ignoranz, aber gehöriger Schamlosigkeit bis in sein sechzigstes Jahr als biederes Handwerk betreibt, dem besorgt der Kulturminister eine Pension. Kein Wunder nun, daß diesen Männern der gedruckten deutschen Intelligenz das eigentlich Gute, das Werk des Genie's, ungemein verhaßt ist, schon weil es sie so sehr stört; und wie leicht fällt es ihnen, für diesen Haß sich Theilnehmer zu verschaffen: das ganze lesende Publikum, ja — die ganze, durch das Zeitungslesen heruntergebrachte Nation selber, steht rüstig ihnen zur Seite.

Es war uns ja, durch die unglaublichsten Täuschungen unserer Regierungen über den Charakter der Deutschen und die daraus entsprungenen, halsstarrig festgehaltenen Irrungen und ausgeübten Mißgriffe so ungemein leicht gemacht worden, liberal zu sein. Was eigentlich unter dem Liberalismus zu verstehen war, konnten wir ruhig den Predigern und Geschäftsbesorgern desselben zur Erwägung und Ausführung überlassen. Wir wollten demnach — vor allen Dingen — Preßfreiheit, und wer einmal von der Censur eingesteckt wurde, war ein Märtyrer und jedenfalls ein wahrhaftiger Mann, welchem überallhin mit dem Urtheile zu folgen war. Brachte dieser die Einnahmen seines Journals endlich auf eine Rente von einer halben Million Thaler für sich, so bewunderte man den Märtyrer außerdem noch als sehr verständigen Geschäftsmann. Dieß geht

aber nun so fort, trotzdem die Feinde des Liberalismus, nachdem
uns von jenseits Preßfreiheit und allgemeines Stimmrecht aus
reinem Vergnügen an der Sache dekretirt worden, gar nicht mehr
recht zu bekämpfen sind. Aber im rüstigen Kampfe, d. h. in der
Bekämpfung von irgend etwas als gefährlich Ausgegebenem, liegt
die Macht des Journalisten, und der Anreiz, den er auf sein
Publikum ausübt. Da heißt es denn: die Macht haben wir,
400,000 Abonnenten stehen hinter uns und sehen uns von dort
aus zu: was bekämpfen wir jetzt? Da kommt alsbald das ganze
Litteraten= und Rezensententhum zur Hilfe: Alle sind liberal und
hassen das Ungemeine, vor Allem das seinen eigenen Weg Gehende
und um sie nicht sich Kümmernde. Je seltener diese Beute anzu=
treffen ist, desto einmüthiger stürzt sich Alles darauf, wenn sie sich
einmal darbietet. Und das Publikum, immer von hinten, sieht zu,
hat dabei jedenfalls den Genuß der Schadenfreude, und außerdem
die Genugthuung der Überzeugung, immer für die Volksrechte ein=
zustehen, da ja z. B. auch in Kunstangelegenheiten, von denen es
gar nichts versteht, immer die zu völliger Berühmtheit erhobenen
Haupt=Rezensenten der größten, bewährtesten und allerliberalsten
Zeitungen es sind, welche sein Gewissen darüber beruhigen, daß
seine Verhöhnung des von Jenen Geschmäheten am rechten Platze
sei. Was dagegen die einzige würdige Aufgabe für den Gebrauch
solch einer, mit erstaunlichem Erfolge aufgebrachten Journal=Macht
wäre, das kommt den Gewalthabern derselben nie bei: nämlich,
einen unbekannten oder verkannten großen Mann an das Licht zu
ziehen und seine Sache zur allgemeinen Anerkennung zu bringen.
Außer dem richtigen Muthe fehlt ihnen aber vor allen Dingen der
nöthige Geist und Verstand hierfür, und es gilt dieß für jedes
Gebiet. Als diese liberalen Vorkämpfer für die Preßfreiheit sich
abärgerten, ließen sie den Nationalökonomen Friedrich List mit
seinen großen, für die Wohlfahrt des deutschen Volkes so höchst
ersprießlichen Plänen ruhig unbeachtet zu Grunde gehen, um es

weislich der Nachwelt zu überlassen, diesem Manne, der zur Durch=
führung seiner Pläne allerdings nicht der Preßfreiheit, sondern
der Preßtüchtigkeit bedurfte, ein Monument, d. h. sich selbst eine
Schmach=Säule, zu setzen. Wo blieb der große Schopenhauer,
dieser wahrhaft einzig freie deutsche Mann seiner Zeit, wenn ihn
nicht ein englischer Reviewer uns entdeckt hätte? Noch jetzt weiß
das deutsche Volk nichts anderes von ihm, als was gelegentlich
irgend ein Eisenbahn=Reisender von einem anderen hört, nämlich:
Schopenhauer's Lehre sei, man solle sich todtschießen. — Das sind
solche Züge der Bildung, wie sie an heiteren Sommerabenden in
der gemüthlichen Gartenlaube zu gewinnen ist.

Nun hat dieß Alles aber doch auch noch eine andere Seite.
Wir geriethen bei unserer Untersuchung zuletzt ausschließlich auf die
Leiter des Publikums, und ließen das Publikum selbst darüber aus
dem Auge. Jene sind für den von ihnen angerichteten Schaden
nicht durchweg so verantwortlich, als es dem strengen Beurtheiler
ihres Treibens erscheinen mag: sie leisten am Ende das, wozu sie
befähigt sind, sowohl in moralischer wie in intellektueller Hinsicht.
Ihrer sind Viele; es giebt der Litteraten wie Sand am Meere, und
leben will Jeder. Sie könnten etwas Nützlicheres und Erfreu=
licheres treiben; das ist wahr. Aber es ist so leicht und daher
so verlockend geworden, litterarisch und journalistisch zu faulenzen,
zumal da es so viel einbringt. Wer verhilft ihnen nun zu dieser,
so wenig Erlernung kostenden und doch so schnell lohnenden Aus=
übung aggressiver litterarischer Faulenzerei?

Offenbar ist dieß das Publikum selbst, welchem sie wiederum
den Hang zur Trägheit, die seichte Lust, sich an Strohfeuer zu
wärmen, sowie die eigentliche Neigung des Deutschen zur Schaden=
freude, das Gefallen am Geschmeicheltwerden zur angenehmsten
Gewohnheit gemacht haben. Diesem Publikum beizukommen möchte
ich mich nicht getrauen: wer einmal, sei es im Eisenbahnwagen, im
Caféhaus oder in der Gartenlaube lieber liest, als selbst hört,

sieht und erfährt, dem ist durch alles Schreiben und Drucken von unserer Seite nichts anzuhaben. Da werden zehn Auflagen einer Schandschrift über Denjenigen verschlungen, dessen eigene Schrift man gar nicht erst zur Hand nimmt. Das hat nun einmal seine tiefen, bis in das Metaphysische reichenden Gründe.

Welches andere Publikum ich dagegen meine, und welche günstigen Erfolge von ihm für ein besseres Gedeihen namentlich unserer verwahrlosten öffentlichen Kunst- und Kultur-Zustände zu erwarten sein dürften, deutete ich schon an, und ich behalte mir nun vor, meine Ansichten hierüber in einem folgenden zweiten Artikel deutlicher darzulegen, — oder, in der modernen Virtuosen=sprache ausgedrückt: klarzustellen.

II.

Wenn ich diesem Artikel das „eritis sicut deus scientes bonum et malum" voransetze, und diesem das „vox populi vox dei" nach= folgen lasse, so habe ich etwa den Weg, den ich mit der beabsichtigten Untersuchung einzuhalten gedenke, nicht unrichtig bezeichnet, wobei nur noch das „mundus vult decipi" in unangenehme Mitbetrachtung zu ziehen sein dürfte. —

Was ist gut, und was ist schlecht? Und wer entscheidet hierüber? — Die Kritik? So könnten wir die Ausübung einer wahrhaftigen Befähigung zum Urtheilen nennen; nur kann die beste Kritik nichts anderes sein, als die nachträgliche Zusammenstellung der Eigenschaften eines Werkes mit der Wirkung, welche es auf diejenigen hervorgebracht, denen es dargeboten worden ist. Somit möchte die beste Kritik, wie etwa die des Aristoteles, mehr als eine, wenn auch naturgemäß unfruchtbare, Anleitung bei fernerem Pro= duziren zu wirken beabsichtigen, sobald sie nicht bloß als Spiel des Verstandes zur Herausfindung und Erklärung der Vernunft des auf ganz anderem Wege bereits ausgesprochenen Urtheiles sich kund gäbe.

Sehen wir, nach dieser ihr zugetheilten Bedeutung, hier ebenso von der Kritik ab, wie von dem Leserpublikum, für welches sie bestimmt ist, nothwendig bereits abgesehen werden mußte, so bleibt uns für den Hauptzweck dieser Untersuchung nur diejenige lebendige Versammlung, welcher das Kunstwerk unmittelbar vorgeführt wird, zur Betrachtung übrig.

Bekennen wir zuvörderst, daß es schwer fällt, einem heutigen Theaterpublikum sofort die bedeutenden Eigenschaften zuzusprechen, welche wir, nothgedrungen, jener „vox populi" zuerkennen wollten oder mußten. Wenn in ihm alle üblen Eigenschaften jeder Menge überhaupt sich geltend machen; wenn hier Trägheit neben Zügel= losigkeit, Rohheit neben Geziertheit, namentlich aber Unempfänglichkeit und Abgeschlossenheit gegen Eindrücke tieferer Art, vollauf anzu= treffen sind: so müssen wir doch auch bestätigen, daß wiederum hier, wie bei jeder Menge überhaupt, diejenigen Elemente hingebungs= voller Empfänglichkeit anzutreffen sind, ohne deren Mitwirkung nichts Gutes je in die Welt hätte treten können. Wo wäre die Wirkung der Evangelien geblieben, wenn nicht eben die Menge, der „populus" jene Elemente in sich schloß?

Das Üble ist eben nur, daß namentlich das heutige deutsche Publikum aus so gar verschiedenartigen Elementen sich zusammen= setzt. Sobald ein neues Werk Aufsehen erregt, treibt die Neugierde Alles in das Theater, welches auch für das Gewöhnliche als der Versammlungsort der Zerstreuungsbedürftigen überhaupt angesehen wird. Wer im Theater, die meistens schlechten Aufführungen un= beachtet lassend, sich hingegen ein sehr unterhaltendes und lehrreiches Schauspiel verschaffen will, der wende der Bühne den Rücken zu und betrachte sich das Publikum, — was andererseits durch die Konstruktion unsrer Theatersäle so sehr erleichtert wird, daß an vielen Plätzen, sobald man sich den Hals nicht beständig verdrehen will, geradeswegs die Nöthigung zu solcher Richtung in Anschlag gebracht zu sein scheint. Bei dieser Betrachtung werden wir alsbald finden, daß ein großer Theil der Zuschauer rein aus Irrthum und in falscher Annahme heute in das Theater gerathen ist. Der Trieb,

7*

der Alle in das Theater geführt hat, mag immerhin nur als Unter=
haltungssucht erkannt werden, und dieß im Betreff eines Jeden
der Gekommenen: allein, die ungemeine Verschiedenheit der Empfäng=
lichkeit, sowie ihrer Grade, wird dem ein Theaterpublikum beob=
achtenden Physiognomiker hier deutlicher erkennbar, als irgendwo
sonst, selbst als in der Kirche, weil hier die Heuchelei zudeckt, was
dort sich ohne jede Scheu offenbaren darf. Hierbei sind aber die
verschiedenen Gesellschafts= und Bildungsstufen, denen die Zuschauer
angehören, keinesweges für die Verschiedenheit der Empfänglichkeit
der Individuen maaßgebend: auf den ersten, wie auf den letzten
Plätzen trifft sich das gleiche Phänomen der Empfänglichkeit und
der Unempfänglichkeit dicht neben einander an. In einer der vor=
züglichen früheren Aufführungen des „Tristan" in München be=
obachtete ich, während des letzten Aktes, eine lebenvolle Dame
mittleren Alters in vollster Verzweiflung der Gelangweiltheit sich
gebärdend, während ihrem Gatten, einem graubärtigen höheren
Offiziere, die Thränen der tiefsten Ergriffenheit über die Wangen
flossen. So beklagte sich ein von mir hochgeschätzter würdiger alter
Herr von freundlichster Lebensgesinnung bei einer Aufführung der
„Walküre" in Bayreuth, während des zweiten Aktes über die von
ihm als unerträglich empfundene Länge der Scene zwischen Wotan
und Brünnhilde; seine neben ihm sitzende Frau, eine ehrwürdige,
häuslich sorgsame Matrone, erklärte ihm hiergegen, daß sie nur
bedauern würde, die tiefe Ergriffenheit von ihr genommen zu sehen,
in welcher sie die Klage dieses Heidengottes über sein Schicksal
gefesselt hielte. — Offenbar zeigt es sich an solchen Beispielen, daß
die natürliche Empfänglichkeit für unmittelbare Eindrücke von thea=
tralischen Vorstellungen und den ihnen zu Grunde liegenden dich=
terischen Absichten eben so ungemein verschieden ist, wie die Tempera=
mente überhaupt, ganz abgesehen von den verschiedenen Graden der
Bildung, es sind. Die Eine hätte ein bunt abwechselndes Ballet,
den Anderen ein geistvoll spannendes Intriguenspiel gefesselt,

wogegen ihre Nachbarn wiederum gleichgiltig geblieben sein
könnten. — Wie soll hier geholfen und der heterogenen Menge
das Allbefriedigende vorgeführt werden? Der Theaterdirektor
des Prologes zum Faust scheint die Mittel hierzu anrathen zu
wollen.

Die Franzosen aber haben dieß, mindestens für ihr Pariser
Publikum, bereits besser verstanden. Sie kultiviren für jedes Genre
ein besonderes Theater; dieses wird von Denen besucht, welchen
dieses Genre zusagt: und so kommt es, daß die Franzosen, vom
intensiven Werthe ihrer Produktionen abgesehen, immer Vorzügliches
zu Tage bringen, nämlich immer homogene theatralische Leistungen
vor einem homogenen Publikum.

Wie steht es hiermit bei uns?

Wo in den größeren unserer Hauptstädte, namentlich in Folge
der Freigebung der Theater an die Spekulation, neben den von
den Höfen unterhaltenen Theatern sogenannte Genre- und Volks-
Theater sich eingefunden haben, dürfte dem Pariser Vorbilde auch
in Deutschland etwas näher getreten worden sein. Versagen wir
es uns an dieser Stelle die Leistungen dieser Theater abzuschätzen,
und dürfen wir den Werth derselben schon aus dem Grunde wenig
hoch anschlagen, weil sie fast gar keine Originalprodukte, sondern
meistens nur „lokalisirte" ausländische Waare bieten, so möchten
wir immerhin gern annehmen, daß, der Verschiedenartigkeit des
Genres dieser Theater entsprechend, im größeren Publikum sich auch
die Scheidung derjenigen Elemente vollziehen dürfte, welche in
ihrer unmittelbaren Mischung die zuvor bezeichnete verwirrende,
uns beunruhigende Physiognomie desselben uns zur Wahrnehmung
brachten. Es scheint dagegen, daß die Operntheater, schon ihres
Alles anziehenden scenischen wie musikalischen Prunkes wegen, immer
der Gefahr ausgesetzt bleiben werden, ihre Leistungen einem in sich
tief gespaltenen, durchaus ungleich empfänglichen Publikum vorführen
zu müssen. Wir ersehen, daß in Berührung mit einem so höchst

ungleichartigen Publikum jeder Berichterstatter über das hier an=
getroffene Gefallen oder Misfallen seine besondere Ansicht geltend
machen kann: das absolut richtige Urtheil in diesem Betreff möchte
hier schwerer als sonst wo zu ermitteln sein.

Daß an den hieraus entstehenden Verwirrungen der Charakter
der Leistungen dieser Operntheater zumeist selbst die Schuld trägt,
ist unläugbar. Hier fehlt es eben an jeder Ausbildung eines
Styles, in Folge deren wenigstens der reine Kunstgeschmack des
Publikums zu einiger Sicherheit gelangen könnte, um vermöge eines
verfeinerten Sinnes für Form den psychologischen Zufall der Ein=
drücke in so weit beherrschen zu können, daß die Empfänglichkeit
dafür nicht einzig dem Temperamente überlassen bliebe. Ihre guten
Theater haben es hingegen den Franzosen erleichtert, ihren Sinn
für Form auf das Vortheilhafteste auszubilden. Wer die höchst
spontanen Kundgebungen des Pariser Publikums bei einer zart aus=
geführten Nüance des Schauspielers oder Musikers, sowie überhaupt
bei der Manifestation eines schicklichen Formensinnes erfahren hat,
wird, von Deutschland kommend, hiervon wahrhaft überrascht worden
sein. Man hatte den Parisern gesagt, ich verurtheile und vermiede
die Melodie: als ich ihnen vor längerer Zeit in einem Konzerte
den Tannhäuser=Marsch vorspielen ließ, unterbrach das Auditorium
nach den sechszehn Takten des ersten Cantabile's mit vollstem Beifalls=
sturme das Tonstück. Etwas diesem Sinne Ähnliches traf ich noch
bei dem Wiener Publikum an: hier war es ersichtlich, daß Alles
mit zarter Aufmerksamkeit der Entwickelung eines mannigfaltig
gegliederten melodischen Gedankens folgte, um, gleichsam bei dem
Punktum der Phrase angekommen, auf das Lebhafteste seine Freude
hieran zu bezeigen. Nirgends habe ich dieß sonst in Deutschland
angetroffen; wogegen ich meistens nur den summarischen Ausbrüchen
enthusiastischer Bezeigungen es zu entnehmen hatte, daß ich im
großen Ganzen auf Empfänglichkeit im Allgemeinen getroffen war.

Des einen Mittels, uns des Urtheiles des Publikums zu ver=

sichern, nämlich der Berechnung seines Formensinnes, ja überhaupt seines Kunstgeschmackes, hat sich Derjenige zu entschlagen, welcher seine Produkte dem heutigen deutschen Theaterpublikum darbietet. Es ist wahrhaft niederschlagend, selbst an unseren Gebildetsten wahr= nehmen zu müssen, daß sie eine gute von einer schlechten Aufführung, oder das in einzelnen Zügen hier erreichte, dort aber gröblich ver= fehlte Gelingen, nicht eigentlich zu unterscheiden wissen. Wenn es z. B. mir bloß auf den Anschein ankäme, dürfte ich mich dieser traurigen Erfahrung fast freuen; denn, genöthigt die Stücke des „Ring des Nibelungen" den Theatern zur Weiteraufführung zu überlassen, muß mir die sonderbare Tröstung ankommen, daß Alles, was ich für die Bayreuther Festaufführungen meines Werkes aufbot, um es nach allen Seiten so richtig und giltig wie möglich zur Darstellung zu bringen, dort gar nicht vermißt werden wird, und, im Gegentheile, grobe Übertreibungen zart angedeuteter scenischer Vorgänge (z. B. des sogenannten Feuerzaubers) für viel gelungener, als nach meiner Anleitung ausgeführt, gelten werden.

Wer sich an das deutsche Publikum zu wenden hat, darf daher nichts in Berechnung ziehen, als seine, wenn auch mannigfaltig gebrochene, Empfänglichkeit für mehr seelische als künstlerische Ein= drücke; und, so verdorben das Urtheil im Allgemeinen durch die grassirende Journalistik auch sein mag, ist dieses Publikum doch einzig nur als ein naiv empfängliches in Betracht zu nehmen, welchem, in seinem wahren seelischen Elemente erfaßt, jenes an= gelesene Vorurtheil alsbald vollständig benommen werden kann.

Wie soll nun aber Der verfahren, der an diese naive Empfäng= lichkeit zu appelliren sich bestimmt fühlt, da seine Erfahrung ihm andererseits zeigt, wie gerade diese Empfänglichkeit von der Überzahl der Theaterstückmacher ebenfalls in Berechnung gezogen und zur Ausbeutung für das Schlechte benützt wird? Bei diesen herrscht die Maxime: „mundus vult decipi" vor, welche mein großer Freund

Franz Liszt einst gut gelaunt als „mundus vult Schundus"
wiedergab. Wer diese Maxime dagegen verwirft, und das Publikum
zu betrügen demnach weder ein Interesse noch Lust empfindet, der
dürfte daher wohl für so lange, als ihm die Muße dazu vergönnt
ist sich ganz selbst anzugehören, das Publikum einmal ganz aus
den Augen lassen; je weniger er an dieses denkt, wird ihm, dem
ganz seinem Werke Zugewendeten, dann ein ideales Publikum, wie
aus seinem eigenen Innern, entgegentreten: sollte dieses auch nicht
viel von Kunst und Kunstform verstehen, so wird desto mehr ihm
selbst die Kunst und ihre Form geläufig werden, und zwar die
rechte, wahre, die gar nichts von sich merken läßt, und deren An=
wendung er nur bedarf, um klar und deutlich sein innerlich er=
schautes mannigfaltiges Gebilde dem mühelosen Empfängnisse der
außer ihm athmenden Seele anzuvertrauen.

So entsteht, wie ich dieß früher sagte, einzig Das, was man
das Gute in der Kunst nennen kann. Es ist ganz gleich dem
moralisch Guten, da auch dieß keiner Absicht, keinem Anliegen
entspringen kann. Hiergegen möchte nun das Schlechte eben darin
bestehen, daß die Absicht, durchaus nur zu gefallen, sowohl das
Gebilde als dessen Ausführung hervorruft und bestimmt. Da wir
bei unserem Publikum nicht einen ausgebildeten Sinn für künst=
lerische Form, sondern fast einzig eine sehr verschiedenartige Empfäng=
lichkeit, wie sie schon durch das Verlangen nach Unterhaltung erweckt
wird, in Berechnung ziehen durften, so müssen wir das Werk,
welches eben nur diese Unterhaltungssucht auszubeuten beabsichtigt,
als an sich gewiß jedes Werthes baar erkennen, und in so fern der
Kategorie des moralisch Schlechten sehr nahe angehörig bezeichnen,
als es auf Nutzziehung aus den bedenklichsten Eigenschaften der
Menge ausgeht. Hier gilt eben die Lebensregel: „die Welt will
betrogen sein, also betrügen wir".

Dennoch möchte ich die Rohheit, welche in der Anwendung
dieser Maxime sich kundgiebt, noch nicht das absolut Schlechte nennen;

hier kann die Naivetät des Weltkindes, welches in der allgemeinen
Täuschung über die wahre Bedeutung des Lebens, halb aufgeweckt,
halb stumpfsinnig, durch dieses Leben sich dahin behilft, noch immer
zu einem Ausdrucke gelangen, welcher das schlummernde Talent
uns zur Wahrnehmung bringt. Wenn das, was wir unter einer
würdigen Popularität begreifen möchten, bei dem so bedenklich
unklaren Verhältnisse der Kunst zu unserer modernen Öffentlichkeit
fast kaum mit Sicherheit bestimmt werden kann, haben wir Den=
jenigen, welche in dem zuletzt berührten Sinne die Unterhaltung
des Publikums sich angelegen sein lassen, eigentlich eine moderne
Popularität einzig zuzusprechen. Ich glaube, daß die allermeisten
unserer populär gewordenen Schauspielschreiber und Opernkom=
ponisten mit vollem Bewußtsein auf nichts Anderes ausgegangen
sind, als die Welt zu täuschen, um ihr zu schmeicheln: daß dieß
mit Talent, ja mit Zügen von Genialität geschehen konnte, sollte
uns immer wieder nur zu genauerer Besinnung über den Charakter
des Publikums veranlassen, durch dessen ernstliches Erkanntwerden
wir gewiß zu einem weit schonenderen Urtheil über die ihm zu dienen
Beflissenen angeleitet würden, als andererseits der intensive Werth
ihrer Arbeiten es uns gestattet. An einem eminenten Beispiele
glaube ich bereits einmal auf das hier vorliegende Problem deutlich
hingewiesen zu haben, als ich die Mittheilung meiner Erinnerungen
an Rossini (im achten Bande meiner gesammelten Schriften) mit
dem Urtheile beschloß, daß der geringe intensive Werth seiner Werke
nicht seiner Begabung, sondern lediglich seinem Publikum, sowie
dem Charakter seiner Zeitumgebung (man denke an den Wiener
Kongreß!) in Rechnung zu bringen sei. An einer Abschätzung des
Werthes gerade Rossini's wird es uns jetzt auch recht deutlich auf=
gehen, was eigentlich das Schlechte in der Kunst ist. Unmöglich
kann Rossini unter die schlechten, ganz gewiß auch nicht unter die
mittelmäßigen Komponisten gezählt werden; da wir ihn jedenfalls
aber auch nicht unseren deutschen Kunstheroen, unserem Mozart oder

Beethoven zugesellen können, so bleibt hier ein fast kaum zu be=
stimmendes Werth=Phänomen übrig, vielleicht dasselbe, was in unserem
indischen Weisheitsspruche so geistvoll negativ bezeichnet wird, wenn
er nicht das Schlechte, sondern das Mittelmäßige schlecht nennt.
Es bleibt nämlich übrig, mit der Täuschung des Publikums zugleich
auf die Täuschung des wahren Kunsturtheiles auszugehen, ungefähr
wie leichte und fehlerhafte Waare für schwere und solide anbringen
zu wollen, um die allerwiderwärtigste Erscheinung zu Tage zu fördern.
In dieser Erscheinung, welche ich in verschiedenen früheren Abhand=
lungen hinlänglich zu charakterisiren versucht habe, spiegelt sich aber
unsere ganze heutige öffentliche Kunstwelt mit einem um so ver=
trauensseligeren Behagen, als unser ganzer offizieller Richterstaat,
Universitäten, Hochschulen und Ministerien an der Spitze, ihr un=
ausgesetzt die Preise höchster Solidität zuerkennt.

Dieses Publikum näher zu beleuchten, welches jenem einzig
Schlechten ein akademisches Gefallen zugewendet hält, behalte ich
mir heute für einen späteren Artikel vor, wogegen ich für jetzt
wünschte, das mir gestellte Thema durch einen Versuch der Auf=
deckung der „vox populi" eben im Gegensatze zu jenem akademisch
sich gebärdenden Publikum, in einem tröstlichen Sinne einem vor=
läufigen Abschlusse noch entgegen zu führen.

Ich bezeichnete die Werkstätte des wahrhaft Guten in der
Kunst; sie lag fern vom eigentlichen Publikum ab. Hier mußte die
Kunst des Schaffens ein Geheimniß bleiben, ein Geheimniß vielleicht
für den Schöpfer selber. Das Werk selbst erschreckt die scheinbaren
Kunstgenossen: ist alles in ihm durchaus verdreht und neu, oder
längst schon dagewesen und alt? Hierüber wird gestritten. Es scheint,
als handele es sich um eine Mißgeburt. Endlich tritt es vor das
Publikum, ja — vor unser Theaterpublikum: dieses findet zunächst
sein Gewohntes nicht wieder: hier dünkt etwas zu lang, dort möchte
etwas Verweilen zu wünschen sein. Unruhe, Beklemmung, Auf=
regung. Das Werk wird wiederholt: immer wieder zieht es an;

das Ungewohnte wird gewohnt, wie Altverständliches. Die Ent=
scheidung fällt: das Gottesurtheil ist ausgesprochen, und der Rezen=
sent — schimpft fort. Ich glaube, man kann heutigen Tages auf
dem Kunstgebiete keine deutlichere „vox dei" vernehmen.

Diesen unendlich wichtigen, einzig erlösenden Prozeß dem
Walten des Zufalles zu entziehen, und ungestört ihn vor sich gehen
zu lassen, gab dem Verfasser dieser Zeilen den Plan zu den Bühnen=
festspielen in Bayreuth ein. Bei dem ersten Versuche zu seiner
Aufführung war seinen Freunden leider die vor Allem beabsichtigte
Ungestörtheit versagt. Wiederum drängte sich das Allerfremdartigste
zusammen, und wir erlebten im Großen und Ganzen doch nur
eben wieder eine „Opernaufführung". So muß denn nochmals an
die problematische „vox populi" appellirt werden. Der „Nibelungen=
ring" wird in Stadt= und Hoftheatern gegen baar ausgewechselt,
und wiederum ist eine neue Erfahrung auf räthselhaftem Gebiete
zu machen. —

Um schließlich noch der, in der Überschrift genannten, „Popu=
larität" zu erwähnen, auf welche ich später noch etwas ausführ=
licher zurückzukommen gedenke, so deute ich das interessante Problem,
welches hierbei zu besprechen sein wird, vorläufig mit abermaliger
Bezugnahme auf das soeben berührte Schicksal meines Bühnenfest=
spieles an. Viele mir Gewogene sind der Meinung, es sei pro=
videntiell, daß jenes mein Werk jetzt gezwungener Maaßen sich über
die Welt zerstreue; denn dadurch sei ihm diejenige Popularität ge=
sichert, welche ihm bei seinen vereinsamten Aufführungen in unserem
Bayreuther Bühnenfestspielhause nothwendig vorenthalten sein würde.
Dieser Ansicht dünken mich nun noch große Irrthümer zu Grunde
zu liegen. Was durch unsere Theater gegenwärtig zu einem Eigen=
thum ihrer Abonnenten und Extrabesucher geworden ist, kann mir
durch diesen Aneignungsakt noch nicht als volksthümlich, will sagen:
dem Volke eigenthümlich gelten. Erst die höchste Reinheit im Verkehr
eines Kunstwerkes mit seinem Publikum kann die nöthige Grundlage

zu seiner edlen Popularität bilden. Wenn ich die vox populi hoch=
stelle, so kann ich doch nicht das heut zu Tage „populär" Gewordene
als Produkt des „deus" jener „vox" anerkennen. Was sagen mir
die sechzig Auflagen des „Trompeter von Säckingen"? Was die
400,000 Abonnenten der „Gartenlaube"? —

Hierüber denn ein anderes Mal.

III.

Wir betrachteten uns das Publikum der Zeitungsleser und das der Theatergänger, um auf den Populus und die von ihm ausgehende Popularität für jetzt erst nur einen trüb ausspähenden Blick zu werfen. Noch mehr sollten wir befürchten diesen Ausblick uns zu trüben, wenn wir zuvor noch das akademische Publikum in unsere Betrachtung ziehen. „Wann spricht das Volk, halt' ich das Maul", lasse ich einmal einen meiner Meistersinger sagen; und wohl ist anzunehmen, daß eine ähnlich sich ausdrückende stolze Maxime der Grundsatz alles Kathederthums sei, möge nun das Katheder in der Schulstube oder im Collegiumsaale stehen. Doch hat die Physiognomie des akademischen Wesens bereits den Vortheil für sich, selbst populär zu sein: man schlage die vortrefflichen „fliegenden Blätter" auf, und sogleich wird selbst der auf der Eisenbahn reisende Bauer den „Professor" erkennen, wie ihn die geistvollen Zeichnungen der Münchener Künstler uns zu harmloser Unterhaltung öfters dort vorführen; zu diesem Typus komme nun noch der gewiß nicht minder populäre Student, mit der Kinderkappe auf einem Theile des Kopfes, in Kanonenstiefeln, den überschwellenden Bierbauch vor sich hertreibend, und wir haben den Lehrer und den Schüler der

„Wissenschaft" vor uns, welche stolz auf uns Künstler, Dichter und Musiker, als die Spätgeburten einer verrotteten Weltanschauungs= Methode, herabblicken.

Sind die Pfleger dieser Wissenschaft zwar in ihrer Erscheinung vor den Augen des Volks populär, so entgeht ihnen leider doch jeder Einfluß auf das Volk selbst, wogegen sie sich ausschließlich an die Minister der deutschen Staaten halten. Diese sind zwar meistens nur Juristen, und haben auf den Universitäten etwa das gelernt, was ein Engländer, der seine Staatscarrière als Rechts= anwalt beginnt, im Geschäfte eines Advokaten sich aneignet; aber, je weniger sie von der eigentlichen „Wissenschaft" verstehen, desto eifriger sind sie auf die Dotirung und Vermehrung der Universitäts= kräfte des Landes bedacht, weil man uns nun einmal im Auslande beständig nachsagt, daß, wenn auch sonst nicht viel an uns sein sollte, wenigstens unsere Universitäten sehr viel taugten. Namentlich auch unsere Fürsten, denen übrigens eine vortreffliche Soldatenzucht vom Auslande bereitwillig nachgerühmt wird, hören gern von ihren Universitäten sprechen, und sie überbieten sich gegenseitig in der „Hebung" derselben; wie es denn kürzlich einen König von Sachsen in der Fürsorge für seine Universität zu Leipzig nicht eher ruhen ließ, als bis die Anzahl der dort Studirenden die der Berliner Universität überholt hatte. Wie stolz dürfen sich unter solchen aller= höchsten Eiferbezeigungen für sie die Pfleger der deutschen „Wissen= schaft" nicht fühlen!

Daß dieser Eifer von oben einzig der Befriedigung einer immer= hin würdigen Eitelkeit gelte, ist allerdings nicht durchweg anzu= nehmen. Die sehr große Fürsorge für die Disziplin derjenigen Lehrfächer, welche zur Abrichtung von Staatsdienern verwendbar sind, bezeugt, daß die Regierungen bei der Pflege der Gymnasien und Universitäten auch einen praktischen Zweck im Auge haben. Wir erfuhren durch eine Druckschrift des Göttinger Professors P. de Lagarde vor einiger Zeit hierüber wiederum sehr Be=

lehrendes, wodurch wir in den Stand gesetzt wurden, die eigent=
lichen Absichten der Staatsministerien, sowie die besonderen Ansichten
derselben über das nützlich zu Verwendende aus den Gebieten der
einzelnen Wissenschaften, gut zu erkennen. Auf das große Anliegen
der Regierungen, besonders ausdauernder Arbeitskräfte sich zu ver=
sichern, hat man durch die uns bekannt werdenden strengen An=
ordnungen im Betreff der täglichen Unterrichtsstunden, namentlich
in den Gymnasien, zu schließen. Frägt ein um die Gesundheit
seines Sohnes bekümmerter Vater z. B. einen Gymnasial=Direktor,
ob der, den ganzen Tag einnehmende Lehrstundenplan nicht wenig=
stens einige Nachmittagsstunden, etwa schon für die nebenbei immer
noch zu Hause auszuarbeitenden Aufgaben, frei lassen dürfte, so
erfährt er, daß der Herr Minister von allen Vorstellungen hierüber
nichts wissen wolle; der Staat gebrauche tüchtige Arbeiter, und von
früh an müsse das junge Blut auf der Schulbank sich das Sitz=
fleisch gehörig abhärten, um dereinst auf dem Bureaustuhle den
ganzen Tag über behaglich sich fühlen zu können. Die Brillen
scheinen für dieses Unterrichtssystem besonders erfunden zu sein,
und warum die Leute in früheren Zeiten offenbar hellere Köpfe
hatten, kam gewiß daher, daß sie mit ihren Augen auch heller sahen
und der Brillen nicht bedurften. — Hiergegen scheinen nun die
Universitätsjahre, mit eigenthümlichem staatspädagogischem Instinkte,
für das Ausrasen der Jugendkraft freigegeben zu sein. Namentlich
der zukünftige Staatsdiener sieht hier, bei übrigens vollkommen
freigelassener Verwendung seiner Zeit, nur dem Schreckgespenste des
schließlichen Staatsexamens entgegen, welchem er endlich aber in
allerletzter Zeit durch tüchtiges Auswendiglernen der Staatsgerechtig=
keits=Rezepte beizukommen weiß. Die schönen Zwischenjahre benützt
er zu seiner Ausbildung als „Student". Da wird der „Comment"
geübt; die „Mensur", die „Corpsfarbe" verschönern seine rhetorischen
Bilder bis in seine dereinstige Parlaments=, ja Kanzler=Wirksamkeit
hinein; der „Bier=Salamander" übernimmt das Amt des Kummers

und der Sorge, welche einst Falstaff „aufblähten und vor der
Zeit dick machten". Dann kommt die „Büffelei", das Examen,
endlich die Anstellung, und — der „Philister" ist fertig, dem der
gehörige Servilismus und das nöthige Sitzfleisch mit der Zeit
bis auf die glorreichsten Höhen der Staatslenkerschaft verhelfen, wo
dann wieder von Neuem nach unten hin angeordnet und die Schule
tüchtig überwacht wird, damit es keinem einmal besser ergehe, als
dem Herrn Minister selbst es ergangen ist. — Dieses sind die
Leute, welche in Staatsbedienstungen, Abgeordnetenkammern und
Reichsparlamenten z. B. auch über öffentliche Kunstanstalten und
Entwürfe zur Veredelung derselben ihre Gutachten abzugeben haben
würden, wenn sie aus Unvorsichtigkeit zur Förderung durch den
Staat empfohlen werden sollten. Als Theaterpublikum lieben sie
den Genre des „Einen Jux will er sich machen". —

Hiermit wäre nun etwa der Nützlichkeits-Kreislauf unseres
akademischen Staatslebens angedeutet. Daneben besteht aber ein
anderer, dessen Nutzen für einen ganz idealen angesehen sein will,
und von dessen korrekter Ausfüllung der Akademiker uns das Heil
der ganzen Welt verspricht: hier herrscht die reine Wissenschaft
und ihr ewiger Fortschritt. Beide sind der „philosophischen Fa=
kultät" übergeben, in welcher Philologie und Naturwissenschaften
mit inbegriffen sind. Den „Fortschritt", für welchen die Re=
gierungen sehr viel ausgeben, besorgen wohl die Sektionen der
Naturwissenschaft so ziemlich allein, und hier steht, wenn wir nicht
irren, die Chemie an der Spitze. Diese greift durch ihre populär
nützlichen Abzweigungen allerdings in das praktische Leben ein, wie
man dieses namentlich an der fortschreitend wissenschaftlicheren
Lebens-Verfälschung bemerkt; dennoch ist sie, vermöge ihrer dem
öffentlichen Nutzen nicht unmittelbar zugewendeten Arbeiten und
deren Ergebnisse, der eigentlich anreizende Beglücker und Wohlthäter
der übrigen philosophischen Branchen geworden, während die Zoo=
oder Biologie zu Zeiten unangenehm störend namentlich auf die mit

der Staats=Theologie sich berührenden Zweige der Philosophie ein=
wirkt, was allerdings wiederum den Erfolg hat, die eintretenden
Schwankungen auf solchen Gebieten als Leben und Bewegung des
Fortschrittes erscheinen zu lassen. Hiergegen wirken die stets sich
mehrenden Entdeckungen der Physik, und vor Allem eben der Chemie,
als wahre Entzückungen auf die spezifische Philosophie, an welchen
selbst die Philologie ihren ganz einträglichen Antheil zu nehmen
ermöglicht. Hier, in dieser letzteren, ist nämlich gar nichts recht
Neues mehr hervorzuholen, es müsse denn den archäologischen Schatz=
gräbern einmal gelingen, bisher unbeachtete Lapidar=Inschriften,
namentlich aus dem lateinischen Alterthume, aufzuzeigen, wodurch
einem waghalsigen Philologen es dann ermöglicht wird, z. B. ge=
wisse bisher übliche Schreibarten oder Buchstaben umzuändern, was
dann als ungeahnter Fortschritt dem großen Gelehrten zu erstaun=
lichem Ruhme verhilft. Philologen wie Philosophen erhalten aber,
namentlich wo sie sich auf dem Felde der Ästhetik begegnen, durch
die Physik im Allgemeinen, noch ganz besondere Ermunterungen,
ja Verpflichtungen, zu einem, noch gar nicht zu begrenzenden Fort=
schreiten auf dem Gebiete der Kritik alles Menschlichen und Un=
menschlichen. Es scheint nämlich, daß sie den Experimenten jener
Wissenschaft die tiefe Berechtigung zu einer ganz besonderen Skepsis
entnehmen, welche es ihnen ermöglicht, sich von den bisher üblichen
Ansichten abwendend, dann in einer gewissen Verwirrung wieder zu
ihnen zurückkehrend, in einem steten Umsichherumdrehen sich zu er=
halten, welches ihnen dann ihren gebührenden Antheil am ewigen
Fortschritte im Allgemeinen zu versichern scheint. Je unbeachteter
die hier bezeichneten Saturnalien der Wissenschaft vor sich gehen,
desto kühner und unbarmherziger werden dabei die edelsten Opfer
abgeschlachtet und auf dem Altar der Skepsis dargebracht. Jeder
deutsche Professor muß einmal ein Buch geschrieben haben, welches
ihn zum berühmten Manne macht: nun ist ein naturgemäß Neues
aufzufinden nicht Jedem beschieden; somit hilft man sich, um das

nöthige Aufsehen zu machen, gern damit, die Ansichten eines Vor=
gängers als grundfalsch darzustellen, was dann um so mehr Wirkung
hervorbringt, je bedeutender und größtentheils unverstandener der
jetzt Verhöhnte war. In geringeren Fällen kann so etwas unter=
haltend werden, z. B. wenn der eine Ästhetiker Typenbildungen
verbietet, der andere sie aber den Dichtern wieder erlaubt. Die
wichtigeren Vorgänge sind nun aber die, wo überhaupt jede Größe,
namentlich das so sehr beschwerliche „Genie", als verderblich, ja der
ganze Begriff: Genie als grundirrthümlich über Bord geworfen
werden.

Dieses ist das Ergebniß der neuesten Methode der Wissen=
schaft, welche sich im Allgemeinen die „historische Schule" nennt.
Stützte sich bisher der wirkliche Geschichtsschreiber mit immer größerer
Vorsicht nur auf beglaubigte Dokumente, wie sie bei emsigster Nach=
forschung aus den verschiedenartigsten Archiven aufgefunden werden
mußten, und vermeinte er nur auf Grund dieser ein geschichtliches
Faktum feststellen zu dürfen, so war hiergegen nicht viel zu sagen,
obgleich mancher erhabene Zug, den bisher die Überlieferung unserer
Begeisterung vorgeführt hatte, oft zum wahrhaften Bedauern des
Geschichtsforschers selbst, in den historischen Papierkorb geworfen
werden mußte; was die Geschichtsdarstellung einer so merklichen
Trockenheit verfallen ließ, daß man sich wiederum zur Auffrischung
derselben durch allerhand pikante Frivolitäten veranlaßt sah, welche,
wie z. B. die neuesten Darstellungen des Tiberius, oder des Nero,
bereits gar zu stark in das Geistreiche umschlugen. Der Beurtheiler
aller menschlichen und göttlichen Dinge, wie er am kühnsten endlich
aus der, auf die philosophische Darstellung der Welt angewendeten,
historischen Schule hervorgeht, bedient sich dagegen der archivarischen
Künste nur unter Leitung der Chemie, oder der Physik im Allge=
meinen. Hier wird zunächst jede Annahme einer Nöthigung zu
einer metaphysischen Erklärungsweise für die, der rein physikalischen
Erkenntniß etwa unverständlich bleibenden, Erscheinungen des ge=

sammten Weltdaseins durchaus, und zwar mit recht derbem Hohne, verworfen. Soviel ich von den Vorstellungen der Gelehrten dieser Schule mir zum Verständniß bringen konnte, scheint es mir, daß der so redliche, vorsichtige und fast nur hypothetisch zu Werke gehende Darwin, durch die Ergebnisse seiner Forschungen auf dem Gebiete der Biologie, die entscheidendste Veranlassung zur immer kühneren Ausbildung jener historischen Schule gegeben hat. Mich dünkt auch, daß diese Wendung namentlich durch große Misverständnisse, besonders aber durch viele Oberflächlichkeit des Urtheiles bei der allzuhastigen Anwendung der dort gewonnenen Einsichten auf das philosophische Gebiet vor sich gegangen sei. Diese Mängel scheinen mir sich im Hauptpunkte darin zu zeigen, daß der Begriff des Spontanen, der Spontaneität überhaupt, mit einem sonderbar überstürzenden Eifer, und mindestens etwas zu früh, aus dem neuen Welterkennungs=System hinausgeworfen worden ist. Es stellt sich hier nämlich heraus, daß, da keine Veränderung ohne hinreichenden Grund vor sich gegangen ist, auch die überraschendsten Erscheinungen, wie z. B. in bedeutendster Form das Werk des „Genie's", aus lauter Gründen, wenn auch bisweilen sehr vielen und noch nicht ganz erklärten, resultiren, welchen beizukommen uns außerordentlich leicht sein werde, wenn die Chemie sich einmal auf die Logik ge= worfen haben wird. Einstweilen werden aber da, wo die Schluß= reihe der logischen Deduktionen für die Erklärung des Werkes des Genie's noch nicht als ganz zutreffend aufgefunden werden kann, gemeinere Naturkräfte, die meistens als Temperamentfehler erkannt werden, wie Heftigkeit des Willens, einseitige Energie und Obsti= nation, zur Hilfe genommen, um die Angelegenheit doch möglichst immer wieder auf das Gebiet der Physik zu verweisen.

Da mit dem Fortschritte der Naturwissenschaften somit alle Geheimnisse des Daseins nothwendig der Erkenntniß endlich als in Wahrheit bloß eingebildete Geheimnisse offengelegt werden müssen, kommt es fortan überhaupt nur noch auf Erkennen an, wobei,

wie es scheint, das intuitive Erkennen gänzlich ausgeschlossen bleibt,
weil dieses schon zu metaphysischen Allotrien veranlassen, nämlich
zum Erkennen von Verhältnissen führen könnte, welche der abstrakt
wissenschaftlichen Erkenntniß so lange mit Recht vorbehalten bleiben
sollen, bis die Logik, unter Anleitung zur Evidenz durch die Chemie,
damit in das Reine gekommen ist.

Mir ist, als hätten wir hiermit die Erfolge der neueren, soge=
nannten „historischen" Methode der Wissenschaft, wenn auch nur
oberflächlich (wie dieß den außerhalb der Aufklärungs=Mysterien
Stehenden nicht anders möglich ist), berührt, welchen nach das rein
erkennende Subjekt, auf dem Katheder sitzend, allein als Existenz=
berechtigt übrig bleibt. Eine würdige Erscheinung am Schlusse der
Welt=Tragödie! Wie es diesem einzelnen Erkennenden schließlich
dann zu Muthe sein dürfte, ist nicht leicht vorzustellen, und wünschen
wir ihm gern, daß er dann, am Ende seiner Laufbahn, nicht die
Ausrufe des Faust am Beginne der Goethe'schen Tragödie wieder=
hole! Jedenfalls, so befürchten wir, können nicht Viele jenen Er=
kennens=Genuß mit ihm theilen, und für das große Behagen des
Einzelnen, sollte sich dieß auch bewähren, dürfte doch, so dünkt uns,
der sonst nur auf gemeinsamen Nutzen bedachte Staat zu viel Geld
ausgeben. Mit diesem Nutzen für das Allgemeine dürfte es aber
ernstlich schlecht bestellt sein, schon weil es uns schwer fällt, jenen
allerreinst Erkennenden als einen Menschen unter Menschen anzu=
sehen. Sein Leben bringt er vor und hinter dem Katheder zu; ein
weiterer Spielraum, als dieser Wechsel des Sitzplatzes zuläßt, steht
ihm für die Kenntniß des Lebens nicht zu Gebote. Die Anschauung
alles dessen, was er denkt, ist ihm meistens von früher Jugend her
versagt, und seine Berührung mit der sogenannten Wirklichkeit des
Daseins ist ein Tappen ohne Fühlen. Gewiß würde ihn, gäbe es
nicht Universitäten und Professuren, für deren Pflege unser so ge=
lehrtenstolzer Staat sich freigebig besorgt zeigt, Niemand recht be=
achten. Er mag mit seinen Standesgenossen, sowie den sonstigen

„Bildungsphilistern", als ein Publikum erscheinen, welchem selbst
hie und da vielleſende Fürſten=Söhne und =Töchter zu akademiſchen
Ergeßungen ſich beimiſchen; der Kunſt, welche dem Goliath des Er=
kennens immer mehr nur noch als ein Rudiment aus einer früheren
Erkennensſtufe der Menſchheit, ungefähr wie der vom thieriſchen
wirklichen Schweiſe uns verbliebene Schwanzknochen, erſcheint, ihr
ſchenkt er zwar nur noch Beachtung, wenn ſie ihm archäologiſche
Ausblicke zur Begründung hiſtoriſcher Schulſätze darbietet: ſo ſchätzt
er z. B. die Mendelsſohniſche Antigone, dann auch Bilder, über
welche er leſen kann um ſie nicht ſehen zu müſſen: Einfluß auf die
Kunſt übt er aber nur in ſo weit, als er dabei ſein muß, wenn
Akademien, Hochſchulen u. dgl. geſtiftet werden, wo er dann das
Seinige redlich dazu beiträgt, keine Produktivität aufkommen zu
laſſen, weil hiermit leicht Rückfälle in den Inſpirations=Schwindel
überwundener Kulturperioden veranlaßt werden könnten. Am Aller=
wenigſten fällt es ihm ein, dem Volke ſich zuzuwenden, welches
hierwieder um Gelehrte gar nicht ſich bekümmert; weßwegen es
allerdings auch ſchwer zu ſagen iſt, auf welchem Wege das Volk
ſchließlich einmal zu einigem Erkennen gelangen ſoll. Und doch
wäre es eine nicht unwürdige Aufgabe, dieſe letztere Frage ernſtlich
in Erwägung zu ziehen. Das Volk lernt nämlich auf einem, dem
des hiſtoriſch=wiſſenſchaftlich Erkennenden gänzlich entgegengeſetzten
Wege, d. h. im Sinne dieſes lernt es gar nichts. Erkennt es nun
nicht, ſo kennt es aber doch: es kennt ſeine großen Männer, und
es liebt das Genie, das Jene haſſen; endlich aber, was ihnen gar
ein Gräuel iſt, verehrt es das Göttliche. Um auf das Volk zu
wirken bliebe daher von den akademiſchen Fakultäten nur die der
Theologen übrig. Beachten wir, ob uns eine Hoffnung dafür
erwachſen könnte, aus dem ſo koſtſpieligen Aufwande des Staates
für höhere geiſtige Bildungsanſtalten irgend einen wohlthätigen Ein=
fluß auf das Volk hervorgehen zu ſehen. —

Noch beſteht das Chriſtenthum; ſeine älteſten kirchlichen Inſti=

tutionen bestehen selbst mit einer Festigkeit, die manchen um die
Staats=Kultur Bemühten sogar desperat und feig macht. Ob ein
inniges, wahrhaft beglückendes Verhältniß zu den christlichen
Satzungen bei der Mehrheit der heutigen Christen bestehen mag, ist
gewiß nicht leicht zu ergründen. Der Gebildete zweifelt, der ge=
meine Mann verzweifelt. Die Wissenschaft macht den Gott=Schöpfer
immer unmöglicher; der von Jesus uns geoffenbarte Gott ist uns aber
von Beginn der Kirche an durch die Theologen aus einer erhaben=
sten Ersichtlichkeit zu einem immer unverständlicheren Probleme gemacht
worden. Daß der Gott unseres Heilandes uns aus dem Stamm=
gotte Israel's erklärt werden sollte, ist eine der schrecklichsten Ver=
wirrungen der Weltgeschichte; sie hat sich zu allen Zeiten gerächt,
und rächt sich heute durch den immer unumwundener sich aussprechen=
den Atheismus der gröbsten wie der feinsten Geister. Wir müssen
es erleben, daß der Christengott in leere Kirchen verwiesen wird,
während dem Jehova immer stolzere Tempel mitten unter uns
erbaut werden. Und fast scheint es seine Richtigkeit damit zu haben,
daß der Jehova den so ungeheuer mißverständlich aus ihm herge=
leiteten Gott des Erlösers schließlich ganz verdrängen könnte. Wird
Jesus für des Jehova Sohn ausgegeben, so kann jeder jüdische
Rabbiner, wie dieß denn auch zu jeder Zeit vor sich gegangen ist,
alle christliche Theologie siegreich widerlegen. In welcher trübseligen,
ja ganz unwürdigen Lage wird nun unsere gesammte Theologie er=
halten, da sie unseren Kirchenlehrern und Volkspredigern fast nichts
anderes beizubringen hat, als die Anleitung zu einer unaufrichtigen
Erklärung des wahren Inhaltes unserer so über Alles theuren
Evangelien! Zu was anderem ist der Prediger auf der Kanzel an=
gehalten, als zu Kompromissen zwischen den tiefsten Widersprüchen,
deren Subtilitäten uns nothwendig im Glauben selbst irre machen,
so daß wir endlich fragen müssen, wer denn noch Jesus kenne? —
Vielleicht die historische Kritik? Sie steht mitten unter dem Juden=
thum und verwundert sich, daß heute des Sonntags früh noch die

Glocken für einen vor zweitausend Jahren gekreuzigten Juden läuten, ganz wie dieß jeder Jude auch thut. Wie oft und genau sind nun schon die Evangelien kritisch untersucht, ihre Entstehung und Zusammensetzung unverkennbar richtig herausgestellt worden, so daß gerade aus der hieraus ersichtlich gewordenen Unächtheit und Unzugehörigkeit des Widerspruch Erregenden die erhabene Gestalt des Erlösers und sein Werk endlich auch, so vermeinen wir, der Kritik unverkennbar deutlich sich erschlossen haben müßte. Aber nur den Gott, den uns Jesus offenbarte, den Gott, welchen alle Götter, Helden und Weisen der Welt nicht kannten, und der nun den armen Galiläischen Hirten und Fischern mitten unter Pharisäern, Schriftgelehrten und Opferpriestern mit solcher seelendurchdringenden Gewalt und Einfachheit sich kund gab, daß, wer ihn erkannt hatte, die Welt mit allen ihren Gütern für nichtig ansah, — diesen Gott, der nie wieder offenbart werden kann, weil er dieß eine Mal, zum ersten Male, uns offenbart worden ist, — diesen Gott sieht der Kritiker stets von Neuem mit Mißtrauen an, weil er ihn immer wieder für den Judenweltmacher Jehova halten zu müssen glaubt!

Es muß uns trösten, daß es endlich doch noch zweierlei kritische Geister, und zweierlei Methoden der Erkenntniß-Wissenschaft giebt. Der große Kritiker Voltaire, dieser Abgott aller freien Geister, erkannte das „Mädchen von Orleans" nach den ihm zur Zeit vorliegenden historischen Dokumenten, und glaubte sich durch diese zu der in seinem berühmt gewordenen Schmutzgedichte ausgeführten Ansicht über die „Pucelle" berechtigt. Noch Schiller lagen keine anderen Dokumente vor: sei es nun aber eine andere, wahrscheinlich fehlerhafte Kritik, oder sei es die von unseren freien Geistern verachtete Inspiration des Dichters, was ihm es eingab, „der Menschheit edles Bild" in jener Jungfrau von Orleans zu erkennen, — er schenkte dem Volke durch seine dichterische Heiligsprechung der Heldin nicht nur ein unendlich rührendes und stets geliebtes Werk, sondern arbeitete damit auch der ihm nachhinkenden historischen Kritik

vor, welcher endlich ein glücklicher Fund die richtigen Dokumente
zur Beurtheilung einer wundervollen Erscheinung zuführte. Diese
Jeanne d'Arc war Jungfrau und konnte es nie anders sein, weil
aller Naturtrieb in ihr, durch eine wunderbare Umkehr seiner selbst,
zum Heldentriebe für die Errettung ihres Vaterlandes geworden
war. Sehet nun den Christusknaben auf den Armen der Sixtinischen Madonna. Was dort unserem Schiller für die Erkennung
der wunderbar begabten Vaterlandsbefreierin eingegeben, war hier
Rafael für den theologisch entstellten und unkenntlich gewordenen
Erlöser der Welt aufgegangen. Sehet dort das Kind auf euch
herab, weit über euch hinweg in die Welt und über alle erkennbare
Welt hinaus, den Sonnenblick des nun unerläßlich gewordenen Er-
lösungs-Entschlusses ausstrahlen, und fragt euch, ob dieß „bedeutet"
oder „ist"? —

Sollte es der Theologie so ganz unmöglich sein, den großen
Schritt zu thun, welcher der Wissenschaft ihre unbestreitbare Wahrheit durch Auslieferung des Jehova, der christlichen Welt aber ihren
rein offenbarten Gott in Jesus dem Einzigen zugestatte?

Eine schwere Frage, und gewiß eine noch schwerere Zumuthung.
Drohender dürften sich aber wohl beide gestalten, wenn die jetzt
noch auf dem Gebiete einer edlen Wissenschaft lösbaren Aufgaben
von dem Volke selbst sich einst gestellt und in seiner Weise gelöst
werden sollten. Wie ich dieses schon berührte, dürfte der zweifelnde
und der verzweifelnde Theil der Menschheit endlich in dem so trivialen
Bekenntnisse des Atheismus zusammen treffen. Bereits erleben wir
es. Nichts anderes dünkt uns bisher in diesem Bekenntnisse noch
ausgedrückt, als große Unbefriedigung. Wohin diese führen kann,
gälte zu erwägen. Der Politiker arbeitet mit einem Kapitale, an
welchem ein großer Theil des Volkes keinen Antheil hat. Wir erleben es, wie dieser Antheil endlich verlangt wird. Nie ist die
Welt, seit dem Aufhören der Sklaverei, auffälliger in den Gegensatz von Besitz und Nichtbesitz gerathen. Vielleicht war es unvor-

sichtig, den Nichtbesitzenden Antheilnahme an einer Gesetzgebung einzuräumen, welche nur für die Besitzenden gelten sollte. Die Ver= wirrungen hieraus sind schon jetzt nicht ausgeblieben; ihnen zu be= gegnen, dürfte weisen Staatsmännern dadurch gelingen, daß den Nichtbesitzenden wenigstens ein Interesse am Bestehen des Besitzes überhaupt zugeführt werde. Vieles zeigt, daß an der hierfür nöthigen Weisheit zu zweifeln ist, wogegen Unterdrückung leichter und schneller wirksam erscheint. Unstreitig ist die Macht des Er= haltungstriebes stärker, als man gewöhnlich glaubt: das römische Reich erhielt sich ein halbes Jahrtausend in seiner Auflösung. Die zweitausendjährige Periode, in welcher wir bisher große geschichtliche Kulturen von der Barbarei bis wiederum zur Barbarei sich ent= wickeln sahen, dürfte für uns etwa um die Mitte des nächsten Jahr= tausendes gleicher Weise sich abgeschlossen haben. Kann man sich vorstellen, in welchem Zustande von Barbarei wir angekommen sein werden, wenn unser Weltverkehr noch etwa sechshundert Jahre in der Richtung des Unterganges des römischen Weltreiches sich bewegt haben wird? Ich glaube, daß die von den ersten Christen noch für ihre Lebenszeit erwartete, dann als mystisches Dogma festgehaltene Wiederkehr des Heilandes, vielleicht selbst unter den in der Apoka= lypse geschilderten nicht ganz unähnlichen Vorgängen, für jene vor= auszusehende Zeit einen Sinn haben dürfte. Denn das Eine müssen wir bei einem denkbaren dereinstigen gänzlichen Verfalle unserer Kultur in Barbarei annehmen, daß es dann auch mit unserer histo= rischen Wissenschaft, Kritik und Erkenntniß=Chemie zu Ende ist; wo= gegen dann etwa auch zu hoffen wäre, daß die Theologie schließlich mit dem Evangelium in das Reine gekommen, und die freie Erkenntniß der Offenbarung ohne jehovistische Subtilitäten uns erschlossen wäre, für welchen Erfolg der Heiland seine Wiederkehr uns eben verhießen hätte.

Dieses würde dann eine wirkliche Popularisirung der tiefsten Wissenschaft begründen. In dieser oder jener Weise der Heilung unausbleiblicher Schäden in der Entwickelung des menschlichen Ge=

schlechtes vorzuarbeiten, ungefähr wie Schiller mit seiner Konzeption der Jungfrau von Orleans der Bestätigung durch geschichtliche Do= kumente vorarbeitete, dürfte eine wahre, an das — für jetzt ideale — Volk, im edelsten Sinne desselben, sich richtende Kunst sehr wohl berufen erscheinen. Wiederum einer solchen, im erhabensten Sinne populären, Kunst jetzt und zu jeder Zeit in der Weise vorzu= arbeiten, daß die Bindeglieder der ältesten und edelsten Kunst nie vollständig zerreißen, dürften schon diese Bemühungen nicht nutzlos erscheinen lassen. Jedenfalls dürfte auch nur solchen Werken der Kunst eine adelnde Popularität zugesprochen werden, und nur diese Popularität kann es sein, welche durch ihr geahntes Einwirken die Schöpfungen der Gegenwart über die Gemeinheit des für jetzt so geltenden populären Gefallens erhebt.

Das Publikum in Zeit und Raum.

— — —

Mit dieser Überschrift möge eine allgemeine Betrachtung der=
jenigen Verhältnisse und Beziehungen eingeleitet werden, in welche
wir das künstlerisch und dichterisch produzirende Individuum zu der
jeweilig als Vertreter der menschlichen Gattung ihm zugewiesenen,
für heute Publikum zu nennenden, gesellschaftlichen Gemeinde ge=
stellt sehen. Unter diesen Verhältnissen können wir zunächst
zwei ganz verschiedene feststellen: entweder, Publikum und Künstler
passen zusammen, oder sie passen gar nicht zu einander. Im letzteren
Falle wird die historisch=wissenschaftliche Schule immer dem Künstler
die Schuld geben und ihn für ein überhaupt unpassendes Wesen
erklären, weil sie sich nachzuweisen getraut, daß jedes hervorragende
Individuum stets nur das Produkt seiner zeitlichen und räumlichen
Umgebung, überhaupt seiner Zeit, somit der geschichtlichen Periode der
Entwickelung des menschlichen Gattungsgeistes, in welche es geworfen,
sein könne. Die Richtigkeit einer solchen Behauptung scheint unläugbar;
nur bleibt dabei wieder zu erklären, warum jenes Individuum, je
bedeutender es war, in desto größerem Widerspruche mit seiner Zeit
sich befand. Dieß dürfte dann wiederum so geradhin nicht leicht
abgehen. Um das allererhabenste Beispiel hiergegen anzuführen,
dürften wir füglich auf Jesus Christus hinweisen, gegen dessen
Erscheinung sich die Gattungs=Mitwelt doch gewiß nicht so benahm,
als hätte sie ihn in ihrem Schooße genährt und nun als ihr recht

passendes Produkt anerkennen zu dürfen sich gefreut. Offenbar
bereiten Zeit und Raum große Verlegenheiten. Wenn es zwar
ganz undenklich erscheinen muß, für Christus' Auftreten eine passen=
dere Zeit und Örtlichkeit als gerade Galiläa und die Jahre seiner
Wirksamkeit nachzuweisen, und wir sogleich erkennen müssen, daß
etwa eine deutsche Universität der Jetztzeit unserem Erlöser auch
keine besondere Erleichterung geboten haben dürfte; so könnte man
dagegen Schopenhauer's Ausruf über Giordano Bruno's Schicksal
anführen, welches durch stupide Mönche der gesegneten Renaissance=
Zeit im schönen Italien einen Mann auf dem Scheiterhaufen
sterben ließ, der zur selben Zeit am Ganges als Weiser und Heiliger
geehrt worden wäre.

Ohne hier ausführlicher auf die, zu jeder Zeit und an jedem
Orte für uns deutlich erkennbaren Bedrängnisse und Leiden großer
Geister, wie sie diesen aus ihren Beziehungen zu ihrer Umgebung
erwuchsen, einzugehen, somit der Erforschung der tieferen Gründe
hiervon ausweichend, wollen wir für dieses Mal nur die eine
Erkenntniß als unerläßlich feststellen, daß jenes Verhältniß von
tragischer Natur ist und der menschlichen Gattung als solches auf=
zugehen hat, wenn sie sich über sich selbst klar werden will. Im
ächten religiösen Glauben dürfte ihr dieß bereits gelungen sein,
weßwegen auch die jeweilig in Lebensfunktion begriffene Allgemein=
heit diesen Glauben gern loszuwerden sucht.

Uns soll es dagegen zuvörderst angehen, die Tragik jenes Ver=
hältnisses aus der Unterworfenheit jeder individuellen Erscheinung
unter die Bedingungen von Zeit und Raum uns deutlich zu machen,
wobei es zu einem Anschein von so starker Realität dieser beiden
Faktoren kommen dürfte, daß die Kritik der reinen Vernunft, welche
Zeit und Raum nur in unser Gehirn versetzt, fast in das Schwanken
gerathen könnte. In Wirklichkeit sind es diese beiden Tyrannen,
welche das Erscheinen großer Geister zu völligen Anomalien, ja
Sinnwidrigkeiten machen, worüber dann die in Zeit und Raum sich

ausstreckende Allgemeinheit, wie zum Vergnügen jener Tyrannen, mit einem gewissen Rechte sich lustig machen darf.

Wenn wir in der Betrachtung des Verlaufes der Geschichte nichts anderem nachgehen als den in ihm vorwaltenden Gesetzen der Schwere, denen gemäß Druck und Gegendruck Gestaltungen, wie ähnlich sie uns die Oberfläche der Erde darbietet, hervorbringen, so müssen wir uns bei dem fast plötzlichen Auftauchen überragender geistiger Größen oft fragen, nach welchen Gesetzen wohl diese gebildet sein möchten. Wir können dann nicht anders als ein, von jenen ganz verschiedenartiges Gesetz annehmen, welches, vor dem geschichtlichen Ausblicke verborgen, in geheimnißvollen Successionen ein Geistesleben ordnet, dessen Wirksamkeit die Verneinung der Welt und ihrer Geschichte anleitet und vorbereitet. Hierbei bemer=ken wir nun, daß gerade diejenigen Punkte, in welchen diese Geister mit ihrer Zeit und Umgebung sich berühren, die Ausgänge von Irrthümern und Befangenheiten für ihre eigenen Kundgebungen werden, so daß eben die Einwirkungen der Zeit sie in einem tragischen Sinne verwirren und das Schicksal der großen geistigen Individuen dahin entscheiden, daß ihr Wirken, dort wo es ihrer Zeit ver= ständlich zu sein scheint, für das höhere Geistesleben sich als nichtig erweist, und erst eine spätere, andererseits durch die, jener Mitwelt unverständlich gebliebene Anleitung zu richtiger Erkenntniß gelangte, Nachwelt den wahren Sinn ihrer Offenbarungen erfaßt. Somit wäre also gerade das Zeitgemäße an den Werken eines großen Geistes das Bedenkliche.

Beispiele werden uns dieß deutlich machen. Platon's Zeit= und Weltumgebung war eine eminent politische; ganz von dieser abliegend konzipirte er seine Ideenlehre, welche in den spätesten Jahrhunderten erst ihre richtige Würdigung und wissenschaftliche Ausbildung erhielt: auf den Geist seiner Zeit und Welt angewendet gestaltete sich ihm diese Lehre dagegen zu einem Systeme für den Staat von so wunderlicher Ungeheuerlichkeit, daß hiervon zwar das

größeste Aufsehen, zugleich aber auch die größeste Verwirrung über
den eigentlichen Gehalt seiner Ideenlehre ausging. Offenbar wäre
Platon am Ganges gerade in diesen Irrthum über die Natur des
Staates nicht verfallen; in Sicilien erging es ihm dafür sogar
übel. Was demnach seine Zeit und Umgebung für die Kundgebung
dieses seltenen Geistes förderte, geschah nicht eben zu seinem Vor=
theile, so daß seine wahre Lehre, die Ideenlehre, als ein Produkt
seiner Zeit und Mitwelt zu betrachten gewiß keinen Sinn hat.

Ein weiteres Beispiel ist Dante. In so weit sein großes
Gedicht ein Produkt seiner Zeit war, erscheint es uns fast wider=
wärtig: gerade aber nur dadurch, daß es die Vorstellungen seiner
Zeit von der Realität des mittelalterlichen Glaubensspukes zur
Darstellung brachte, erregte es schon das Aufsehen der Mitwelt.
Sind wir nun von den Vorstellungen dieser Welt befreit, so fühlen
wir, von der unvergleichlichen dichterischen Kraft ihrer Darstellung
angezogen, uns genöthigt mit fast schmerzlicher Anstrengung gerade
jene zu überwinden, um den erhabenen Geist des Dichters als
eines Weltenrichters von idealster Reinheit frei auf uns wirken zu
lassen, — eine Wirkung, von welcher es sehr unsicher ist, daß
gerade sie selbst die Nachwelt stets richtig bestimmt hat, weßhalb
uns Dante als ein, durch die Einwirkungen seiner Zeit auf ihn,
in riesigster Erscheinung zu schauerlicher Einsamkeit Verdammter
bedünken kann.

Um noch eines Beispieles zu gedenken, erwähnen wir den
großen Calderon, den wir gewiß durchaus unrichtig beurtheilen
würden, wenn wir ihn für ein Produkt der zu seiner Zeit im Katho=
lizismus herrschenden Lehre der Jesuiten ansehen wollten; denn es
ist offenbar, daß, wenn des Meisters tiefe Welterkenntniß die jesui=
tische Weltanschauung weit hinter sich läßt, diese seine Dichtungen
für deren zeitgemäße Gestaltung doch so stark beeinflußt, daß wir
erst den Eindruck hiervon zu überwinden haben, um den erhabenen
Tiefsinn seiner Ideen rein zu erfassen. Ein eben so reiner Aus=

druck dieser Ideen war dem Dichter bei der Vorführung seiner
Dramen für ein Publikum unmöglich, welches zu dem tiefen Sinn
derselben nur durch die jesuitischen Lehrsätze, in welchen es erzogen
wurde, hingeführt werden zu können schien.

Wollen wir nun gestehen, daß die großen griechischen Tragiker
von der Zeit und dem Raum ihrer Umgebung so glücklich um=
schlossen waren, daß diese eher produktiv als behindernd ihre Werke
beeinflußten, so bekennen wir zugleich, hier einer ausnähmlichen
Erscheinung gegenüber zu stehen, welche manchem neueren Kritiker
auch bereits als Fabel aufgehen will. Für unser Auge ist diese
harmonische Erscheinung eben so in das Gebiet alles durch Raum
und Zeit zur Unzulänglichkeit Verurtheilten gerückt, wie jedes anderе
Produkt des schaffenden Menschengeistes. So gut, wie wir für
Platon, Dante und Calderon die Bedingungen von Zeit und Raum
ihrer Umgebung zur Erklärung herbeiziehen mußten, haben wir dieß
für die reine Veranschaulichung der attischen Tragödie nöthig,
welche schon zur Zeit ihrer Blüthe in Syrakus ganz anders wirkte
als in Athen. Und hiermit berühren wir nun den eigentlichen
Hauptpunkt unserer Untersuchung. Wir ersehen nämlich, daß die=
selbe Zeitumgebung, welche den großen Geist in seiner Kundgebung
nachtheilig beeinflußte, andererseits einzig die Bedingungen für die
anschauliche Erscheinung des Geistesproduktes enthielt, so daß, seiner
Zeit und Umgebung entrückt, dieses Produkt des wichtigsten Theiles
seiner lebenvollen Wirkungsfähigkeit beraubt ist. Dieß beweisen
uns die Versuche zur Wiederbelebung gerade der attischen Tragödie
auf unseren Theatern am Deutlichsten. Haben wir hierbei Zeit,
Raum und die in ihnen sich darstellende Sitte, namentlich Staat
und Religion, als ein uns ganz fremd Gewordenes erst uns erklären
zu lassen, und dieß oft von Gelehrten, die eigentlich gar nichts von
der Sache verstehen, so können wir immerhin jedoch zu der Ansicht
gelangen, daß dort in Zeit und Raum einmal Etwas zur Er=
scheinung kam, dem wir vergebens in einer anderen Zeit und einer

anderen Örtlichkeit nachspüren. Dort scheint uns die dichterische Absicht großer Geister sich vollkommen verwirklicht zu haben, weil Zeit und Raum ihrer Lebensumgebung so gestimmt waren, daß sie diese Absicht fast mit Ersichtlichkeit selbst hervorriefen.

Je näher wir nun den unserer Erfahrung zugänglichen Erscheinungen, namentlich auf dem Gebiete der Kunstwelt, treten, will ein tröstlicher Ausblick auf nur ähnliche harmonische Verhältnisse immer mehr schwinden. Im Betreff der großen Maler der Renaissance-Zeit beklagte schon Goethe die widerwärtigen Gegenstände, als gequälte Märtyrer und dgl., welche sie darzustellen hatten; von welchem Charakter ihre Besteller und Lohngeber waren, brauchen wir hierbei erst nicht zu untersuchen, auch nicht, daß zuweilen ein großer Dichter verhungerte: begegnete dieß dem großen Cervantes, so fand doch sein Werk sofort die ausgebreitetste Theilnahme; und auf dieß Letztere möge es uns für hier ankommen, wo wir nur die behindernden Einflüsse von Zeit und Raum auf die Gestalt und Erscheinung des Kunstwerkes selbst in Erwägung ziehen wollen.

In diesem Betreff ersehen wir nun, daß, je zeitgemäßer ein produktiver Kopf sich einrichtete, desto besser auch er dabei fuhr. Noch heute kommt es keinem Franzosen bei, ein Theaterstück zu konzipiren, für welches er das Theater mit Darstellern und Publikum nicht schon vorräthig findet. Eine wahre Studie für das erfolgreiche Eingehen auf das durch die Umstände Gegebene bietet die Geschichte der Entstehung aller italienischen Opern, namentlich auch Rossini's. Unser Gutzkow kündigt bei neuen Auflagen seiner Romane Überarbeitungen derselben unter Bezugnahme auf die neuesten Zeitereignisse an. — Betrachten wir dagegen nun die Schicksale solcher Autoren und Werke, denen eine ähnliche Zeit- und Ort-Gemäßheit nicht zu statten kam. In erster Reihe sind hierfür Werke der dramatischen Kunst in Betracht zu nehmen, und zwar namentlich musikalisch ausgeführte, weil die Veränderlichkeit des Musikgeschmackes

sehr entscheidend ihr Schicksal bestimmt, während Werken des
rezitirten Dramas keine so eindringliche Ausdrucksweise zu eigen ist,
daß ihre Veränderlichkeit den Geschmack heftig berührte. An den
Opern Mozart's können wir deutlich ersehen, daß Das, was sie
über ihre Zeit erhob, sie in den sonderbaren Nachtheil versetzt,
außer ihrer Zeit fortzuleben, wo ihnen nun aber die lebendigen
Bedingungen abgehen, welche zu ihrer Zeit ihre Konzeption und
Ausführung bestimmten. Vor diesem eigenthümlichen Schicksale
blieben alle übrigen Werke der italienischen Opernkomponisten
bewahrt; keines überlebte seine Zeit, welcher sie einzig angehörten
und entsprungen waren. Mit „Figaro's Hochzeit" und „Don Juan"
war dieß anders: unmöglich konnten diese Werke nur als für den Be=
darf einiger italienischer Opernsaisons vorhanden betrachtet werden; der
Stempel der Unsterblichkeit war ihnen aufgedrückt. Unsterblichkeit!
— Ein verhängnißvolles Weihegeschenk! Welchen Qualen des
Daseins ist die abgeschiedene Seele solch eines Meisterwerkes nicht
ausgesetzt, wenn sie durch ein modernes Theatermedium zum Be=
hagen des nachweltlichen Publikums wieder hervorgequält wird!
Wohnen wir heute einer Aufführung des „Figaro" oder des
„Don Juan" bei, möchten wir dem Werke dann nicht gönnen, es
hätte einmal voll und ganz gelebt, um uns die Erinnerung hieran
als schöne Sage zu hinterlassen, statt dessen wir es jetzt durch ein
ihm ganz fremdes Leben als zur Mißhandlung Wiedererweckten hin=
durchgetrieben sehen?

In diesen Werken Mozart's vereinigen sich die Elemente der
Blüthezeit des italienischen Musikgeschmackes mit den Gegebenheiten
der Räumlichkeit des italienischen Operntheaters zu einem ganz
bestimmten Charakteristikon, in welchem sich der Geist des Aus=
ganges des vorigen Jahrhunderts schön und liebenswürdig aus=
drückt. Außerhalb dieser Bedingungen, in unsere heutige Zeit und
Umgebung versetzt, erleidet das Ewige dieser Kunstschöpfungen eine
Entstellung, die wir vergebens durch neue Verkleidungen und

9*

Umstimmungen der realistischen Form desselben zu beseitigen trachten. Wie dürfte es uns beikommen, z. B. am „Don Juan" etwas ändern zu wollen, — was doch fast jeder für das Werk Begeisterte einmal für nöthig gehalten hat, — wenn uns nicht die Erscheinung des herrlichen Werkes auf unseren Theatern wirklich ängstigte? Fast jeder Opernregisseur nimmt sich einmal vor, den „Don Juan" zeitgemäß herzurichten; während jeder Verständige sich sagen sollte, daß nicht dieß Werk unserer Zeit gemäß, sondern wir uns der Zeit des „Don Juan" gemäß umändern müßten, um mit Mozart's Schöpfung in Übereinstimmung zu gerathen. Um auf die Ungeeignet= heit der Wiedervorführungsversuche gerade auch dieses Werkes hin= zuweisen, nehme ich hier noch gar nicht einmal unsere dafür gänz= lich unentsprechenden Darstellungsmittel in Betracht; ich sehe für das deutsche Publikum von der entstellenden Wirkung deutscher Übersetzungen des italienischen Textes, sowie von der Unmöglich= keit, das italienische sogenannte Parlando=Rezitativ zu ersetzen, ab, und will annehmen, es gelänge, eine Operntruppe von Italienern für eine ganz korrekte Aufführung des „Don Juan" auszubilden: immer würden wir in diesem letzteren Falle, von der Darstellung auf das Publikum zurückblickend, finden müssen, daß wir uns am falschen Orte befänden, welcher peinliche Eindruck unserer Phan= tasie aber schon dadurch erspart wird, daß wir uns jene — für unsre Zeit ideal gewordene — Aufführung gar nicht vorstellen können.

Noch deutlicher dürfte sich dieß Alles an dem Schicksale der „Zauberflöte" herausstellen. Die Umstände, unter denen dieses Werk zu Tage kam, waren dießmal kleinlicher und dürftiger Art; hier galt es nicht, für ein vortreffliches italienisches Sängerpersonale das Schönste, was diesem irgendwie vorzulegen war, zu schreiben, sondern aus der Sphäre eines meisterlich ausgebildeten und üppig gepflegten Kunstgenre's auf den Boden eines, bisher musikalisch durchaus niedrig behandelten, Schauplatzes für Wiener Spaßmacher sich zu begeben. Daß Mozart's Schöpfung die an seine Arbeit gestellten Anforderungen so unverhältnißmäßig übertraf, daß hier nicht ein Individuum sondern ein ganzes Genus von überraschendster Neuheit geboren schien, müssen wir als den Grund davon betrachten, daß dieses Werk einsam dasteht und keiner Zeit recht angeeignet werden kann. Hier ist das Ewige, für alle Zeit und Menschheit Giltige (ich verweise nur auf den Dialog des Sprechers mit Tamino!) auf eine so unlösbare Weise mit der eigentlichen trivialen Tendenz des vom Dichter absichtlich auf gemeines Gefallen Seitens eines Wiener Vorstadtpublikums berechneten Theaterstückes verbunden, daß es einer erklärenden und vermittelnden historischen Kritik bedarf, um das Ganze in seiner zufällig gestalteten Eigenart zu verstehen und gut zu heißen. Stellen wir die Faktoren dieses Werkes genau neben einander, so erhalten wir hieraus einen sprechenden Beleg für die oben behauptete Tragik im Schicksale des schaffenden Geistes durch seine Unterworfenheit unter die Bedingungen der Zeit und des Raumes für sein Wirken. Ein Wiener Vorstadttheater mit dessen auf den Geschmack seines Publikums spekulirendem Theaterdirektor liefert dem größesten Musiker seiner Zeit den Text zu einem Effektstück, um sich durch dessen Mitarbeiterschaft vor dem Bankerott zu retten; Mozart schreibt dazu eine Musik von ewiger Schönheit. Aber diese Schönheit ist unlösbar dem Werke jenes Theaterdirektors einverleibt, und bleibt in Wahrheit, da diese Verbindung unauflösbar ist, dem Wiener Vorstadtpublikum auf der Stufe des zu jener Zeit ihm eigenen Geschmackes in einem unaffektirten Sinne, wie gewidmet, so verständlich. Wollten wir jetzt die „Zauberflöte" vollständig beurtheilen und genießen können, so müßten wir sie — durch irgend einen der heutigen spiritistischen Zauberer — uns im Theater an der Wien im Jahre ihrer ersten Aufführungen vorstellen lassen. Oder sollte uns eine heutige Aufführung auf dem Berliner Hoftheater dasselbe Verständniß bringen können?

Fürwahr, die Vorstellung der Idealität von Zeit und Raum
wird uns bei solchen Betrachtungen übel erschwert, und müßten
wir diese für unsere schließlichen Untersuchungen wohl füglich,
wenigstens der Idealität des reinen Kunstwerkes gegenüber, als die
krassesten Realitäten betrachten, wenn wir unter ihren abstrakten
Formen nicht wiederum nur das reale Publikum und seine Eigen=
schaften zu verstehen hätten. Die Verschiedenartigkeit des gleich=
zeitigen Publikums derselben Nation versuchte ich in meinen voran=
gehenden Artikeln näher zu beleuchten; wenn ich dießmal die gleiche
Verschiedenartigkeit nach Zeit und Raum deutlich zu machen wünschte,
so gedenke ich für den Schluß dieser Betrachtungen die eigentlichen
Zeit= und National=Tendenzen dennoch unberücksichtigt zu lassen,
vielleicht schon aus Furcht, bei der Erforschung und Darstellung
derselben zu weit zu gerathen und in willkürlichen Annahmen mich
zu verlieren, wie z. B. über die Kunsttendenzen des neuesten deut=
schen Reiches, welche ich doch wohl zu hoch anschlagen dürfte, wenn
ich sie nach der Wirksamkeit des Oberdirektors der vier norddeutschen
Hoftheater zu bemessen durch persönliche Rücksicht mich verleitet
fühlen sollte. Auch möchte ich, nachdem wir unser Thema nach so
bedeutenden Dimensionen hin in das Auge faßten, die Frage nicht
in die Untersuchung absoluter Lokalitäts=Differenzen sich verlaufen
lassen, wiewohl ich von der entscheidenden Wichtigkeit einer solchen
Differenz selbst ein merkwürdiges Beispiel erlebt habe, nämlich an
dem Schicksale meines Tannhäuser's in Paris, welcher (aus guten
Gründen!) in der großen Oper ausgepfiffen wurde, während er,
nach dem Dafürhalten Sachverständiger, in einem weniger von
seinem Stammpublikum beherrschten Theater der französischen Haupt=
stadt, vielleicht bis auf unsere Tage, recht gut als bescheidener
Abendstern neben der Sonne des Gounod'schen „Faust" hätte fort=
leuchten können.

Es sind jedoch wichtigere Eigenschaften des nach Zeit und
Raum sich auseinander scheidenden Publikums, welche sich mir zur

Erwägung aufdrängten, als ich das Schicksal der Liszt'schen Musik mir zu erklären suchte, welches zu erörtern die eigentliche Veranlassung zu den voranstehenden Untersuchungen gab, die ich demnach mit dieser Erörterung am Schicklichsten abzuschließen glaube. Dießmal war es die Dante-Symphonie Liszt's, nach deren erneuter Anhörung ich mich abermals von dem Problem befangen fühlte, welche Stellung dieser eben so genialen als meisterlichen Schöpfung in unserer Kunstwelt anzuweisen sei. Nachdem ich kurz zuvor mit der Lektüre der göttlichen Komödie beschäftigt gewesen, und hierbei neuerdings alle die Schwierigkeiten der Beurtheilung dieses Werkes, über welche ich mich oben äußerte, erwogen hatte, trat jetzt jene Liszt'sche Tondichtung mir wie der Schöpfungsakt eines erlösenden Genius entgegen, der Dante's unaussprechlich tiefsinniges Wollen aus der Hölle seiner Vorstellungen durch das reinigende Feuer der musikalischen Idealität in das Paradies seligst selbstgewisser Empfindung befreite. Dieß ist die Seele des Dante'schen Gedichtes in reinster Verklärung. Solchen erlösenden Dienst konnte noch Michael Angelo seinem großen dichterischen Meister nicht erweisen; erst als durch Bach und Beethoven unsere Musik auch des Pinsels und Griffels des ungeheuren Florentiners sich zu bemächtigen angeleitet war, konnte die wahre Erlösung Dante's vollbracht werden.

Dieses Werk ist unserer Zeit und seinem Publikum so gut wie unbekannt geblieben. Es ist eine der erstaunlichsten Thaten der Musik: aber nicht einmal die dümmste Verwunderung hat sie bisher auf sich gezogen. Ich habe in einem früheren Briefe über Liszt*) die äußeren Gründe des frechen Miswollens der deutschen Musikerwelt für Liszt's Auftreten als schaffender Tonsetzer zu erörtern versucht: diese sollen uns heute nicht abermals bemühen; wer das deutsche Konzertwesen, dessen Heroen, vom General bis zum Korporal kennt, weiß, mit welcher Assekuranz-Gesellschaft für Talent-

*) Gesammelte Dichtungen und Schriften. Bd. V.

losigkeit er es hier zu thun hat. Dagegen nehmen wir nur dieses
Werk, und die ihm ähnlichen Arbeiten Liszt's, in Betrachtung, um
aus ihrem Charakter selbst uns ihre Zeit= und Raum=Ungemäßheit
in der jetzt träg verlaufenden Gegenwart zu erklären. Offenbar
sind diese Liszt'schen Konzeptionen zu gewaltig für ein Publikum,
welches den Faust im Theater sich durch den seichten Gounod,
im Konzertsaal durch den schwülstigen Schumann musikalisch vor=
zaubern läßt.*) Hiermit wollen wir das Publikum nicht anklagen;
es hat ein Recht, so zu sein wie es ist, zumal wenn es unter der
Leitung seiner Führer nicht anders sein kann. Dagegen fragen wir
uns nur, wie unter solchen Gegebenheiten des Raumes und der
Zeit Konzeptionen wie die Liszt'schen entstehen konnten. In Etwas
ist gewiß jeder große Geist jenen Zeit= und Ort=Bestimmungen nahe=
stehend, ja, wir sahen auf die größesten diese Bestimmungen sogar
verwirrend einwirken. Ich erklärte mir zuletzt diese so anregenden und
unabweislichen Einflüsse aus dem eminenten Aufschwunge der vorzüg=
lichsten Geister Frankreich's in den beiden das Jahr 1830 umschließenden
Dezennien. Die Pariser Gesellschaft bot um jene Zeit einer beson=
deren Blüthe ihrer Staatsmänner, Gelehrten, Schriftsteller, Dichter,
Maler, Skulptoren und Musiker so bestimmte und charakteristische
Aufforderungen zum Anschluß an ihre Bestrebungen dar, daß eine
feurige Phantasie sie sich wohl zu einem Auditorium vereinigt vor=
stellen durfte, welchem eine Dante= oder Faust=Symphonie, ohne
kleinliche Mißverständnisse befürchten zu müssen, vorgeführt werden
könnte. Ich glaube in dem Muthe Liszt's, diese Kompositionen
auszuführen, die Anregungen, sowie auch den besonderen Charakter
dieser Anregungen aus jener Zeit und an jenem räumlichen Ver=
einigungspunkte, als produktive Motoren zu erkennen, und — schätze
sie hoch, wenngleich es der über Zeit und Raum weit hinausliegenden

---

*) In Leipzig hörte man bei einer Aufführung der Dante=Symphonie
zu einer drastischen Stelle des ersten Theiles aus dem Publikum den Hilfe=
ruf: „Ei! Herr Jesus!"

Natur des Liszt'schen Genius bedurfte, um jenen Anregungen ein ewiges Werk abzugewinnen, möge dieses Ewige vorläufig in Leipzig und Berlin auch übel ankommen. —

Blicken wir schließlich noch einmal auf das Bild zurück, welches uns das in Zeit und Raum sich bewegende Publikum darbot, so könnten wir es mit dem Strome vergleichen, in dessen Betracht wir uns nun zu entschließen hätten, ob wir mit ihm, oder gegen ihn schwimmen wollten. Was wir mit ihm schwimmen sehen, mag sich einbilden, dem steten Fortschritte anzugehören; jedenfalls wird es ihm leicht sich fortreißen zu lassen, und es merkt nichts davon, im großen Meere der Gemeinheit verschlungen zu werden. Gegen den Strom zu schwimmen muß Diejenigen lächerlich dünken, die zu der ungeheuren Anstrengung, welche es kostet, nicht ein unwiderstehlicher Drang bestimmt. Wirklich können wir aber der uns fortreißenden Strömung des Lebens nicht anders wehren, als wenn wir ihr entgegen nach dem Quelle des Stromes steuern. Wir werden zu erliegen befürchten müssen: in höchster Ermattung rettet uns aber zuweilen ein gelingendes Auftauchen: da hören die Wellen unseren Ruf, und staunend steht die Strömung für Augenblicke still, wie wann ein großer Geist einmal unvermuthet zur Welt spricht. Und wieder taucht der kühne Schwimmer unter, nicht dem Leben, sondern dem Quelle des Lebens nach geht sein Trachten. Wer, wenn er zu diesem Quelle gelangte, würde wohl Lust empfinden, sich je wieder in den Strom zu stürzen? Von seliger Höhe herab gewahrt er das ferne Weltmeer mit seinen sich gegenseitig vernichtenden Ungeheuern; was dort sich vernichtet, wollen wir ihm verdenken, wenn er es verneint?

Aber was wird das „Publikum" dazu sagen? — Ich denke, das Stück ist aus und man trennt sich. —

Ein Rückblick

auf die

Bühnenfestspiele des Jahres 1876.

— — —

Wohl irre ich nicht, wenn ich annehme, daß den Freunden meines mit den Bayreuther Bühnenfestspielen kundgegebenen Ge= dankens eine nähere Mittheilung meiner persönlichen Ansicht über den Ausfall der nun vor zwei Jahren wirklich stattgefundenen ersten Aufführungen nicht unwillkommen sein dürfte. Bereits hatte ich zwar schon in der nächsten Zeit nach diesen Aufführungen zu einigen Ansprachen an die bisherigen Patrone derselben Veranlassung, als ich sie, zur wirklichen Durchführung des von ihnen so weit geförderten Unternehmens durch Deckung des schließlich sich herausstellenden Defizits aufforderte. Was ich bei solcher unerfreulichen Angelegen= heit nur kurz aussprechen konnte, nämlich meine Ansicht über das Gelingen jener Aufführungen selbst, drängt es mich jetzt aber mit etwas näherem Eingehen mitzutheilen, wobei ich vor der nöthigen Einmischung von Betrachtungen des äußerlichen Mißerfolges meiner Bemühungen in das mir so wohlthuende Gedenken der tief begrün= deten künstlerischen Genugthuung, welche ich mir gewinnen durfte, nicht zurückzuschrecken gedenke.

Wenn ich mich ernstlich frage, Wer mir dieses ermöglicht hat, daß dort auf dem Hügel bei Bayreuth ein vollständig ausgeführtes großes Theatergebäude, ganz nach meinen Angaben, von mir er= richtet steht, welches nachzuahmen der ganzen modernen Theaterwelt

unmöglich bleiben muß, sowie daß in diesem Theater die besten
musikalisch=dramatischen Kräfte sich um mich vereinigten, um einer
unerhört neuen, schwierigen und anstrengenden künstlerischen Aufgabe
freiwillig sich zu unterziehen, und sie zu ihrem eigenen Erstaunen
glücklich zu lösen, so kann ich in erster Linie mir nur diese ver=
wirklichenden Künstler selbst vorführen, deren von vornherein kund=
gegebene Bereitwilligkeit zur Mitwirkung in Wahrheit erst den
außerhalb stehenden ungemein wenigen Freunden meines Gedankens
es ermöglichte, für die Zusammenbringung der nöthigen materiellen
Mittel sich zu bemühen.

Ich gedenke hierbei jenes Tages der Grundsteinlegung des
Bühnenfestspielhauses im Jahre 1872: die ersten Sänger der Ber=
liner Oper hatten sich bereitwillig eingefunden, um die wenigen
Sologesangstellen der Chöre der „neunten" Symphonie zu über=
nehmen; die vortrefflichsten Gesangvereine verschiedener Städte, die
vorzüglichsten Instrumentisten unsrer größten Orchester, waren
meiner einfachen freundschaftlichen Aufforderung zur Mitwirkung an
der Ausführung jenes Werkes, welchem ich die Bedeutung des
Grundsteines meines eigenen künstlerischen Gebäudes beigelegt
wünschte, eifrigst gefolgt. Wer die Weihestunden dieses Tages
miterlebte, mußte hiervon die Empfindung gewinnen, als sei die
Ausführung meines weiteren Unternehmens zu einer gemeinsamen
Angelegenheit viel verzweigter künstlerischer und nationaler Interessen
geworden. Im Betreff des künstlerischen Interesses hatte ich mich
nicht geirrt: dieses ist mir bis zum letzten Augenblicke treu und
meinem Unternehmen innig verwoben geblieben. Sehr gewiß hatte
ich mich aber in der Annahme, auch ein nationales Interesse geweckt
zu haben, getäuscht. Und dieses ist nun der Punkt, von welchem
meine weiteren Betrachtungen bei diesem Rückblicke auszugehen haben,
wobei es weder zu Klagen noch zu Verklagungen, sondern lediglich
zur Bestätigung einer Erfahrung und der Erkenntniß des Charakters
dieser Erfahrung kommen soll.

Wie glänzend der äußere Hergang bei den endlich ausgeführten Bühnenfestspielen in jenen sonnigen Sommertagen des Jahres 1876 sich ausnahm, durfte nach allen Seiten hin ungemeines Aufsehen erwecken. Es erschien sehr wahrhaftig, daß so noch nie ein Künstler geehrt worden sei; denn hatte man erlebt, daß ein solcher zu Kaiser und Fürsten berufen worden war, so konnte Niemand sich erinnern, daß je Kaiser und Fürsten zu ihm gekommen seien. Dabei mochte doch auch wiederum Jeder annehmen, daß, was den Gedanken meines Unternehmens mir eingegeben, nichts Anderes als Ehrgeiz gewesen sein könne, da meinem rein künstlerischen Bedürfnisse es doch gewiß genügt haben müßte, meine Werke überall aufgeführt und mit stets andauerndem Beifall aufgenommen zu sehen. Gewiß schien es etwas ganz außerhalb der Sphäre des Künstlers Liegen= des gewesen zu sein, was mich angetrieben haben mochte, und wirklich fand ich die Annahme dieses einen Etwas in der zumeist von meinen hohen Gästen mir bezeugten Anerkennung meines Muthes und meiner Ausdauer ausgesprochen, mit welcher ich eine Unter= nehmung zum Ziele geführt hätte, an deren Zustandekommen Niemand, und die hohen Häupter selbst am wenigsten, geglaubt hätten. Es mußte mir deutlich werden, daß mehr die Verwunderung über dieses wirkliche Zustandekommen die Theilnahme der höchsten Regionen mir zugewendet hatte, als die eigentliche Beachtung des Gedankens, der das Unternehmen mir eingab. Somit konnte es auch in der Gesinnung meiner hohen Gönner mit der so ungemein beneidens= werth mich hinstellenden Bezeugung jener Anerkennung für voll= kommen abgethan gelten. Hierüber mich zu täuschen durfte nach der Begrüßung meiner hohen Gäste mir nicht beikommen, und es konnte mir nur das Erstaunen darüber verbleiben, daß meinen Bühnenfestspielen überhaupt eine so hoch ehrende Beachtung wider= fahren war.

Auch dieß durfte mir nicht unerklärlich bleiben, sobald ich auf die Hauptkraft zurückging, deren rastloser Thätigkeit ich das materielle

Zustandekommen meines Unternehmens einzig verdankte. Diese war die meinem künstlerischen Ideale mit innigstem Ernste zuge= wandte edle Frau, deren Namen ich zuletzt öffentlich meinen Freunden nannte, als ich ihr meine Schrift über das „Bühnenfestspielhaus zu Bayreuth" widmete. Unumwunden bekenne ich, daß ohne die jahrelang mit stets erneuerter Energie durchgeführte Werbung dieser, gesellschaftlich so bedeutend gestellten, in allen Kreisen hochgeehrten Frau, an eine Aufbringung der Mittel zur Bestreitung der nöthigsten Kosten der Unternehmung, an eine Förderung derselben nicht zu denken gewesen wäre. Unermüdet wie unverwundbar setzte sie sich dem Belächeln ihres Eifers, ja selbst der offenen Verspottung von Seiten unserer so schön gebildeten Publizistik aus; glaubte man nicht an das Wahnbild ihrer Begeisterung, so war doch der Be= geisterung selbst nicht zu widerstehen; man brachte Opfer, um die verehrte Frau zu verbinden. Mußte mich die Wahrnehmung hiervon tief rühren, so konnte es mich doch auch nur beschämen, einen end= lichen Erfolg weniger dem Glauben an mein Werk oder einer wirk= lichen Bewegung im Geistesleben der für wiedererweckt gehaltenen Nation, als vielmehr der Unwiderstehlichkeit der Werbungen einer hochgestellten Gönnerin verdanken zu sollen. War es vordem mein Lieblingsgedanke gewesen, meine Bühnenfestspiele von einem deutschen Fürsten der Nation als ein königliches Geschenk vorgeführt zu sehen, und hatte ich in meinem erhabenen Beschützer und königlichen Wohl= thäter den zur Ausführung dieses Gedankens berufenen Fürsten gefunden, so hatte damals das bloße Verlauten hiervon einen solchen Sturm des Widerwillens allseitig heraufgezogen, daß es mir zur Pflicht gemacht war, durch freiwilliges Zurücktreten von jedem Ver= suche zur Ausführung jenes Gedankens wenigstens von einem fürst= lichen Haupte die schmachvollsten Kränkungen ferne zu halten. Jetzt glaubte ich dagegen meinen Stolz darein setzen zu müssen, daß ich den etwa wiedererwachten deutschen Geist, in den Sphären, denen die Pflege dieses Geistes als Ehrenpunkt obliegen zu müssen schien, für die Durchführung meines Werkes anriefe. Ich versäumte nicht, mich um die Theilnahme des deutschen Reichskanzlers zu bemühen. Großherzige Illusionen zu nähren, ist dem deutschen Wesen nicht unanständig. Hätte Herr Dr. Busch die Versailler Tischreden unseres Reichsreformators bereits damals zu veröffentlichen für gut gehalten, so würde ich jedoch wohl der Illusion, welche mich in jenen Sphären Theilnahme für meinen Gedanken erwecken zu können annehmen ließ, jedenfalls keinen Augenblick mich hingegeben haben. Nachdem eine Zusendung meiner Schrift über „deutsche Kunst und deutsche Politik" dort keine Beachtung gefunden hatte, setzte ich meine Werbung durch eine brieflich sehr ernst motivirte Bitte, wenigstens die zwei letzten Seiten meiner Broschüre über das „Bühnenfestspielhaus zu Bayreuth" einer Durchlesung zu würdigen, unentmuthigt fort. Das Ausbleiben jeder Erwiderung hatte mich davon in Kenntniß zu setzen, daß mein Anspruch auf Beachtung in der obersten Staatsregion für anmaaßend gelten zu müssen schien, womit, wie ich ebenfalls ersah, man sich zugleich in dort nie aus dem Auge verlorener Übereinstimmung mit der großen Presse er= hielt. Andererseits hatte aber meine unermüdlich thätige Gönnerin ein wohlwollendes Interesse des ehrwürdigen Hauptes unseres Reiches zu erwecken und wach zu erhalten gewußt. Ich ward ver= anlaßt, zu einer Zeit empfindlicher Hemmungen im Fortgange des Unternehmens, den Kaiser selbst um eine nennenswerthe Hilfe hierfür ehrfurchtvollst anzugehen; hierzu entschloß ich mich jedoch erst dann, als mir berichtet war, es sei dem Oberhaupte des Reiches ein ge= wisser Fonds zur Förderung nationaler Interessen zugestellt, über dessen Verwendung es ganz nach persönlichem Ermessen zu verfügen habe. Es ward mir versichert, der Kaiser habe mein Gesuch sogleich bewilligt und dem Reichskanzleramte in diesem Sinne empfohlen; auf ein entgegengesetztes Gutachten des damaligen Präsidenten dieses Amtes sei aber die Sache fallen gelassen worden. Man sagte mir dann, der Reichskanzler selbst habe hiervon gar nichts gewußt; die

Angelegenheit habe Herr Delbrück allein in der Hand gehabt: daß dieser dem Kaiser abgerathen habe, sei nicht zu verwundern, denn er sei ganz nur Finanzmann, und bekümmere sich um sonst nichts. Dagegen hieß es, der Kultusminister, Herr Falk, welchen ich etwa als Vertreter meiner Idee in das Auge fassen wollte, sei ganz nur Jurist, und wisse sonst von nichts. Aus dem Reichskanzleramte gab man mir den Rath, ich möge mich an den Reichstag wenden: dieser Zumuthung erwiderte ich nun aber, daß ich mich an die Gnade des Kaisers, sowie an die Einsicht des Reichskanzlers, nicht aber an die Ansichten der Herren Reichstagsabgeordneten zu wenden vermeint hätte. Als späterhin dem Defizit abgeholfen werden sollte, hatte man wiederum eine Einbringung an den Reichstag im Sinne, und wünschte den Antrag der dort am leichtesten durchfallenden Fort= schrittspartei zugewiesen. Ich hatte bald von Reich und Kanzel genug.

Bei Weitem erfreulicher wirkten dagegen die Bemühungen auf= richtiger Freunde meines Unternehmens, welche in den verschiedensten Städten, Deutschlands und selbst des Auslandes, Vereine zur Sammlung von Beiträgen gegründet hatten. Ich würde diese Vereine gern als die einzige und wahrhaft moralische Stütze, die ich finden durfte, angesehen haben, wenn nicht ein unvermeidliches Übel dabei zum Vorschein gekommen wäre. Die Kosten des Unter= nehmens waren, namentlich durch die dießmalige Nöthigung zur Ausführung eines beträchtlichen Baues, zu bedeutend, als daß sie durch die unvermögenderen Freunde meiner Kunst selbst hätten aufgebracht werden können; ich mußte auf einen ungewöhnlichen Preis für einen Patronat=Antheil halten; diesen suchte man dadurch zu erschwingen, daß man den Ertrag geringer Einzahlungen zum Ankauf von Patronat=Antheilen zusammenschoß, und diese nun durch das Loos unter die Mitglieder der Vereine vertheilen ließ. Kam es den Sammlern vor Allem nur darauf an, eine möglichst große Anzahl von beisteuernden Mitgliedern zu werben, so konnte es nicht ausbleiben, daß sich hierunter auch solche einfanden, denen der

Gedanke der Unternehmung durchaus fern lag, und die nur durch die Aussicht auf einen Loosgewinn, welcher dann durch vortheil= haften Weiterverkauf einbringlich zu verwerthen war, herbeigezogen werden konnten. Die üblen Folgen hiervon stellten sich im bedenk= lichsten Sinne heraus: die Plätze zu den Festspiel=Aufführungen wurden öffentlich ausgeboten und ganz wie zu großstädtischen Opern= aufführungen verkauft. Zu einem sehr großen Theile hatten wir auch hier wiederum mit einem recht eigentlichen Opernpublikum, mit Rezensenten und allem sonstigen Ingredienz zu thun, welchem gegenüber alle unsere Vorkehrungen, wie z. B. die Enthaltung der Darsteller und des Autors von der üblichen Entgegennahme des sogenannten Herausrufes, allen Sinn verloren. Wir wurden wieder kritisirt und heruntergerissen, ganz wie wenn wir für's Geld uns zum Besten gegeben hätten. Als ich aber schließlich für die Deckung des Defizits der, von mir eigentlich meinen Patronen übergebenen, Unternehmung eben diese Patrone angehen zu dürfen glaubte, fand ich denn, daß meine Unternehmung wirklich gar keine Patrone gehabt hatte, sondern nur Zuschauer auf sehr theuer bezahlten Plätzen. Außer einem im österreichischen Schlesien be= güterten, vornehmen Gönner, welcher in sehr beträchtlicher Weise einer mit dem Patronate übernommenen höheren Verpflichtung entsprach, waren es wieder nur die sehr wenigen persönlich mir ergebenen, für jetzt aber erschöpften Freunde, welche meine Auf= forderung beachteten. Wie war dieß im Ernste auch anders zu erwarten, da ja die ergiebigsten Unterstützungen durch Werbung meiner einen, unermüdlichen Gönnerin beim Sultan und dem Khediff von Ägypten erst herbeigeschafft worden waren. Schließ= lich hätte ich unter den nun, statt auf meinen Patronen, auf mir lastenden Verpflichtungen vollständig erdrückt werden müssen, wenn sich nicht die eine Hilfe mir wieder aufthat, welcher für dieses Mal entbehren zu dürfen bei dem Beginnen der Unternehmung mein stolzer Wunsch war, ohne deren energischstes Eingreifen aber

10*

ein großer Theil der Vorbereitungen schon gar nicht einmal in Angriff hätte genommen werden können, und welche nun, eingedenk der alten unwürdigen Stürme, ungenannt mir ihre Wohlthat angedeihen lassen wollte. —

Dieß waren die „Bühnenfestspiele des Jahres 1876". Wollte man mir deren Wiederholung zumuthen? —

Leider mußte ich die hier besprochene äußere Seite des vollbrachten Unternehmens zunächst und rückhaltlos darlegen: denn nur dem Charakter dieser äußeren Lage der Dinge ist, zum allergrößten Theile wenigstens, Das beizumessen, was in der künstlerischen Ausführung wiederum nicht zum vollständigen Gelingen kam.

„Ich habe nicht geglaubt, daß Sie es zu Stande bringen würden", — sagte mir der Kaiser. Von wem aber ward dieser Unglaube nicht getheilt? Dieser war es, der so manches Unfertige schließlich an den Tag brachte, da in Wahrheit nur die endlich mein Werk mit treuester Hingebung selbst darstellenden Künstler ihren Glauben bewahrten, weil sie vom rechten Willen begeistert waren. Aber außer diesen unmittelbar darstellenden Künstlern stand mir vom allerersten Anfang herein ein Mann zur Seite, ohne dessen Bereitwilligkeit hierzu der Anfang selbst mir gar nicht erst möglich geworden wäre. Es galt zu allererst der Aufführung eines Theatergebäudes, zu welchem die für München früher entworfenen Semper'schen Pläne eigentlich nur so weit benutzt werden konnten, als in ihnen meine Angaben vorlagen; dann sollte dieses Theater eine Bühneneinrichtung von vollendetster Zweckmäßigkeit für die Ausführung der komplizirtesten scenischen Vorgänge erhalten, endlich die Scene selbst durch Dekorationen in wahrhaft künstlerischer Absicht so ausgeführt werden, daß wir dießmal dem üblichen Opern- und Ballet-Flitterstyle nicht mehr zu begegnen hatten. Meine Unterhandlungen über dieses Alles mit Karl Brandt in Darmstadt, auf welchen durch einen früher von mir beobachteten charakteristischen

Vorgang mein Blick gelenkt worden war, führten nach einem innigen
Einvernehmen über die Besonderheit des ganzen Vorhabens zu
einem schnellen Abschluß im Betreff der Übernahme aller Besorgungen
der soeben bezeichneten Ausführungen von Seiten dieses eben so
energischen als einsichtigen und erfinderischen Mannes, welcher von
nun an meine Hauptstütze bei der Durchführung meines ganzen
Planes ward. Er mußte mir den vortrefflichen Architekten, Otto
Brückwald in Leipzig, zuzuweisen, mit welchem er sich über die
Eigenthümlichkeiten des Bühnenfestspielhauses so genau und erfolg=
reich verständigte, daß dieses Gebäude, als das einzige meine Unter=
nehmung überdauernde Zeugniß der Tüchtigkeit derselben, für die
Würdigung und Bewunderung jedes Sachkenners dastehen darf. —
Große Vorsicht erheischte die Wahl des Dekorationsmalers, bis wir
in dem geistvollen Professor Joseph Hoffmann in Wien den
genialen Entwerfer der Skizzen fanden, nach welchen von den höchst
strebsamen, seit Kurzem erst in höhere Übung getretenen Gebrüdern
Brückner in Koburg schließlich die Dekorationen des Ringes des
Nibelungen für unser Festspielhaus ausgeführt wurden. Ist unser
Theater=Gebäude bis jetzt keinem Tadel eines Verständigen unter=
worfen worden, so haben sich einzelne Ausführungen im scenisch=
dekorativen Theile unserer Festspiele Ausstellungen, namentlich von
besserwissenden Unverständigen zugezogen. Worin einzelne Schwächen
hierbei lagen, wußte Niemand besser als wir selbst; wir wußten
aber auch, woher sie rührten. Glaubte das ganze deutsche Reich
mit seinen höchsten Spitzen bis zu allerletzt nicht an das Zustande=
kommen der Sache, so war es nicht zu verwundern, daß dieser
Unglaube auch manchen bei der Ausführung Betheiligten einnahm,
da jeder derselben außerdem unter der materiellen Erschwerung durch
Ungenügendheit der uns zur Verfügung gestellten Geldmittel zu
leiden hatte, welche wie ein nagender Wurm dem Fortgange der
Arbeiten stets innewohnte. Trotz der wahrhaft heldenmüthigen
Bemühungen unseres Verwaltungsrathes, dessen aufopfernde Thätig=

seit gar nicht genug zu rühmen ist, stockte es selbst in der inneren
Ausführung des Theaterbaues, wobei es schließlich zu einem sonder=
baren Misverständnisse kam, durch welches selbst von meinen besten
Freunden mir exzentrische Übertreibungen zur Last gelegt wurden.
Die Einrichtung für die Gasbeleuchtung des Zuschauerraumes war
wirklich erst am Mittag der ersten Vorstellung des Rheingoldes so=
weit fertig geworden, daß überhaupt wenigstens beleuchtet werden
konnte, wenn gleich eine Regulirung dieser Beleuchtung durch genaue
Abmessung der verschiedenen Brennapparate noch nicht hatte vor=
genommen werden können. Das Ergebniß hiervon war, daß der
richtige Grad für die Einziehung der Beleuchtung nicht bemessen
und eingehalten werden konnte, und gegen unsern Willen im
Zuschauerraume vollkommene Nacht ward, wo wir nur eine starke
Dämpfung des Lichtes beabsichtigten. Dieser Übelstand konnte erst
bei den späteren Wiederholungen des ganzen Festspieles gehoben
werden: alle Berichte bezogen sich aber auf diese erste Aufführung,
und Niemand ist es später eingefallen, nach den Erfahrungen der
zweiten und dritten Aufführungen uns gegen die Vorwürfe der
absurdesten Intentionen zu vertheidigen, welche uns die unbillige
Beurtheilung der ersten Tage zugezogen hatte. Ebenso erging es
uns mit der Herstellung des Lindwurmes übel: diese wurde einfach
als eine Stümperei beurtheilt, weil Niemand sich die Mühe gab
zu bedenken, daß wir uns hier — aus Noth — mit einer unfertigen
Vorrichtung helfen mußten. Dagegen hatten wir, weil deutsche
Mechaniker hierfür noch nicht genügende Übung besaßen, uns an
einen in England vorzüglich erprobten Anfertiger beweglicher Thier=
und Riesengestalten gewendet, diesen mit großen Kosten honorirt,
seinerseits aber die, vermuthlich aus dem sonst allgemeinen Unglauben
an das rechtzeitige Zustandekommen der Aufführungen sich ergeben=
den, Folgen der Verzögerung in der Zusendung der einzelnen
Theile seines Werkes zu erfahren, so daß wir uns in der letzten
Stunde entschließen mußten unser Ungethüm ohne den Hals des=

selben, welcher noch heute auf einer der Stationen zwischen London und Bayreuth unentdeckt liegt, mit dicht an den ungeheuren Rumpf gehefretem Kopfe, somit allerdings in großer Entstelltheit, in die Aktion zu führen. — Außer diesem und ähnlichem Ungemach hatte Niemand mehr als wir selbst auch Unfertigkeiten in der Herstellung der Dekorationen zu beklagen. Der jetzt auf den Theatern, welche sich neuerdings der Mühen der Aufführung des „Siegfried" unter=zogen haben, mit für uns so beschämend lebendig sich bewegenden Blättern ausgestattete Lindenbaum des zweiten Aktes mußte — immer aus demselben Grunde der Verzögerung — erst hier am Orte flüchtig nachgeschafft werden; der Schlußscene der „Götterdämmerung" blieb eine wohlerprobte Ausführung der hinteren Verkleidungen für alle Vorstellungen versagt.

Nur wenigen unter unseren Zuschauern scheint dagegen die bisher nirgendswo noch übertroffene Gesammtleistung der Scenerie, deren mannigfaltigste Ausführungen wir ihnen in vier Tagen hinter=einander mit rastloser Folge vorführten, von so bestimmendem Ein=drucke gewesen zu sein, daß jene verschwindend geringen Gebrechen davor ihrer Beachtung entgangen wären. Im Namen dieser Wenigen richte ich hier aber nochmals laut an die vorzüglichen Ge=nossen meines Werkes, und vor Allem an den von den Sorgen und Mühen jener Tage fast erdrückten, mit unglaublicher Energie aber das Begonnene ruhmreich durchführenden Freund, Karl Brandt, eine feierliche Danksagung.

Und immer freundlicher und gerührter wird mein Dank sich auszudrücken haben, wenn ich heute nochmals der einzigen Ermöglicher meines Werkes, der dramatischen Darsteller desselben und der so herrlich auf idealem Boden sie tragenden Musiker, gedenke.

Gewiß hat nie einer künstlerischen Genossenschaft ein so wahr=haft nur für die Gesammtaufgabe eingenommener und ihrer Lösung mit vollendeter Hingebung zugewendeter Geist innegewohnt, als er hier sich kundgab. Waltete bei einem großen Theil der Zuschauer der ersten Aufführungen der Hang zur Schadenfreude vor, so konnte uns nur die Freude am Gelingen für die Beängstigungen und Sorgen belohnen, welche unserer Hoffnung auf ein vollständiges Gelingen zu Zeiten entgegentraten. Beseelten diese Gefühle uns Alle, so will ich doch, und wenn auch nur zur Freude seiner Genossen, Albert Niemann in diesem Sinne als das eigentliche Enthusiasmus treibende Element unseres Vereines mit Namen nennen. Alle würden eine Lähmung empfunden haben, wenn seine Mitwirkung in Zweifel hätte gezogen werden sollen. Zu jedem Antheil bereit, schlug er mir vor, neben dem Siegmund in der „Walküre" auch den Siegfried in der „Götterdämmerung" zu übernehmen, während die hiermit betraute, bis dahin ungeübtere Kraft allein für den jungen Siegfried des vorangehenden Theiles einzustehen haben sollte. Meine Eingenommenheit für einen gewissen dramatischen Realismus ließ mich die Störung einer Täuschung befürchten, wenn derselbe Held an zwei aufeinander folgenden Abenden zwei verschiedenen Darstellern übergeben würde; ich lehnte dankend Niemann's Antrag ab, und hatte dieß aufrichtig zu bereuen, da, abgesehen von dem zu erwartenden Unterschiede der künstlerischen Leistungen selbst, der Sänger des Siegfried nach den großen Anstrengungen des vorangehenden Tages seiner Darstellung des Helden der Schlußtragödie nicht mehr die nöthige Energie zuzuwenden vermochte. — So hatten wir im Allgemeinen auch für die Besetzung der vielen und wichtigen Partieen des Gesammtwerkes große Schwierigkeiten zu überwinden. Manchen vorzüglichen Sänger mußte ich unherbeigezogen lassen, weil ich für meine Götter, Riesen und Helden nur hohe und kräftige Gestalten verwenden zu dürfen glaubte, sodaß es wiederum dem Glück zuzuschreiben war, wenn es wirklich möglich ward, in der Wahl meiner Darsteller auch nach dieser Seite hin ganz den Erfordernissen entsprechen zu können. Zum Erstaunen Aller glückten auch in diesem Sinne die Gestalten der beiden

Nibelungen, von denen sich namentlich „Mime" einer ungemeinen
Popularität erfreute, während ich bis heute darüber verwundert
bleibe, die Leistung Karl Hill's als „Alberich" bei Weitem nicht
nach ihrem eminenten Werth beachtet gefunden zu haben. Diese
letztere Erfahrung mußte meine Ansicht über das gewöhnliche Urtheil
unseres Publikums in so fern bestätigen, daß dieses — im für jetzt
besten Falle — immer mehr von ethischen, als künstlerischen Ein=
drücken abhängt: daß Hill so vollständig meine dringend von
mir ihm empfohlene Aufgabe löste, nämlich jeden, ihm sonst so
natürlichen, gefühlvoll=gemüthlichen Akzent zu vermeiden, stets nur
Hast, Gier, Haß und Wuth zu zeigen, und zwar noch selbst da,
wo er als kaum sichtbares Gespenst nur noch flüstern darf, —
daß, sage ich, dieser ungemein begabte Künstler hierdurch eine so
charakteristische Leistung von höchster Meisterschaft uns bot, wie sie
ähnlich nirgends auf dem Gebiete des Dramas noch anzutreffen
war, wurde gegen den mißfälligen Eindruck übersehen, welchen der
böse Dämon etwa auf die Zuhörerschaft bei der Erzählung eines
Kindermährchens macht. Ich für mein Theil gestehe, daß ich das
gespenstisch=traumhafte Zwiegespräch zwischen Alberich und Hagen,
im Beginn des zweiten Aufzuges der „Götterdämmerung", für
einen der vollendetsten Theile unserer Gesammtleistung halte, wie
ich es denn auch als vorzügliche Begünstigung des Glückes ansehe,
daß ich noch in der letzten Stunde, nach dem Zurücktreten des zu=
vor dafür bestimmten Sängers, für die Partie des Hagen einen
so ausgezeichneten Darsteller wie den vortrefflichen Bassisten Gustav
Siehr aus Wiesbaden gewinnen konnte. Dieser Künstler, von
dem ich zuvor nie etwas gehört hatte, machte mich von Neuem da=
mit bekannt, welche ungemeinen Begabungen unter uns Deutschen
anzutreffen, und wie leicht diese zu den vollendetsten Leistungen
anzuleiten sind, sobald sie dazu eben nur richtig angeleitet werden.
Siehr erlernte die außerordentlich schwierige Partie des „Hagen"
in kaum zwei Wochen, und eignete sich diesen Charakter in Stimme,

Sprache, Gebärde, Bewegung, Schritt und Tritt so vollständig an, daß er ihre Durchführung zu einer Meisterleistung erhob.

Will ich aber einen Mann bezeichnen, welchen ich wegen vorzüglicher Eigenschaften als einen ganz besonderen Typus dessen betrachte, was der Deutsche nach seiner eigensten Natur durch nur in ihm anzutreffenden Fleiß und zartestes Ehrgefühl auch auf dem Gebiete der idealsten Kunst zu leisten vermag, so nenne ich den Darsteller meines „Wotan", Franz Betz. Wem hatte es mehr als mir vor der Möglichkeit gezagt, die enorm ausgeführte, fast nur monologisch sich gestaltende Scene des „Wotan" im zweiten Akte der „Walküre" in ihrer Vollständigkeit einem Theaterpublikum vorführen zu können? Ich möchte zweifeln, ob der größte Schauspieler der Welt ohne gerechtes Bangen an eine nur rezitirte Durchführung dieser Scene gegangen sein würde; und, habe ich allerdings gerade hier die belebende, das Vergangenste deutlich vergegenwärtigende Macht der Musik erproben dürfen, so lag gerade wiederum in der ungemeinen Schwierigkeit, der hier so neuen Anwendung des musikalischen Elementes vollkommen Herr zu werden, die fast erschreckende Aufgabe, welche Betz in einer so vollendeten Weise löste, daß ich mit dieser seiner Leistung das Übermäßigste bezeichne, was bisher auf dem Gebiet der musikalischen Dramatik geboten wurde. Man denke sich nur einen italienischen oder französischen Sänger vor dieser Aufgabe, und wie schnell sie dieser als unlösbar verworfen haben würde. Hier war für den Vortrag, für die Behandlung der Stimme, des Tones und vermöge dieser der Sprache selbst, nicht weniger als Alles neu aufzusinden und in innigst geistige Übung zu setzen. Eine jahrelange ernste Vorbereitung befähigte meinen Sänger zu der Meisterschaft in einem Style, den er durch Lösung seiner Aufgabe selbst erst zu erfinden hatte. Wer von uns den Nachtscenen des „Wanderers" im zweiten und dritten Akte des „Siegfried" beiwohnte, ohne hiervon als von einem nur Geahntem, nun aber furchtbar Verwirklichtem tief erschüttert zu werden, dem

dürfte etwa nur durch den „Ritter Bertram" in „Robert der Teufel"
zu helfen sein: zu uns hätte er nicht kommen sollen, auch hatte
ihn gewiß Niemand nach Bayreuth eingeladen. — Die Herren Maurermeister unseres Bühnenfestspielbaues baten
mich, für eine große Gedenktafel von schwarzem Marmor, welche
sie mir als Geschenk zum Schmucke des Einganges des Theaters
verehren wollten, eine Inschrift zu verfassen. Ich wählte hierzu
die Form eines gewöhnlichen Theaterzettels mit der Anführung der
Tage der ersten Aufführungen des Bühnenfestspiels, Titel der ver=
schiedenen Stücke und der Benennung des Personales derselben
mit den beigefügten Namen der Ausführenden; ganz nach dem Vor=
gange solcher Theateraffichen, nannte ich auch die Hersteller und
Leiter des übrigen Darstellungsapparates, den Dirigenten des
Orchesters, meinen Unmögliches leistenden, viel erprobten, für Alles
einstehenden Hans Richter; fand nun aber auf der Tafel keinen
Raum mehr, um, wie ich dieß so gern gethan haben würde, jeden
der zahlreichen Helfer am Werke, wie die vortrefflichen Sänger der
„Mannen" und ganz bestimmt auch die Alles verwirklichenden, vor=
züglichen Musiker des Orchesters, mit Namen aufzeichnen zu lassen.
Diese leider ungenannt Gebliebenen fühlten sich hierdurch auf das
Schmerzlichste gekränkt: keine verständige Erklärung half hiergegen;
um den Sturm zu beschwören mußte ich die aufreizende Gedenk=
tafel für die Dauer der Festspiele verhängen lassen. — Fast fürchte
ich nun heute, bei der Abfassung dieses Rückblickes auf jene Tage,
in dieselbe Lage wie damals zu gerathen, wenn ich nicht jedes der
mir so werthen Künstler namhaft mit meinem Danke Erwähnung
thue. Doch will ich mich darauf verlassen, daß Jedem von ihnen der
Eindruck und die Erinnerung unseres letzten Abschiedes auf der, vor
dem Publikum am Schlusse der Vorstellung geöffneten Bühne so innig
verblieben sei als mir selbst; und eben so will ich auch dieses Mal
im Gedenken wieder von ihnen Abschied nehmen. Sie Alle sind die
Einzigen, die mein Werk wahrhaft förderten, sowie sie die Einzigen sind,

welche ich in alle Zukunft bei meiner noch nicht gänzlich erloschenen
Hoffnung auf ein wahres Gedeihen unserer Kunst im Auge behalte.

Daß die Unterlassung weiterer namhafter Anführungen mir
namentlich von den weiblichen Genossen unserer Festspiele nicht als
Zeichen der Unbeachtung oder Undankbarkeit angerechnet werden
wird, weiß ich bestimmt; denn sie, meine vortrefflichen Sängerinnen,
welche, wie echte Walküren — zu edlem Streit und Kampf allen
voraus stürmten, bewahrten auch gerade mir immer das tiefste Mit=
gefühl, die herzlichste Sorge für das Gelingen, die innigste Mit=
freude am Glücken.   Doch deute ich noch zwei äußerste Pole an,
zwischen denen sich gleichsam alles von uns damals Geleistete zu
einem räthselvollen Weltschicksals = Gewebe ausdehnte.   Dort am
Eingange — in trauter Fluth die lieblichen „Töchter des Rheines":
wer sah und hörte je Anmuthigeres?   Dort am Ausgange „Brünnhilde",
von dem Ozean ihres Leidens aufgeschleudert: wer darf sich erinnern,
zu tragischem Mitleiden je inbrünstiger angefeuert worden zu sein,
als durch sie? — Hier war Alles ein schöner, tiefbegeisterter Wille,
und dieser erzeugte einen künstlerischen Gehorsam, wie ihn ein
Zweiter nicht leicht wieder antreffen dürfte, — selbst nicht der
Berliner General=Intendant, der bei uns einzig eine superiore
Autorität vermißte, ohne welche doch am Ende nichts gehen könnte;
dagegen ein weiterer Kennerblick aber auch ein anderes Element
unter uns vermissen durfte: eine vor längeren Jahren durch Ein=
studirung einiger Partien meiner Opern zu großer Anerkennung
von mir geförderte, sehr talentvolle Sängerin lehnte ihre Mit=
wirkung bei unseren Festspielen vom Berliner Hoftheater aus ab:
„man wird hier so schlecht", sagte sie.

Ein schöner Zauber machte bei uns Alle gut.

Und die auf solche Erfahrung begründete tiefe Überzeugung ist
mein schönster Gewinn aus jenen Tagen.   Wie er mir und uns Allen
festzuhalten sei, möge die Frage ausmachen, die wir uns ferner
vorlegen wollen.

Wollen wir hoffen?

(1879.)

So oft ich in der letzteren Zeit mich zur Abfassung eines Aufsatzes für unsere Blätter anließ, kam mir immer wieder die Vorstellung davon an, wie Vieles und Mannigfaltiges bereits von mir über Dasselbe, was ich stets nur wieder zu sagen haben könnte, niedergeschrieben, gedruckt und veröffentlicht ist. Sollte ich annehmen dürfen, daß trotzdem Manchem eine neue Mittheilung von mir willkommen wäre, so hätte ich zu fürchten, um der Erfüllung solcher Erwartung willen, mich als litterarischer Virtuos gebärden zu müssen, wobei ich auf die besondere Schwierigkeit stoßen würde, immer das gleiche Thema neu variiren zu sollen, da ich unmöglich zu dem Auskunftsmittel unserer eleganten Vielschreiber u. s. w. mich entschließen könnte, nämlich über Dinge zu schreiben die man nicht versteht. Von Neuem mich mittheilen könnte ich daher doch nur an Solche, welche nicht nur meine künstlerischen Arbeiten sondern auch meine Schriften gründlich kennen. Allein von diesen habe ich dann zu erwarten, daß sie fernerhin statt meiner reden, sobald reden und schreiben eben immer noch für nothwendig erachtet werden muß; während diesem Allem sehr bald ein recht gedeihliches Ende gemacht sein dürfte, wenn unserem Vereine etwa Das geschähe, was ein Kritiker dereinst in Betreff eines Jfflandischen Schauspieles vorschlug, welches nicht mehr weiter gespielt werden könnte, sobald man im ersten Akte einen Beutel mit fünfhundert Thalern auf die Bühne würfe. Dieser Beutel, sollte er bei uns den Effekt machen, müßte allerdings etwas stärker gefüllt sein, etwa mit den Subsidien der preußischen Hoftheater für schlechte Opern, wozu auch vielleicht die Summe des Defizits der Wiener Hofoper für Ballet und italienische Sänger mitgerechnet sein könnte. Solch ein sonderbarer Vorfall dürfte unser Reden und Schreiben für das Nächste wohl auf ein sehr ersprießliches Maaß beschränken, um es dagegen einzig zur Vorbereitung und Unterstützung der nun allein erklärenden That verwenden zu können.

Selbst wenn jene unzuerwartende Störung einträte, würde aber, wie ich mich hiervon neuerdings überzeuge, die Richtung, welche zuletzt unsere Besprechungen genommen, allerdings auch noch neben der That doch zu recht ergebnißvollen Zielen führen können. Wie leicht selbst Thaten wirkungslos bleiben, erfuhren wir an dem Schicksale der Bayreuther Bühnenfestspiele: ihren Erfolg kann ich für jetzt lediglich darin suchen, daß mancher Einzelne durch die empfangenen bedeutenden Eindrücke zu einem näheren Eingehen auf die Tendenzen jener That veranlaßt wurde. Hierzu bedurfte es eines recht ernst= lich gemeinten Studiums meiner Schriften, und es scheint, daß es diesen meinen Freunden jetzt wichtig dünkt, zur Nachholung großer und sehr schädlicher Versäumnisse in diesem Betreff aufzufordern.

Ich bin ganz ihrer Meinung. Ja, ich gestehe, daß ich jene andere, der unsrigen etwa entgegenkommende That nicht eher er= warten zu dürfen glaube, als bis die Gedanken, welche ich mit dem „Kunstwerk der Zukunft" verbinde, ihrem ganzen Umfange nach beachtet, verstanden und gewürdigt worden sind.

Seitdem jene Gedanken mir zuerst aufgingen, von mir ausge= bildet und in einen weithin ausgearbeiteten Zusammenhang gebracht worden sind, haben mich das Leben und die von ihm mir abge= nöthigten Zugeständnisse dennoch nie mehr von der Erkenntniß der Richtigkeit meiner Ansichten über das erschreckend Fehlerhafte des

Verhältnisses der Kunst zu eben diesem Leben abbringen können. Wohl durften die verschiedenen Nothlagen, in welche ich als Künst= ler gerieth, es mir eingeben, wenn auch noch so mühsam, auf Um= wegen den richtigen Pfad aufzusuchen. So leitete mich bei meiner Ausführung und Aufführung der „Meistersinger", welche ich zuerst sogar in Nürnberg selbst zu veranstalten wünschte, die Meinung, mit dieser Arbeit ein dem deutschen Publikum bisher nur stümper= haft noch vorgeführtes Abbild seiner eigenen wahren Natur darzu= bieten, und ich gab mich der Hoffnung hin, dem Herzen des edleren und tüchtigeren deutschen Bürgerthumes einen ernstlich gemeinten Gegengruß abzugewinnen. Eine vortreffliche Aufführung auf dem Münchener königlichen Hoftheater fand die wärmste Aufnahme; sonderbarer Weise waren es aber einige hierbei anwesende fran= zösische Gäste, welche mit großer Lebhaftigkeit das volksthümliche Element meines Werkes erkannten und als solches begrüßten: nichts verrieth jedoch einen gleichen Eindruck auf den hier namentlich in das Auge gefaßten Theil des Münchener Publikums. Meine Hoff= nung auf Nürnberg selbst täuschte mich dagegen ganz und gar. Wohl wandte sich der dortige Theaterdirektor wegen der Acquisition der „neuen Oper" an mich; ich erfuhr zu gleicher Zeit, daß man dort damit umgehe, Hans Sachs ein Denkmal zu setzen, und legte nun dem Direktor als einzige Honorarbedingung die Abtretung der Einnahme der ersten Aufführung der „Meistersinger" als Beisteuer zu den Kosten der Errichtung jenes Monumentes auf; worauf die= ser Direktor mir gar nicht erst antwortete. So nahm mein Werk seine anderen und gewöhnlichen Wege über die Theater: es war schwer auszuführen, gelang nur selten erträglich, ward zu den ‚Opern' gelegt, von den Juden ausgepfiffen und vom deutschen Publikum als eine mit Kopfschütteln aufzunehmende Kuriosität da= hingehen gelassen. Dem Denkmal des Hans Sachs gegenüber stellte sich aber in Nürnberg eine imponirende Synagoge reinsten orien= talischen Styles auf.

Dieß waren meine Erfahrungen an der deutschen Bürgerwelt. Im Betreff des deutschen Adels, welchen ich in meiner Schrift „Deutsche Kunst und deutsche Politik" angegangen hatte, erklärte mir der seiner Zeit an der Spitze der bayerischen Staatsregierung stehende, mir sehr wohlgesinnte Fürst Klodwig Hohenlohe, daß er nicht zehn seines Standes bereit finden würde, auf meine Ideen einzugehen: ob er es mit neun oder acht und ein halb versuchte, ist mir unbekannt geblieben. Jedenfalls scheint ein alter brahmanischer Fluch, welcher ein besonderes sündiges Leben mit der — dem Brahmanen als die schrecklichste geltenden — Wiedergeburt als Jäger belegte, auf diesen heroischen Geschlechtern Germaniens immer noch zu lasten. — Verzeihe mir der freundliche Leser diese Abschweifung, mit welcher ich ihm eben nur ein ziemlich leicht erkennbares Beispiel für das Aufsuchen auf Umwegen, das ich vorhin erwähnte, vorführen wollte. Waren es Täuschungen und Irrungen, die ich auf solchen Wegen zu erkennen hatte, so waren doch gerade diese es, welche immer wieder meine bereits gewonnenen Ansichten über das Verhältniß der Kunst zu unserem Leben mir als die richtigen bestätigten. Und so kehre ich, durch alle Umwege unentwegt, zu meinen vor dreißig Jahren von mir konzipirten Gedanken über jenes Verhältniß zurück, indem ich offen bezeuge, daß an dem schroffesten Ausdrucke derselben meine seitherigen Lebenserfahrungen nichts ändern konnten.

Wenn ich dieß heute laut bekenne, erschrecke ich damit vielleicht meine freundlichen Gönner des Patronatvereines. Sollen die in meinen Kunstschriften niedergelegten Gedanken von jetzt an ohne die Betretung von Umwegen ausgeführt werden, so erscheint es fast so, als verlangte ich einen Umsturz alles Bestehenden. Glücklicherweise kommen mir da meine werthen Freunde zur Hilfe, welche gegenwärtig in unseren „Blättern" über jene meine bedenklichen Schriften mit eben so viel Kenntniß als Wohlwollen sich verbreiten. Es wird ihnen leicht fallen, Irrthümer über mich zu zerstreuen, welche

seiner Zeit Polizeiräthe und sich für beleidigt haltende Hoftheater=
Intendanten befangen halten konnten; dagegen wird es aber uner=
läßlich dünken, um der von uns gewollten Kunst willen über die
erschreckende Gestaltung unseres äußeren wie inneren sozialen
Lebens uns ebenfalls keiner Täuschung mehr unterworfen bleiben
zu lassen. Und dieses Letztere halte ich für um so nöthiger, als wir
uns dießmal die Frage zu stellen hatten: „wollen wir hoffen?"
Sind wir gesonnen eine Beantwortung dieser Frage ernsthaft
in das Auge zu fassen, so müssen wir uns wohl zunächst darüber
aufklären, von wem etwas zu hoffen sein soll. Wir sind die Be=
dürftigen und sehen nach dem Helfer aus. Nicht ich bin der erste,
welcher unseren Staat für unfähig erklärte, die Kunst zu fördern;
vielmehr scheint mir unser großer Schiller der erste gewesen zu
sein, welcher unsere Staatsverfassungen als barbarisch und durch=
aus kunstfeindlich erkannte und bezeichnete. Mit sehr erleuchtetem
Sinne stellte ein vortrefflicher Freund, welcher seit Kurzem die
Besprechung meiner Schriften für diese Blätter übernommen hat,
die hierher gehörigen Aussprüche Schiller's seiner eigenen Arbeit
voran; mögen sie auch als zur Einleitung meiner hier folgenden
Mittheilungen von mir vorausgesetzt gedacht werden können. —

Wo und von wem wollen wir hoffen?

Die Jesuiten geben dem in ihre Schule eintretenden Zöglinge
als erstes und wichtigstes Pensum auf, durch die sinnreichsten und
zweckdienlichsten Anleitungen hierzu unterstützt, mit dem Aufgebot
und der äußersten Anstrengung aller Seelenkräfte sich die Hölle
und die ewige Verdammniß vorzustellen. Dagegen antwortete mir
ein Pariser Arbeiter, welchem ich wegen seiner Wortbrüchigkeit mit
der Hölle gedroht hatte: „O, monsieur, l'enfer est sur la terre."
Unser großer Schopenhauer war derselben Ansicht und fand in
Dante's „Inferno" unsere Welt des Lebens recht treffend dargestellt.
In Wahrheit möchte es den Einsichtsvollen dünken, daß unsere
Religionslehrer zweckmäßiger verfahren würden, wenn sie dem

11*

Schüler zu allererst die Welt und unser Leben in ihr mit christlich=
mitleidsvoller Deutlichkeit erklärten, um so die wahre Liebe zum
Erlöser aus dieser Welt, statt — wie Jene es thun — die Furcht
vor einem Höllenhenker, als die Quelle aller wahren Tugend dem
jungen Herzen zu erwecken.

Für eine Beantwortung der Frage, ob wir hoffen wollen,
bedarf ich, soll sie in meinem Sinne ausfallen, jedenfalls der Ge=
neigtheit meines Lesers, mir durch die Gebiete unseres gegenwärtigen
Lebens nicht mit sanguinischem Optimismus zu folgen: für Den=
jenigen, der hier alles recht und in möglichster Ordnung findet, ist
die Kunst nicht vorhanden, schon weil sie ihm nicht nöthig ist.
Welcher höheren Anleitung sollte in Wahrheit auch Derjenige be=
dürfen, der sich für die Beurtheilung der Erscheinungen dieser Welt
der so bequemen Führung durch den Glauben an einen steten Fort=
schritt der Menschen überläßt? Er möge thun und lassen, was er
wolle, so ist er sicher, doch immer mit fortzuschreiten: sieht er groß=
herzigen Bemühungen zu, welche ohne Erfolg bleiben, so sind sie
in seinen Augen dem steten Fortschritte undienlich gewesen; gehen
z. B. die Leute lieber an ihren Geschäftsorten bequem in die
Theater, um den „Nibelungenring" zu sehen, statt sich einmal zu dem
etwas mühsamen Besuch von Bayreuth aufzumachen, um sorgfältig
eingeleiteten Bühnenfestspielen beizuwohnen, so wird auch hierin ein
Fortschritt der Zeit gesehen, da man nicht mehr zu etwas Außerordent=
lichem eine Pilgerfahrt anzutreten hat, sondern das Außerordentliche
zu dem Gewöhnlichen umgeformt sich behaglich zu Hause vorführen läßt.

Der Blick für das Große geht dem Fortschrittsgläubigen gern
verloren; nur ist zu fragen, ob er dafür den richtigen Blick für das
Kleine gewinne. Es ist sehr zu fürchten, daß er auch das Kleinste
nicht mehr richtig sieht, weil er überhaupt gar kein Urtheil haben
kann, da ihm jeder ideelle Maaßstab abgeht. Wie richtig sahen da=
gegen die Griechen das Kleinste, weil sie vor Allem das Große
richtig erkannten! Dagegen hilft sich die Annahme eines steten

Fortschrittes durch die Hinweisung auf den „unendlich erweiterten
Gesichtskreis" der neueren Welt gegenüber dem engeren der antiken
Welt. Sehr zutreffend hat der Dichter Leopardi gerade in dieser
Erweiterung des menschlichen Gesichtskreises den Grund für die
eingetretene Unfähigkeit der Menschen, das Große richtig zu erkennen,
gefunden. Die dem engeren Gesichtskreise der antiken Welt ent=
wachsenen großen Erscheinungen sind für uns, die im unendlich aus=
gedehnten Gesichtskreise Stehenden, sobald sie uns aus dem Erd=
boden denn doch einmal plötzlich entgegengetreten, sogar von erdrücken=
derer Größe, als sie für jene, so zahllos sie hervorgehen sehende
Welt waren. Mit Recht frägt Schiller, welcher einzelne Neuere
heraustreten würde, um sich mit dem einzelnen Athenienser, Mann
gegen Mann, um den Preis der Menschheit zu streiten? — Dafür
hatte die antike Welt aber auch Religion. Wer die antike Re=
ligiosität verspotten möchte, lese in den Schriften des Plutarch, eines
klassisch gebildeten Philosophen aus der späteren, so verrufenen Zeit
der römisch=griechischen Welt, wie dieser sich über Aberglauben und
Unglauben ausspricht, und er wird bekennen, daß wir von keinem
unserer kirchlichen Theologen kaum etwas Ähnliches, geschweige denn
etwas Besseres würden vernehmen können. Hiergegen ist unsere
Welt aber religionslos. Wie sollte ein Höchstes in uns leben, wenn
wir das Große nicht mehr zu ehren, ja nur zu erkennen fähig sind?
Vielmehr, sollten wir es erkennen, so sind wir durch unsere barba=
rische Civilisation angeleitet es zu hassen und zu verfolgen, etwa
weil es dem allgemeinen Fortschritte entgegen stehe. Was nun gar
soll diese Welt aber mit dem Höchsten zu schaffen haben? Wie kann
ihr Anbetung der Leiden des Erlösers zugemuthet werden? Das
wäre ja, als wenn man die Welt nicht für vortrefflich hielte!
Des Anstandes (und des erweiterten Gesichtskreises) wegen hat man
sich jedoch eine Art Gottesdienst von ausreichender Tauglichkeit
zurecht gemacht: welcher „Gebildete" geht aber dennoch gern in die
Kirche? — Nur vor Allem: „fort mit dem Großen!" —

Ist uns nun das Große zuwider, so wird uns im sogenannten erweiterten Gesichtskreise, wie ich dessen zuvor bereits gedachte, aber auch das Kleine immer unkenntlicher, eben weil es immer kleiner wird, wie dieß unsere immer fortschreitende Wissenschaft zeigt, welche die Atome zerlegend endlich gar nichts mehr sieht und hierbei sich einbildet, auf das Große zu stoßen; sobaß gerade sie dem unsinnigsten Aberglauben durch die ihr dienenden Philosopheme Nahrung giebt. Wenn unsere Wissenschaft, der Abgott der modernen Welt, unseren Staatsverfassungen so viel gesunden Menschenverstand zuführen könnte, daß sie z. B. ein Mittel gegen das Verhungern arbeitsloser Mitbürger auszufinden vermöchte, müßten wir sie am Ende im Austausche für die impotent gewordene kirchliche Religion dahin nehmen. Aber sie kann gar nichts. Und der Staat steht mit seiner gesellschaftlichen „Ordnung" im erweiterten Gesichtskreise da wie ein verlorenes Kind, und hat nur die eine Sorge, zu verhindern, daß es etwa anders werde. Hierfür rafft er sich zusammen, giebt Gesetze und vermehrt die Armeen: die Tapferkeit wird disziplinarisch aus= gebildet, womit dann in vorkommenden Fällen die Ungerechtigkeit gegen üble Folgen beschützt wird. Als Agesilaos zur Zeit des beschränkten Gesichtskreises befragt wurde, was er für höher halte, die Tapferkeit oder die Gerechtigkeit, erklärte er, wer stets gerecht sei, bedürfe der Tapferkeit gar nicht. Ich glaube, man muß solch eine Antwort groß nennen: welcher unserer Heeresfürsten wird sie in unseren Tagen geben und seine Politik darnach bestimmen? Und doch haben wir nicht einmal mehr den Lorbeerzweig für die Tapferkeit: den Ölzweig, den Palmenzweig aber auch nicht, dafür nur den Industriezweig, der gegenwärtig die ganze Welt unter dem Schutze der strategisch angewandten Gewehrfabrikation beschattet.

Jedoch, was haben wir diese moderne Welt näher zu beleuchten nöthig, um für uns herauszufinden, daß nichts von ihr zu hoffen sei? Sie wird immer, und unter jeder Form, solchen Wünschen, wie wir sie für die Pflege einer edelen Kunst hegen, feindselig sein,

weil sie gerade das, was wir wollen, nicht will. Es war mir
vergönnt, mit manchem fürstlichen Haupte hierüber in Beziehung zu
treten: dem wohlwollendsten war, oder ward, es unmöglich, das
Ererbte und Gewohnte durchaus umzuändern; nur von Friedrich
Wilhelm IV. von Preußen, als ich im Jahre 1847 diesem geist=
reichen Monarchen meine Ideen mittheilen wollte, nahm man an,
er würde, nachdem er mich verstanden, mir den Rath geben, mich
mit dem Opernregisseur Stawinsky zu besprechen, — was immerhin
von Friedrich dem Großen noch nicht einmal zu erwarten gewesen
wäre. Es kam aber weder zum Anhören noch zum Rathgeben.

Bei solcher tief begründeten Hoffnungslosigkeit könnte man
sich schließlich doch noch wie Faust gebärden: „Allein ich will!"
Worauf wir allerdings uns von Mephistopheles leiten lassen müßten,
wenn er dem: „allein ich will" — antwortet: „das läßt sich hören."
Dieser Mephistopheles ist mitten unter uns, und wendet man sich
an ihn, so giebt er guten Rath, — freilich in seinem Sinne.
In Berlin rieth er mir, mein Bühnenfestspielhaus in dieser Stadt
zu begründen, welche doch das ganze Reich für nicht zu schlecht zu
seiner Begründung und Domizilirung daselbst gehalten habe. Alle
Teufel vom krummen und graden Horne sollten mir dort zu
Diensten stehen, sobald es dabei Berlinerisch hergehen dürfte, Aktio=
nären die nöthigen Zugeständnisse gemacht, und die Aufführungen
hübsch in der Wintersaison, wo man gerne zu Hause bleibt, vor=
genommen würden, jedenfalls auch nicht vor Comptoir= und Bureau=
schluß anfingen. Ich ersah, daß ich wohl gehört, nicht aber recht verstan=
den worden war. In der deutschen Kunsthauptstadt München schien
man mich besser zu verstehen: man las meine, später in der Schrift
über „Deutsche Kunst und deutsche Politik" zusammengestellten Artikel
in einer süddeutschen Zeitung, und setzte es durch, daß das Erscheinen
dieser Artikel abgebrochen werden mußte: offenbar befürchtete man,
ich würde mich um den Hals reden. Als ich nun doch mit der Zeit
immer wieder auf das: „Allein ich will!" zurückkam, mußte selbst

Mephistopheles endlich die Achseln zucken; seine krummen und gera=
den Teufel versagten ihm den Dienst, und die dagegen angerufene
rettende Engelschaar ließ sich nur heiser und schüchtern im erlösen=
den Chorgesange vernehmen. Ich muß befürchten, daß wir·selbst
mit einem verstärkten: „Allein wir wollen!“ es nicht viel weiter, ja
vielleicht nicht einmal wieder so weit bringen dürften, als damals ich
es brachte. Und mein Zweifel hat gute Gründe: wer soll zu uns
stehen, wenn es um die Verwirklichung einer Idee sich handelt,
welche nichts einbringen kann als innere Genugthuung? Schon
ein Jahr nach den Bühnenfestspielen erklärte ich mich wiederum be=
reit, zu „wollen“. Ich stellte meine Erfahrungen und Kenntnisse
zu Gebote für Übungen und Anleitungen im Vortrage deutscher
musikalischer und musikalisch=dramatischer Kunstwerke. Also etwas,
wie eine Schule. Dazu bedurfte es einiger Mittel; diese würden
vielleicht, da hier Alles als freiwillig geleistet angenommen wurde,
mit einiger Geduld aufgebracht worden sein, und ihr vorläufiges
Ausbleiben war es nicht, was mich durchaus abschreckte. Aber fast
gänzlich fehlte es an Anmeldungen talentvoller junger Leute, die
von mir etwas hätten lernen wollen. Dieser Umstand erklärte sich
mir bei näherer Erwägung sehr richtig daraus, daß die jungen
Leute, welche bei mir etwas gelernt hätten, nirgends eine Anstellung,
sei es an einer Hoch= oder Tief=Schule, bei einem Orchester (etwa als
Dirigenten), noch selbst bei Operntheatern als Sänger, gefunden
hätten. Für gewiß aber durfte ich annehmen, daß sie nicht ver=
meinten, wo anders etwas Besseres zu lernen, denn das hatten mir
krumme und grade Teufel gelassen, daß ich gut dirigire und rich=
tigen Vortrag beizubringen wisse; wogegen ich mich ja in keiner
Weise anheischig gemacht hatte, auch das Komponiren lehren zu wollen,
da ich dieß von denjenigen Nachfolgern Beethoven's, welche Brahms'sche
Symphonien komponiren, sehr gut besorgt wissen darf. Meine Schüler
hätte man demnach alle mit Gehalten und Leibrenten ausstatten
müssen, um sie zu dem Wagniß zu bewegen, als „Wagnerianer“

sich broblos zu machen. Hierfür bedürfte es also immer wieder Geld, ja sehr viel Geld, genau genommen so viel um alle Konzert= institute und Operntheater auszuhungern. Wer mag sich auf so grausame Dinge einlassen? Dort liegt mein Schulgedanke, hier stehe ich im Angesichte meines sieben und sechzigsten Geburtstages, und bekenne, daß das: „Allein ich will!" mir immer schwerer fällt. Sollte dagegen Mephistopheles sich einmal wieder einfinden, und zwar mit der Versicherung, er wisse schon Mittel, alles nöthige Geld von seinen Teufeln zusammen zu bringen, und dieß zwar ohne Zugeständnisse an Abonnenten, Aktionäre und „Habitué's", so möchte ich mich nach mancher Erfahrung doch fragen, ob mein Ziel, selbst mit der Hilfe ungeheurer Geldsummen, für jetzt durch mich zu erreichen sein könne. Immer liegt eine tiefe Kluft vor uns, die wir durch noch so viele Geldsäcke nicht sobald auszufüllen hoffen dürften. Was mir stets einzig noch am Herzen liegen könnte, wäre: ein unzweifelhaft deutliches Beispiel zu geben, an welchem die Anlagen des deutschen Geistes zu einer Manifestation, wie sie keinem anderen Volke möglich ist, untrüglich nach= gewiesen und einer herrschenden gesellschaftlichen Macht zu dauernder Pflege empfohlen werden könnten. — Ich glaubte nahe daran gewesen zu sein, dieses Beispiel hinzustellen: bei nur einigem kräftigen Entgegenkommen des öffentlichen Geistes der Deutschen, hätte dieses Beispiel schon für vollkommen deutlich erachtet werden können. Dieß hat sich nicht bewährt: denn unser öffent= licher Geist ist in einem herzlosen Erwägen von Für und Wider befangen; es fehlt uns an dem inneren Müssen. Ganz im Gegen= satze zu dem recht humanen, aber nicht besonders „weisen" Nathan Lessing's erkennt nämlich der wahrhaft Weise als einzig richtig: Der Mensch muß müssen!

Welche Phasen der Entwickelung dem deutschen Volke zugewie= sen sein mögen, ist schwer zu erkennen; unter der vermeintlichen Herrschaft des freien Willens scheint viel an ihm verdorben worden

zu sein. Wer z. B. in den heutigen Tagen unsren freien Erwä=
gungen in Betreff der Schutzzölle anwohnt, wird schwerlich begrei=
fen, wie hieraus etwas der Nation innerlich Nothwendiges hervor=
gehen könne: ein freier Wille an der Spitze einer wiederum aus
freien Willens=Wahlen hervorgegangenen Volksvertretung wird das
ihm gut Dünkende zu Stande bringen, so gut wie er vor wenigen
Jahren das ihm damals vortheilhaft erscheinende Entgegengesetzte
verfügte. Was dagegen sein muß, wird sich zeigen, wann Alles
einmal eben müssen wird; freilich wird es dann als ein äußerlich
auferlegtes Müssen erscheinen, wogegen das innere Müssen schon
jetzt nur einem sehr großen Geiste und sympathetisch produktiven
Herzen aufgehen könnte, wie sie unsere Welt eben nicht mehr her=
vorbringt. Unter dem Drange dieses ihm untrüglich bewußt gewor=
denen inneren Müssens würde einem so ausgerüsteten Manne eine
Kraft erwachsen, welcher kein sogenannter freier, etwa Zoll= oder
Freihandels=Wille zu widerstehen vermöchte. Dieß scheint aber die
wunderliche Lage zu sein, in welche das deutsche Volk gerathen ist:
während z. B. der Franzose, und der Engländer, ganz instinktmäßig
sicher weiß was er will, weiß dieß der Deutsche nicht und läßt mit
sich machen was „man" will.

Ich glaube, ohne eitele Anmaaßung sagen zu können, daß der
von mir in jener Schrift „Deutsche Kunst und deutsche Politik"
klar ausgearbeitete und vorgelegte Gedanke kein willkürlicher Aus=
wuchs einer sich selbst schmeichelnden Phantasie war: vielmehr ge=
staltete er sich in mir aus dem immer deutlicheren Innewerden der
gerade und einzig dem deutschen Geiste eigenthümlichen Kräfte und
Anlagen, wie sie sich in einer bedeutenden Reihe deutscher Meister
dokumentirt hatten, und — nach meinem Gefühle hiervon — einer
höchsten Manifestation als menschen=volksthümliches Kunstwerk zu=
strebten. Von welcher Wichtigkeit dieses Kunstwerk, so bald es als
ein stets lebenvoll sich neu gestaltendes Eigenthum der Nation ge=
pflegt würde, für die allerhöchste Kultur dieser und aller Nationen

zu verwenden wäre, durfte demjenigen aufgehen, welcher von dem
Wirken unserer modernen Staats= und Kirchenverfassungen nichts
Gedeihliches mehr sich versprechen kann. Wenn wir, mit Schiller,
beide barbarisch nennen, so ist es — unerhört glücklicher Weise!
— ein anderer großer Deutscher, welcher uns den Sinn dieses
„barbarisch", und zwar aus der heiligen Schrift selbst, übersetzt
hat. Luther hatte den elften Vers des vierzehnten Kapitels aus
dem ersten Briefe Paulus' an die Korinther zu übertragen. Hier
wird das griechische Wort „barbaros" auf den angewendet, dessen
Sprache wir nicht verstehen; die Übersetzung des Lateiners, für
welchen „barbarus" bereits den griechischen Sinn verloren hatte,
und dem unter Barbaren eben nur unzivilisirte und gesetzlose fremde
Völkerstämme verständlich waren, liefert — somit schon nicht mehr
zutreffend — eben dieses halb sinnlos gewordene „barbarus".
Alle folgenden Übersetzer in jede andere Sprache sind dem lateinischen
Beispiele nachgefolgt; besonders umständlich und seicht erscheint die
französische Übersetzung des Verses: „Si donc je n'entends pas ce
que signifient les paroles, je serai barbare pour celui à qui
je parle; et celui qui me parle sera barbare pour moi"; —
woraus man eine Maxime herleiten könnte, welche — nicht zu ihrem
Vortheile — die Franzosen bis heute für ihre Beurtheilung anderer
Nationen beherrscht, dagegen auch in dieser Beziehung Luther's
Übersetzung, wenn er „barbaros" mit „undeutsch" wiedergiebt, un=
serem Ausblick auf das Fremde einen milderen, inaggressiven Charakter
zutheilt. Luther übersetzt nämlich (zum kopfschüttelnden Erstaunen
unserer Philologen) den ganzen Vers folgendermaaßen: „So ich
nicht weiß der Stimme Deutung, werde ich undeutsch sein dem, der
da redet; und der da redet, wird mir undeutsch sein." — Wer die
innig getreue Wiedergebung des griechischen Textes genau erwägt, und
nun erkennen muß, wie diese noch sprachsinniger als selbst der Ur=
text den inneren Sinn desselben uns zuführt, indem sie „Deutung"
mit „Deutsch" in unmittelbare Beziehung stellt, der muß von einem

tiefen Gefühle für den Werth, welchen wir in unserer Sprache be=
sitzen, erwärmt und gewiß mit unsäglichem Kummer erfüllt werden,
wenn er diesen Schatz frevelhaft uns entwerthet sieht. Dagegen
hat man neuerdings gefunden, es würde besser gewesen sein, wenn
Luther, wie andere Ketzer, verbrannt worden wäre; die römische
Renaissance würde dann auch Deutschland eingenommen und uns
auf die gleiche Kulturhöhe mit unseren umgeborenen Nachbarn ge=
bracht haben. Ich glaube annehmen zu dürfen, daß dieser Wunsch
Manchem nicht nur „undeutsch", sondern auch „barbarisch" im
Sinne unserer romanischen Nachbarn, vorkommen wird. Wir da=
gegen wollen uns einer letzten hoffnungsvollen Annahme hingeben,
wenn wir das „barbarisch" Schiller's bei der Bezeichnung unserer
Staats= und Kirchenverfassungen mit Luther als „undeutsch" über=
setzen; womit wir dann, dem Müssen des deutschen Geistes nach=
forschend, vielleicht selbst eben zum Gewahren eines Hoffnungs=
dämmers angeleitet werden dürften.

Ist der Deutsche, unter der Undeutschheit seiner ganzen höheren
Lebensverfassung leidend, neben diesen so fertig erscheinenden latei=
nisch umgeborenen Nationen Europa's eine bereits zerbröckelte und
seiner letzten Zersetzung entgegensiechende Völkererscheinung, oder
lebt in ihm noch eine besondere, der Natur um ihrer Erlösung
willen unendlich wichtige, um deßwillen aber auch nur mit ungemeiner
Geduld und unter den erschwerendsten Verzögerungen zur vollbe=
wußten Reife gedeihende Anlage, — eine Anlage, die, vollkommen
ausgebildet, einer weit ausgedehnten neuen Welt den Untergang
der uns jetzt noch immer so überragenden alten Welt ersetzen könnte?

Dieß ist die Frage; und in ihrer Beantwortung haben wir
das „Müssen" aufzusuchen. Hier will es uns nun dünken, als ob
Das, was die Deutschen in ihren Reformationskämpfen verloren,
Einheit, und europäische Machtstellung, von ihnen aufgegeben werden
mußte, um dagegen die Eigenthümlichkeit der Anlagen sich zu er=
halten, durch welche sie zwar nicht zu Herrschern, wohl aber zu

Veredlern der Welt bestimmt sein dürften. Was wir nicht sein müssen, können wir auch nicht sein. Wir könnten mit Hilfe aller uns verwandten germanischen Stämme die ganze Welt mit unseren eigenthümlichen Kulturschöpfungen durchdringen, ohne je= mals Welt=Herrscher zu werden. Die Benützung unserer letzten Siege über die Franzosen beweist dieß: Holland, Dänemark, Schwe= den, die Schweiz, — keines von diesen bezeigt Furcht vor unserer Herrschergröße, trotzdem ein Napoleon I., nach solchen vorangegan= genen Erfolgen, sie leicht dem „Reiche" unterworfen hätte; diese Nachbarn innig uns zu verbinden, haben wir leider aber auch ver= säumt, und nun machte uns kürzlich ein englischer Jude das Gesetz. Große Politiker, so scheint es, werden wir nie sein; aber vielleicht etwas viel Größeres, wenn wir unsere Anlagen richtig ermessen, und das „Müssen" ihrer Verwerthung uns zu einem edelen Zwange wird.

Wo unsere undeutschen Barbaren sitzen, wissen wir: als Er= korene des „suffrage universel" treffen wir sie in dem Parlamente an, das von Allem weiß, nur nichts vom Sitze der deutschen Kraft. Wer diese in unseren Armeen sucht, kann durch einen Zustand getäuscht werden, in welchem diese gerade jetzt und heute sich uns darstellen; jedenfalls läge ihm aber doch diejenige Kraft näher, welche diese Armeen erhält: dieß ist aber unleugbar die deutsche Arbeit. Wer sorgt für diese? England und Amerika wissen uns damit bekannt zu machen, was deutsche Arbeit ist: die Ame= rikaner bekennen uns, daß die deutschen Arbeiter ihre besten Kräfte sind. Es hat mich neu belebt, hierüber vor Kurzem von einem gebildeten Amerikaner englischer Herkunft aus dessen eigener genauer Erfahrung belehrt werden zu können. Was macht unser „suffrage-universel-Parlament" mit den deutschen Arbeitern? Es zwingt die Tüchtigsten zur Auswanderung und läßt den Rest in Armuth, Laster und absurden Verbrechen daheim gelegentlich verkommen. Wir sind nicht klug, und wann wir es einmal werden müssen, dürfte es dann vielleicht nicht hübsch bei uns aussehen, da wir nicht zur rechten

Zeit von innen heraus gemußt haben, sondern unseren freien Willen in Handeln und Tandeln uns führen ließen.

Was soll aber da die Kunst, wo nicht einmal die erste und nöthigste Lebenskraft einer Nation gepflegt, sondern höchstens mit Almosen dahingepäppelt wird? Wir lassen uns Bilder malen: das ist Alles; trotzdem unsere talentvollsten Maler wissen und bekennen, daß sie den großen Malern früherer Perioden gegenüber unmöglich aus dem Stümpern herauskommen können, — vermuthlich des steten Fortschrittes wegen, in welchem wir uns befinden. Wie sollte dieser „Fortschritt" aber etwas von uns wissen dürfen, die wir, den tiefsten Anlagen des Deutschen entsprechend, ein Höchstes im Sinne haben?

Aber, die wir für unsere Hoffnung uns schmeicheln wollen, mit der Erkenntniß seiner wahren Anlagen auch der ganzen Kraft des Deutschen mächtig zu sein, wie machtlos sind wir Jenen gegen= über, die unserer Noth, weil sie ihnen fremd ist, spotten und im Gefühle ihrer Macht uns verächtlich den Rücken wenden! Es ist nicht gut mit ihnen anzubinden, denn sie haben den vornehmen Muth des Reichen dem Bettler gegenüber: was bekümmern sie sich um das „Déluge", das etwa nach ihnen kommen dürfte?

Gegen diese sonderbare, sich gegenseitig zur Ermuthigung die= nende, Vornehmheit seiner Gegner, welche den Armen, gänzlich Machtlosen und zur Ängstlichkeit Herabgedrückten unangreifbar und unbezwingbar erscheinen mußte, erfand Oliver Cromwell ein Mittel. Die von der Stadt London angeworbenen broblosen Laden= diener und Schankaufwärter waren unfähig der Reiterei der über= müthig kühn auf sich vertrauenden Edelleute zu widerstehen. „Wir müssen", meinte Cromwell, „eine Truppe haben, die von einem noch stärkeren Selbstgefühle belebt ist, als jene: das kann uns aber nur Gottesfurcht und ein starker Glaube geben. Laßt mich meine Leute werben, und ich stehe dafür, daß sie nicht geschlagen werden."
Bald standen die unbesieglichen Schwadronen da, und England's

Geschichte begann von Neuem. Glücklicherweise haben wir mit der Anführung dieses Beispieles nicht auch den Geist anzurufen, dem das Haupt eines Königs zum Opfer fallen mußte: weder Gideon, noch Samuel oder Josua, noch auch der Gott Zebaoth im feurigen Busche haben uns zu helfen, wenn wir den deutschen Geist in unseren Seelen wach rufen und sein Werk zu fördern, uns tüchtig machen wollen. Forschen wir genau und prüfen an Allem, was uns als Meinung und Gewohnheit beherrscht, was in ihm — nach Schiller „barbarisch" — nach Luther „undeutsch" ist, da wir doch nur im „Deutschen" echt und wahrhaftig sein können. Fürchten wir uns z. B. nicht vor den Herren Perles und Schmelkes in Wien, auch wenn wir durch ihre Assoziation mit dem Dr. Spitz jene herrlichen Namen für Spitznamen halten, und unter ihrer Maske eine ungeheure Macht der Gegenwart vor uns stehend vermuthen müßten: das „Organ für Hochschulen" jener Herren, welches uns kürzlich zu unserer Demüthigung zugeschickt wurde, dürfte wohl an den Hochschulen selbst, namentlich in Berlin, nicht aber bei der gesunden Bürgerschaft Wien's — obwohl es hierbei recht ersichtlich auf die Stimmung der Bevölkerung Österreich's abgesehen war — aufregend wirken, wenn es vor der Gefahr der „Deutschthümelei" von unserer Seite her warnt.

Wenn wir überhaupt mit einer Erkenntniß, und einem damit vielleicht verbundenen Opfer, der (im Sinne der Lage Cromwell's gesprochen) Kavallerie unseres Feindes gegenüber uns recht sattelfest machen wollten, hätten wir zunächst der Wirkung der Zeitungspresse unter uns eine immer eingehendere Aufmerksamkeit zu widmen.

Die Natur will, sieht aber nicht. Hätte sie voraussehen können (wie dieß Schopenhauer so anschaulich als Beispiel vorführt), daß der Mensch einmal künstlich Feuer und Licht hervorbringen würde, so hätte sie den armen Insekten und sonstigen Animalien, welche in unser Licht sich stürzen und verbrennen, einen sichern Instinkt gegen diese Gefahr verliehen. Als sie dem Deutschen

seine besonderen Anlagen, und hierdurch seine Bestimmung, einbil=
dete, konnte sie nicht voraussehen, daß einmal das Zeitungslesen
erfunden würde. Im Übermaaß ihrer Zuneigung gab sie ihm aber
soviel Erfindungssinn, daß er selbst sein Unglück sich durch die Er=
findung der Buchdruckerkunst bereitete. Künstliches Feuer, wie künst=
licher Buchdruck, sind an und für sich nicht unwohlthätig: nur den
Deutschen sollte wenigstens der letztere in zunehmende Verwirrung
bringen. Mit dem Buchdruck fing der Deutsche bereits an über=
müthig zu latinisiren, sich übersetzte Namen beizulegen, seine Mutter=
sprache zu vernachlässigen und sich eine Litteratur herzurichten, welche
dem eigentlichen Volke, das bis dahin mit dem Ritter und Fürsten
die gleiche Sprache redete, fremd blieb. Luther hatte viel Noth mit
der Buchdruckerei: er mußte den Teufel der Vieldruckerei um ihn herum
durch den Beelzebub der Vielschreiberei abzuwehren suchen, um am
Ende doch zu finden, daß für dieses Volk, um welches er sich so unsäg=
lich abgemüht hatte, bei Lichte besehen, ein Papst gerade recht wäre.
Worte, Worte — und endlich Buchstaben und wieder Buchstaben,
aber kein lebendiger Glaube! Doch es kam noch zum Zeitungs=
schreiben, und — was viel schrecklicher ist — zum Zeitungslesen.
Welcher unserer großen Dichter und Weisen hat nicht mit zuneh=
mender Beängstigung die durch das Zeitungslesen stets abnehmende
Urtheilsfähigkeit des deutschen Publikums empfunden und beklagt?
Heut zu Tage ist es nun aber bereits so weit gediehen, daß unsere
Staatenlenker weniger die Meinungen der durch allgemeines Stimm=
recht gewählten Volksvertreter, als vielmehr die Auslassungen der
Zeitungsschreiber beachten und fürchten. Man muß dieß endlich be=
greifen; so verwunderlich es auch ist, daß gerade für den Aufkauf
der Presse, wenn sie denn einmal so furchtbar ist, die Regierungen
nicht das nöthige Geld auftreiben können; denn zu kaufen ist doch
endlich Alles. Nur scheint allerdings unsere heutige Presse auf allem
Gelde der Nation selbst zu sitzen: in einem gewissen Sinne könnte
man sagen, die Nation lebt von dem, was die Presse ihr zukommen

läßt. Daß sie geistig von der Presse lebt, muß für unleugbar gelten: welches dieses geistige Leben ist, ersehen wir aber auch, namentlich an dem „erweiterten Gesichtskreise", der in der armseligen Bier= stube, wenn die Tische nur tüchtig mit Zeitungen belegt sind, sofort jedem von Tabak verqualmtem Auge sich öffnet!

Welche sonderbare träumerische Trägheit mag es doch sein, welche den Deutschen unfähig macht, selbst zu erkennen, und ihm dagegen die leidenschaftliche Gewohnheit pflegt, sich um Dinge zu bekümmern, die er nicht versteht, eben weil sie ihm fern liegen? Alles, was er nicht kennt, traut er dem Zeitungsschreiber zu wissen zu: dieser belügt ihn täglich, weil er nur will, nicht aber weiß; das ergötzt nun aber den Zeitungsleser wieder, denn auch er nimmt es endlich nicht mehr so genau, wenn er nur — Zeitungen lesen kann!

Ich glaube hier das ärgste Gift für unsere geistigen sozialen Zustände erkennen zu müssen; auch nehme ich an, daß ein großer Theil meiner Freunde die gleiche Einsicht gewonnen hat. Nur bin ich noch selten, oder fast nie, selbst bei meinen' Freunden, auf eine bestimmte Ansicht darüber gestoßen, wie diesem Gifte seine schädliche Kraft zu entziehen sei. Noch ist fast ein jeder der Meinung, ohne die Presse sei nichts zu thun, somit — auch nichts gegen die Presse. Es scheint einzig nur mir bisher noch beigekommen zu sein, daß die Presse nicht zu beachten sei, wobei mich das Gefühl davon leitete, welche Genugthuung mir wohl derjenige Erfolg geben würde, den ich durch die Presse gewinnen dürfte. Mein Nichterfolg in Paris that mir wohl: hätte ein Erfolg mich erfreuen können, wenn ich ihn durch die gleichen Mittel meines durch mich beängstigten, verborgen bleibenden Antagonisten erkauft haben würde? Diese Herren Zei= tungsschreiber, — die Einzigen, welche in Deutschland ohne ein Examen bestanden zu haben angestellt werden! — leben von unserer Furcht vor ihnen; Unbeachtung, gleichbedeutend mit der Verachtung, ist dagegen ihnen sehr widerwärtig. Vor einigen Jahren hatte ich

in Wien einmal dem Sängerpersonale meiner Opern zu sagen, daß
ich eine sie betreffende Erklärung ihnen mündlich kund gäbe, nicht
aber gedruckt und öffentlich, weil ich die Presse verachte. In den
Zeitungen wurde Alles wortgetreu referirt, nur statt: „ich verachte
die Presse" war zu lesen: „ich hasse die Presse". So etwas
wie Haß vertragen sie sehr gern, denn „natürlich kann nur der die
Presse hassen, welcher die Wahrheit fürchtet!" — Aber auch solche
geschickte Fälschungen sollten uns nicht davon abhalten, ohne Haß
bei unserer Verachtung zu bleiben: mir wenigstens bekommt dieß
ganz erträglich. Zur Durchführung eines richtigen Verhaltens gegen
diese Zeitungs= und Libellen=Presse hätten wir demnach gar keinen
andern Aufwand nöthig, als den der Abwehr jeder Versuchung sie
zu beachten; und beinahe muß ich glauben, daß dieß manchem meiner
Freunde doch noch sehr schwer fallen möchte: immer bleiben auch sie
noch in dem Wahne, widerlegen zu können, oder wenigstens doch
die Zeitungsleser richtig aufklären zu müssen. Allein, gerade diese
Zeitungsleser machen ja das Übel aus: wo wären denn die Schreiber,
wenn sie keine Leser hätten? Daß wir ein Volk von Zeitungslesern
geworden sind, hierin liegt eben unser Verderb. Wie würde es
denn jener litterarischen Straßenjugend beikommen, das Edelste mit
schlechten Witzen zu besudeln, wenn sie nicht wüßten, daß sie uns
damit eine angenehme Unterhaltung gewähren? Ist nicht ein Volk
selbst gerade Das, als was es sich vertreten läßt? Die Abgeord=
neten, die wir zu irgend welchen Berathungen delegirten, sind unser
Werk: irrten wir bei der Wahl aus Unkenntniß, so ist die Unkennt=
niß unser Gebrechen; betheiligen wir uns nicht bei der Wahl, so
wird unsere Gleichgiltigkeit bestraft; müssen wir nach schlechten
Wahlgesetzen wählen, so sind wir daran Schuld, daß man sie uns
auferlegen durfte. Kurz, wir selbst sind diejenigen, die zu uns
reden und uns regieren. Wie können wir uns nun wundern,
daß so zu uns geredet wird, und wir so regiert werden, wie es
uns endlich wiederum nicht gefallen will? Was ist der ganze Witz

unserer Zeitungsschreiber anderes, als unser Behagen an ihm?
Wie könnte diese „Macht" der Presse bestehen, wenn wir sie einfach
ignorirten? Und wie wenig Anstrengung nur hätte uns das zu
kosten! Dennoch dürfte es ohne Anstrengung nicht abgehen. Wir müß=
ten eben die Kraft haben, uns andere Gewohnheiten anzubilden.
Für eine Gewohnheit des geistigen Verkehres der Deutschen in einem
edelsten volksthümlichen Sinne kennen die Leser meiner Schrift über
„deutsche Kunst und deutsche Politik" das von mir in das Auge
gefaßte Ideal, und habe ich daher nicht nöthig heute auf seine Dar=
stellung mich weiter einzulassen. Gebt diesem Ideale in euren Ge=
wohnheiten einen real befruchteten Boden, so muß hieraus eine neue
Macht hervorgehen, welche jene Aktien=Litteratur=Macht mit der Zeit
gänzlich entwerthet, wenigstens in so weit, als sie unseren inneren
Wünschen einer Veredelung des öffentlichen Kunstgeistes der Deut=
schen verhindernd und zersplitternd sich entgegenstellte. Nur ein sehr
ernstliches, durch große Geduld und Ausdauer gekräftigtes Bemühen
kann aber solche Gewohnheiten unter uns zu einem wirklichen Nerv
des Lebens ausbilden: aus einem starken inneren Müssen kann uns
einzig die Nothwendigkeit zum Handeln erwachsen; ohne solche
Nothwendigkeit kann aber nichts Ächtes und Wahres begründet
werden.

Mögen meine Freunde sich namentlich auch über mich nicht
täuschen, wenn ich ihnen jetzt mit Geduld und Ausdauer voran=
schreite. Gerade daß unsere Kräfte jetzt im Wachsen begriffen sind,
giebt es mir ein, voreilige Versuche, denen noch kein dauernder Er=
folg zugesprochen werden kann, fern zu halten. Daß ich selbst die
Hoffnung noch nicht aufgegeben habe, bezeuge ich dadurch, daß ich
die Musik zu meinem „Parsifal" in diesen Tagen vollenden konnte.
Wie die beglückendste Gunst meines erhabenen Wohlthäters mich
einst zu der Entwerfung dieses Werkes begeisterte, hat mich jetzt das
noch nicht mir verlorene Vertrauen auf den deutschen Geist bei

12*

seiner Ausführung erwärmt. Viel, viel liegt aber noch vor mir, was sich nach meinem Gefühle zwischen die Ausführung meines Werkes und dessen Darangebung an die Öffentlichkeit drängt. Dieß soll überwunden werden; doch, wer mit mir hoffen will, der hoffe auch nur in meinem Sinne: kann ihm ein flüchtiger Anschein nicht mehr genügen, so hofft er mit mir.

Über das Dichten und Komponiren.

Vielleicht auch: „über Buchhandel und Musikhandel?" —
Doch dürfte dieß wohl Vielen als zu äußerlich aufgefaßt erscheinen. Wiewohl der selige Gußkow uns das böse Geheimniß
bereits aufgedeckt hat, daß Goethe's und Schiller's ungemessene Popularität sich nur der energischen Spekulation ihres Buchhändlers
verdanke. Sollte diese Erklärung sich nicht als durchaus zutreffend
bewähren, so läßt sich aus der Aufstellung einer solchen Behauptung doch zum Wenigsten ersehen, daß unsere Dichter ähnliche
Erfolge durch geschicktes Verfahren ihrer Buchhändler für möglich
halten. Ein großes Anlage-Kapital des Verlegers schiene demnach
dazu erforderlich zu sein, um den deutschen „Dichterwald" gehörig
zu bepflanzen; somit dürfte es uns nicht Wunder nehmen, wenn
der Buchhändler bei der Hervorbringung von Dichterwerken, namentlich wenn diese für die Berühmtheit bestimmt sind, sich den wichtigsten Antheil hieran zuschreibt. Man könnte, dem zu Folge, ein
bedenkliches Verhältniß zwischen den Dichtern und ihren Verlegern
annehmen, in welchem gegenseitige Hochachtung wenig zum Vorscheine käme. Ein namhafter Dichter versicherte mich, die Buchhändler
seien die betrügerischesten Kaufleute, denn sie hätten beim Handel
einzig mit phantastischen Produzenten zu thun, während jeder andere
Kaufmann nur auf Geschäfte mit klugen Leuten seines Gleichen an-

gewiesen wäre. Schlimm mag es hiermit immerhin stehen. Der
Dichter, oder Komponist, glaubt, um der Versicherung seiner Be=
rühmtheit willen, am Besten unter dem Schutze großer Verlags=
Firmen zu gedeihen. Solch eine Firma unterhält mit reichen Kapi=
talien ungeheure Druckereien, oder Notenstechereien; diese müssen
immer zu arbeiten haben, demnach der Verleger auf gutes Glück
hin vieles Unnütze, was ihm vorkommt, drucken oder stechen lassen
muß; aller Journalismus der Welt kann ihm hierfür oft keinen
Absatz verschaffen; endlich hilft ihm doch einmal nur der besonders
glückliche Verlagsartikel von der Arbeit eines ausgezeichneten Kopfes:
mit dem Erfolge dieses einen Artikels macht sich der Verleger für
alle seine sonstigen Einbußen bezahlt, und will der Autor seinen
Theil vom Gewinne haben, so kann ihm der Verleger dieß kühn
abschlagen, da Jener ja auch keinen Antheil an den Verlusten durch
unablässig produzirten Schund getragen habe. Dennoch ist es die
stete Herausgabe von Schund, was dem Verleger zu großem An=
sehen verhilft. Alle Welt dichtet und komponirt, während die reiche
Firma immer drucken und herausgeben muß: beide Gewohnheiten
und Nöthigungen ergänzen sich; nur hat der Verleger den Vortheil,
seinen Klienten nachweisen zu können, daß er daran verliere, dennoch
aber sich großmüthig zu bezeigen, wenn er mit ferneren Heraus=
gaben fortzufahren sich bereit erklärt, wodurch dann der „phan=
tastische" Autor zu seinem gehorsamen Diener wird. So dürfte es
etwa zu verstehen sein, wenn der Buch= und Musik=Händler, als
Lohngeber des Dichters und Komponisten, ja — unter Umständen,
wie bei Schiller und Goethe — sogar als Popularisator derselben,
als der eigentliche Patron, wenn nicht Schöpfer, unserer dichterischen
und musikalischen Litteratur angesehen wird.

　　Vielleicht ist es wirklich dieses, wie es scheint, so glückliche
Prosperiren der Buch= und Musik=Druckereien, welches uns das ver=
wunderliche Phänomen zu verdanken giebt, daß fast jeder Mensch,
der einmal etwas gelesen oder gehört hat, sofort auch das Dichten

und Komponiren sich beikommen läßt. Öfters hörte ich Universitäts=
Professoren darüber sich beklagen, daß ihre Studenten nichts Rechtes
mehr lernen, dagegen meistens nur dichten und komponiren wollten.
Dieß war besonders in Leipzig der Fall, wo der Buchhandel der
Gelehrtheit so nahe auf dem Halse sitzt, daß es für Einsichtsvolle
fast zu der Frage kommen dürfte, wer denn eigentlich unsere
moderne Bildung mehr in der Hand habe, die Universität oder der
Buchhandel, da man aus den Büchern doch offenbar Dasselbe, wenn
nicht mehr, als von den Professoren lernen könne, welche unvorsich=
tiger Weise wiederum Alles, was sie wissen und lehren dürften,
in leicht käuflichen Büchern drucken lassen. Dagegen möchten wir
den Hang unserer, vom Universitäts=Studium angeekelten jungen
Leute zum Dichten und Komponiren mit der außerordentlichen
Neigung zum Theaterspielen zusammenhalten, welche vom Aufkom=
men der deutschen Schauspielkunst bis in den Anfang unseres Jahr=
hunderts den geachtetsten Familien Söhne und Töchter entführte.
Nach dieser Seite hin scheint aber gegenwärtig unsere Jugend
philisterhafter geworden zu sein, etwa aus der Furcht, auf dem
Theater sich persönlich lächerlich zu machen, was gegenwärtig immer
mehr den Juden überlassen wird, welche auf unangenehme Erfah=
rungen weniger zu geben scheinen. Hiergegen kann nun Dichten
und Komponiren in aller Ruhe und Stille für sich zu Hause be=
trieben werden: daß überlaufende lyrische Ergüsse im Druck uns
ebenfalls lächerlich machen, merken wir nicht, weil glücklicher Weise
auch kein Leser das Lächerliche davon merkt. Bemerkbar lächerlich
wird dieß Alles erst, wenn es laut vorgelesen wird. Zu meiner
Zeit trieben die Leipziger Studenten ihren Spott mit einem armen
Teufel, den sie, gegen Bezahlung seiner Zeche, seine Gedichte sich
vordeklamiren ließen; von ihm besorgten sie ein lithographisches
Portrait mit der Unterschrift: „an allen meinen Leiden ist nur die
Liebe Schuld." Ich führte dieß Beispiel vor einigen Jahren einem
namhaften Dichter unserer Zeit vor, welcher seitdem mir auffällig

böse geworden ist: zu spät erfuhr ich damals, daß er soeben einen neuen Band Gedichte von sich unter der Presse habe.

Was nun den „deutschen Dichterwald" betrifft, so vernimmt man in neuerer Zeit, daß die Buchhändler, trotz der Nöthigung zu steter Beschäftigung ihrer Pressen, der reinen Lyrik immer abholder werden, da die musikalischen Lyriker von Neuem immer nur wieder: „Du bist wie eine Blume" oder: „Wenn ich dein holdes Angesicht" und dergleichen komponiren. Wie es mit „epischen Dichtungen" steht, ist auch schwierig zu ermessen: es kommt viel davon auf den Markt, wird auch von solchen Komponisten, welche in der Oper noch ein Haar finden, für unsere Abonnement=Konzerte in Musik gesetzt, — was leider mit dem „Trompeter von Säckingen" bisher für unmöglich befunden werden mußte! — Ob dieß Alles „etwas macht", ist nicht leicht zu glauben; denn noch giebt es sehr viele Bewohner Deutschland's, welche in jenen Konzerten nicht abonnirt sind. Dagegen hätten nun allerdings „dramatische Dichtungen" ein größeres Publikum; dieß jedoch immer wohl nur, wenn sie von den Theaterdirektoren aufgeführt werden. Bei diesen Letzteren trifft man aber auf die vollste Wildniß des Interesses für gute Ein= nahmen; hier herrscht noch die barbarische Justiz der Gottesurtheile, und zu „kaufen" ist da nicht viel. Bloß englischen Verlegern ist es möglich geworden, das Theater — allerdings in sehr ingeniöser Weise — für glückliche Verlagseffekte zu benützen. Das Einzige, womit der englische Musikhandel etwas zu Stande bringt, ist eine, mehr oder weniger dem Bänkelsänger=Genre entnommene „Ballade", welche, im guten Falle, in mehreren hunderttausenden von Exem= plaren als „neueste Ballade" an alle Kolonien verkauft wird. Um diese Ballade gehörig berühmt zu machen, läßt sich der Verleger für sein Geld eine ganze Oper komponiren, bezahlt dem Theater= direktor deren Aufführung, und läßt nun die darin angebrachte Ballade auf alle Drehorgeln des Landes setzen, bis jedes Klavier sie nun endlich auch zu Haus zu haben verlangt. Wer an unser

heimisches „Einst spielt ich mit Zepter" u. s. w. denkt, möchte ver=
muthen, daß auch deutsche Verleger nicht auf den Kopf gefallen
seien und mit einem vollständigen „Zar und Zimmermann" schon
wüßten was anzufangen: der „Zar" beschäftigt die Stecher und der
„Zepterspieler" bezahlt sie.

Dennoch scheint das Verfassen von ganzen kompletten Dramen
für Alt und Jung einen großen Reiz zu behalten, und merkwürdig
ist es, daß Jeder selbst mit dem abgegriffensten Stoffe immer noch
einen glücklichen Griff gethan zu haben glaubt, wozu ihn die Täu=
schung verführen mag, seine Vorgänger hätten den Stoff noch nicht
richtig behandelt. Der fünffüßige Jambe, in unverwüstlichen Ehren
forthinkend, muß der Diktion hierbei unentwegt noch den eigentlichen
poetischen Duft verleihen; während die nackte Prosa, je ungewählter
desto wirksamer, mehr Chancen für die Annahme des Stückes von
Seiten der Theaterdirektoren darbietet. Der fünffüßige Dramatiker
hat sich daher gewöhnlich an die Gunst des Buchhändlers, der immer
drucken lassen muß, zu halten, wobei für sein besonderes Interesse
anzunehmen ist, daß er „es nicht nöthig hat". Ich glaube nicht,
daß hierbei sehr große Dichter zu Tage treten: wie es dagegen
Goethe und Schiller angefangen haben, mag Gott wissen, — falls
hierüber kein Aufschluß von der Firma Cotta zu erlangen sein sollte,
welche mir einst die Herausgabe meiner gesammelten Schriften mit
dem Hinweis darauf, daß sie mit Goethe und Schiller noch so
schwierig daran wäre, abschlug. —

Aber, sind dieß Alles nicht nur Schwächen unserer Dichter?
Mag ein rechter Bewohner unseres Dichterwaldes, im kindischen
Triebe es den Sängern auf den Bäumen nachzumachen, als Jüng=
ling Verse und Reime gezwitschert haben; mit der toga virilis wird
er endlich Romanschreiber und nun lernt er sein Geschäft. Jetzt
sucht der Buchhändler ihn, und er weiß sich diesem kostbar zu
machen: so schnell überläßt er ihm seine drei, sechs oder neun Bände
nicht für die Leihbibliotheken; erst kommen die Zeitungsleser daran.

Ohne ein „gediegenes" Feuilleton mit Theaterkritiken und spannen=
den Romanen kann selbst ein politisches Weltblatt nicht füglich be=
stehen; andererseits aber, was tragen diese Zeitungen ein, und was
können sie bezahlen! Mein Freund Gottfried Keller vergaß seiner
Zeit über das wirkliche Dichten auf jene Veröffentlichungs=Geburts=
wehen seiner Arbeiten zu achten; es war nun schön von einem be=
reits seit länger berühmt gewordenen Romanschreiber, welcher Keller
für seines Gleichen hielt, diesen darüber zu belehren, wie ein Roman
einbringlich zu machen sei: offenbar ersah der besorgte Freund in
dem geschäftlich unbeholfenen Dichter, ein gefährliches Beispiel von
Kraftvergeudung, dem er ohne Krämpfe nicht zusehen konnte. Der
unzubelehrende Dichter (wir nannten ihn zum Scherz „Auerbachs
Keller") brachte es in der Verlagscarrière allerdings nicht weit:
erst dieser Tage erscheint eine zweite Auflage seines vor dreißig
Jahren veröffentlichten Romanes: „der grüne Heinrich"; in den
Augen unserer geschäftskundigen Autoren ein offenbarer Mißerfolg
und — eigentlich — ein Beweis dafür, daß Keller nicht auf der
Höhe der Zeit angekommen sei. Aber sie verstehen es, wie gesagt,
besser. Dafür wimmelt es denn auch in unserem Dichterwalde, daß
man die Bäume vor lauter Auflagen nicht ersehen kann.

In Wahrheit treffen wir jedoch bei dieser so sehr prosperiren=
den Aktivität unserer heutigen Dichterwelt auf dasjenige Element,
welchem alle Dichterei seine erste Entstehung, ja seinen Namen ver=
dankt. Gewiß ist der Erzähler der eigentlichen „Dichter", wogegen
der spätere formelle Ausarbeiter der Erzählung mehr als der Künstler
zu betrachten sein dürfte. Nur müßte, wenn wir unseren so glück=
lich florirenden Romanschreibern die unermeßliche Bedeutung von
wahren Dichtern zuerkennen sollten, diese Bedeutung selbst erst etwas
genauer präzisirt werden.

Die alte Welt kannte eigentlich nur einen Dichter, und nannte
diesen „Homeros". Das griechische Wort „Poietes", welches die La=
teiner, ohne es übersetzen zu können, mit „Poëta" wiedergaben,

findet sich recht naiv bei den Provençalen als „Trouvère" wieder
und gab uns Mittelhochdeutschen den „Finder" ein, wie Gottfried
von Straßburg den Dichter des Parzival „Finder wilder Märe"
nennt. Jenem „Poietes", von welchem allerdings Platon behauptete,
daß er den Hellenen ihre Götter erfunden habe, würde der „Seher"
vorausgegangen zu sein scheinen, etwa wie dem Dante jener ver-
zückte Mensch durch seine Vision den Weg durch Hölle und Himmel
gewiesen hatte. Der ungeheure Fall bei ihrem einzigen — „dem"
— Dichter der Griechen scheint nun aber der gewesen zu sein, daß
er Seher und Dichter zugleich war; weßhalb denn auch Homeros
gleich dem Teiresias blind vorgestellt wurde: wem die Götter nicht
den Schein, sondern das Wesen der Welt sehen lassen wollten, dem
schlossen sie die Augen, damit er durch seine Verkündigungen die
Sterblichen nun etwa Das ersehen ließe, was diese, in der von
Platon gedichteten Höhle mit dem Rücken nach außen gewendet
sitzend, nur in den durch den Schein erzeugten Schattenbildern bisher gewahren konnten. Dieser Dichter sah als „Seher" nicht das
Wirkliche, sondern das über alle Wirklichkeit erhabene Wahrhaftige;
und daß er dieß den aufhorchenden Menschen so getreu wiederer-
zählen konnte, daß es sie so klar verständlich wie das von ihnen
selbst handgreiflich Erlebte dünkte, das machte eben den Seher zum
Dichter.

Ob dieser auch „Künstler" war?

Wer dem Homer Kunst nachzuweisen versuchen wollte, dürfte
hierbei eine ebenso schwierige Arbeit haben, als wer die Entstehung
eines Menschen aus der überlegten Konstruktion eines, etwa über-
irdischen Professor's der Physik und Chemie zu erklären unternähme.
Dennoch ist Homer's Werk kein unbewußt sich gestaltendes Natur-
produkt, sondern etwas unendlich Höheres, vielleicht die deutlichste
Manifestation eines göttlichen Bewußtseins von allem Lebenden.
Nicht jedoch Homer war Künstler, vielmehr wurden an ihm alle
nachfolgenden Dichter erst Künstler, und deßhalb heißt er „der Vater

der Dichtkunst". Alles griechische Genie ist nichts Anderes als künst=
lerische Nachbichtung des Homer; denn zu dieser Nachbichtung ward
erst die „Techne" erfunden und ausgebildet, welche wir endlich als
„Kunst" zu einem, auch ben „Poietes", ben „Finder der Märe",
gebankenlos mit einschließenden, Allgemeinbegriff erhoben haben, in=
bem wir von Dichtkunst sprechen.

Die „ars poëtica" der Lateiner mag als Kunst gelten, und
von ihr alle Künstlichkeit des Vers= und Reimwesens bis auf den
heutigen Tag abgeleitet werden. Mag wohl Dante einmal wieder
mit dem bichterischen Seherblick begabt gewesen sein, denn er sah
wieder Göttliches, wenn auch nicht die deutlichen Göttergestalten des
Homer; wogegen schon jener Ariost nichts Anderes wieder als die
willkürlichen Brechungen der Erscheinung sah, während Cervantes
zwischen solch willkürlichem Phantasiegespiele hindurch den gespal=
tenen Kern der altdichterischen Weltseele gewahrte, und den erkann=
ten Zwiespalt uns durch zwei traumhaft erlebte Gestalten als eine
unleugbare Thatsache in greifbar lebendigen Handlungen vorführt.
Sollte doch selbst, wie am Ende der Zeiten, das „zweite Gesicht"
eines Schotten zur vollen Hellsichtigkeit für eine ganze, nun bloß
noch in Dokumenten hinter uns liegende Welt historischer Thatsachen
sich erleuchten, welche dieser uns wie aufhorchenden Kindern als
glaubwürdige Märchen dann behaglich zu erzählen weiß. Der „ars
poëtica", welcher diese Seltenen nichts zu verbanken haben, ent=
sprießt dagegen Alles, was seit Homer sich als sogenanntes „episches
Dichtungswerk" ausgab, und haben wir seitdem dem wahren epischen
Dichterquell nur noch im Volksmärchen und in der Sage nachzu=
forschen, wo wir ihn dann noch gänzlich von der Kunst unberührt
vorfinden.

Was nun heut zu Tage, nachdem es aus dem Feuilleton der
Zeitungen hervorgegangen, die Wände unserer Leihbibliotheken be=
beckt, hat allerdings weder mit Kunst noch Poesie zu thun gehabt.
Das wirklich Erlebte hat zu keiner Zeit einer epischen Erzählung

als Stoff dienen können; das „zweite Gesicht" für das Nieerlebte
verleiht sich aber nicht an den ersten besten Romanschreiber. Ein
Kritiker warf dem seligen Gutzkow vor, daß er Dichterliebschaften
mit Baroninnen und Gräfinnen schildere, die er doch selbst gar nicht
erlebt haben dürfte; wogegen dieser durch indiskret verdeckte Andeu=
tungen ähnlicher wirklicher Erlebnisse sich mit Entrüstung verthei=
digen zu müssen glaubte. Von beiden Seiten konnte das unziemlich
Lächerliche unserer Romanschreiberei nicht ersichtlicher aufgedeckt wer=
den. — Goethe verfuhr dagegen in seinem „Wilhelm Meister" als
Künstler, dem der Dichter sogar die Mitarbeit zur Auffindung eines
befriedigenden Schlusses der Handlung versagte; in seinen „Wahl=
verwandtschaften" arbeitete sich der elegische Lyriker zum Seelen=
noch nicht aber zum Gestalten=Seher hindurch. Aber, was Cervan=
tes als Don Quixote und Sancho Pansa ersehen hatte, ging
Goethe's tiefem Weltblicke als Faust und Mephistopheles auf;
und diese von ihm eigenst ersehenen Gestalten geleiten nun den
suchenden Künstler als zu lösendes Räthsel eines unsäglichen Dichter=
traumes, das er, ganz unkünstlerisch, aber durchaus wahrhaftig, in
einem unmöglichen Drama bewältigen zu müssen glaubte.

Hieraus wäre etwas zu lernen, selbst für unsere, von ihren
nicht genügend eifrigen Buchhändlern vernachlässigten, Mitglieder
des „deutschen Dichterwaldes". Denn von ihren Romanen, den
reifsten Früchten ihres Geistes, ist leider zu sagen, daß sie weder
aus Leben noch Tradition, sondern aus Nehmen und Traduktion
hervorgegangen sind. Konnten weder die Griechen zur Zeit ihrer
Blüthe, die Römer zur Zeit ihrer Größe, noch auch irgend ein
späteres bedeutendes Kulturvolk, wie die Italiener und Spanier,
dem von ihnen Erlebten den Stoff zu einer epischen Erzählung ab=
gewinnen, so wird euch Heutigen dieß wahrscheinlich noch um etwas
schwerer fallen: denn was Jene als Erlebnisse mit ansahen, waren
doch wenigstens Wirklichkeiten der Erscheinung, wogegen ihr, in
Allem was euch beherrscht, umgiebt und innewohnt, nur Maskeraden,

mit umgehängten ausgeliehenen Kulturfetzen und ausgestopftem
historischen Plunder, gewahren könnt. Den Seherblick für das
Nieerlebte verliehen göttliche Mächte von je aber nur an ihre
Gläubigen, worüber Homer und Dante zu befragen wären. Ihr
aber habt weder Glauben noch Göttlichkeit.

So viel vom „Dichten". — Sehen wir aber nun, was uns die
„Kunst" in unsern Tagen der fortgeschrittenen Kultur darbieten könnte.—

Wir glaubten finden zu müssen, daß alles griechische Genie
nur eine künstlerische Nachbildung des Homer gewesen sei, während
wir im Homer selbst den Künstler nicht wahrnehmen wollten.
Doch kannte Homer den „Aoidos"; ja, vielleicht war er selbst auch
Sänger? — Zu dem Gesang der Heldenlieder trat der Chor der
Jünglinge den „nachahmenden" Tanzreigen an. Wir wissen von
den Chorgesängen zu den priesterlichen Götterfestreigen; wir kennen
die dithyrambischen Tanzchöre der Dionysos-Feier. Was dort die
Begeisterung des blinden Sehers war, wird hier zur Berauschung
des sehend Entzückten, dessen trunkenem Blicke sich wiederum die
Wirklichkeit der Erscheinung in göttliche Dämmerung verklärt. War
der „Musiker" Künstler? Ich glaube, er schuf die Kunst und
ward zu ihrem ersten Gesetzgeber.

Die vom hellsichtigen blinden Dichter-Erzähler erschauten Gestalten und Thaten sollten dem sterblichen Auge nicht anders als
durch extatische Depotenzirung des nur für die reale Erscheinung
geübten Sehvermögens vorgeführt werden können: die Bewegungen
des darzustellenden Gottes oder Helden mußten nach andern Gesetzen, als denen der gemeinen Lebensnoth, sich kundgeben, wie sie
durch rhythmische Reihen harmonisch geordneter Töne begründet
werden konnten. Nicht mehr eigentlich dem Dichter gehörte die
Anordnung der Tragödie, sondern dem lyrischen Musiker: nicht eine
Gestalt, nicht eine That der Tragödie, welche der göttliche Dichter
nicht zuvor ersehen und seinem Volke „erzählt" hatte; nur führte

sie jetzt der Choreg dem sterblichen Auge der Menschen selbst vor, indem er dieses Auge durch den Zauber der Musik bis zu dem gleichen Hellsehen des ursprünglichen „Finders" entzückte. Somit war der lyrische Tragiker nicht Dichter, sondern durch Beherrschung und Anwendung der höchsten Kunst verwirklichte er die vom Dichter ersehene Welt, indem er das Volk selbst in den Zustand des hell= sehenden Dichters versetzte. — So ward die „musische" Kunst zum Inbegriff aller Eingebung durch göttliches Gesicht, sowie aller An= ordnung zur Verdeutlichung dieses Gesichtes. Sie war die äußerste Extase des griechischen Geistes. Was nach dessen Ernüchterung übrig blieb, waren nichts als die Bruchtheile der „Techne", nicht mehr die Kunst, sondern die Künste, von denen sich mit der Zeit am sonderbarsten die Verskunst ausnehmen sollte, welche für die Stellung, Länge oder Kürze der Sylben die Schemen der musikali= schen Lyrik beibehielt, ohne von ihrem Ertönen mehr etwas zu wissen. Sie sind uns aufbewahrt, diese „Oden" und sonstigen prosaischen Gezierteheiten der ars poëtica auch sie heißen Dichter= werke, und bis in alle Zeiten hat man sich mit der Ausfüllung von Sylben=, Wort= und Vers=Schemen abgequält in der Meinung, wenn dieß nur wie recht glatt abgegangen aussähe, in den Augen Anderer und endlich wohl auch in seinen eigenen, wirklich „gedichtet" zu haben.

Wir haben es nicht nöthig mit dieser „ars poëtica" uns lange zu befassen, denn auf den Dichter würden wir hierbei nicht treffen. Mit ihrer Ausübung kam der Witz in unsere Dichtung: die alte Lehrsentenz, welche noch — wie in den Orakelsprüchen der Pythia — auf priesterlicher und Volksgesangs=Melodie fußen mochte, ward zum Epigramm, und hier fand der künstlerische Vers, wie heut zu Tage durch wirklich sinnvolle Reime, eine glückliche Anwendung. Goethe, welcher Alles versuchte, bis zur eigenen Gelangweiltheit davon namentlich auch den Hexameter, war nie glücklicher in Vers und Reim, als wenn sie seinem Witze dienten. Wirklich kann man nicht finden, daß die Beseitigung dieser Verskünstlichkeit unsere „Dichter" geistreicher gemacht hat: würde sie z. B. auf den „Trompeter von Säckingen" verwendet worden sein, so dürfte dieses Epos allerdings keine sechzig Auflagen erlebt haben, dennoch aber wohl etwas schicklicher zu lesen sein; wogegen selbst die Bänkelsänger-Reime H. Heine's immer noch einiges Vergnügen gewähren. Im Ganzen scheint der Trieb zum Versemachen bei unserer Generation aus einer eingeborenen Albernheit hervorzugehen, auf welche Ältern und Erzieher aufmerksam gemacht werden dürften; träfe man beim Durchprügeln eines jugendlichen Dichters einmal auf einen auch hierbei noch Verse machenden Ovid, nun so lasse man den allenfalls laufen, da wir denn dem witzigen Epigrammatiker immer noch am liebsten auf unserem Litteratur-Gebiete begegnen, allerdings nur nicht auf dem Gebiete der — Musik!

Musik! —

Über diese haben wir uns, so unsäglich schwierig es ist, zu Zeiten bereits öfter zu verständigen gesucht, jedoch noch nicht ganz ebenso über das „Komponiren".

Die Musik ist das Witzloseste was man sich denken kann, und doch wird jetzt fast nur noch witzig komponirt. Ich vermuthe, dieß geschied unseren Litteraten zu Liebe, namentlich auch Herrn Paul Lindau zu Gefallen, welcher, wie man mir sagt, von aller Kunst immer nur amüsirt sein will, weil er sich sonst langweilt. Merkwürdiger Weise ist nun aber gerade unsere amüsante Musik das Allerlangweiligste (man denke nur an ein solches „Divertissement" betiteltes Musikstück in unseren Konzerten), während — man kann sagen was man will — eine gänzlich witzlose Beethoven'sche Symphonie jedem Zuhörer immer zu kurz vorkommt. Mich dünkt, hier liegt bei unserer Zeitungs-Rezensenten-Ästhetik ein schlimmer Irrthum zu Grunde. Zu vermuthen steht nicht, daß wir den Kämpfern für das musikalische Amüsement einen anderen Geschmack beibringen; dennoch wollen wir die Musik nach ihrer unwitzigen

Seite hin — ganz unter uns — noch einmal in einige Betrachtung nehmen.

Sollte es uns aus manchen hierüber angestellten Untersuchungen nicht bereits deutlich geworden sein, daß die Musik zwar mit dem gemeinen Ernste des Daseins gar nichts zu thun hat, daß ihr Charakter hingegen erhabene, Schmerzen lösende Heiterkeit ist, ja — daß sie uns lächelt, nie aber uns zu lachen macht? Gewiß dürfen wir die A dur-Symphonie Beethoven's als das Heiterste bezeichnen, was je eine Kunst hervorgebracht hat: können wir uns aber den Genius dieses Werkes anders als in begeisterter Entzückung vor uns aufschwebend vorstellen? Hier wird ein Dionysosfest ge= feiert, wie nur nach unseren idealsten Annahmen der Grieche es je gefeiert haben kann: laßt uns bis in das Jauchzen, in den Wahnsinn der Wonne gerathen, aber stets verbleiben wir in dem Bereiche erhabener Extase, himmelhoch dem Boden enthoben, auf welchem der Witz sich seine dürftigen Bilder zusammensucht. Denn hier sind wir eben in keiner Maskerade, dem einzigen Amüsement unserer ledernen Fortschrittswelt; hier treffen wir auf keinen als Don Juan verkleideten Ministerialrath oder dergleichen, dessen Erkennung und Entlarvung uns viel Spaß machen kann: son= dern hier erscheinen dieselben wahrhaftigen Gestalten, die dem blinden Homer sich in bewegungsvollem Heldenreigen darstellten, in demselben Reigen, den nun der taube Beethoven uns er= tönen läßt um das entzückte Geistesauge sie noch einmal ersehen zu lassen.

Aber der amüsementbedürftige Journal=Cavalier sitzt da; seine Sehkraft bleibt eine ganz reale: er gewahrt nichts, gar nichts: die Zeit wird ihm lang, während uns die Zeit der Entrücktheit aus allem Dem, was Jener einzig sieht, zu kurz, zu flüchtig war. So schafft ihm denn Amüsement! Macht Witz, auch ihr Musiker; ver= kleidet euch und steckt eine Maske vor! Komponirt, komponirt, wenn euch eben auch gar nichts einfällt! Wozu heißt es „kompo=

13*

niren" — zusammenstellen — wenn auch noch Erfindung dazu
nöthig sein sollte? Aber je langweiliger ihr seid, desto abstechender
wählt die Maske: das amüsirt wieder! Ich kenne berühmte Kom=
ponisten, die ihr bei Konzert=Maskeraden heute in der Larve des
Bänkelsängers („an allen meinen Leiden"!), morgen mit der Halle=
luja=Perrücke Händel's, ein anderes Mal als jüdischen Czardas=Auf=
spieler, und dann wieder als grundgebiegenen Symphonisten in
eine Numero Zehn verkleidet antreffen könnt. Ihr lacht: — das
habt ihr leicht, ihr witzigen Zuschauer! Aber Jene selbst sind dabei
so ernst, ja streng, daß einer von ihnen ganz besonders zum ernsten
Musik=Prinzen unserer Zeit diplomirt werden mußte, damit euch das
Lachen verwiesen wäre. Vielleicht aber lacht ihr gerade wieder da=
rüber? Dieser ernste Musikprinz würde euch nämlich von vorn=
herein sehr langweilig erschienen sein, wenn ihr Schlauen nicht eben
dahintergekommen wärt, daß etwas gar nicht so besonders Würdiges
unter der Maske stecke, sondern Jemand ganz eures Gleichen, mit
dem ihr nun wieder Maske spielen könnt, indem ihr euch anstellt
als ob ihr ihn bewundertet, was euch nun wieder amüsirt, wenn
ihr gewahrt daß er sich die Miene giebt als glaube er euch. Was
diesem ganzen unterhaltenden Maskenspiele zu tiefstem Grunde liegt,
durfte aber auch offen zugestanden werden. Der liebenswürdige,
aber etwas philisterhafte Hummel wurde einmal befragt, an welche
schöne Gegend er wohl gedacht hätte, als er ein gewisses charmantes
Rondo komponirte: er hätte der einfachen Wahrheit gemäß sagen
können, — an ein schönes Bach'sches Fugenthema in Cis-dur; allein
er war noch aufrichtiger und bekannte, daß ihm die achtzig Dukaten
seines Verlegers vorgeschwebt hätten. Der witzige Mann; mit ihm
war doch zu reden!

Genau betrachtet liegt hierbei der Witz dennoch nicht in der
Musik, sondern in dem Vorgeben des Komponisten, wirklich gut zu
komponiren, sowie in den hieraus erfolgenden Quid=pro=quo's. In
dem bezeichneten Maskenspiele kann man Mendelssohn noch nicht

als inbegriffen aufführen. Er sprach nicht immer aufrichtig und
mich gern aus: aber er log nicht. Als man ihn frug, was er von
Berlioz's Musik halte, antwortete er: „ein Jeder komponirt so gut
er kann." Wenn er seine Chöre zur Antigone nicht so gut kom=
ponirte, als z. B. seine Hebriden=Ouvertüre, welche ich für eines
der schönsten Musikwerke halte, die wir besitzen, so lag dieß daran,
daß er gerade das nicht konnte. Im Betracht dieses Falles, und
leider vieler ähnlicher Fälle, dürfte von Mendelssohn sich die kalt=
blütige Unbesonnenheit herschreiben, mit welcher seine Nach=
folger sich an jede Art Komponiren machten, wobei es ihnen ähn=
lich wie dem alten Feldherrn Friedrich's des Großen erging, der
Alles was ihm vorkam nach der Melodie des Dessauer Marsches
sang: sie konnten nämlich nicht anders, als auch das Größte mit
ruhigem Gleichmuthe in das Bett ihres kleinen Talentes zu zwingen.
Gewiß war ihre Absicht hierbei, immer nur etwas Gutes zu schaffen;
nur erging es ihnen umgekehrt wie Mephistopheles, welcher stets das
Böse wollte und doch das Gute schuf. Gewiß wollte Jeder von
ihnen einmal eine wirklich wahre Melodie zu Stande bringen,
solch' eine Beethoven'sche Gestalt, wie sie mit allen Gliedern eines
lebendigen Leibes vor uns zu stehen scheint. Aber, was half da
alle ars musicae severioris ja selbst musicae jocosae, wenn die
Gestalt selbst durchaus sich nicht zeigen, viel weniger noch komponiren
lassen wollte! Nun sieht aber Alles, was wir da aufgeschrieben finden,
Beethoven's Musik=Gestalten wiederum so sehr ähnlich, daß sie oft
wie geradezu kopirt erscheinen: und doch will selbst das allerkünstlichst
Zusammengestellte nicht im Entferntesten etwa solch eine Wirkung
verursachen, wie das für die Kunst so gar nichts sagende, ja fast
lächerlich unbedeutende

womit in jedem Konzert ein bis dahin noch so sehr gelangweiltes
Publikum plötzlich aus der Lethargie zur Extase erweckt wird! Offen=
bar eine gewisse Malice des Publikum's, welcher man durch energische
Handhabung der „Schule" beikommen muß. Mein seliger Kollege
in de r Dresdener Kapellmeisterei, Gottlieb Reißiger, der Komponist
des letzten Gedankens Weber's, beklagte sich bei mir einmal bitter,
daß ganz dieselbe Melodie, welche in Bellini's „Romeo und Julia"
stets das Publikum hinriß, in seiner „Adele de Foix" gar keine Wirkung
machen wollte. Wir fürchten, daß der Komponist des letzten Ge=
dankens Robert Schumann's über ähnliches Mißgeschick sich zu be=
klagen haben dürfte. —

Es scheint hiermit wirklich eine eigenthümliche Bewandtniß zu
haben: ich fürchte, diese ganz ergründen zu wollen, müßte uns zu
mystischen Abgründen führen, und Diejenigen, welche uns dahinfolgen
wollten, in den Augen der aufgeklärten Musikwelt als Dummköpfe
erscheinen lassen, für welche — nach Carlyle's Erfahrung — die Eng=
länder bereits alle Mystiker halten. Glücklicher Weise sind die Leiden
unserer komponirenden Mitwelt großentheils noch am Sonnenlichte
nüchterner sozialer Vernunfterkenntnisse zu erklären, welches selbst
in das trauliche Dickicht unserer Dichterwälder und Komponistenhaine
seine erfreuende Helligkeit dringen läßt. Hier ist Alles ursprünglich
ohne Schuld wie im Paradies. Mendelssohn's großes Wort: „Jeder
komponirt so gut er kann" — gilt als weise Norm, welche im Grunde
auch nie überschritten wird. Die Schuld beginnt erst dann, wann
man besser komponiren will, als man kann; da dieß nicht füglich
angeht, so verstellt man sich wenigstens so, als könnte man es; dieß
ist die Maske. Auch das schadet noch nicht viel; schlimm wird es
erst, wann viele Leute — Vorsteher u. dgl. — durch die Maske
wirklich getäuscht werden, und etwa Hamburger Festbankette und
Breslauer Diplome hieraus hervorgehen; denn diese Täuschung ist
nur dadurch zu ermöglichen, daß man die Leute glauben macht, man
komponire besser als Andere, welche wirklich gut komponiren. Doch

will auch dieß am Ende noch nicht gar zu viel sagen; denn wir
steigern Mendelsfohn's Ausdruck dahin: „Jeder thut überhaupt,
was und wie er kann." Was liegt im Grunde genommen so viel
an der Fälschung der Kunsturtheile oder des Musikgeschmackes? Ist
dieß nicht eine wahre Lumperei gegen Alles was sonst noch bei uns
gefälscht wird, als Waaren, Wissenschaften, Lebensmittel, öffentliche
Meinungen, staatliche Kulturtendenzen, religiöse Dogmen, Kleesamen,
und was sonst noch? Sollen wir auf einmal in der Musik einzig
tugendhaft sein? Als ich vor einigen Jahren zwei meiner Opern dem
Wiener Sängerpersonale einstudirte, beklagte sich der Haupt=Tenorist
bei einem meiner Freunde über das Unnatürliche meines Verlangens,
er solle für sechs Wochen tugendhaft werden und Alles ordentlich
ausführen, während er doch wisse, daß er, sobald ich wieder fort
wäre, nur durch das gewöhnliche Opernlaster der Schluderei werde
bestehen können. Dieser Künstler hatte Recht, die Tugend als eine
lächerliche Anforderung zu verklagen. Ermöglichte sich die Freude
unserer Komponisten am Anscheine ihrer Vortrefflichkeit, Keuschheit
und Mozart=Beethoven=Verwandtschaft ohne die Nöthigung zur Aus=
übung von Bosheit gegen Andere, so möchte man ihnen Alles gönnen;
ja, selbst dieß sollte schließlich nicht viel ausmachen, denn auch der
auf solche Weise angerichtete persönliche Schade wird wieder geheilt.
Daß auf der Grundlage der Anerkennung des Richtigen als des
Ächten Alles was wir als Schule, Pädagogie, Akademie u. dgl.
besitzen durch Verderbniß der natürlichsten Empfindungen und Mis=
leitung der Anlagen der nachwachsenden Generationen, kretinisirt
wird, mögen wir als Strafe für Trägheit und Schlaffheit, darin
wir uns behagen, dahin nehmen. Aber, daß wir dieß Alles noch
bezahlen, und nun nichts mehr haben wann wir zur Besinnung
kommen, namentlich während wir Deutschen uns andererseits einreden
wir seien Etwas, — das, offen gestanden, ist ärgerlich! —

Über die zuletzt berührte — gewissermaaßen: ethische — Seite
unseres Dichten's und Komponiren's sei nun für heute genug gesagt.

Es thut mir wohl, für eine Fortsetzung dieser Besprechungen einen Übertritt auf dasjenige Gebiet beider Kunstarten in Aussicht stellen zu können, auf welchem, da wir hier edlen Geistern und großen Talenten begegnen, nur Fehlerhaftigkeiten des Genre's, nicht aber Duckmäuserei und Fälschung nachzuweisen sein werden.

Über das

Opern-Dichten und Komponiren

im Besonderen.

Es ist mir, gelegentlich verschiedener Erfahrungen hiervon, aufge=
fallen, wie wenig die Zuhörer von Opern=Aufführungen die Vor=
gänge der ihnen zu Grunde liegenden Handlung sich zur Kenntniß
gebracht hatten. Hochklassische Opern, wie „Don Juan" und „Fi=
garo's Hochzeit", kamen hierdurch bei unverdorbenen jugendlichen
Zuhörern, namentlich vom weiblichen Geschlechte, gut davon, weil
diese von den Frivolitäten des Textes gar nichts verstanden, worauf
andererseits die Erzieher und Lehrer, als sie ihren Schülern für die
Ausbildung eines reinen Geschmackes gerade jene Werke empfahlen,
sehr wohl gerechnet haben mochten. Daß die Vorgänge in „Robert
der Teufel" und „Hugenotten" nur den Allereingeweihtesten ver=
ständlich wurden, hatte sein Gutes; daß aber, wie ich dieß neulich
erst erfuhr, auch der „Freischütz" dunkel geblieben war, verwunderte
mich, bis ich mir nach einigem Nachdenken bewußt wurde, daß ich
selbst, obwohl ich diese Oper zahllose Male im Orchester dirigirt
hatte, über manche Stellen des Textes noch ganz im Unklaren ge=
blieben war. Man gab hiervon der Undeutlichkeit des Vortrages
unserer Opernsänger die Schuld; wenn ich hiergegen darauf hin=
wies, daß in dialogisirten Opern, wie „Freischütz", „Zauberflöte", ja
bei uns Deutschen auch im übersetzten „Don Juan" und „Figaro",
alles die Handlung Erklärende doch gesprochen würde, so ward mir

eingeworfen, daß die Sänger heut zu Tage auch undeutlich sprächen,
und, vielleicht schon aus diesem Grunde, die Dialoge bis zur Un=
verständlichkeit gekürzt würden. Hierdurch verschlimmere sich sogar
noch die Sache; denn bei vollständig „durchkomponirten" Opern
könne man doch wenigstens mit Hilfe des Textbuches zu einer aus=
reichenden Erklärung der scenischen Vorgänge gelangen, wogegen
eine solche Anleitung beim Gebrauch der „Arienbücher" der dia=
logisirten Opern abgehe. — Es ist mir aufgegangen, daß das deutsche
Theaterpublikum zu allermeist gar nicht erfährt, was der Dichter
mit dem Textbuche seiner Oper eigentlich gewollt habe; ja, sehr oft
scheint dieß der Komponist nicht einmal zu wissen. Bei den Fran=
zosen ist dieß anders: die erste Frage geht dort nach der „Pièce";
das Stück muß an und für sich unterhaltend sein, außer etwa im
erhabenen Genre der „großen Oper", wo das Ballet das Amüse=
ment zu besorgen hat. Ziemlich unbedeutend sind dagegen wohl ge=
wöhnlich die Texte zu italienischen Opern, in welchen die Virtuosen=
leistungen des Sängers für die Hauptsache zu gelten scheinen; seiner
Aufgabe jedoch wird der italienische Sänger wieder nur durch
eine, seinem Gesangsvortrage unerläßliche, außerordentlich drastische
Sprache selbst gerecht, und wir thun dem italienischen Operngenre
ein großes Unrecht, wenn wir in der deutschen Reproduktion desselben
den Text der Arien als gleichgiltig fallen lassen. So schablonen=
artig die italienische Opernkomposititions=Manier erscheint, habe ich
doch immer noch gefunden, daß Alles auch hier eine richtigere Wir=
kung macht, wenn der Text verstanden wird, als wenn dieß nicht
der Fall ist, da gerade die Kenntniß des Vorganges und der Seelen=
zustände der Wirkung der Monotonie des musikalischen Ausdruckes
vortheilhaft zu wehren vermag. Nur für die Rossini'sche „Semira=
mis" durfte auch diese Kenntniß mir nichts helfen; Reißiger's „Dido
abandonata", welche dem Komponisten die Gunst eines sächsischen
Monarchen gewann, kenne ich nicht; ebensowenig wie F. Hiller's
„Romilda".

Das Gefallen des deutschen Publikums an Opernaufführungen
dürfte man, nach der Bestätigung der obigen Wahrnehmungen, somit lediglich aus der Anhörung der einzelnen Musikstücke, als rein
melodischer Komplexe, erklären. In der Ausführung solcher Stücke
waren nun die Italiener von je zu großer Sicherheit gelangt, so
daß der deutsche Komponist sehr spät erst hierin mit ihnen zu wett-
eifern wagte. Als Mozart die „Zauberflöte" komponiren sollte,
ward er besorgt und wußte nicht, ob er es recht machen würde, da
er „noch keine Zauberoper komponirt habe". Mit welcher Sicherheit verfuhr er dagegen bei „le nozze di Figaro": auf der bestimmten Grundlage der italienischen opera buffa errichtete er einen
Bau von so vollendeter Korrektheit, daß er seinem Streichungen
verlangenden Kaiser mit vollem Rechte nicht eine Note preis geben
zu können erklärte. Was der Italiener als banale Zwischen- und
Verbindungs-Phrasen den eigentlichen Musikstücken zugab, verwendete Mozart hier zur drastischen Belebung des scenisch-musikalischen
Vorganges in der zutreffend wirksamsten Übereinstimmung gerade
mit diesem ihm vorliegenden ungewöhnlich ausgearbeiteten Lustspiel-
texte. Wie in der Beethoven'schen Symphonie selbst die Pause be-
redt wird, beleben hier die lärmenden Halbschlüsse und Kadenz-
phrasen, welche der Mozart'schen Symphonie füglich hätten fern
bleiben können, in ganz unersetzbar scheinender Weise den musikali-
sirten scenischen Vorgang, in welchem List und Geistesgegenwart
mit Leidenschaft und Brutalität — liebelos! — kämpfen. Der
Dialog wird hier ganz Musik, und die Musik selbst dialogisirt, was
dem Meister allerdings nur durch eine Ausbildung und Verwendung
des Orchesters möglich wurde, von welcher man bis dahin, und vielleicht noch bis heute, keine Ahnung hatte. Hieraus konnte wiederum
ein, die früher vereinzelten Musikstücke zu einem Gesammt-Komplexe
verbindendes Musikwerk entstanden scheinen, so daß das vortreffliche
Lustspiel, welches ihm zu Grunde lag, ganz übersehen, und nur
noch Musik gehört werden konnte. So bedünkte es die Musiker;

und Mozart's „Figaro" wurde immer undeutlicher und nachlässiger
gegeben, bis wir endlich bei einer Aufführungsweise auch dieses
Werkes angekommen sind, welche, wie ich dieß schon berührte, unseren
Lehrern es ganz unbedenklich erscheinen läßt, ihre Schuljugend an
Figaro=Abenden in das Theater zu schicken.

Welchen Einfluß die, in den vorangestellten Beispielen berührte,
öffentliche Kunst=Stümperei auf die Empfänglichkeit der Deutschen
für Ächtes und Korrektes ausgeübt hat, wollen wir jedoch heute
nicht abermals betrachten; wogegen es uns nicht unwichtig dünken
muß, der misleitenden Wirkung hiervon auf die Entwürfe und
Ausführungen unserer Opern=Dichter und Komponisten deutlich inne
zu werden. Diese mußten zunächst es versuchen, mit Aufgebung
aller Eigenheit in die fertige italienische Oper einzutreten, wobei es
dann nur auf möglichst glückliche Nachahmung der italienischen
„Cabaletta" ankommen konnte, im übrigen jedoch auf breitere musi=
kalische Konzeption Verzicht geleistet werden mußte. Auf eigentlichen
„Sinn und Verstand" des Ganzen war kein Gewicht zu legen:
hatte es doch selbst in der auf deutschem Text komponirten und
mit deutschem Dialog gesprochenen „Zauberflöte" keineswegs ge=
schadet, daß der zuerst als bös angelegte Mann unversehens in
einen guten, die ursprünglich gute Frau aber in eine böse umgewan=
delt wurde, wodurch die Vorgänge des ersten Aktes nachträglich in
vollkommene Unverständlichkeit versetzt sind. Nur fiel es dem
deutschen Genius schwer, der italienischen „Cabaletta" Herr zu
werden. Noch Weber bemühete sich in seiner frühesten Jugend ver=
geblich, in der „Coloraturarie" etwas zu leisten, und es bedurfte
des herzlichen Aufschwunges der Jahre der Befreiungs=Kriege, um
den Sänger der Körner'schen Lieder nun auf seine eigenen Füße
zu stellen. Was wir Deutschen durch den „Freischütz" erlebt, ist
dem Leben weniger Völker zugetheilt worden.

Doch soll uns hier nicht eine, andern Ortes von mir bereits
ausführlicher besprochene, geschichtliche Entwickelung des deutschen

Opernwesens vorgeführt, sondern vielmehr die eigenthümliche Schwie=
rigkeit dieser Entwickelung aus der ihm zu Grunde liegenden Fehler=
haftigkeit erklärt werden. Als solche bezeichne ich zunächst das am
Ausgangspunkte derselben sofort sich herausstellende Hauptgebrechen
der noch heute alle unsere Opernaufführungen verunstaltenden
Undeutlichkeit, die ich sogleich im Anfange aus der Erfahrung kon=
statirte, und von welcher der Grund in der unwillkürlich angewöhnten
Auffassung der Textdichter und Komponisten im Betreff des Grades
von Deutlichkeit, der einer Opernhandlung zuzumessen sei, bereits
durch die vorangehende Betrachtung berührt worden ist. Die vor=
gegebene „Tragédie lyrique", welche dem Deutschen vom Auslande
zukam, blieb diesem so lange gleichgiltig und unverständlich, als
nicht die „Arie" mit prägnanter melodischer Struktur seine rein
musikalische Theilnahme fesselte. Diese melodische Arienform blieb
auch für die deutsche Oper das einzige Augenmerk des Komponisten
und, nothgedrungener Weise, somit auch des Dichters. Dieser Letztere
schien mit dem Texte zur Arie es sich leicht machen zu dürfen, weil
der Komponist nach einem musikalischen Schema Ausdehnung, Ab=
wechslung und Wiederholung der Themen anzuordnen hatte, wozu
er einer vollen Freiheit in der Verfügung über die Textworte be=
durfte, welche er im Ganzen, oder auch nur in Bruchtheilen, belie=
big zu wiederholen für nöthig hielt. Lange Versreihen konnten
hierbei den Komponisten nur verwirren, wogegen eine etwa vier=
zeilige Versstrophe für einen Arientheil durchaus genügte. Die zur
Ausfüllung der, ganz abseits vom Verse konzipirten, Melodie er=
forderlichen Textwiederholungen gaben dem Komponisten sogar zu
gemüthlichen Variationen der sogenannten „Deklamation" durch
Versetzung der Akzente Veranlassung. In Winter's „Opferfest"
finden wir dieses Verfahren durchgehends als Maxime festgehalten;
dort singt z. B. der „Inka" hinter einander:

> Mein Leben hab' ich ihm zu danken —
> mein Leben hab' ich ihm zu danken;

auch wiederholt er eine Frage als Antwort:

> Muß nicht der Mensch auch menschlich sein? —
> Der Mensch muß menschlich sein.

Unglücklich erging es einmal Marschner in seinem „Adolf von
Naffau“ mit einer dreimaligen gar zu knappen Wiederholung des
Redetheiles: „hat sie“ auf einem besonders scharfen rhythmischen
Akzente:

„hat sie,   hat sie,   hat sie“ u. s. w.

Selbst Weber konnte der Verleitung zur Variation der Akzente
nicht entgehen; seine „Euryanthe“ singt: „Was ist mein Leben
gegen diesen Augenblick“, und wiederholt: „was ist mein Leben
gegen diesen Augenblick! Dergleichen leitet den Zuhörer von der
ernsten Verfolgung der Textworte ab, ohne doch im rein musikalischen Gebilde einen entsprechenden Ersatz zu gewähren, da es sich
hier andererseits in den meisten Fällen immer nur um musikalisch-
rhetorische Floskeln handelt, wie dieß am Naivsten sich in den
stabilen Rossinischen „Felicità's“ kundgiebt.

Es scheint aber, daß nicht nur das Gefallen an der freien
Handhabung der musikalischen Floskel dem Komponisten die beliebige Verwendung von Theilen der Textworte eingab; sondern das
ganze Verhältniß unseres eingebildeten Sprachverses zur Wahrhaftigkeit des musikalischen Akzentes versetzte den Komponisten von vornherein in die Alternative, entweder den Textvers dem Sprach- und
Verstandes-Akzent gemäß richtig zu deklamiren, wodurch dann dieser
Vers mit allen seinen Reimen in nackte Prosa aufgelöst wurde;
oder, unbekümmert um jenen Akzent, mit gänzlicher Unterordnung
der Textworte, nach gewissen Tanzschemen, sich in freier melodischer
Erfindung zu ergehen. Die Ergebnisse dieses letzteren Verfahrens

waren bei den Italienern, sowie auch bei den Franzosen, bei Weitem weniger störend oder gar verderblich, wie bei den Deutschen, weil dort der Sprachakzent unvergleichlich fügsamer ist und namentlich nicht an den Wurzelsylben haftet: weßhalb Jene denn auch die Sylben ihrer Versreihe nicht wägen, sondern nur zählen. Von ihnen hatten wir aber, durch schlechte Übersetzungen ihrer Terte, den eigenthümlichen Jargon unserer Opernsprache uns angeeignet, in welchem wir getrost nun auch unsere deutschen Verse zu deklamiren für erlaubt und sogar nöthig hielten. Gewissenhafte Tonsetzer mußte diese frivole Stümperhaftigkeit in der Behandlung unserer Sprache wohl endlich anwidern: dennoch verfielen sie bisher noch nie darauf, daß selbst der Vers unserer vorzüglichen Dichter kein wirklicher, Melodie bildender Vers, sondern nur ein künstliches Scheinding war. Weber erklärte es für seine Pflicht, den Text stets genau wiederzugeben, gestand aber auch, daß, wollte er dieß immer thun, er dann seiner Melodie absagen müßte. Wirklich führte gerade Weber's redliches Verfahren gegen den Verstext, bei der Bemühung die Einschnitte desselben richtig einzuhalten und dadurch den Ge= danken verständlich zu machen, sowie bei andrerseits festgehaltener melodischer Modelung auch der hieraus entstehenden Inkongruenzen, zu der Undeutlichkeit, wofür ich sogleich oben aus meiner Erfahrung ein Beispiel ankündigte. Es findet sich dieses in dem Ariofo des Max im „Freischütz": „Durch die Wälder, durch die Auen." Hier hatte der Dichter den unglücklichen Einfall, dem Komponisten folgenden Vers zu bieten:

„Abends bracht' ich reiche Beute,
Und wie über eig'nes Glück —
Drohend wohl dem Mörder — freute
Sich Agathe's Liebesblick".

Weber giebt sich nun wirklich die Mühe, diese Zeilen ihrem Sinne und Zusammenhange nach richtig zu phrasiren, demgemäß er nach der Parenthese „drohend wohl dem Mörder" abbricht, und mit dem

Reimworte „freute" die nun um so viel verlängerte Schlußzeile ein=
setzt, indem er dieses, für den Zusammenhang mit der zweiten Vers=
zeile so wichtige Zeitwort leider als kurzen Auftakt verwenden zu
müssen glaubt, wogegen nun mit dem folgenden Niederschlage das
dem Zeitwort nur ergänzend angefügte Fürwort „sich" den starken
Akzent erhält.   Hieraus ist ein immerhin fesselnder melodischer Kom=
plex entstanden:

„Abends bracht' ich rei = che Beu=te,   und wie ü = ber eig=nes Glück,

drohend wohl dem Mörder, freute   sich A = ga=thens Lie = besblick."

Nicht nur aber ist der Vers, als solcher, des Dichters hierdurch als
eine Absurdität aufgedeckt, sondern, bei aller Deutlichkeit der musi=
kalischen Phrasirung, ist doch auch der Sinn des Verses so schwer
verständlich geworden, daß ich selbst, an die bloße Anhörung des
Gesangsvortrages gewöhnt, erst, als mir die Unverständlichkeit auffiel,
den Verhalt der Sache mir erklären mußte.   Eine ähnliche Misver=
ständlichkeit ergiebt sich in derselben Arie durch die, von Dichtern
um des Reimes willen beliebte, Auseinanderstellung der zusammen=
gehörigen Worte, welche der Komponist hier durch die Wiederholung
von Zwischentheilen leider noch schädlicher macht.

> „Wenn sich rauschend Blätter regen,
> Wähnt sie wohl, es sei mein Fuß,
> Hüpft vor Freuden, winkt entgegen —
> Nur dem Laub — nur dem Laub — den Liebesgruß."

Hier soll sich außerdem „Fuß" und „Liebesgruß" reimen.   Weber
akzentuirt das erstemal:

„Lie = bes = gruß,"

bei der Wiederholung:

„Lie = bes = gruß,‟

wobei der unrichtige Afzent den Reim giebt, der richtige aber auf=
deckt, daß jene Worte sich nicht reimen. Und hiermit treffen wir
auf einen Hauptgrund der Verwerflichkeit unseres ganzen litterarischen
Verswesens, welches sich immer fast nur noch durch endgereimte
Zeilen kundgeben zu dürfen glaubt, während nur in den vorzüg=
lichsten Versen unserer größten und berufensten Dichter der Reim,
durch Ächtheit, zu einer bestimmenden Wirklichkeit wird. Auch diese
Ächtheit oder Unächtheit bekümmerte bisher unsere deutschen Tonsetzer
wenig; ihnen war Reim Reim, und mit der letzten Sylbe gingen
sie in guter Bänkelsänger=Weise zusammen. Ein merkwürdiges
Beispiel hierfür bietet uns die, früher so populär gewordene, Nau=
mann'sche Melodie zu Schiller's Ode an die Freude:

„Freu=de, schöner Göt=ter=fun=ken, Toch=ter aus E = ly = si = um,
Wir be = tre=ten feu = er=trun=ken, Himm=li = sche, dein Hei=ligthum.‟

Nun aber Beethoven, der Wahrhaftige:

„Freu=de, schö = ner Göt=ter=fun=ken, Toch=ter aus E = ly = si = um,
Wir be = tre = ten feu = er=trunken, Himm=li = sche, dein Hei=ligthum.‟

Dem imaginären Reime zulieb verdrehte Naumann alle Afzente des
Verses: Beethoven gab den richtigen Afzent, deckte dadurch aber auf,
daß bei zusammengesetzten Worten im Deutschen der Afzent auf dem
vorderen Worttheile steht, somit der Schlußtheil nicht zum Reime
gebraucht werden kann, weil er den schwächeren Afzent hat; beachtet
dieß der Dichter nicht, so bleibt der Reim nur für das Auge vor=

14*

hauben, ist ein Litteratur=Reim: vor dem Gehöre, und somit für
das Gefühl wie für den lebendigen Verstand, verschwindet er gänz=
lich. Und welche Noth bringt dieser unselige Reim in alle musika=
lische Komposition auf Wortterte: Verdrehung und Verstellung der
Phrasen bis zur vollen Unverständlichkeit, um endlich doch gar nicht
einmal bemerkt zu werden! Ich suchte kürzlich in der großen Arie
des Kaspar den dem Schlußverse: „Triumph, die Rache gelingt"
vorangehends korrespondirenden Reim, den ich beim Vortrage nie
gehört hatte, weßhalb ich vermeinte, Weber habe jene Phrase aus
Bedürfniß eigenmächtig hinzugesetzt: dagegen traf ich nun allerdings
auf das „im Dunkel beschwingt", welches, zwischen dem „umgebt ihn,
ihr Geister" und: „schon trägt er knirschend eure Ketten" flüchtig
eingestreut und ohne musikalischen Absatz hastig mit dem Folgenden
verbunden, mir niemals als Reim aufgefallen war. In der That,
was lag dem Komponisten an diesem Reime, da er seinerseits eben
nur Worte, ja Sylben gebrauchte, um eine stürmische musikalische
Phrase, wie sie eigentlich nur der charakteristischen Orchesterbeglei=
tung angehört, auch vom Sänger singen zu lassen?

Ich glaube mit diesem Beispiele, auf welches ich eben nur zu=
fällig gerieth, am Verständlichsten eine weitere Untersuchung des opern=
melodistischen Wesens einleiten zu können. Der dürftige, fehlerhafte,
oft aus bloßen nichtssagenden Phrasen bestehende Vers, dessen ein=
ziges der Musik verwandte Merkmal, der Reim, den letzten Sinn
der Worte sogar entstellte und hierdurch im besten Falle dem Musiker
sich ganz entbehrlich und unnütz machte, — dieser Vers nöthigte den
Tonsetzer die Bildung und Ausarbeitung charakteristischer melodischer
Motive einem Gebiete der Musik zu entnehmen, welches sich bisher
in der Orchesterbegleitung als freie Sprache der Instrumente aus=
gebildet hatte. Mozart hatte diese symphonische Orchesterbegleitung
zu so ausdrucksvoller Prägnanz erhoben, daß er, wo dieß der drama=
tischen Natürlichkeit angemessen war, die Sänger zu solcher Begleitung
nur in musikalischen Akzenten sprechen lassen konnte, ohne den aller=

reichsten melodischen Themen=Komplex zu zersetzen oder den musika=
lischen Fluß unterbrechen zu müssen. Hierbei verschwand denn auch
jedes gewaltsame Verfahren gegen den Worttext; was in diesem sich
nicht zur Gesangsmelodie bestimmte, blieb verständlich musikalisch ge=
sprochen. Vollständig durfte dieß dem unvergleichlichen dramatischen
Talente des herrlichen Musikers doch auch nur in der sogenannten
opera buffa, nicht aber ebenso in der opera seria gelingen. Hier
verblieb für seine Nachfolger eine große Schwierigkeit. Diese ersahen
es nicht anders, als daß der leidenschaftliche Vortrag immer durchaus
musikalisch=melodisch sein müsse; da ihnen hierfür der spärliche Text
wenig Anhalt gab, beliebige Wiederholungen der Textworte sie über=
haupt schon verächtlich gegen etwaige Ansprüche des Text=Dichters
gestimmt hatten, ließen sie endlich auch den Text, mit gerade so
vielen Wortwiederholungen, als deren hierzu nöthig waren, zu melo=
disch dünkenden Phrasen singen, welche z. B. Mozart ursprünglich
der charakteristischen Orchesterbegleitung zugetheilt hatte. So glaubten
sie ihre Sänger immer „melodisch“ singen zu lassen, und um dieß
recht andauernd im Gange zu erhalten, warfen sie oft allen Text,
wenn davon gerade viel vorräthig war, haufenweise unter solchen
melodischen Hin= und Herläufern zusammen, so daß allerdings weder
Gesang noch Text vermerkt werden konnten. — Wer sich hiervon
ein ziemlich auffälliges Beispiel vorführen will, betrachte sich genau
die große Arie des Templers in Marschner's „Templer und Jüdin“,
so etwa vor Allem das Allegro furioso von „mich faßt die Wuth“
an, wovon zumal die Komposition der letzten Verse lehrreich aus=
gefallen ist: nämlich immer wie in einem Athem, ohne den mindesten
Absatz, folgen sich die Worte:

> „Rache nur wollt' ich genießen;
> Ihr allein mein Ohr nur leihend
> Trennt' ich mich von allen süßen,
> Zarten Banden der Natur,
> Mich dem Templerorden weihend.“

Hier macht der Komponist einen Halt; denn daß nun wiederum der Dichter, um auch den Reim auf „Natur" zu bringen, nach einem Punktum noch hinanhängte

„Bitt're Reue fand ich nur"

schien doch zu stark: erst nach zweien Takten Zwischenspieles läßt Marschner, allerdings in ähnlich aufgeregter Läuferweise wie zuvor, diesen sonderbaren Anhang nachfolgen.

In solcher Weise glaubte der Tonsetzer Alles, auch das Böseste, „melodisch gesungen" zu haben. Nicht anders erging es aber auch dem elegisch Zarten, wovon die gleiche Arie des Templers mit dem Andante ($^3_4$): „in meines Lebens Blüthezeit" ein Zeugniß giebt, wo, nach Balladenart, der zweite Vers: „einsam in das dunkle Grab" genau nach der Melodie des ersten Verses gesungen wird, und zwar mit der gewissen Eleganz in der melodischen Verzierung, welche dieses Genre deutscher Gesangsmusik sehr nahe an das Lächer= liche gebracht hat. Der Komponist vermeinte, der Sänger wollte durchaus auch etwas zum „Singen" haben: die großen Bravour= Coloraturen der Italiener gingen den Deutschen nicht leicht ab; höchstens auf „Rache" glaubte man einen Auf= und Abläufer wagen zu müssen. Dagegen fanden sich im „Cantabile" die kleinen Verzierungen, vorzüglich „Mordente" und die von diesen abgeleiteten Schnörkelchen ein, um zu zeigen, daß man denn doch auch Geschmack hätte. Spohr brachte die Agrements seines Violinsolo's auch in der Arie des Sängers an, und fiel nun die Melodie, welche allein schon durch solche Verzierungen hergestellt schien, langweilig und nichts sagend aus, so verschwand darunter doch auch der Vers, der sich stellte, als ob er etwas sagen wollte. Neben offenbaren Geniezügen, denen wir bei Marschner so häufig (z. B. gerade auch in jener großen Templer= Arie) begegnen, und welche sich (z. B. in den das zweite Finale derselben Oper einleitenden Chorgesängen) zu dem durchaus Er= habenen und Tiefergreifenden steigern, treffen wir hier auf eine fast vorherrschende Plattheit und oft erstaunliche Inkorrektheit, welche sich zu allermeist dem unseligen Wahne verdanken, es müßte immer recht „melodisch" hergehen, d. h. es müsse überall „Gesinge" sein. Mein seliger Kollege Reissiger beklagte sich bei mir über den Mißerfolg seines „Schiffbruch der Medusa", in welchem, das müßte ich doch selbst sagen, „so viele Melodie" wäre, — was ich zugleich als bittere Hin= deutung auf den Erfolg meiner eigenen Opern zu verstehen hatte, in welchen doch so wenig „Melodie" sich vorfände. —

Dieser wunderbare Melodien=Reichthum, welcher sein Füllhorn über Gerechtes und Ungerechtes ausschüttete, ersetzte seine vergeudeten Fonds durch, leider nicht immer sinnvolle, Verwerthung aller welt= läufigen musikalischen Floskeln, welche meistens den italienischen und französischen Opern entnommen und dann wustvoll an einander ge= reiht wurden. Auf Rossini ward viel geschimpft: doch war es nur seine Originalität was uns ärgerte; denn sobald das Spohr'sche Violin= solo für die Eleganz des „Cantabile" erschöpft war, drängten sich — ganz wie von selbst — die Rossini'schen Marsch= und Ballet=Rhythmen und Melismen in das erfrischende Allegro ein: immer nichts wie lauter „Melodie". Die Ouvertüre zur „Felsenmühle" lebt noch in unsern Gartenkonzerten und Wachtparade=Musiken, den Marsch aus „Moses" bekommt man dagegen nicht mehr zu hören; in diesem Falle hätte einmal, zu des seligen Reissiger's großer Satisfaktion, der deutsche Patriotismus gesiegt.

Aber nicht nur jene unwirkungsvoll übersetzten italienischen und französischen melismischen und rhythmischen Floskeln waren es, was die deutsche Opern=Melodie befruchtete, sondern für das Erhabene und Gemüthvolle kam noch die Einmischung des seit dem letzten halben Jahrhundert so leidenschaftlich betriebenen vierstimmigen Männergesanges. Spontini wohnte widerwillig einer Aufführung der Mendelssohn'schen „Antigone" in Dresden bei, verließ sie aber bald mit verachtungsvollem Ingrimm: „c'est de la Berliner Lieder= tafel!" Eine üble Bewandtniß hat es mit diesem Eindringen jenes ungemein armseligen und monotonen Biergesanges, selbst wenn er

zu Rheinweinliedern gesteigert wird, ohne welche selbst der Berliner
Komponist der Oper „die Nibelungen" es nicht abgehen lassen zu
dürfen glaubte. — Das Genie Weber's war es, welches die Oper
durch Hinzuziehung des deutschen Männerchorgesanges, dem er durch
seine Freiheitkriegs-Lieder einen so herrlichen Aufschwung gegeben
hatte, in edle Bahnen des Volksthümlichen leitete. Der ungemeine
Erfolg hiervon bestimmte den Meister, auch für den in dramatischer
Betheiligung an der Handlung begriffenen Chor den Charakter jener
Gesangsweisen zu verwenden: in seiner „Euryanthe" wird der Dialog
der Handelnden mehre Male durch den Zwischengesang des Chores
unterbrochen und aufgehalten, und leider singt hier der Chor ganz
in der Weise jenes Männergesangs, für sich, vierstimmig, unbelebt
durch ein charakteristisch-bewegungsvolles Orchester, fast so, als ob diese
Sätze einzeln sogleich für die Kollektionen der Liedertafeln benutzt
werden sollten. Was hier jedenfalls edel beabsichtigt war, vielleicht
auch um der schablonenartigen, nur zum Akkompagnement der Arie
oder des Ballet's dienenden, Verwendung des Chores in den italienischen Opern entgegenzutreten, verleitete Weber's Nachfolger zu
dieser ewig nichtssagenden „melodischen" Chorsingerei, welche neben
der obengezeichneten Arienmelodie-Singerei den ganzen Gehalt einer
deutschen Oper ausmacht. Ganze Flächen sind von solcher „melodischer" Gesammt-Singerei bedeckt, in welchen nicht ein einziges
fesselndes Moment hervortritt, um uns die Ursache dieses ununter-
brochenen melodischen Vorgehens zu erkennen zu geben. Ich führe
als Beispiel hiervon immer noch die Oper des übrigens so ungemein
talentvollen Marschner an, wenn ich auf seine sogenannten Ensemble-
Stücke, wie das Andante con moto ($^9/_8$) im zweiten Finale des
Templers, „laßt den Schleier mir, ich bitte", sowie (als Muster)
etwa auch auf die Introduktion des ersten Aktes derselben Oper verweise, von welcher man nur die erste Strophe des Männerchors:
„wir lagern dort im stillen Wald, der Zug muß hier vorbei, er ist
nicht fern, er nahet bald und glaubt die Straße frei", auf eine

Jagdlied=Melodie gesungen, beachte, und im weiteren Verlaufe dieses Stückes die verwunderliche Melodisirung des striktesten Dialoges ver= möge undenklicher Wortwiederholungen verfolge. Hier ist zur Be= lehrung für dramatische Melodiker zu ersehen, wie lange eine ziemliche Anzahl von Menschen auf dem Theater a parte sich auslassen kann was natürlich nicht anders auszuführen ist, als daß Alle, in Reihen aufgestellt, vom Walde aus sich an das Publikum wenden, welches wiederum auf keinen von ihnen achtet, sondern geduldig auf den Aus= gang der allgemeinen „Melodie" wartet.

Für den verständigen Zuschauer trat in solchen Opern der ge= sprochene Dialog oft zur wahren Erfrischung ein. Andrerseits ver= führte gerade der Dialog die Komponisten zu der Annahme, daß die einzelnen, durch das Prosa=Gespräch verbundenen, Musikstücke durch= aus nur lyrisch melodischer Art sein dürften; welche Annahme im eigentlichen „Singspiele" sehr wohl berechtigt war, da es hier wirk= lich nur auf liederartige „Intermezzi" ankam, während das Stück selbst ganz wie im Schauspiele, in verständlicher Prosa rezitirt wurde. Nun aber hieß es: „Oper"; die Gesangstücke dehnten sich aus, Arien wechselten mit mehrstimmigen „Ensemble"=Nummern, und endlich das „Finale" ward dem Musiker mit allem Texte zur Verfügung gestellt. Diese einzelnen „Nummern" mußten nun alle für sich effektvoll sein; die „Melodie" durfte darin nicht aufhören, und die Schlußphrase mußte aufregend, auf den Beifall hinwirkend sich ausnehmen. Hier= bei war denn auch bereits der Musikhändler in das Auge gefaßt: je mehre effektvolle, oder auch bloß gefällige einzelne Stücke heraus= zugeben waren, desto werthvoller wurde das Werk für den Verlag. Selbst der vollständige Klavierauszug mußte das Inhaltsverzeichniß der Stücke nach den Rubriken von „Arie", „Duett", „Terzett" oder „Trink= lied" u. s. w., wonach die Nummern auch für den ganzen Verlauf der Oper genannt wurden, voranstellen. Dieß behauptete sich auch noch, als bereits das „Rezitativ" statt des Dialoges eingeführt und nun das Ganze in einen gewissen musikalischen Zusammenhang gebracht

war. Freilich hatten die Rezitative nicht viel zu sagen und trugen
nicht wenig zur Verlangweiligung des Operngenre's bei; während
z. B. „Nadori" in Spohr's „Jessonda" rezitativisch sich vernehmen ließ:
„still lag ich an des Seees Fluthen —

und las   im   Ve = da"

erwartete man am Ende doch nur ungedulbig den Wiedereintritt des
vollen Orchesters, mit bestimmtem Tempo und einer festen „Melodie",
sie mochte eben zusammengestellt („komponirt") sein wie sie wollte. Am
Schlusse dieser endlich erfreuenden Nummer mußte applaudirt werden
können, oder es stand schief, und die Nummer durfte mit der Zeit
ausgelassen werden. Endlich aber im „Finale" mußte es zu ziemlich
stürmischer Verwirrung kommen; eine Art von musikalischem Taumel
war zum befriedigenden Aktschluß erforderlich; da wurde denn nun
„Ensemble" gesungen; Jeder für sich, Alle für das Publikum; und eine
gewisse jubelhafte Melodie, mochte sie passen oder nicht, mußte mit
sehr gesteigerter Schlußkadenz Alles zusammen in eine gehörige
Extase versetzen. Wirkte auch dieß nicht, dann war es gefehlt, und
an der Oper war nichts Rechtes. —

Fassen wir alles bisher in Betrachtung Gezogene zusammen, und
halten wir hierzu noch die höchst konfuse Gesangskunst der meisten
unserer, schon durch solche styllose Aufgaben in gesteigerter Unfertigkeit
erhaltenen Sänger, so müssen wir uns mit voller Aufrichtigkeit ein=
gestehen, daß in der deutschen Oper wir es eigentlich mit einem wahren
Stümperwerke zu thun haben. Wir müssen dieß bekennen, schon wenn
wir die deutsche Oper nur mit der italienischen und französischen zu=
sammenhalten, um wie weit eher aber, wenn wir die nothwendigen An=
forderungen, denen für uns ein Drama einerseits und ein selbständiges
Musikstück andererseits entsprechen müssen, an dieses in unerlösbarer
Inkorrektheit erhaltene Pseudo-Kunstwerk stellen! — In dieser Oper

ist, genau betrachtet, Alles absurd, bis auf Das, was ein gottbegabter
Musiker als Original=Melodiker darin aufopfert. Ein solcher war nun
für die eigentlich sogenannte „deutsche" Oper Weber, der uns die zün=
bendsten Strahlen seines Genius durch diesen Opern=Nebel zusandte,
aus welchem Beethoven unmuthig sich loslöste, als er seinem Tage=
buche einschrieb: „nun nichts mehr von Opern u. dgl., sondern für
meine Weise!" Wer wollte aber unser soeben ausgesprochenes Urtheil
über das Genre selbst bestreiten, wenn er das thatsächliche Ergebniß
sich vorführt, das Weber's schönste, reichste und meisterlichste Musik
für uns schon so gut wie verloren ist, weil sie der Oper „Euryanthe"
angehört? Wo wird diese endlich nur noch aufgeführt werden, da
selbst allerhöchste Höfe für ihre Vermählungs= und Jubelhochzeits=
Feste, wenn denn durchaus etwas Langweiliges zu deren theatralischer
Feier ausgesucht werden muß, lieber für die „Clemenza di Tito" oder
„Olympia" zu bestimmen sind, als für diese „Euryanthe", in welcher,
trotz alles Verrufes ob ihrer Langweiligkeit, doch jedes einzelne Musik=
stück mehr werth ist als die ganze Opera seria Italien's, Frankreich's
und Judäa's? Unverkennbar fallen solche Bevorzugungen jedoch nicht
einzig der somnolenten Urtheilskraft etwa des preußischen Opern=
direktions=Konsortium's zur Last, sondern, wie dort Alles durch einen
gewissen dumpfen, aber hartnäckigen akademischen Instinkt bestimmt
wird, dürfen wir auch aus einer ähnlichen Wahlentscheidung erkennen,
daß, neben jene Werke eines zweifellos festen Styles, wenn auch
sehr beschränkter und hohler Kunstgattung, gehalten, das beste Werk
der „deutschen Oper" als unfertig, und somit auch als unpräsentabel
bei Hofe angesehen werden mußte. Allerdings traten gerade in
diesem Werke alle Gebrechen des Operngenre's am Ersichtlichsten
hervor, lediglich aber doch nur aus dem Grunde, daß der Komponist
es dießmal vollkommen ernst damit meinte, hierbei aber alles Fehler=
hafte, ja Absurde desselben durch eine höchste Anstrengung seiner
rein musikalischen Produktivität doch immer nur zu verdecken bemüht
sein konnte. Wenn ich auch hier, wie ich dieß bereits früher einmal

bildlich durchführte, das Dichterwerk als das männliche, die Musik
hingegen als das weibliche Princip der Vermählung zum Zweck der
Erzeugung des größten Gesammtkunstwerkes bezeichne, so möchte ich den
Erfolg dieser Durchdringung des Euryanthen=Textes vom Weber'schen
Genius mit der Frucht der Ehe eines „Tschandala" mit einer „Brah=
manin" vergleichen; nach den Erfahrungs= und Glaubens=Satzungen
der Hindu's nämlich konnte ein Brahmane mit einem Tschandala=
Weibe einen ganz erträglichen, wenn auch nicht zum Brahmanen=
thum befähigten Sprößling erzeugen, wogegen umgekehrt die Frucht
eines Tschandala=Mannes, durch ihre Geburt aus dem mächtig wahr=
haft gebärenden Schooße eines Brahmanen=Weibes, den Typus des
verworfenen Stammes in deutlichster, somit abschreckendster Ausprägung
zum Vorscheine brachte. Nun bedenke man aber noch, daß bei der
Konzeption dieser unglücklichen „Euryanthe" der dichterische Vater ein
Frauenzimmer, die gebärende Musik dagegen im vollsten Sinne des
Wortes ein Mann war! Wenn Goethe dagegen glaubte, zu seiner
„Helena" würde Rossini eine recht passende Musik haben schreiben
können, so scheint hier der Brahmane auf ein schmuckes Tschandala=
Mädchen sein Auge geworfen zu haben; nur war in diesem Falle
nicht anzunehmen, daß das Tschandala=Mädchen Stich gehalten hätte. —
Über die so traurige, ja herzzerreißend lehrreiche Beschaffenheit
des soeben hervorgehobenen Weber'schen Werkes habe ich im ersten
Theile meiner größeren Abhandlung über „Oper und Drama"
seiner Zeit genügend mich verständlich zu machen gesucht, namentlich
auch nachzuweisen mich bemüht, daß selbst der reichste musikalische
Melodiker nicht im Stande sei, eine Zusammenstellung versloser
deutscher Verse zu einem poetisch sich ausnehmen sollenden Operntexte
in ein wirkliches Kunstwerk umzuwandeln. Und Weber war, außer
einem der allerhervorragendsten Melodiker, ein geistvoller Mann
mit scharfem Blicke für alles Schwächliche und Unächte. Bei der
nachfolgenden Musikerjugend gerieth er bald in eine gewisse Mis=
achtung; Gott weiß, welche Mixturen aus Bach, Händel u. s. w.

man für allerneueste Komponir-Rezepte zusammensetzte: keiner wagte
jedoch an das von Weber scheinbar ungelöst hinterlassene Problem
sich heranzumachen, oder Jeder stand nach flüchtigem, wenn auch
mühseligem Versuche, bald wieder davon ab. Nur die deutschen
Kapellmeister komponirten, frisch darauf los, auch noch „Opern"
fort. Diesen war es in ihren Bestallungs-Kontrakten vorgeschrieben,
jedes Jahr die von ihnen dirigirte Hofoper durch ein neues Werk
ihrer Phantasie zu befruchten. Meine Opern „Rienzi", „der flie-
gende Holländer", „Tannhäuser" und „Lohengrin" giebt noch jetzt
das Dresdener Hoftheater immerfort umsonst, weil sie mir als
Kapellmeister-Opern aus der Zeit meiner dortigen lebenslänglichen
Anstellung angerechnet werden; daß es diesen meinen Opern dort
besser erging als denen meiner Kollegen, habe ich demnach jetzt auf
eine sonderbare Art zu büßen. Glücklicher Weise betrifft diese Ka-
lamität mich allein; ich wüßte sonst keinen seine Kapellmeisterei über-
dauernden Dresdener Opernkomponisten, außer meinem großen Vorgänger Weber, von welchem man dort aber keine besonders für
das Hoftheater verfaßten Opern verlangte, da zu seiner Zeit nur
die italienische Oper daselbst für menschenwürdig gehalten wurde.
Seine drei berühmten Opern schrieb Weber für auswärtige Theater.

Von dieser gemüthlichen Bereicherung des königlich sächsischen
Hofopern-Repertoires durch meine geringen, jetzt aber doch bereits
über dreißig Jahre dort vorhaltenden Arbeiten abgesehen, hatte auch
auf den sonstigen Hoftheatern von den Nachgeburten der Weber'schen
Oper Nichts rechten Bestand. Das unvergleichlich Bedeutendste
hiervon waren jedenfalls die ersten Marschner'schen Opern: ihren
Schöpfer erhielt einige Zeit die große Unbefangenheit aufrecht, mit
welcher er sein melodistisches Talent und einen gewissen ihm eigenen
lebhaften Fluß des, nicht immer sehr neuen, musikalischen Satzver-
laufes, unbekümmert um das Problem der Oper selbst, ganz für
sich arbeiten ließ. Nur die Wirkung der neueren französischen Oper
machte auch ihn befangen, und bald verlor er sich unrettbar in die

Seichtigkeit des ungebildeten Nicht-Hochbegabten. Vor Meyerbeer's Erfolgen ward Alles, schon Anstands halber, still und bedenklich: erst in neuerer Zeit wagte man es, den Schöpfungen seines Styles alttestamentarische Nachgeburten folgen zu lassen. Die „deutsche Oper" aber lag im Sterben, bis endlich es sich zeigte, daß die, wenn auch noch so erschwerten, dennoch aber immer weniger bestrittenen Erfolge meiner Arbeiten ziemlich die ganze deutsche Komponistenwelt in Allarm und Auch-Schaffenslust versetzt zu haben scheinen.

Schon vor längeren Jahren erhielt ich von dieser Bewegung Anzeichen. Meine Erfolge auf dem Dresdener Hoftheater zogen bereits F. Hiller, dann auch R. Schumann in meine Nähe, zunächst wohl nur um zu erfahren, wie es zuginge, daß auf einer bedeuten-den deutschen Bühne die Opern eines bis dahin ganz unbekannten deutschen Komponisten fortdauernd das Publikum anzogen. Daß ich kein besonderer Musiker sei, glaubten beide Freunde bald heraus-bekommen zu haben; somit schien ihnen mein Erfolg in den von mir selbst verfaßten Texten begründet zu sein. Wirklich war auch ich der Meinung, ihnen, die jetzt mit Opernplänen umgingen, vor allen Dingen zur Beschaffung guter Dichtungen rathen zu sollen. Man erbat sich hierzu meine Hilfe, lehnte sie jedoch, wann es dazu kommen sollte, wieder ab, — ich vermuthe, aus mistrauischer Be-fürchtung unlauterer Streiche, die ich ihnen hierbei etwa spielen könnte. Von meinem Texte zu „Lohengrin" erklärte Schumann, er sei nicht als Oper zu komponiren, worin er mit dem Ober-Kapell-meister Taubert in Berlin auseinanderging, welcher späterhin, als auch meine Musik dazu beendigt und aufgeführt war, sich äußerte, er hätte Lust den Text noch einmal für sich zu komponiren. Als Schumann den Text zu seiner „Genovefa" sich selbst zusammen-setzte, ließ er sich durch keine Vorstellung meinerseits davon abbrin-gen, den unglücklich albernen dritten Akt nach seiner Fassung bei-zubehalten; er wurde böse, und war jedenfalls der Meinung, ich wollte ihm durch mein Abrathen seine allergrößten Effekte verderben.

Denn auf Effekt sah er es ab: Alles „deutsch, keusch und rein", aber doch mit pikanten Schein=Unkeuschheiten untermischt, zu welchen dann die unmenschlichsten Rohheiten und Gemeinheiten des zweiten Finales recht ergreifend sich ausnehmen sollten. Ich hörte vor einigen Jahren eine sehr sorgsam zu Tage geförderte Aufführung dieser „Genovefa" in Leipzig, und mußte finden, daß die bereits so widerwärtige und beleidigende Scene, mit welcher der auf ähnliche Motive begründete dritte Akt des Auber'schen „Maskenballes" endigt, mir wie ein witziges Bonmot gegen diese wahrhaft herzzerbrechende Brutalität des keuschen deutschen Effekt=Komponisten und Textdichters erschien. Und — wunderbar! Nie habe ich hierüber von irgend Jemand eine Klage vernommen. Mit solcher Energie beherrscht der Deutsche seine angeborene reine Empfindung, wenn er einem Andern — z. B. mir — einen Andern — z. B. Schumann entgegensetzen will. — Ich für mein Theil ersah, daß ich Schumann von keinem Nutzen hatte werden können!

Doch, — dieß Alles gehört bereits in die alte Zeit. Seitdem entbrannte der dreißigjährige Zukunftsmusik=Krieg, von dem ich nicht genau inne werden kann, ob er zu einem westphälischen Friedens= schluß bereits für reif befunden werde. Jedenfalls ward noch wäh= rend der Kriegsjahre wieder erträglich viel Oper komponirt, wozu schon der Umstand auffordern mochte, daß unsere Theater, welche früher nur von italienischen und französischen Opern gelebt hatten, mit dieser Waare jetzt immer weniger mehr Geschäfte machten, wo= gegen eine Anzahl deutscher Texte aus meiner dilettantischen Feder, sogar auch von mir eigenhändig komponirt, den Theatern bereits seit längerer Zeit gute Einnahmen verschaffte.

Leider habe ich mir von den Schöpfungen der neu=deutschen Muse keine nähere Kenntniß erwerben können. Man sagt mir, die Einwirkung meiner „Neuerungen" im dramatischen Musikstyle sei dort zu bemerken. Bekanntlich schreibt man mir eine „Richtung" zu, gegen welche z. B. der verstorbene Kapellmeister Rietz in Dresden

eingenommen gewesen, und der selige Musikdirektor Hauptmann in
Leipzig seine vortrefflichsten Witze spielen gelassen habe: ich glaube
nicht, daß Diese die Einzigen waren, sondern gewiß recht viele
Meister aller Art waren und sind wohl gegen diese „Richtung"
ärgerlich gestimmt. In den Musikschulen und Konservatorien soll
sie geradezu streng verpönt sein. Welche „Richtung" man dort
lehrt, ist mir andrerseits unklar geblieben; nur soll daselbst über=
haupt wenig gelernt werden: Jemand, der in einer solchen Anstalt
sechs Jahre lang das Komponiren lernte, ließ nach dieser Zeit davon
ab. Es scheint fast, daß das Erlernen des Opernkomponirens außer=
halb der Hochschulen heimlich vor sich geht; wer dann in meine
„Richtung" geräth, der möge sich vorsehen! Weniger das Studium
meiner Arbeiten als deren Erfolg scheint aber manchen akademisch
unbelehrt gebliebenen in meine „Richtung" gewiesen zu haben. Worin
diese besteht, ist mir selbst am allerunklarsten geblieben. Vielleicht,
daß man eine Zeit lang mit Vorliebe mittelalterliche Stoffe zu
Texten aufsuchte; auch die Edda und der rauhe Norden im Allge=
meinen wurden als Fundgruben für gute Texte in das Auge ge=
faßt. Aber nicht bloß die Wahl und der Charakter der Operntexte
schien für die, immerhin „neue" Richtung von Wichtigkeit zu sein,
sondern hierzu auch manches Andere, besonders das „Durchkompo=
niren", vor allem aber das ununterbrochene Hineinredenlassen des
Orchesters in die Angelegenheiten der Sänger, worin man um so
liberaler verfuhr, als in neuerer Zeit hinsichtlich der Instrumentation,
Harmonisation und Modulation bei Orchester=Kompositionen sehr
viel „Richtung" entstanden war.

Ich glaube nicht, daß ich in allen diesen Dingen viele und
nützliche Belehrung würde geben können; da mich glücklicherweise auch
Niemand darum befrägt, dürfte ich, aus reiner Gutmüthigkeit, höchstens
etwa folgenden kleinen Rath — ungebeten — zum Besten geben.

Ein Opern komponirender deutscher Fürst wünschte einst durch
meinen Freund Liszt meine Mitwirkung bei der Instrumentirung

einer neuen Oper seiner Hoheit vermittelt zu sehen; namentlich wollte
er die gute Wirkung der Posaunen im „Tannhäuser" auf sein
Werk angewendet wissen, in welchem Betreff mein Freund das ge=
heime Mittel aber damit aufdecken zu müssen glaubte, daß mir jedes
Mal zuerst etwas einfiele, bevor ich es für die Posaunen setzte. —
Im Ganzen wäre wohl zu rathen, daß verschiedene Komponisten
diese „Richtung" einschlügen: mir selbst ist sie zwar wenig ersprieß=
lich, denn ich kann durchaus gar nichts komponiren, wenn mir
nichts „einfällt", und vielleicht befinden sich die Meisten besser dabei,
wenn sie Einfälle nicht erst abwarten. Nun aber auf das drama=
tische Fach bezüglich, möchte ich als bestes Kunststück sogar das
Mittel zeigen, durch welches „Einfälle" selbst erzwungen werden
können.

Ein jüngerer Musiker, dem ich auch einmal das Abwarten von
Einfällen anrieth, warf mir skeptisch ein, woher er denn wissen könnte,
daß der Einfall, den er etwa unter Umständen hätte, sein eigener
sei. Der hierin ausgedrückte Zweifel mag dem absoluten Instrumen=
tal=Komponisten ankommen: unseren großen Symphonisten der „Jetzt=
zeit" wäre sogar anzurathen, den Zweifel im Betreff des Eigen=
thumes ihrer etwaigen Einfälle sofort recht gründlich in Gewißheit
zu verwandeln, ehe dieß Andere thun. Den dramatischen Kom=
ponisten meiner „Richtung" möchte ich dagegen anrathen, vor Allem
nie einen Text zu adoptiren, ehe sie in diesem nicht eine Handlung,
und diese Handlung von Personen ausgeübt ersehen, welche den
Musiker aus irgend einem Grunde lebhaft interessiren. Dieser sehe
sich nun z. B. die eine Person, die ihn gerade heute am nächsten
angeht, recht genau an: trägt sie eine Maske — fort damit; ist sie
in das Gewand der Figurine eines Theaterschneiders gekleidet —
herab damit! Er stelle sie sich in ein Dämmerlicht, da er nur den
Blick ihres Auges gewahrt; spricht dieser zu ihm, so geräth die Ge=
stalt selbst jetzt wohl auch in eine Bewegung, die ihn vielleicht so=
gar erschreckt, — was er sich aber gefallen lassen muß: endlich er=

beben ihre Lippen, sie öffnet den Mund, und eine Geisterstimme sagt ihm etwas ganz Wirkliches, durchaus Faßliches, aber auch so Unerhörtes (wie etwa der „steinerne Gast", wohl auch der Page Cherubin es Mozart sagte), so daß — er darüber aus dem Traume erwacht. Alles ist verschwunden; aber im geistigen Gehöre tönt es ihm fort: er hat einen „Einfall" gehabt, und dieser ist ein sogenann= tes musikalisches „Motiv"; Gott weiß, ob es Andere auch schon einmal so oder ähnlich gehört haben? Gefällt es Dem, oder mis= fällt es Jenem? Was kümmert ihn das! Es ist sein Motiv, völlig legal von jener merkwürdigen Gestalt in jenem wunderlichen Augen= blicke der Entrücktheit ihm überliefert und zu eigen gegeben.

Solche Eingebungen erhält man aber nur, wenn man für Opern= texte nicht mit Theaterfigurinen umgeht: für solche eine „neue" Musik zu erfinden, ist jetzt ungemein schwer. Von Mozart darf man an= nehmen, er habe die Musik zu solchen dramatischen Maskenspielen erschöpft. Von geistreichen Menschen ward an seinen Texten, z. B. dem des „Don Juan" das skizzenhaft Unausgeführte des Programmes zu einem scenischen Maskenspiele gerühmt, welchem nun auch seine Musik so wohlthuend entspräche, da sie selbst das Leidenschaftlichste menschlicher Situationen wie in einem immer noch angenehm er= götzenden Spiele wiedergäbe. Wenn diese Ansicht auch leicht mis= verständlich ist, und namentlich als geringschätzig verletzen könnte, so war sie doch ernst gemeint und schloß das allgemein verbreitete Urtheil unserer Ästhetiker über die richtige Wirksamkeit der Musik ein, gegen welches noch heut zu Tage schwer anzukämpfen ist. Allein ich glaube, Mozart habe diese, in einem gewissen — sehr tiefem Sinne — dem Vorwurfe der Frivolität ausgesetzte Kunst, indem er sie für sich zu einem ästhetischen Prinzip der Schönheit erhob, auch vollkommen erschöpft; sie war sein Eigen: was ihm nachfolgen zu dürfen glaubte, stümperte und langweilte.

Mit den „hübschen Melodien" ist es aus, und es dürfte ohne „neue Einfälle" hierin nicht viel Originelles mehr zu leisten sein.

Deßhalb, so rathe ich den „Neu-Gerichteten", sehe man sich den Text, seine Handlung und Personen auf gute Einfälle hin recht scharf an. Hat man aber keine Zeit dazu, um das Ergebniß solcher Betrachtungen lange abzuwarten, (es erging Manchem so mit „Armin's" und „Konradin's!") und begnügt man sich endlich mit Theaterfigurinen, Festaufzügen, Schmerzenswüthen, Nachedürsten und sonstigem Tanz von Tod und Teufeln, so warne ich wenigstens davor, auf die musi= kalische Ausstattung solcher Mummenschänze nicht diejenigen Eigen= schaften der „Richtung" anzuwenden, welche sich aus dem Umgange mit den zuvor von mir besprochenen Wahrtraum-Gestalten ergeben haben und mit welchen man hier nur großen Unfug anstiften würde. Wer jenen Gestalten in das Auge gesehen, hatte es nämlich schwer, aus dem Vorrathe unserer Masken-Musik das dort angegebene Motiv deutlich herzustellen: oft war da mit der Quadratur des Rhythmus und der Modulation nichts auszurichten, denn etwas anders sagt: „es ist", als: „wollen wir sagen" oder „wird er meinen". Hier bringt die Noth des Unerhörten oft neue Nothwendigkeiten zu Tage, und es mag im Musikgewebe sich ein Styl bilden, welcher die Quadrat= Musiker sehr ärgern kann. Das Letztere machte nun nicht viel aus: denn wenn, wer ohne Noth stark und fremdartig modulirt, wohl ein Stümper ist, so ist, wer am richtigen Orte die Nöthigung zu starker Modulation nicht erkennt, ein — — „Senator". Das Schlimme hierbei ist jedoch eben, wenn „Neu=Gerichtete" annehmen, jene als nothwendig befundenen Unerhörtheiten seien nun als be= liebig zu verwendendes Gemeingut jedem in die „Richtung" Ein= getretenen zugefallen, und, kleckse er davon nur recht handgreiflich seiner Theaterfigurine auf, so müsse diese schon nach etwas Rechtem aussehen. Allein, es sieht übel damit aus, und kann ich vielen ehr= lichen Seelen des deutschen Reiches es nicht verdenken, wenn sie ganz korrekte Maskenmusik nach den Regeln der Quadratur immer noch am Liebsten hören. Wenn nur immer Rossini's zu haben wären! Ich fürchte aber, sie sind ausgegangen. —

15*

Aus meinen heutigen Aufzeichnungen wird allerdings wohl auch
nicht viel zu lernen sein; namentlich werden meine Rathschläge zu
gar nichts nützen. Zwar würde ich mir unter allen Umständen es
nicht anmaaßen, lehren zu wollen wie man es machen soll, sondern
nur dazu anleiten, wie das Gemachte und das Geschaffene richtig zu
verstehen sein dürfte. Auch hierzu wäre jedoch ein wirklich anhal=
tender Verkehr erforderlich; denn nur an Beispielen, Beispielen und
wiederum Beispielen ist etwas klar zu machen und schließlich etwas
zu erlernen: um Beispiele wirkungsvoll aufzustellen gehören sich auf
unserem Gebiete aber Musiker, Sänger, endlich ein Orchester. Das
Alles haben die Mignons unserer Kulturministerien durch ihre Schulen
in großen Städten bei der Hand: wie diese es nun anfangen, daß
aus unserer Musik doch immer noch nichts Rechtes werden will und
selbst auf den Wachtparaden immer schlechtere Piècen gespielt werden,
soll ein Staatsgeheimniß unserer Zeit bleiben. Meine Freunde wissen,
daß ich vor zwei Jahren es für nützlich hielt, wenn auch ich mich
ein wenig in die Sache mischte; was ich wünschte, schien jedoch als
unerwünscht angesehen zu werden. Man hat mir Ruhe gelassen,
wofür ich unter Umständen recht dankbar sein konnte. Nur bedaure
ich, so lückenhaft und schwer verständlich bleiben zu müssen, wenn
ich, wie mit dem Voranstehenden, über manches unser Musikwesen Be=
treffendes etwas Licht zu verbreiten mich zu Zeiten veranlaßt sehe.
Möge man diesem Übelstande es beimessen, wenn dieser Aufsatz mehr
aufregend als zurechtweisend befunden werden sollte: glücklicher Weise
ist er weder für die Kölnische, noch die National= oder sonst welche
Welt=Zeitung geschrieben, und was daran nicht recht ist, bleibt somit
unter uns.

Über die

Anwendung der Musik auf das Drama.

Mein letzter Aufsatz über das Opernkomponiren enthielt schließlich eine Hindeutung auf die nothwendige Verschiedenartigkeit des
musikalischen Styles für dramatische Kompositionen im Gegensatz zu
symphonischen. Hierüber möchte ich mich nachträglich noch deutlicher
auslassen, weil es mich bedünkt, als ob bei dieser Untersuchung
große Unklarheiten sowohl des Urtheils über Musik, als namentlich
auch der Vorstellungen unserer Komponisten beim Produziren derselben aufzuhellen und zu berichtigen sein dürften. Ich sprach dort
von „Stümpern", welche ohne Noth stark und fremdartig moduliren,
und „Senatoren", welche andererseits die Nothwendigkeit scheinbarer
Ausschweifungen auf jenem Gebiete nicht zu erkennen vermöchten.
Den Euphemismus „Senator" gab mir in einem peinlichen Augenblicke Shakespeare's „Jago" ein, welcher einer staatlichen Respekts-
Person gegenüber einem der Thierwelt entnommenen Vergleiche
ausweichen wollte; ich werde mich im gleichen Falle des beängstigten Schicklichkeitsgefühles kunstwissenschaftlichen Respektspersonen
gegenüber künftighin des passenderen Ausdruckes „Professor" bedienen. Die wichtige Frage, um welche es sich, meinem Ermessen
nach, hier handelt, dürfte jedoch am Besten, ohne alle Bezugnahme
auf „Professoren", einzig unter Künstlern und wahrhaften, d. h. un-
bezahlten, Kunstfreunden ihre Erörterung finden, weßhalb ich mit

dem Folgenden meine Erfahrungen und Innewerdungen bei der Ausübung meines künstlerischen Berufes nur Solchen mitzutheilen gedenke.

Wie das Beispiel immer am Besten anweist, ziehe ich jetzt so= gleich einen sehr ausdrücklichen Fall der Kunstgeschichte herbei, näm= lich: daß Beethoven sich so kühn in seinen Symphonien, dagegen so beängstigt in seiner (einzigen) Oper „Fidelio" zeigt. Den Grund der Einengung durch die vorgefundene Struktur des giltigen Opern= Schema's nahm ich bereits in meinem vorangehenden Aufsatze für die Erklärung der widerwilligen Abwendung des Meisters von fer= neren Versuchen im dramatischen Genre in Betracht. Warum er den ganzen Styl der Oper nicht, seinem ungeheuren Genie ent= sprechend, zu erweitern suchte, lag offenbar daran, daß ihm hierzu in dem einzigen vorliegenden Falle keine anregende Veranlassung gegeben war; daß er eine solche Veranlassung nicht auf alle Weise herbeizuführen strebte, müssen wir uns daraus erklären, daß das uns allen unbekannte Neue ihm bereits als Symphonisten aufgegan= gen war. Untersuchen wir ihn nun hier in der Fülle seines neuern= den Schaffens näher, so müssen wir erkennen, daß er den Charak= ter der selbständigen Instrumental=Musik ein für alle Male durch die plastischen Schranken festgestellt hat, über welche selbst dieser ungestüme Genius nie sich hinwegsetzte. Bemühen wir uns nun, diese Schranken nicht als Beschränkungen, sondern als Bedingungen des Beethoven'schen Kunstwerkes zu erkennen und verstehen.

Wenn ich diese Schranken plastisch nannte, so fahre ich fort, sie als die Pfeiler zu bezeichnen, durch deren eben so symmetrische als zweckmäßige Anordnung das symphonische Gebäude begrenzt, getragen und verdeutlicht wird. Beethoven veränderte an der Struk= tur des Symphoniesatzes, wie er sie durch Haydn begründet vor= fand, nichts, und dieß aus demselben Grunde, aus welchem ein Baumeister die Pfeiler eines Gebäudes nicht nach Belieben ver= setzen, oder etwa die Horizontale als Vertikale verwenden kann.

War es ein konventioneller Kunstbau, so hatte die Natur des Kunst=
werkes diese Konvention benöthigt; die Basis des symphonischen
Kunstwerkes ist aber die Tanzweise. Unmöglich kann ich hier wieder=
holen, was ich in früheren Kunstschriften über dieses Thema aus=
geführt, und, wie ich glaube, begründet habe. Nur sei hier noch=
mals auf den Charakter hingewiesen, welcher durch die bezeichnete
Grundlage ein für alle Male der Haydn'schen wie der Beethoven'=
Symphonie eingeprägt ist. Diesem gemäß ist das dramatische Pathos
hier gänzlich ausgeschlossen, so daß die verzweigtesten Komplikationen
der thematischen Motive eines Symphoniesatzes sich nie im Sinne
einer dramatischen Handlung, sondern einzig möglich aus einer Ver=
schlingung idealer Tanzfiguren, ohne jede etwa hinzugedachte rhe=
torische Dialektik, analogisch erklären lassen könnten. Hier giebt es
keine Konklusion, keine Absicht und keine Vollbringung. Daher denn
auch diese Symphonien durchgängig den Charakter einer erhabenen
Heiterkeit an sich tragen. Nie werden in einem Satze zwei Themen
von absolut entgegengesetztem Charakter sich gegenüber gestellt: wie
verschiedenartig sie erscheinen mögen, so ergänzen sie sich immer nur
wie das männliche und weibliche Element des gleichen Grundcha=
rakters. Wie ungeahnt mannigfaltig diese Elemente sich aber brechen,
neu gestalten und immer wieder sich vereinigen können, das zeigt
uns eben ein solcher Beethoven'scher Symphoniesatz: der erste Satz
der heroischen Symphonie zeigt dieß sogar bis zum Irreführen des
Uneingeweihten, wogegen dem Eingeweihten gerade dieser Satz die
Einheit seines Grundcharakters am Überzeugendsten erschließt.

Sehr richtig ist bemerkt worden, daß Beethoven's Neuerungen
viel mehr auf dem Gebiete der rhythmischen Anordnung, als auf
dem der harmonischen Modulation aufzufinden seien. Sehr fremd=
artige Ausweichungen trifft man fast nur wie zu übermüthigem
Scherz verwendet an, wogegen wir eine unbesiegbare Kraft zu stets
neuer Gestaltung rhythmisch plastischer Motive, deren Anordnung
und Anreihung zu immer reicherem Aufbau wahrnehmen. Wir

treffen, so scheint es, hier auf den Punkt der Scheidung des Sym=
phonikers von dem Dramatiker. Mozart war seiner Mitwelt durch
seine, aus tiefstem Bedürfniß keimende Neigung zu kühner modu=
latorischer Ausdehnung neu und überraschend: wir kennen den
Schrecken über die harmonischen Schroffheiten in der Einleitung
jenes Haydn gewidmeten Quartettes. Hier, wie an so manchen
charakteristischen Stellen, wo der Ausdruck des kontrapunktisch durch=
geführten Themas namentlich durch akzentuirte aufsteigende Vorhalts=
noten bis in das schmerzlich Sehnsüchtige gesteigert wird, scheint der
Drang zur Erschöpfung harmonischer Möglichkeiten bis zum drama=
tischen Pathos zu führen. In der That trat Mozart erst von dem
Gebiete der, von ihm bereits zu ungeahnter Ausdrucksfähigkeit er=
weiterten dramatischen Musik aus, in die Symphonie ein; denn
eben nur jene wenigen symphonischen Werke, deren eigenthümlicher
Werth sie bis auf unsere Tage lebensvoll erhalten hat, verdanken
sich erst der Periode seines Schaffens, in welcher er sein wahres
Genie bereits als Opern=Komponist entfaltet hatte. Dem Kompo=
nisten des „Figaro" und „Don Juan" bot das Gerüste des Sym=
phoniesatzes nur Beengung der gestaltungsfrohen Beweglichkeit an,
welcher die leidenschaftlich wechselnden Situationen jener drama=
tischen Entwürfe einen so willigen Spielraum gewährt hatten. Be=
trachten wir seine Kunst als Symphoniker näher, so gewahren wir,
daß er hier fast nur durch die Schönheit seiner Themen, in deren
Verwendung und Neugestaltung aber nur als geübter Kontrapunk=
tist sich auszeichnet; für die Belebung der Bindemitglieder fehlte
ihm hier die gewohnte dramatische Anregung. Nun hatte sich aber
seine dramatisch=musikalische Kunst immer nur erst an der sogenann=
ten opera buffa, im melodischen Lustspiele, ausgebildet; die eigent=
liche „Tragödie" war ihm noch fremd geblieben, und nur in ein=
zelnen erhabenen Zügen hatte sie ihm, als Donna Anna und
steinerner Gast, ihr begeisterndes Antlitz zugewendet. Suchte er
diesem in der Symphonie zu begegnen? Wer kann über Anlagen

und mögliche Entwickelungen eines Genies Auskunft geben, das sein, selbst so kurzes, Erdenleben nur wie unter dem Messer des Vivisektors zubrachte? Nun hat sich aber auch die tragische Muse wirklich der Oper bemächtigt. Mozart kannte sie nur noch unter der Maske der Metastasio'schen „Opera seria": steif und trocken, — „Clemenza di Tito". Ihr wahres Antlitz scheint sie uns erst allmählich enthüllt zu haben: Beethoven ersah es noch nicht, und blieb „für seine Weise". Ich glaube erklären zu dürfen, daß mit dem vollen Ernste in der Erfassung der Tragödie und der Verwirklichung des Drama's durchaus neue Nothwendigkeiten für die Musik hervorgetreten sind, über deren Anforderungen, gegenüber den dem Symphonisten für die Aufrechterhaltung der Reinheit seines Kunststyles gestellten, wir uns genaue Rechenschaft zu geben haben.

Bieten sich dem bloßen Instrumental-Komponisten keine anderen musikalischen Formen, als solche, in welchen er mehr oder weniger zur Ergötzung, oder auch zur Ermuthigung bei festlichen Tänzen und Märschen ursprünglich „aufzuspielen" hatte, und gestaltete sich hieraus der Grundcharakter des, aus solchen Tänzen und Märschen zuerst zusammengestellten symphonischen Kunstwerkes, welchen das dramatische Pathos nur mit Fragen ohne die Möglichkeit von Antworten verwirren mußte, so nährten doch gerade lebhaft begabte Instrumental-Komponisten den unabweisbaren Trieb, die Grenzen des musikalischen Ausdruckes und seiner Gestaltungen dadurch zu erweitern, daß sie überschriftlich bezeichnete dramatische Vorgänge durch bloße Verwendung musikalischer Ausdrucksmittel der Einbildungskraft vorzuführen suchten. Die Gründe, aus denen auf diesem Wege zu einem reinen Kunststyle nie zu gelangen war, sind im Verlaufe der mannigfaltigen Versuche auf demselben wohl eingesehen worden; noch nicht aber dünkt uns das an sich Vortreffliche, was hierbei von ausgezeichnet begabten Musikern geschaffen wurde,

genügend beachtet zu sein. Die Ausschweifungen, zu denen der
genialische Dämon eines Berlioz hintrieb, wurden durch den ungleich kunstsinnigeren Genius Liszt's in edler Weise zu dem Ausdrucke unsäglicher Seelen- und Welt-Vorgänge gebändigt, und es
konnte den Jüngern ihrer Kunst erscheinen, als ob ihnen eine neue
Kompositions-Gattung zu unmittelbarer Verfügung gestellt wäre.
Jedenfalls war es erstaunlich, die bloße Instrumental-Musik unter
der Anleitung eines dramatischen Vorgangs-Bildes unbegrenzte
Fähigkeiten sich aneignen zu sehen. Bisher hatte nur die Ouvertüre zu einer Oper oder einem Theaterstücke Veranlassung zur Verwendung rein musikalischer Ausdrucksmittel in einer vom Symphoniesatze sich abzweigenden Form dargeboten. Noch Beethoven verfuhr
hierbei sehr vorsichtig: während er sich bestimmt fand, einen wirklichen Theater-Effekt in der Mitte seiner Leonoren-Ouvertüre zu
verwenden, wiederholte er, mit dem gebräuchlichen Wechsel der
Tonarten, den ersten Theil des Tonstückes, ganz wie in einem
Symphoniesatze, unbekümmert darum, daß der dramatisch anregende
Verlauf des, der thematischen Ausarbeitung bestimmten, Mittelsatzes
uns bereits zur Erwartung des Abschlusses geführt hat; für den
empfänglichen Zuhörer ein offenbarer Nachtheil. Weit konziser und
im dramatischen Sinne richtiger verfuhr dagegen bereits Weber in
seiner Freischütz-Ouvertüre, in welcher der sogenannte Mittelsatz
durch die drastische Steigerung des thematischen Konfliktes mit gedrängter Kürze sofort zur Konklusion führt. Finden wir nun auch
in den, nach poetischen Programmen ausgeführten, größeren Werken
der oben genannten neueren Tondichter die, aus natürlichen Gründen unvertilgbaren, Spuren der eigentlichen Symphoniesatz-Kon-
struktion, so ist doch hier bereits in der Erfindung der Themen,
ihrem Ausdrucke, sowie der Gegenüberstellung und Umbildung derselben, ein leidenschaftlicher und exzentrischer Charakter gegeben, wie
ihn die reine symphonische Instrumentalmusik gänzlich fern von sich
zu halten berufen schien, wogegen der Programmatiker sich einzig

getrieben fühlte, gerade in dieser exzentrischen Charakteristik sich sehr präzis vernehmen zu lassen, da ihm immer eine dichterische Gestalt oder Gestaltung vorschwebte, die er nicht deutlich genug gleichsam vor das Auge stellen zu können glaubte. Führte diese Nöthigung endlich bis zu vollständigen Melodram=Musiken, mit hinzuzudenken= der pantomimischer Aktion, somit folgerichtig auch zu instrumentalen Recitativen, so konnte, während das Entsetzen über Alles auf= lösende Formlosigkeit die kritische Welt erfüllte, wohl nichts Anderes mehr übrig bleiben, als die neue Form des musikalischen Drama's selbst aus solchen Geburtswehen zu Tage zu fördern. —

Diese ist nun mit der älteren Opern=Form ebensowenig mehr zu vergleichen, als die zu ihr überleitende neuere Instrumental=Musik mit der unseren Tonsetzern unmöglich gewordenen klassischen Sym= phonie. Versparen wir uns für jetzt noch die nähere Beleuchtung jenes sogenannten „Musikdrama's", und werfen wir für das Erste noch einen Blick auf die von dem bezeichneten Gebärungsprozesse un= berührt gebliebene „klassische" Instrumental=Komposition unserer neuesten Zeit, so finden wir, daß dieses „klassisch Gebliebene" ein eitles Vorgeben ist, und an der Seite unserer großen klassischen Meister uns ein sehr unerquickliches Misch=Gewächs von Gernwollen und Nichtkönnen aufgepflanzt hat.

Die programmatische Instrumental=Musik, welche von „uns" mit schüchternem Blicke und scheelem Auge angesehen wurde, brachte so viel Neues in der Harmonisation und theatralische, landschaftliche ja historienmalerische Effekte, und führte dieß Alles vermöge einer ungemein virtuosen Instrumentations=Kunst mit so ergreifender Präg= nanz aus, daß, um in dem früheren klassischen Symphonie=Styl fortzufahren, es leider an dem rechten Beethoven fehlte, der sich etwa schon zu helfen gewußt hätte. Wir schwiegen. Als wir endlich wieder den Mund symphonisch uns aufzumachen getrauten, um zu zeigen, was wir denn doch auch noch zu Stande zu bringen ver= möchten, verfielen wir, sobald wir merkten daß wir gar zu lang=

weilig und schwülstig wurden, auf gar nichts Anderes, als uns mit
ausgefallenen Federn der programmistischen Sturmvögel auszuputzen.
Es ging und geht in unseren Symphonien und dergleichen jetzt
weltschmerzlich und katastrophös her; wir sind düster und grimmig,
dann wieder muthig und kühn; wir sehnen uns nach der Verwirklichung
von Jugendträumen; dämonische Hindernisse belästigen uns; wir
brüten, rasen wohl auch: da wird endlich dem Weltschmerz der Zahn
ausgerissen; nun lachen wir und zeigen humoristisch die gewonnene
Weltzahnlücke, tüchtig, derb, bieder, ungarisch oder schottisch, — leider
für Andere langweilig. Ernstlich betrachtet: wir können nicht glauben,
daß der Instrumentalmusik durch die Schöpfungen ihrer neuesten
Meister eine gedeihliche Zukunft gewonnen worden ist; vor Allem
aber dürfte es für uns schädlich werden, wenn wir diese Werke ge=
dankenlos der Hinterlassenschaft Beethoven's anreihen, da wir im
Gegentheile dazu angeleitet werden sollten, das gänzlich Un=Beetho=
venische in ihnen uns zu vergegenwärtigen, was allerdings im Be=
treff der Unähnlichkeit mit dem Beethovenischen Geiste, trotz der auch
hier uns begegnenden Beethoven'schen Themen, nicht allzuschwer fallen
dürfte, im Betreff der Form aber namentlich für die Zöglinge unserer
Konservatorien nicht leicht sein kann, da diesen unter der Rubrik
„ästhetischer Formen" nichts wie verschiedene Namen von Komponisten
zum Auswendiglernen gegeben werden, womit sie für ihr Urtheil sich
ohne weiteren Vergleich dann werden helfen müssen.

Die hier gemeinten Symphonien=Kompositionen unserer neuesten
— sagen wir: romantisch=klassischen — Schule, unterscheidet sich von
den Wildlingen der sogenannten Programm=Musik, außer dadurch,
daß sie uns selbst programmbedürftig erscheinen, besonders auch durch
die gewisse zähe Melodik, welche ihnen aus der von ihren Schöpfern
bisher still gepflegten, sogenannten „Kammermusik" zugeführt wird.
In die „Kammer" hatte man sich nämlich zurückgezogen; leider aber
nicht in das traute Stübchen, in welchem Beethoven athemlos lau=
schenden wenigen Freunden alles das Unsägliche mittheilte, was er

hier nur verstanden wissen durfte, nicht aber dort in der weiten Saal=
halle, wo er in großen plastischen Zügen zum Volke, zur ganzen
Menschheit sprechen zu müssen glaubte: in dieser weihevollen „Kammer"
war es bald still geworden; denn die sogenannten „letzten" Quartette
und Sonaten des Meisters mußte man so hören, wie man sie spielte,
nämlich schlecht und am Besten — gar nicht, bis denn hierfür von
gewissen verpönten Exzedenten Rath geschafft wurde und man erfuhr,
was jene Kammer=Musik eigentlich sage. Jene aber hatten ihre
Kammer bereits in den Konzertsaal verlegt: was vorher zu Quintetten
und dergleichen hergerichtet gewesen war, wurde nun als Symphonie
servirt: kleinliches Melodien=Häcksel, mit Heu gemischtem vorgetrun=
kenem Thee zu vergleichen, von dem niemand weiß was er schlürft,
aber unter der Firma „Acht" endlich für den vermeintlichen Genuß
von Weltschmerz zubereitet. — Im Ganzen war aber die neuere
Richtung auf das Exzentrische, nur durch programmatische Unter=
legung zu Erklärende, vorherrschend geblieben. Feinsinnig hatte
Mendelssohn sich hierbei durch Natureindrücke zur Ausführung ge=
wisser episch=landschaftlicher Bilder bestimmen lassen: er war viel
gereist und brachte Manches mit, dem Andere nicht so leicht bei=
kamen. Neuerdings werden dagegen die Genrebilder unserer lokalen
Gemäldeausstellungen glattweg in Musik gesetzt, um mit Hilfe solcher
Unterlagen absonderliche Instrumental=Effekte, die jetzt so leicht
herzustellen sind, und jederzeit überraschende Harmonisationen, durch
welche entwendete Melodien unkenntlich gemacht werden sollen, der
Welt als plastische Musik vorspielen zu lassen.

Halten wir nun als Ergebniß der soeben angestellten übersicht=
lichen Betrachtungen dieses Eine fest: — die reine Instrumental=Musik
genügte sich nicht mehr in der gesetzmäßigen Form des klassischen
Symphoniesatzes, und suchte ihr namentlich durch dichterische Vor=
stellungen leicht anzuregendes Vermögen in jeder Hinsicht auszudehnen;
was hiergegen reagirte, vermochte jene klassische Form nicht mehr

lebensvoll zu erfüllen, und sah sich genöthigt, das ihr durchaus
Fremde selbst in sie aufzunehmen und dadurch sie zu entstellen. Führte
jene erstere Richtung zum Gewinn neuer Fähigkeiten, und deckte die
gegen sie reagirende nur Unfähigkeiten auf, so zeigte es sich, daß
grenzenlose Verirrungen, welche den Geist der Musik ernstlich zu
schädigen drohten, von dem weiteren Verfolge der Ausbeutung jener
Fähigkeiten nur dadurch fern gehalten werden konnten, daß diese
Richtung selbst offen und unverhohlen sich dem Drama zuwandte. Hier
war das dort Unausgesprochene deutlich und bestimmt auszusprechen,
und dadurch zugleich die „Oper" aus dem Banne ihrer unnatürlichen
Herkunft zu erlösen. Und hier, im so zu nennenden „musikalischen"
Drama ist es nun, wo wir mit Besonnenheit klar und sicher über
die Anwendung neugewonnener Fähigkeiten der Musik zur Ausbil=
dung edler, unerschöpflich reicher Kunstformen uns Rechenschaft geben
können.

Die ästhetische Wissenschaft hat zu jeder Zeit die Einheit als
ein Haupterforderniß eines Kunstwerkes festgestellt. Auch diese ab=
strakte Einheit läßt sich dialektisch schwer definiren, und ihr falsches
Verständniß führte schon zu großen Verirrungen. Am Deutlichsten
tritt sie uns dagegen aus dem vollendeten Kunstwerke selbst ent=
gegen, weil sie es ist, die uns zu steter Theilnahme an demselben
bestimmt und jederzeit seinen Gesammteindruck uns gegenwärtig er=
hält. Unstreitig wird dieser Erfolg am Vollkommensten durch das
lebendig aufgeführte Drama erreicht, weßhalb wir nicht anstehen,
dieses als das vollendetste Kunstwerk gelten zu lassen. Am Ent=
ferntesten stand diesem Kunstwerke die „Oper", und dieß vielleicht
gerade aus dem Grunde, weil sie das Drama vorgab, dieses aber
der musikalischen Arienform zu Liebe in lauter unter sich unzusammen=
hängende Bruchstücke auflöste: es giebt in der Oper Musikstücke von
kürzester Dauer, welche den Bau des Symphoniesatzes durch Vor=
und Nach=Thema, Zurückkehr, Wiederholung und sogenannte „Coda"
in flüchtigster Zusammenstellung ausführen, so abgeschlossen, dann

aber in gänzlicher Beziehungslosigkeit zu allen übrigen, ebenso kon=
struirten Musikstücken bleiben. Diesen Bau fanden wir dagegen im
Symphoniesatze zu so reicher Vollendung ausgebildet und erweitert,
daß wir den Meister dieses Satzes von der kleinlich beengenden
Form der Opernpièce unmuthig sich abwenden sahen. In diesem
Symphoniesatze erkennen wir die gleiche Einheit, welche im vollendeten
Drama so bestimmend auf uns wirkt, so wie dann den Verfall dieser
Kunstform, sobald fremdartige Elemente, welche nicht in jene Ein=
heit aufzunehmen waren, herangezogen wurden. Das ihr frembar=
tigste Element war aber das dramatische, welches zu seiner Entfal=
tung unendlich reicherer Formen bedarf, als sie auf der Basis des
Symphoniesatzes, nämlich der Tanzmusik, naturgemäß sich darbieten
können. Dennoch muß die neue Form der dramatischen Musik, um
wiederum als Musik ein Kunstwerk zu bilden, die Einheit des Sym=
phoniesatzes aufweisen, und dieß erreicht sie, wenn sie, im innigsten Zu=
sammenhange mit demselben, über das ganze Drama sich erstreckt, nicht
nur über einzelne kleinere, willkürlich herausgehobene Theile desselben.
Diese Einheit giebt sich dann in einem das ganze Kunstwerk durchziehen=
den Gewebe von Grundthemen, welche sich ähnlich wie im Symphonie=
satze, gegenüber stehen, ergänzen, neu gestalten, trennen und verbinden;
nur daß hier die ausgeführte und aufgeführte dramatische Handlung
die Gesetze der Scheidungen und Verbindungen giebt, welche dort
allerursprünglichst den Bewegungen des Tanzes entnommen waren. —
Über die neue Form des musikalischen Tonsatzes in seiner An=
wendung auf das Drama glaube ich in früheren Schriften und Auf=
sätzen mich ausführlich genug kund gegeben zu haben, jedoch aus=
führlich nur in dem Sinne, daß ich anderen mit hinreichender Deut=
lichkeit den Weg gezeigt zu haben vermeinte, auf welchem zu einer
gerechten und zugleich nützlichen Beurtheilung der durch meine eigenen
künstlerischen Arbeiten dem Drama abgewonnenen musikalischen
Formen zu gelangen wäre. Dieser Weg ist, meines Wissens, noch
nicht beschritten worden, und ich habe nur des einen meiner jün=

geren Freunde zu gedenken, der das Charakteristische der von ihm
sogenannten „Leitmotive" mehr ihrer dramatischen Bedeutsamkeit und
Wirksamkeit nach, als (da dem Verfasser die spezifische Musik fern
lag) ihre Verwerthung für den musikalischen Satzbau in das Auge
fassend, ausführlicher in Betrachtung nahm. Hiergegen hatte ich zu
erleben, daß in unseren Musikschulen der Abscheu vor der Verworren=
heit meines musikalischen Satzes gelehrt wurde, während andererseits
dem Erfolge meiner Werke bei öffentlichen Aufführungen, so wie der
oberflächlichen Privatlektüre meiner Partituren es zu verdanken ist,
daß jüngere Komponisten in unverständiger Weise es mir nachzu=
machen sich angelegen sein lassen. Da der Staat und die Gemeinde
nur Un=Lehrer meiner Kunst bezahlt, wie (um in der vermeintlich von
mir beeinflußten Nähe zu bleiben) z. B. in München den Professor
Rheinberger, statt, wie dieß vielleicht in England und Amerika einmal
geschehen dürfte, etwa einen Lehrstuhl für sie zu errichten, so möchte
ich mit dieser vorliegenden kleineren Arbeit fast nur dazu beigetragen
haben, die zuletzt bezeichneten jüngeren Komponisten über das, was
sie aus meinen Werken lernen und nachahmen könnten, einiger Maaßen
zurecht zu weisen.

Wer bis dahin durch Anhörungen unserer neuesten, romantisch=
klassischen Instrumental=Musik ausgebildet ist, dem möchte ich nun,
sobald er es mit der dramatischen Musik versuchen will, vor Allem
rathen, nicht auf harmonische und instrumentale Effekte auszugehen,
sondern zu jeder Wirkung dieser Art erst eine hinreichende Ursache
abzuwarten, da die Effekte sonst nicht wirken. Berlioz konnte nicht
tiefer gekränkt werden, als wenn man ihm Auswüchse jener Art auf
Notenpapier gebracht, vorlegte und vermeinte, dieß müsse ihm, dem
Komponisten von Hexensabathen und dgl., besonders gefallen. Liszt
fertigte ähnliche stupide Zumuthungen mit dem Bemerken ab, daß
Cigarrenasche und Sägespähne mit Scheidewasser angefeuchtet nicht
gut als Gericht zu serviren wären. Ich habe noch keinen jüngeren
Komponisten kennen gelernt, der nicht vor allen Dingen von mir Sank=

tion von „Kühnheiten" zu erlangen gedachte. Hiergegen mußte es mir nun recht auffällig werden, daß die vorsichtige Anlage im Betreff der Modulation und Instrumentation, deren ich mich bei meinen Arbeiten mit zunehmender Aufmerksamkeit befleißigte, gar keine Beachtung gefunden hat. Es war mir z. B. in der Instrumental-Einleitung zu dem „Rheingold" sogar unmöglich, den Grundton zu verlassen, eben weil ich keinen Grund dazu hatte ihn zu verändern; ein großer Theil der nicht unbewegten darauf folgenden Scene der Rheintöchter mit Alberich durfte durch Herbeiziehung nur der allernächst verwandten Tonarten ausgeführt werden, da das Leidenschaftliche hier erst noch in seiner primitivesten Naivetät sich ausspricht. Dagegen leugne ich nicht, daß ich dem ersten Auftritte der Donna Anna, in höchster Leidenschaft den frevelhaften Verführer Don Juan festhaltend, allerdings bereits ein stärkeres Kolorit gegeben haben würde, als Mozart nach der Konvention des Opernstyles und seiner, erst durch ihn bereicherten Ausdrucksmittel, es hier für angemessen hielt. Dort genügte jene besonnene Einfachheit, die ich ebenso wenig aufzugeben hatte, als die „Walküre" mit einem Sturme, der „Siegfried" mit einem Tonstücke einzuleiten war, welches mit Erinnerung an die in den vorangehenden Dramen plastisch gewonnenen Motive, uns in die stumme Tiefe der Hortschmiede Nibelheim's führt: hier lagen Elemente vor, aus denen das Drama sich erst zu beleben hatte. Ein Anderes erforderte die Einleitung zu der Nornen-Scene der „Götterdämmerung": hier verschlingen sich die Schicksale der Urwelt selbst bis zu dem Seilgewebe, das wir bei der Eröffnung der Bühne von den düsteren Schwestern geschwungen sehen müssen, um seine Bedeutung zu verstehen: weßhalb dieses Vorspiel nur kurz und spannend vorbereitend sein durfte, wobei jedoch die Verwendung bereits aus den vorderen Theilen des Werkes verständlich gewordener Motive eine reichere harmonische und thematische Behandlung ermöglichte. Es ist aber wichtig, wie man anfängt. Hätte ich eine Motiv-Bildung, wie diejenige, welche im zweiten

Aufzuge der „Walküre" zu Wotan's Übergabe der Weltherrschaft an den Besitzer des Nibelungenhortes sich vernehmen läßt:

etwa in einer Ouvertüre vorgebracht, so würde ich, nach meinen Be= griffen von Deutlichkeit des Styles, etwas geradeswegs Unsinniges gemacht haben. Dagegen jetzt, nachdem im Verlaufe des Drama's das einfache Naturmotiv

zu dem ersten Erglänzen des strahlenden Rheingoldes, dann aber zur ersten Erscheinung der im Morgenroth erdämmernden Götterburg „Walhall" das nicht minder einfache Motiv

vernommen worden waren und jedes dieser Motive in eng verwach= sener Theilnahme an den sich steigernden Leidenschaften der Hand= lung die entsprechenden Wandelungen erfahren hatte, konnte ich sie, mit Hilfe einer fremdartig ableitenden Harmonisation, in der Weise verbunden vorführen, daß diese Ton=Erscheinung mehr als Wotan's Worte uns ein Bild der furchtbar verdüsterten Seele des leidenden

Gottes gewahren lassen sollte. Wiederum bin ich hierbei mir aber
auch bewußt, daß ich stets bemüht war, das an sich Grelle solcher
musikalischen Kombinationen nie als solches, etwa als besondere
Kühnheit, auffällig wirken zu lassen, sondern sowohl vorschriftlich als
durch mögliche mündliche Anleitung hierzu, sei es durch geeignete Zu-
rückhaltung des Zeitmaaßes, oder durch vorbereitende dynamische Aus-
gleichungen, das Frembartige der Maaßen zu verdecken suchte, daß es
wie mit naturgemäßer Folgerichtigkeit auch als künstlerisches Moment
unserer willigen Empfindung sich bemächtigte; wogegen mich be-
greiflicher Weise nichts mehr empört und demgemäß von fremden
Aufführungen meiner Musik fern hält, als die vorherrschende Ge-
fühllosigkeit unserer meisten Dirigenten gegen die Anforderungen
des Vortrages namentlich solcher, mit großer Achtsamkeit zu be-
handelnder Kombinationen, welche, im falschen hastigen Zeitmaaße,
ohne die unerläßliche dynamische Vermittelung zu Gehör gebracht,
meistens unverständlich, unseren „Professoren" sogar gräulich erklingen müssen.

Diesem ausführlicher behandelten Beispiele, welches ähnlich, nur
noch in weit ausgebreiteteren Beziehungen, auf alle meine Dramen
Anwendung findet und das Charakteristische der dramatischen, im
Gegensatze zu der symphonistischen Motiven-Ausbildung und Verwendung darbietet, lasse ich noch ein zweites verwandtes folgen, indem ich auf die Wandelungen des Motives der Rheintöchter,
mit welchem diese in kindlicher Freude das glänzende Gold um-
jauchzen:

„Rhein = gold! Rhein = gold!"

aufmerksam mache. Es dürfte dieses in mannigfaltig wechselndem
Zusammenhange mit fast jedem andern Motive der weithin sich erstreckenden Bewegung des Drama's wieder auftauchende, ungemein

einfache Thema durch alle die Veränderungen hin zu verfolgen sein,
die es durch den verschiedenartigen Charakter seiner Wiederaufrufung
erhält, um zu ersehen, welche Art von Variationen das Drama zu
bilden im Stande ist, und wie vollständig der Charakter dieser Varia=
tionen sich von dem jener figurativen, rhythmischen und harmonischen
Veränderungen eines Themas unterscheidet, welche in unmittelbarer
Aufeinanderfolge von unseren Meistern zu wechselvollen Bildern von
oft berauschender kaleidoskopischer Wirkung aufgereihet wurden.
Diese Wirkung war sofort durch Störung der klassischen Form des
Variationen=Satzes aufgehoben, sobald fremde, vom Thema abliegende
Motive hineinverflochten wurden, womit etwas dem dramatischen Ent=
wickelungsgange Ähnliches der Gestaltung des Satzes sich bemächtigte
und die Reinheit, sagen wir: Ansichverständlichkeit des Tonstückes
trübte. Nicht aber das bloße kontrapunktische Spiel, noch die phan=
tasiereichste Figurations= oder erfinderischeste Harmonisations=Kunst
konnte, ja durfte, ein Thema, indem es grade immer wieder er=
kenntlich bleibt, so charakteristisch umbilden und mit so durchaus
mannigfaltigem, gänzlich verändertem Ausdrucke vorführen, als wie
es der wahren dramatischen Kunst ganz natürlich ist. Und hierüber
dürfte eben eine genauere Beachtung der Wiedererscheinungen jenes
angezogenen einfachen Motives der „Rheintöchter" einen recht ein=
sichtlichen Aufschluß geben, sobald es durch alle Wechsel der Leiden=
schaften, in welchen sich das ganze viertheilige Drama bewegt, bis
zu Hagen's Wachtgesang im ersten Akte der „Götterdämmerung"
hin verfolgt wird, woselbst es sich dann in einer Gestalt zeigt, die
es allerdings als Thema eines Symphoniesatzes — mir wenigstens
— ganz undenklich erscheinen läßt, trotzdem es auch hier nur durch
die Gesetze der Harmonie und Thematik besteht, jedoch eben nur
wiederum durch die Anwendung dieser Gesetze auf das Drama. Das
durch diese Anwendung hier Ermöglichte wiederum auf die Symphonie
anwenden zu wollen, müßte demnach aber zum vollen Verderb der=

selben führen; denn hier würde sich als ein gesuchter Effekt aus=
nehmen, was dort eine wohlmotivirte Wirkung ist.

Es kann nicht meine Absicht sein, das, was ich in früheren
Schriften über die Anwendung der Musik auf das Drama ausführ=
lich gesagt habe, hier nochmals, wenn auch unter einem neuen Gesichts=
punkte betrachtet, zu wiederholen; vielmehr lag es mir haupt=
sächlich nur daran, den Unterschied zwischen zwei Anwendungsarten
der Musik zu zeigen, aus deren Vermengung sowohl die Entstellung
der einen Kunstart, als das falsche Urtheil über die andere hervor=
geht. Und dieß dünkte mich wichtig, um überhaupt zu einer, den
großen Vorgängen auf dem Entwickelungsgebiete der Musik — der
einzig noch wahrhaft lebenden und produktiven Kunst unserer Zeit
— entsprechenden ästhetischen Ansicht zu gelangen; wogegen gerade
in diesem Betreff noch die größeste Konfusion herrscht. Denn von
den Gesetzen der Bildung des Symphonien=, Sonaten=, oder auch
Arien=Satzes ausgehend, gelangten wir bisher, sobald wir uns
zum Drama wendeten, nicht über den Opernstyl hinaus, welcher
den großen Symphonisten in der Entfaltung seiner Fähigkeiten be=
engte; erstaunen wir dann wieder über die Unbegrenztheit dieser
Fähigkeiten, sobald sie in richtiger Verwendung auf das Drama
entfaltet werden, so verwirren wir jene Gesetze, wenn wir die Aus=
beute der musikalischen Neuerungen auf dem dramatischen Gebiete
auf die Symphonie u. s. w. übertragen wollen. Da, wie gesagt,
hier es aber zu weit führen würde, diese Neuerungen in ihrem
verzweigten Zusammenhange darzustellen, diese Arbeit auch füglich
wohl einem Andern als mir zukommen dürfte, verweile ich schließlich
nur noch bei dem Nachweise des charakteristischen Unterschiedes,
nicht nur der Umbildung und Verwendung der Motive, — wie sie
das Drama fordert, die Symphonie dagegen sie nicht gestatten
kann —, sondern der ersten Bildung des Motives selbst.

Im richtigen Sinne undenklich ist uns ein harmonisch sehr auf=
fallend modulirtes Grundmotiv eines Symphoniesatzes, namentlich
wenn es sogleich bei seinem ersten Auftreten sich in solcher ver=
wirrenden Ausstattung kundgäbe. Das fast lediglich aus einem Ge=
webe fern fortschreitender Harmonien bestehende Motiv, welches der
Komponist des „Lohengrin" als Schlußphrase eines ersten Arioso's
der in selige Traumerinnerung entrückten Elsa zutheilt, würde sich
etwa im Andante einer Symphonie sehr gesucht und unverständlich
ausnehmen, wogegen es hier aber nicht gesucht, sondern ganz von
selbst sich gebend, daher auch so verständlich erscheint, daß meines
Wissens noch nie Klagen über das Gegentheil aufgekommen sind.
Dieß hat aber seinen Grund im scenischen Vorgange. Elsa ist
in sanfter Trauer, schüchtern gesengten Hauptes langsam vorge=
schritten: ein einziger Aufblick ihres schwärmerisch verklärten Auges

sagt uns, was in ihr lebt. Hierum befragt, meldet sie nichts An=
deres als ein mit süßem Vertrauen erfüllendes Traumgebild: „mit
züchtigem Gebahren gab Tröstung er mir ein"; — dieß hatte uns
jener Aufblick etwa schon gesagt; nun schließt sie, kühn aus dem
Traume zur Zuversicht, der Erfüllung in der Wirklichkeit fortschrei=
tend, die weitere Meldung an: „des Ritters will ich wahren, er
soll mein Streiter sein". Und hiermit kehrt die musikalische Phrase
nach weiter Entrückung, in den Ausgangs=Grundton zurück.

Ein jüngerer Freund wunderte sich damals, als ich ihm die Par=
titur zur Ausführung eines Klavierauszuges übersandt hatte, höchlich
über den Anblick dieser, in so wenigen Takten so stark modulirenden
Phrase, noch mehr dann aber darüber, daß, als er der ersten Auf=
führung das „Lohengrin" in Weimar beiwohnte, dieselbe Phrase
ihm ganz natürlich vorgekommen war, was jedenfalls auch Liszt's
musikalische Direktion vermittelt hatte, der aus dem haftig überblickten
Augen=Gespenst durch den richtigen Vortrag eine wohlgebildete Ton=
gestalt modelirt hatte.

Es scheint, daß schon jetzt einen sehr großen Theil des Pub=
likums Manches, ja fast Alles in meinen dramatischen Musiken durch=
aus natürlich dünkt und demnach gefällt, worüber unsere „Profes=
soren" noch Zeter schreien. Würden diese mich auf einen ihrer heiligen
Lehrstühle setzen, so dürften sie dagegen vielleicht in noch größere
Verwunderung gerathen, wenn sie wahrnähmen, welche Vorsicht und
Mäßigung in der Anwendung, namentlich auch harmonischer Effekt=

mittel, ich ihren Schülern anempfehlen würde, da ich diesen als erste
Regel aufzustellen hätte, nie eine Tonart zu verlassen, so lange als,
was sie zu sagen haben, in dieser noch zu sagen ist. Würde diese Regel
dann befolgt, so bekämen wir vielleicht wieder einmal Symphonien
und dgl. zu hören, über welche sich wiederum auch etwas sagen
ließe, während über unsere neuesten Symphonien sich eben gar nichts
sagen läßt.

Weßhalb ich hiermit auch schweige, bis ich etwan einmal an ein
Konservatorium berufen werde, — nur nicht als „Professor".

Offenes Schreiben

an

Herrn Ernst von Weber,

Verfasser der Schrift:

„Die Folterkammern der Wissenschaft".

Lieber, hochgeehrter Herr!

Sie trauen mir zu, auch durch mein Wort der neuerdings durch Sie so energisch angeregten Unternehmung gegen die Vivisektion behilflich werden zu können, und ziehen hierbei wohl die vielleicht nicht allzugeringe Anzahl von Freunden in Betracht, welche das Gefallen an meiner Kunst mir zuführte. Lasse ich mich durch Ihr kräftiges Beispiel zu einem Versuche, Ihrem Wunsche zu entsprechen, unbedingt hinreißen, so dürfte weniger mein Vertrauen in meine Kraft mich bestimmen Ihnen nachzueifern, als vielmehr ein dunkles Gefühl von der Nothwendigkeit mich antreiben, auch auf diesem, dem ästhetischen Interesse scheinbar abliegenden Gebiete den Charakter der künstlerischen Einwirkung zu erforschen, welche von vielen Seiten her bis jetzt mir zugesprochen worden ist.

Da wir in dem vorliegenden Falle zunächst wiederum demselben Gespenste der „Wissenschaft" begegnen, welches in unserer entgeisteten Zeit vom Sezirtische bis zur Schießgewehr = Fabrik sich zum Dämon des einzig für staatsfreundlich geltenden Nützlichkeits=Kultus aufgeschwungen hat, muß ich es für meine Einmischung in die heutige Frage von großem Vortheil erachten, daß bereits so bedeutende und vollberechtigte Stimmen Ihnen zur Seite sich vernehmen ließen und dem gesunden Menschenverstande die Behauptungen unserer

Gegner als irrig, wenn nicht trügerisch offen legten. Andererseits
ist allerdings von dem bloßen „Gefühle" in unserer Angelegenheit
ein so großer Äußerungs=Antheil in Anspruch genommen worden,
daß wir dadurch den Spöttern und Witzlingen, welche ja fast einzig
unsere öffentliche Unterhaltung besorgen, günstige Veranlassung
boten, die Interessen der „Wissenschaft" wahrzunehmen. Dennoch
ist, meiner Einsicht gemäß, die ernstlichste Angelegenheit der Mensch=
heit hier in der Weise zur Frage erhoben, daß die tiefsten Erkennt=
nisse nur auf dem Wege der genauesten Erforschung jenes verspot=
teten „Gefühles" zu gewinnen sein dürften. Gern versuche ich es,
mit meinen schwachen Kräften diesen Weg zu beschreiten. —

Was mich bis jetzt vom Beitritte zu einem der bestehenden
Thierschutz=Vereine abhielt, war, daß ich alle Aufforderungen und
Belehrungen, welche ich von denselben ausgehen sah, fast einzig
auf das Nützlichkeits=Prinzip begründet erkannte. Wohl mag es den
Menschenfreunden, welche sich bisher den Schutz der Thiere angele=
gen sein lassen, vor allen Dingen darauf ankommen müssen, dem
Volke, um von ihm eine schonende Behandlung der Thiere zu er=
reichen, den Nutzen hiervon nachzuweisen, weil der Erfolg unserer
heutigen Zivilisation uns nicht ermächtigt, andere Triebfedern als
die Aufsuchung des Nutzens für die Handlungen der staatsbürger=
lichen Menschheit in Anspruch zu nehmen. Wie weit wir hierbei
von dem einzig veredelnden Beweggrunde einer freundlichen Be=
handlung der Thiere entfernt blieben, und wie wenig auf dem ein=
geschlagenen Wege wirklich erreicht werden konnte, zeigt sich in die=
sen Tagen recht augenfällig, da die Vertreter der bisher festgehaltenen
Tendenz der Thierschutz=Vereine gegen die allerunmenschlichste Thier=
quälerei, wie sie in unseren staatlich autorisirten Vivisektions=Sälen
ausgeübt wird, kein giltiges Argument hervorzubringen wissen, so=
bald die Nützlichkeit derselben zu ihrer Vertheidigung zur Geltung
gebracht wird. Fast sind wir darauf beschränkt, nur diese Nützlich=
keit in Frage zu stellen, und würde diese bis zur absoluten Zweifel=

losigkeit erwiesen, so wäre es gerade der Thierschutz-Verein, welcher durch seine bisher befolgte Tendenz der menschenunwürdigsten Grausamkeit gegen seine Schützlinge Vorschub geleistet hätte. Hiernach könnte zur Aufrechterhaltung unserer thierfreundlichen Absichten nur ein staatlich anerkannter Nachweis der Unnützlichkeit jener wissenschaftlichen Thierfolter verhelfen: wir wollen hoffen, daß es hierzu kommt. Selbst aber, wenn unsere Bemühungen nach dieser Seite hin den vollständigsten Erfolg haben, ist, sobald einzig auf Grund der Unnützlichkeit derselben die Thierfolter durchaus abgeschafft wird, nichts Dauerndes und Ächtes für die Menschheit gewonnen, und der Gedanke, der unsere Vereinigungen zum Schutze der Thiere hervorrief, bleibt entstellt und aus Feigheit unausgesprochen.

Wer zur Abwendung willkürlich verlängerter Leiden von einem Thiere eines andern Antriebes bedarf, als den des reinen Mitleidens, der kann sich nie wahrhaft berechtigt gefühlt haben, der Thierquälerei von Seiten eines Nebenmenschen Einhalt zu thun. Jeder, der bei dem Anblicke der Qual eines Thieres sich empörte, wird hierzu einzig vom Mitleiden angetrieben, und wer sich zum Schutze der Thiere mit Anderen verbindet, wird hierzu nur vom Mitleiden bestimmt, und zwar von einem seiner Natur nach gegen alle Berechnungen der Nützlichkeit oder Unnützlichkeit durchaus gleichgiltigen und rücksichtslosen Mitleiden. Daß wir aber dieses einzig uns bestimmende Motiv des unabweisbaren Mitleidens nicht an die Spitze aller unserer Aufforderungen und Belehrungen für das Volk zu stellen uns getrauen, darin liegt der Fluch unserer Zivilisation, die Dokumentirung der Entgöttlichung unserer staatskirchlichen Religionen.

In unseren Zeiten bedurfte es der Belehrung durch einen, alles Unächte und Vorgebliche mit schroffester Schonungslosigkeit bekämpfenden Philosophen, um das in der tiefsten Natur des menschlichen Willens begründete Mitleid als die einzige wahre Grundlage aller Sittlichkeit nachzuweisen. Hierüber wurde gespottet, von dem Senate einer wissenschaftlichen Akademie sogar mit Entrüstung remonstrirt; denn die Tugend, wo sie nicht durch Offenbarung an= befohlen war, durfte nur als aus Vernunft=Erwägung hervorgehend, begründet werden. Vernunftgemäß betrachtet wurde dagegen das Mitleid sogar als ein potenzirter Egoismus erklärt: daß der An= blick eines fremden Leidens uns selber Schmerz verursachte, sollte das Motiv der Aktion des Mitleids sein, nicht aber das fremde Leiden selbst, welches wir eben nur aus dem Grunde zu entfernen suchten, weil damit einzig die schmerzliche Wirkung auf uns selbst aufzuheben war. Wie sinnreich wir geworden waren, um uns im Schlamme der gemeinsten Selbstsucht gegen die Störung durch ge= meinmenschliche Empfindungen zu behaupten! Andererseits wurde aber das Mitleid auch deßhalb verachtet, weil es am allerhäufigsten, selbst bei den gemeinsten Menschen als ein sehr niedriger Grad von Lebensäußerung angetroffen werde: hierbei befliß man sich, das Mit= leid mit dem Bedauern zu verwechseln, welches in allen Fällen des bürgerlichen und häuslichen Mißgeschickes bei den Umstehenden so leicht zum Ausspruch kommt und, bei der ungemessenen Häufigkeit solcher Fälle, seinen Ausdruck im Kopfschütteln der achselzuckend endlich sich Abwendenden findet, — bis etwa aus der Menge der Eine hervortritt, der vom wirklichen Mitleide zur thätigen Hilfe angetrieben wird. Wem es nicht anders eingepflanzt war, als im Mitleid es nur bis zu jenem feigen Bedauern zu bringen, mag sich billig mit einiger Befriedigung hiervor zu wahren suchen, und eine reich ausgebildete, für den Wohlgeschmack hergerichtete Menschenver= achtung wird ihm dabei behilflich sein. In der That wird es schwer fallen, einen Solchen für die Erlernung und Ausübung des Mit= leids gerade auf seine Nebenmenschen zu verweisen; wie es denn überhaupt im Betracht unserer gesetzlich geregelten staatsbürgerlichen Gesellschaft mit der Erfüllung des Gebotes unseres Erlösers „liebe deinen Nächsten als dich selbst" eine recht peinliche Bewandtniß hat. Unsere Nächsten sind gewöhnlich nicht sehr liebenswerth, und in den meisten Fällen werden wir durch die Klugheit angewiesen, den Beweis der Liebe des Nächsten erst abzuwarten, da wir seiner bloßen Liebeserklärung nicht viel zuzutrauen berechtigt sind. Genau betrachtet ist unser Staat und unsere Gesellschaft nach den Gesetzen der Mechanik so berechnet, daß es darin ohne Mitleid und Nächsten= liebe ganz erträglich abgehen solle. Wir meinen, dem Apostel des Mitleids wird es große Mühseligkeiten bereiten, wenn er seine Lehre zunächst von Mensch zu Mensch in Anwendung gebracht wissen will, da ihm selbst unser heutiges, unter dem Drucke der Noth und dem Drange nach Betäubung so sehr entartetes Familienleben keinen rechten Anhalt bieten dürfte. Wohl steht auch zu bezweifeln, daß seine Lehren bei der Armee=Verwaltung, welche doch mit Ausnahme der Börse, so ziemlich unser ganzes Staatsleben in Ordnung er= hält, eine feurige Aufnahme finden werde, da man gerade hier ihm beweisen dürfte, daß das Mitleiden ganz anders zu verstehen sei als er es im Sinne habe, nämlich en gros, summarisch, als Abkürzung der unnützen Leiden des Daseins durch immer sicherer treffende Geschosse.

Dagegen scheint nun die „Wissenschaft", durch Anwendung ihrer Ergebnisse auf berufsmäßige Ausübung, die Mühewaltung des Mitleides in der bürgerlichen Gesellschaft mit officieller Sanktion übernommen zu haben. Wir wollen hier die Erfolge der theolo= gischen Wissenschaft, welche die Seelsorger unserer Gemeinden mit der Kenntniß göttlicher Unerforschlichkeiten ausstattet, unberührt lassen und für jetzt vertrauensvoll annehmen, die Ausübung des unver= gleichlich schönen Berufes ihrer Zöglinge werde diese gegen Be= mühungen, wie die unsrigen, nicht geringschätzig gestimmt haben. Leider muß allerdings dem streng kirchlichen Dogma, welches für sein Fundament noch immer nur auf das erste Buch Mosis an= gewiesen bleibt, eine harte Zumuthung gestellt werden, wenn das Mitleid Gottes auch für die zum Nutzen der Menschen erschaffenen Thiere in Anspruch genommen werden soll. Doch ist heut zu Tage

über manche Schwierigkeit hinweg zu kommen, und das gute Herz
eines menschenfreundlichen Pfarrers hat bei der Seelsorge gewiß
manche weitere Anregung gewonnen, welche seine dogmatische Ver=
nunft für unser Anliegen günstig gestimmt haben könnte. So schwie=
rig es aber immerhin bleiben dürfte, die Theologie rein nur für
die Zwecke des Mitleides unmittelbar in Anspruch zu nehmen, um
so hoffnungsvoller dürften wir sofort ausblicken, wenn wir uns
nach der medizinischen Wissenschaft umsehen, welche ihre Schüler zu
einem einzig auf Abhilfe menschlicher Leiden berechneten Beruf aus=
rüstet. Der Arzt darf uns wirklich als der bürgerliche Lebens=
heiland erscheinen, dessen Berufsausübung im Betreff ihrer unmit=
telbar wahrnehmbaren Wohlthätigkeit mit keiner anderen sich ver=
gleichen läßt. Was ihm die Mittel an die Hand giebt, uns von
schweren Leiden genesen zu machen, haben wir vertrauensvoll zu
verehren, und es ist deßhalb die medizinische Wissenschaft von uns
als die nützlichste und allerschätzenswertheste angesehen, deren Aus=
übung und Anforderungen hierfür wir jedes Opfer zu bringen bereit
sind; denn aus ihr geht der eigentliche patentirte Ausüber des, sonst
so selten unter uns anzutreffenden, persönlich thätigen Mitleides hervor.

Wenn Mephistopheles vor dem „verborgenen Gifte" der Theo=
logie warnt, so wollen wir diese Warnung für eben so boshaft
ansehen, als seine verdächtige Anpreisung der Medizin, deren prak=
tische Erfolge er, zum Troste der Ärzte, dem „Gefallen Gottes"
überlassen wissen will. Doch eben dieses hämische Behagen an der
medizinischen Wissenschaft läßt uns befürchten, daß gerade in ihr
nicht „verborgenes", sondern ganz offen liegendes „Gift" enthalten
sein möge, welches uns der böse Schalk durch sein aufreizendes
Lob nur zu verdecken suche. Allerdings ist es erstaunlich, daß diese
als aller nützlichst erachtete „Wissenschaft", je mehr sie sich der prak=
tischen Erfahrung zu entziehen sucht, um sich durch immer positivere
Erkenntnisse auf dem Wege der spekulativen Operation zur Unfehl=
barkeit auszubilden, mit wachsender Genauigkeit erkennen läßt, daß

sie eigentlich gar keine Wissenschaft sei. Es sind praktische Ärzte
selbst, welche uns hierüber Aufschluß geben. Diese können von den
dozirenden Operatoren der spekulativen Physiologie für eitel aus=
gegeben werden, indem sie etwa sich einbildeten, es käme bei Aus=
übung der Heilkunde mehr auf, nur den praktischen Ärzten offen=
stehende, Erfahrung an, sowie etwa auf den richtigen Blick des be=
sonders begabten ärztlichen Individuums, und schließlich auf dessen
tief angelegenen Eifer, dem ihm vertrauenden Kranken nach aller
Möglichkeit zu helfen. Mahomet, als er alle Wunder der Schöpfung
durchlaufen, erkennt schließlich als das Wunderbarste, daß die Menschen
Mitleid mit einander hätten; wir setzen dieses, solange wir uns
ihm anvertrauen, bei unserem Arzte unbedingt voraus, und glauben
ihm daher eher als dem spekulirenden, auf abstrakte Ergebnisse für
seinen Ruhm hin operirenden Physiologen im Sezirsaale. Allein
auch dieses Vertrauen soll uns benommen werden, wenn wir, wie
neuerdings, erfahren, daß eine Versammelung praktischer Ärzte von
der Furcht vor der „Wissenschaft" und der Angst für scheinheilig
oder abergläubisch gehalten zu werden, sich bestimmen ließen, die von
den Kranken bei ihnen vorausgesetzten einzig Vertrauen gebenden Eigen=
schaften zu verleugnen und sich zu unterwürfigen Dienern der spekula=
tiven Thierquälerei zu machen, indem sie erklären, ohne die fortgesetzten
Sezirübungen der Herren Studenten an lebenden Thieren würde der
praktische Arzt nächstens seinen Kranken nicht mehr helfen können.

Glücklicherweise sind die wenigen Belehrungen, welche wir
über das Wahre und Richtige in dieser Angelegenheit bereits er=
halten haben, so vollständig überzeugend, daß die Feigheit jener
andern Herren uns nicht mehr zur Begeisterung für die menschen=
freundlich von ihnen befürwortete Thierquälerei hinreißen kann,
sondern im Gegentheile wir uns bestimmt fühlen werden, einem
Arzte, der seine Belehrung von dorther gewinnt, als einen über=
haupt mitleidsunfähigen Menschen, ja als einen Pfuscher in seinem
Metier, unsere Gesundheit und unser Leben nicht mehr anzuvertrauen.

Da wir eben über die grauenhafte Stümperei jener, dem
„großen Publikum", namentlich auch unsern Ministern und Prinzen-
Räthen zu ungemeiner Hochachtung und unverletzlicher Obhut empfohlenen „Wissenschaft" so lehrreich aufgeklärt worden sind, wie
dieß kürzlich durch die, zugleich in edelstem deutschen Style abge-
faßten und schon hierdurch sich auszeichnenden, Schriften mehrer
praktischer Ärzte geschehen ist, so dürfen wir uns wohl zu der
hoffnungsvollen Annahme berechtigt halten, daß uns das Gespenst
der „Nützlichkeit" der Vivisektion in unseren ferneren Bemühungen
nicht mehr beängstigen werde; wogegen es uns fortan einzig noch
daran gelegen sein sollte, der Religon des Mitleidens, den
Bekennern des Nützlichkeits-Dogmas zum Trotz, einen kräftigen
Boden zu neuer Pflege bei uns gewinnen zu lassen. Leider mußten
wir auf dem soeben beschrittenen Wege der Betrachtung menschlicher
Dinge so weit gelangen, daß Mitleiden aus der Gesetzgebung
unserer Gesellschaft verwiesen zu sehen, da wir selbst unsere ärztlichen Institute, unter dem Vorgeben der Sorge für den Menschen,
zu Lehranstalten der Mitleidslosigkeit, wie sie von den Thieren ab
— um der „Wissenschaft" willen — ganz natürlich auch gegen den
vor ihrem Experimentiren etwa unbeschützten Menschen sich wenden
wird, umgeschaffen fanden.

Sollte uns dagegen vielleicht gerade unsere Empörung gegen
die willkürlich ihnen zugefügten, entsetzlichen Leiden der Thiere, indem wir von diesem unwiderstehlichen Gefühle vertrauensvoll uns
leiten lassen, den Weg zeigen, auf dem wir in das einzig erlösende
Reich des Mitleids gegen alles Lebende überhaupt, wie in ein verlorenes und nun mit Bewußtsein wieder gewonnenes Paradies, eintreten würden? —

Als es menschlicher Weisheit dereinst aufging, daß in dem
Thiere das Gleiche athme was im Menschen, dünkte es bereits zu
spät, den Fluch von uns abzuwenden, den wir, den reißenden

Thieren selbst uns gleichstellend, durch den Genuß animalischer Nahrung auf uns geladen zu haben schienen: Krankheit und Elend aller Art, denen wir von bloß vegetabilischer Frucht sich nährende Menschen nicht ausgesetzt sahen. Auch die hierdurch gewonnene Einsicht führte zu dem Innewerden einer tiefen Verschuldung unseres weltlichen Daseins: sie bestimmte die ganz von ihr Durch= drungenen zur Abwendung von allem die Leidenschaften Aufreizen= den durch freiwillige Armuth und vollständige Enthaltung von animalischer Nahrung. Diesen Weisen enthüllte sich das Geheimniß der Welt als eine ruhelose Bewegung der Zerrissenheit, welche nur durch das Mitleid zur ruhenden Einheit geheilt werden könne. Das einzig ihn bestimmende Mitleid mit jedem athmenden Wesen erlöste den Weisen von dem rastlosen Wechsel aller leidenden Exi= stenzen, die er selbst bis zu seiner letzten Befreiung leidend zu durchleben hatte. So ward der Mitleidslose um seines Leidens willen von ihm beklagt, am Innigsten aber das Thier, das er nur leiden sah, ohne es der Erlösung durch Mitleid fähig zu wissen. Dieser Weise mußte erkennen, daß seine höchste Beglückung das vernunftbegabte Wesen durch freiwilliges Leiden gewinnt, welches er daher mit erhabenem Eifer aufsucht und brünstig erfaßt, wogegen das Thier nur mit schrecklichster Angst und furchtbarem Widerstreben dem ihm so nutzlosen, absoluten Leiden entgegensieht. Noch be= jammernswerther aber dünkte jenen Weisen der Mensch, der mit Bewußtsein ein Thier quälen und für seine Leiden theilnahmlos sein konnte, denn er wußte, daß dieser noch unendlich ferner von der Erlösung sei als selbst das Thier, welches im Vergleich zu ihm schuldlos wie ein Heiliger erscheinen durfte.

Rauheren Klimaten zugetriebene Völker, da sie für ihre Lebens= erhaltung sich auf animalische Nahrung angewiesen sahen, haben bis in späte Zeiten das Bewußtsein davon bewahrt, daß das Thier nicht ihnen, sondern einer Gottheit angehöre; sie mußten mit der Erlegung oder Schlachtung eines Thieres sich eines Frevels schuldig,

für welchen sie den Gott um Sühnung anzugehen hatten: sie opferten
das Thier, und dankten ihm durch Darbringung der edelsten
Theile der Beute. Was hier religiöse Empfindung war, lebte,
nach dem Verderbniß der Religionen, noch in späteren Philosophen
als menschenwürdige Überlegung fort: man lese Plutarch's schöne
Abhandlung „über die Vernunft der Land= und Seethiere", um sich,
zartsinnig belehrt, zu den Ansichten unserer Gelehrten u. s. w. voll
Beschämung zurückzuwenden.

Bis hierher, leider aber nicht weiter, können wir die Spuren
eines religiös begründeten Mitleidens unserer menschlichen Vor=
fahren gegen die Thiere verfolgen, und es scheint, daß die fort=
schreitende Zivilisation den Menschen, indem sie ihn gegen „den
Gott" gleichgiltig machte, selbst zum reißenden Raubthiere umschuf;
wie wir denn einen römischen Cäsaren wirklich in das Fell eines
solchen gehüllt öffentlich mit den Aktionen eines reißenden Thieres
sich produziren gesehen haben. Die ungeheure Schuld alles dieses
Daseins nahm ein sündenloses göttliches Wesen selbst auf sich und
sühnte sie mit seinem eigenen qualvollen Tode. Durch diesen
Sühnungstod durfte sich Alles was athmet und lebt erlöst wissen,
sobald er als Beispiel und Vorbild zur Nachahmung begriffen wurde.
Es geschah dieß von allen den Märtyrern und Heiligen, die es
unwiderstehlich zu freiwilligem Leiden hinriß, um im Quelle des
Mitleidens bis zur Vernichtung jedes Weltenwahnes zu schwelgen.
Legenden berichten uns, wie diesen Heiligen vertrauensvoll sich
Thiere zugesellten, — vielleicht nicht nur um des Schutzes willen,
dessen sie hier versichert waren, sondern auch durch einen tiefen
Antrieb des als möglich entkeimenden Mitleids gedrängt: hier waren
Wunden, endlich wohl auch die freundlich schützende Hand zu
lecken. In diesen Sagen, wie von der Rehkuh der Genovefa und
so vielen ähnlichen, liegt wohl ein Sinn, der über das alte Testa=
ment hinausreicht. —

Diese Sagen sind nun verschollen; das alte Testament hat
heut zu Tage gesiegt, und aus dem reißenden ist das „rechnende"
Raubthier geworden. Unser Glaube heißt: das Thier ist nützlich,
namentlich wenn es, unserm Schutze vertrauend, sich uns ergiebt;
machen wir daher mit ihm, was uns für den menschlichen Nutzen
gut dünkt; wir haben ein Recht dazu, tausend treue Hunde tagelang
zu martern, wenn wir hierdurch einem Menschen zu dem „kani=
balischen" Wohlsein von „fünfhundert Säuen" verhelfen.

Das Entsetzen über die Ergebnisse dieser Maxime durfte aller=
dings erst seinen wahren Ausdruck erhalten, als wir von dem Un=
wesen der wissenschaftlichen Thierfolter genauer unterrichtet wurden,
und nun endlich zu der Frage gedrängt sind, wie denn überhaupt,
da wir in unseren kirchlichen Dogmen keinen wesentlichen Anhalt
hierfür finden, unser Verhältniß zu den Thieren als ein sittliches
und das Gewissen beruhigendes zu bestimmen sei. Die Weisheit
der Brahmanen, ja aller gebildeten Heidenvölker, ist uns verloren
gegangen: mit der Verkennung unseres Verhältnisses zu den Thieren
sehen wir eine, im schlimmen Sinne selbst verthierte, ja mehr als
verthierte, eine verteufelte Welt vor uns. Es giebt nicht eine
Wahrheit, die wir, selbst wenn wir sie zu erkennen fähig sind, aus
Selbstsucht und Eigennutz uns zu verdecken nicht bereit sind: denn
hierin eben besteht unsere Zivilisation. Doch scheint es dießmal,
daß das zu stark gefüllte Maaß überlaufe, worin denn ein guter
Erfolg des aktiven Pessimismus, im Sinne des „Gutes schaffenden"
Mephistopheles sich zeigen möchte. Abseits, aber fast gleichzeitig mit
dem Aufblühen jener, im vorgeblichen Dienste einer unmöglichen
Wissenschaft vollzogenen Thierquälereien, legte uns ein redlich for=
schender, sorgfältig züchtender und wahrhaftig vergleichender, wissen=
schaftlicher Thierfreund, die Lehren verschollener Urweisheit wieder
offen, nach welchen in den Thieren das Gleiche athmet was uns
das Leben giebt, ja daß wir unzweifelhaft von ihnen selbst ab=

stammen. Diese Erkenntniß dürfte uns, im Geiste unsers glaubens=
losen Jahrhunderts, am sichersten dazu anleiten, unser Verhältniß
zu den Thieren in einem unfehlbar richtigen Sinne zu würdigen,
da wir vielleicht nur auf diesem Wege wieder zu einer wahrhaften
Religion, zu der, vom Erlöser uns gelehrten und durch sein Bei=
spiel bekräftigten, der Menschenliebe gelangen möchten. Wir be=
rührten bereits, was die Befolgung dieser Lehre uns Sklaven der
Zivilisation so übermäßig erschwere. Da wir die Thiere bereits
dazu verwendeten, nicht nur uns zu ernähren und uns zu dienen,
sondern an ihren künstlich herbeigeführten Leiden auch zu erkennen,
was uns selbst etwa fehle, wenn unser, durch unnatürliches Leben,
Ausschweifungen und Laster aller Art zerrütteter Leib mit Krank=
heiten behaftet wird, so dürften wir sie jetzt dagegen in förderlicher
Weise zum Zwecke der Veredelung unserer Sittlichkeit, ja, in vieler
Beziehung, als untrügliches Zeugniß für die Wahrhaftigkeit der
Natur zu unserer Selbsterziehung benützen.

Einen Wegweiser hierfür giebt uns schon unser Freund Plutarch.
Dieser hatte die Kühnheit, ein Gespräch des Odysseus mit seinem,
von Kirke in Thiere verwandelten Genossen zu erfinden, in welchem
die Zurückverwandlung in Menschen von diesen mit Gründen von
äußerster Triftigkeit abgelehnt wird. Wer diesem wunderlichen
Dialoge genau gefolgt ist, wird sich schwer damit zurecht finden,
wenn er heut zu Tage die durch unsere Zivilisation in Unthiere
verwandelte Menschheit zu einer Rückkehr zu wahrer menschlicher
Würde ermahnen will. Ein wirklicher Erfolg dürfte wohl nur
davon zu erwarten sein, daß der Mensch zu allernächst an dem
Thiere sich seiner selbst in einem adeligen Sinne bewußt werde.
An dem Leiden und Sterben des Thieres gewännen wir immer
einen Maaßstab für die höhere Würde des Menschen, welcher das
Leiden als seine erfolgreichste Belehrung, den Tod als eine ver=
klärende Sühne zu erfahren fähig ist, während das Thier durchaus
zwecklos für sich leidet und stirbt. Wir verachten den Menschen,

der das ihm verhängte Leiden nicht standhaft erträgt und vor dem
Tode in wahnsinniger Furcht erbebt: gerade für diesen aber
vivisecieren unsere Physiologen Thiere, impfen ihnen Gifte ein,
welche jener durch Laster sich bereitet, und unterhalten künstlich
ihre Qualen, um zu erfahren, wie lange sie etwa auch jenem Elen=
den die letzte Noth fernhalten könnten! Wer wollte in jenem Siech=
thume, wie in dieser Abhilfe, ein sittliches Moment erblicken? Würde
dagegen mit Anwendung solcher wissenschaftlicher Kunstmittel etwa
dem durch Hunger, Entbehrung und Übernehmung seiner Kräfte leiden=
den armen Arbeiter geholfen werden? Man erfährt, daß gerade an
diesem, welcher — glücklicher Weise! — nicht am Leben hängt und
willig aus ihm scheidet, oft die interessantesten Versuche zu objektiver
Kenntnißnahme physiologischer Probleme angestellt werden, so daß
der Arme noch im Sterben dem Reichen sich verdienstlich macht,
wie bereits im Leben z. B. durch das sogenannte „Auswohnen"
gesundheitsschädlicher neuer glänzender Wohnräume. Doch geschieht
dieß von Seiten des Armen in stumpfsinnigem Unbewußtsein. Da=
gegen könnte man annehmen, daß das Thier selbst vollbewußt willig
für seinen Herrn sich quälen und martern ließe, wenn es seinem
Intellekte deutlich gemacht werden könnte, daß es sich hierbei um
das Wohl seines menschlichen Freundes handele. Daß hiermit nicht
zu viel gesagt sei, dürfte sich aus der Wahrnehmung ergeben können,
daß Hunde, Pferde, sowie fast alle Haus= und gezähmten Thiere,
nur dadurch abgerichtet werden, daß ihrem Verstande es deutlich
gemacht wird, welche Leistungen wir von ihnen verlangen; sobald
sie dieß verstehen, sind sie stets und freudig willig, das Verlangte
auszuführen; wogegen rohe und dumme Menschen dem von ihnen
unaufgeklärten Thiere ihre Wünsche durch Züchtigungen beibringen
zu müssen glauben, deren Zweck das Thier nicht versteht und sie
beßhalb falsch deutet, was dann wiederum zu Mißhandlungen führt,
welche auf den Herrn, welcher den Sinn der Bestrafung kennt,
angewendet, füglich von Nutzen sein könnten, dem wahnsinnig be=

handelten Thiere dennoch aber die Liebe und Treue für seinen
Peiniger nicht beeinträchtigen. Daß in seinen schmerzlichsten Qualen
ein Hund seinen Herrn noch zu liebkosen vermag, haben wir durch
die Studien unserer Vivisektoren erfahren: welche Ansichten vom
Thiere wir aber solchen Belehrungen zu entnehmen haben, sollten
wir, im Interesse der Menschenwürde besser, als bisher es geschah,
in ernstliche Erwägung ziehen, wofür uns zunächst die Betrachtung
dessen, was wir von den Thieren bereits zuerst erlernt hatten, dann
der Belehrungen, die wir noch von ihnen gewinnen könnten, dien=
lich sein dürfte.

Den Thieren, welche unsere Lehrmeister in allen den Künsten
waren, durch die wir sie selbst fingen und uns unterwürfig machten,
war der Mensch hierbei in nichts überlegen als in der Verstellung,
der List, keinesweges im Muthe, in der Tapferkeit; denn das Thier
kämpft bis zu seinem letzten Erliegen, gleichgiltig gegen Wunden
und Tod: „es kennt kein Bitten, kein Flehen um Gnade, kein Be=
kenntniß des Besiegtseins". Die menschliche Würde auf den mensch=
lichen Stolz, gegenüber dem der Thiere, begründen zu wollen,
würde verfehlt sein, und wir können den Sieg über sie, ihre Unter=
jochung, nur von unserer größeren Verstellungskunst herleiten. Diese
Kunst rühmen wir an uns hoch; wir nennen sie „Vernunft", und
glauben uns durch sie vom Thiere stolz unterscheiden zu dürfen, da
sie, unter Anderem, uns ja auch Gott ähnlich zu machen fähig sei,
— worüber Mephistopheles allerdings wiederum seiner eigenen Mei=
nung ist, wenn er findet, der Mensch brauche seine Vernunft allein,
„nur thierischer als jedes Thier zu sein". In seiner großen Wahr=
haftigkeit und Unbefangenheit versteht das Thier nicht das moralisch
Verächtliche der Kunst abzuschätzen, durch welche wir es unterworfen
haben; jedenfalls erkennt es etwas Dämonisches darin, dem es scheu
gehorcht: übt jedoch der herrschende Mensch Milde und freundliche
Güte gegen das nun furchtsam gewordene Thier, so dürfen wir
annehmen, daß es in seinem Herrn etwas Göttliches erkennt, und

dieses so stark verehrt und liebt, daß es seine natürlichen Tugenden der Tapferkeit ganz einzig im Dienste der Treue bis zum qual= vollsten Tode verwendet. Gleich wie der Heilige unwiderstehlich dazu gedrängt ist, seine Gottestreue durch Martern und Tod zu bezeugen, ebenso das Thier seine Liebe zu seinem gleich göttlich ver= ehrten Herrn. Ein einziges Band, welches der Heilige bereits zu zerreißen vermochte, fesselt das Thier, da es nicht anders als wahr= haftig sein kann, noch an die Natur: das Mitleiden für seine Jungen. In hieraus entstehenden Bedrängnissen weiß es sich aber zu ent= scheiden. Ein Reisender ließ seine ihn begleitende Hündin, da sie soeben Junge zur Welt brachte, im Stalle eines Wirthshauses zu= rück, und begab sich allein auf dem drei Stunden langen Wege nach seiner Heimath; des andern Morgens findet er auf der Streu seines Hofes die vier Säuglinge und neben ihnen die todte Mutter: diese hatte, jedesmal eines der Jungen nach heim tragend, viermal den Weg in Hast und Angst durchlaufen: erst als sie das letzte bei ihrem Herrn, den sie nun nicht mehr zu verlassen nöthig hatte, niedergelegt, gab sie sich dem qualvoll aufgehaltenen Sterben hin. — Dieß nennt der „freie" Mitbürger unserer Zivilisation „hündische Treue", nämlich das „hündisch" mit Verachtung betonend. Sollten wir hiergegen in einer Welt, aus welcher die Verehrung gänzlich geschwunden, oder, wo sie anzutreffen ein heuchlerisches Vorgebniß ist, an den von uns beherrschten Thieren nicht ein, durch Rührung belehrendes, Beispiel uns nehmen? Wo unter Menschen hingebende Treue bis zum Tode angetroffen wird, hätten wir schon jetzt ein edles Band der Verwandtschaft mit der Thierwelt keineswegs zu unserer Erniedrigung zu erkennen, da manche Gründe sogar dafür sprechen, daß jene Tugend von den Thieren reiner, ja göttlicher als von den Menschen ausgeübt wird; denn der Mensch ist befähigt in Leiden und Tod, ganz abgesehen von dem der Anerkennung der Welt übergebenen Werthe derselben, eine beseligende Sühnung zu erkennen, während das Thier, ohne jede Vernunsterwägung eines etwaigen sittlichen Vortheiles, ganz und rein nur der Liebe und Treue sich opfert, — was allerdings von unseren Physiologen auch als ein einfacher chemischer Prozeß gewisser Grundsubstanzen erklärt zu werden pflegt. Diesen in der Angst ihrer Verlogenheit auf dem Baume der Erkenntniß herumkletternden Affen dürfte aber jedenfalls zu empfeh= len sein, nicht sowohl in das aufgeschlitzte Innere eines lebenden Thieres, als vielmehr mit einiger Ruhe und Besonnenheit in das Auge desselben zu blicken; vielleicht fände der wissenschaftliche Forscher hier zum ersten Male das Allermenschenwürdigste ausgedrückt, näm= lich: Wahrhaftigkeit, die Unmöglichkeit der Lüge, worin, wenn er noch tiefer hineinschaute, die erhabene Wehmuth der Natur über seinen eigenen jammervoll sündhaften Daseinsdünkel zu ihm sprechen würde; denn da, wo er wissenschaftlichen Scherz treibt, nimmt es das Thier ernst. Von hier aus blicke er dann zunächst auf seinen wahrhaft leidenden Nebenmenschen, den in nackter Dürftigkeit ge= borenen, vom zartesten Kindesalter an zu Gesundheit zerrüttender übermäßiger Arbeit gemisbrauchten, durch schlechte Nahrung und herzlose Behandlung aller Art frühzeitig dahinsiechenden, wie er aus dumpfer Ergebenheit fragend zu ihm aufschaut: vielleicht sagt er sich dann, daß dieser nun doch jedenfalls wenigstens ein Mensch), wie er, sei. Das wäre ein Erfolg. Könnt ihr dann dem mitlei= digen Thiere, welches willig mit seinem Herren hungert, nicht nach= ahmen, so suchet es nun darin zu übertreffen, daß ihr dem hungern= den Nebenmenschen zur nöthigen Nahrung verhelft, was euch ganz leicht fallen dürfte, wenn ihr ihn mit dem Reichen auf gleiche Diät setztet, indem ihr von der übermäßigen Kost, von welcher dieser er= krankt, jenem soviel zumäßet, daß er davon gesunde, wobei von Leckerbissen, wie Lerchen, welche sich in der Luft besser ausnehmen als in euren Mägen, überhaupt nicht die Rede zu sein brauchte. Allerdings wäre dann zu wünschen, daß eure Kunst hierfür aus= reiche. Ihr habt aber nur unnütze Künste gelernt. Von dem bis auf einen gewissen fernen Tag zu verzögernden Tode eines sterben=

den ungarischen Magnaten hing die Erlangung gewisser enormer Erb=
schaftsansprüche ab: die Interessirten setzten ungeheure Salaire an
Ärzte daran jenen Tag von dem Sterbenden erleben zu lassen; diese
kamen herbei: da war etwas für die „Wissenschaft" los; Gott weiß
was Alles verblutet und vergiftet ward: man triumphirte, die Erb=
schaft gehörte uns und die Wissenschaft ward glänzend remune=
rirt. Es ist nun nicht wohl anzunehmen, daß auf unsere armen
Arbeiter so viel Wissenschaft verwendet werden dürfte. Vielleicht
aber etwas Anderes: die Erfolge einer tiefen Umkehr in unserem
Inneren.

Sollte das gewiß von Jedem empfundene Entsetzen über die
Verwendung der undenklichsten Thierquälerei zum vorgeblichen Nutzen
für unsere Gesundheit — das Schlechteste was wir in einer solchen
herzlosen Welt besitzen könnten! — nicht ganz von selbst eine solche
Umkehr herbeigeführt haben, oder hatten wir erst nöthig, damit be=
kannt gemacht zu werden, daß diese Nützlichkeit irrthümlich, wenn
nicht gar trügerisch war, da es sich hierbei in Wahrheit nur um
Virtuosen=Eitelkeit und etwa Befriedigung einer stupiden Neugier
handelte? Wollten wir abwarten, daß die Opfer der „Nützlichkeit"
sich auch auf Menschen=Vivisektion erstrecken? Mehr als der Nutzen
des Individuum's soll uns ja der des Staates gelten? Gegen Staats=
verbrecher erließ ein Visconti, Herzog von Mailand, ein Strafedikt,
wonach die Todesqualen des Delinquenten auf die Dauer von vierzig
Tagen berechnet waren. Dieser Mann scheint die Studien unserer
Physiologen im Voraus normirt zu haben; diese wissen die Marter
eines hierzu tüchtig befähigten Thieres in glücklichen Fällen ebenfalls
auf gerade vierzig Tage auszudehnen, jedoch weniger wie dort aus
Grausamkeit, sondern aus rechnender Sparsamkeit. Das Edikt Vis=
conti's wurde von Staat und Kirche gut geheißen, denn Niemand
empörte sich dagegen; nur solche, welche die angedrohten furchtbaren
Qualen zu erdulden nicht für das Schlimmste erachteten, fanden
sich angetrieben den Staat in der Person des Herrn Herzogs bei

der Gurgel zu faffen. Möge nun der neuere Staat felbst an die
Stelle jener „Staatsverbrecher" treten, und die Menschheit fchän=
denden Herren Vivifektoren aus ihren Laboratorien kurzweg hinaus=
werfen. Oder follten wir dieß wiederum „Staatsfeinden" überlaffen,
als welche ja nach den neueften Gefetzgebungen die fogenannten
„Sozialiften" gelten? — In der That erfahren wir, daß — während
Staat und Kirche fich den Kopf darüber zerbrechen, ob auf unfere
Vorftellungen einzugehen und nicht dagegen der Zorn der etwa be=
leidigten „Wiffenfchaft" zu fürchten fei — der gewaltfame Einbruch
in folch ein Vivifektions=Operatorium zu Leipzig, fowie die hierbei
vollführten fchnellen Tödtungen der für wochenlange Martern auf=
bewahrten und ausgefpannten zerfchnittenen Thiere, wohl auch eine
tüchtige Tracht Prügel an den forgfamen Abwärter der fcheußlichen
Marterräume, einem rohen Ausbruche fubverfiver fozialiftifcher Um=
triebe gegen das Eigenthumsrecht zugefchrieben worden ift. Wer
möchte nun aber nicht Sozialift werden, wenn er erleben follte, daß
wir von Staat und Reich mit unferem Vorgehen gegen die Fort=
dauer der Vivifektion, und mit der Forderung der unbedingten Ab=
fchaffung derfelben, abgewiefen würden? Aber nur von der unbe=
bingten Abfchaffung, nicht von „thunlichfter Befchränkung" der=
felben unter „Staatsaufficht" dürfte die Rede fein können, und es
dürfte hierfür unter Staatsauffcht nur die Affiftenz eines gehörig
inftruirten Gensdarmes bei jeder phyfiologifchen Konferenz der be=
treffenden Herren Profefforen mit ihren „Zufchauern" verftanden
werden.

Denn unfer Schluß im Betreff der **Menfchenwürde**
fei dahin gefaßt, daß diefe genau erft auf dem Punkte
fich dokumentire, wo der Menfch vom Thiere fich durch
das Mitleid auch mit dem Thiere zu unterfcheiden vermag,
da wir vom Thiere andererfeits felbft das Mitleiden mit
dem Menfchen erlernen können, fobald diefes vernünftig
und menfchenwürdig behandelt wird.

Sollten wir hierüber verspottet, von unserer National-Intelli-
genz zurückgewiesen werden, und die Vivisektion in ihrer öffentlichen
und privaten Blüthe fortbestehen bleiben, so hätten wir den Ver-
theidigern derselben wenigstens das eine Gute zu verdanken, daß
wir aus einer Welt, in welcher „kein Hund länger mehr leben
möchte", auch als Menschen gern und willig scheiden, selbst wenn
uns kein „deutsches Requiem" nachgespielt werden dürfte!

Bayreuth, Oktober 1879.

Richard Wagner.

Religion und Kunst.

Ich finde in der christlichen Religion
virtualiter die Anlage zu dem Höchsten
und Edelsten, und die verschiedenen Er=
scheinungen derselben im Leben scheinen
mir bloß deßwegen so widrig und abge=
schmackt, weil sie verfehlte Darstellungen
dieses Höchsten sind.

Schiller, an Goethe.

18

I.

Man könnte sagen, daß da, wo die Religion künstlich wird, der Kunst es vorbehalten sei den Kern der Religion zu retten, indem sie die mythischen Symbole, welche die erstere im eigentlichen Sinne als wahr geglaubt wissen will, ihrem sinnbildlichen Werthe nach er= faßt, um durch ideale Darstellung derselben die in ihnen verborgene tiefe Wahrheit erkennen zu lassen. Während dem Priester Alles daran liegt, die religiösen Allegorien für thatsächliche Wahrheiten angesehen zu wissen, kommt es dagegen dem Künstler hierauf ganz und gar nicht an, da er offen und frei sein Werk als seine Erfin= dung ausgiebt. Die Religion lebt aber nur noch künstlich, wann sie zu immer weiterem Ausbau ihrer dogmatischen Symbole sich ge= nöthigt findet, und somit das Eine, Wahre und Göttliche in ihr durch wachsende Anhäufung von, dem Glauben empfohlenen, Un= glaublichkeiten verdeckt. Im Gefühle hiervon suchte sie daher von je die Mithilfe der Kunst, welche so lange zu ihrer eigenen höheren Entfaltung unfähig blieb, als sie jene vorgebliche reale Wahrhaftig= keit des Symboles durch Hervorbringung fetischartiger Götzenbilder für die sinnliche Anbetung vorführen sollte, dagegen nun die Kunst erst dann ihre wahre Aufgabe erfüllte, als sie durch ideale Dar= stellung des allegorischen Bildes zur Erfassung des inneren Kernes desselben, der unaussprechlich göttlichen Wahrheit, hinleitete.

18*

Um hierin klar zu sehen, würde der Entstehung von Religio=
nen mit großer Sorgsamkeit nachzugehen sein. Gewiß müßten uns
diese um so göttlicher erscheinen, als ihr innerster Kern einfacher
befunden werden kann. Die tiefste Grundlage jeder wahren Reli=
gion sehen wir nun in der Erkenntniß der Hinfälligkeit der Welt,
und der hieraus entnommenen Anweisung zur Befreiung von der=
selben ausgesprochen. Uns muß nun einleuchten, daß es zu jeder
Zeit einer übermenschlichen Anstrengung bedurfte, diese Erkenntniß
dem in vollster Natürlichkeit befangenen Menschen, dem Volke, zu
erschließen, und daß somit das erfolgreichste Werk des Religions=
gründers in der Erfindung der mythischen Allegorien bestand, durch
welche das Volk auf dem Wege des Glaubens zur thatsächlichen
Befolgung der aus jener Grund=Erkenntniß fließenden Lehre hin=
geleitet werden konnte. In dieser Beziehung haben wir es als eine
erhabene Eigenthümlichkeit der christlichen Religion zu betrachten, daß
die tiefste Wahrheit durch sie mit ausdrücklicher Bestimmtheit den
„Armen am Geiste" zum Troste und zur Heils=Anleitung erschlossen
werden sollte; wogegen die Lehre der Brahmanen ausschließlich den
„Erkennenden" nur angehörte, weßhalb die „Reichen am Geiste"
die in der Natürlichkeit haftende Menge als von der Möglichkeit
der Erkenntniß ausgeschlossene und nur durch zahllose Wiedergebur=
ten zur Einsicht in die Nichtigkeit der Welt gelangende, ansahen.
Daß es einen kürzeren Weg zur Heilsgewinnung gäbe, zeigte dem
armen Volke der erleuchtetste Wiedergeborene selbst: nicht aber das
erhabene Beispiel der Entsagung und unstörbarsten Sanftmuth,
welches Buddha gab, genügte allein seinen brünstigen Nachfolgern;
sondern die letzte große Lehre der Einheit alles Lebenden durfte
seinen Jüngern wiederum nur durch eine mythische Erklärung der
Welt zugänglich werden, deren überaus sinniger Reichthum und
allegorische Umfaßlichkeit immer nur der Grundlage der von stau=
nenswürdigster Geistes=Fülle und Geistes=Bildung getragenen brah=
manischen Lehre entnommen ward. Hier war es denn auch, wo im

Verlaufe der Zeiten und im Fortschritte der Umbildungen nie die eigentliche Kunst zur erklärenden Darstellung der Mythen und Alle= gorien heran zu ziehen war; wogegen die Philosophie dieses Amt übernahm, um, mit deren von feinster Geistesbildung geleiteten Ausarbeitung, den religiösen Dogmen zur Seite zu gehen. Anders verhielt es sich mit der christlichen Religion. Ihr Grün= der war nicht weise, sondern göttlich; seine Lehre war die That des freiwilligen Leidens: an ihn glauben, hieß: ihm nacheifern, und Erlösung hoffen, hieß: mit ihm Vereinigung suchen. Den „Armen am Geiste" war keine metaphysische Erklärung der Welt nöthig; die Erkenntniß ihres Leidens lag der Empfindung offen, und nur diese nicht verschlossen zu halten war göttliche Forderung an den Gläubigen. Wir müssen nun annehmen, daß, wäre der Glaube an Jesus den „Armen" allein zu eigen verblieben, das christliche Dogma als die einfachste Religion auf uns gekommen sein würde; dem „Reichen" war sie aber zu einfach, und die unvergleichlichen Verwirrungen des Sektengeistes in den ersten drei Jahrhunderten des Bestehens des Christenthums belehren uns über das rastlose Ringen der Geistes= Reichen, den Glauben des Geistes=Armen durch Umstimmung und Verdrehung der Begriffs=Nöthigungen sich anzueignen. Die Kirche entschied sich gegen alle philosophische Ausbeutung der, in der An= wendung von ihr auf blinde Gefühlsergebung berechneten, Glaubens= lehre; nur was dieser durch ihre Herkunft eine übermenschliche Würde geben sollte, nahm sie schließlich aus den Ergebnissen der Streitig= keiten der Sekten auf, um hieraus allmählich den ungemein kompli= zirten Mythen=Vorrath anzusammeln, für welchen sie fortan den unbedingten Glauben, als an etwas durchaus thatsächlich Wahrhaf= tiges, mit unerbittlicher Strenge forderte.

In der Beurtheilung des Wunder=Glaubens dürften wir am besten geleitet werden, wenn wir die geforderte Umwandlung des natür= lichen Menschen, welcher zuvor die Welt und ihre Erscheinungen für das Aller=Realste ansah, in Betracht ziehen; denn jetzt soll er die

Welt als nur augenscheinlich und nichtig erkennen, das eigentliche
Wahre aber außer ihr suchen. Bezeichnen wir nun als Wunder
einen Vorgang, durch welchen die Gesetze der Natur aufgehoben
werden, und erkennen wir bei reiflicher Überlegung, daß diese Ge=
setze in unserem eigenen Anschauungsvermögen begründet und un=
lösbar an unsere Gehirnfunktionen gebunden sind, so muß uns der
Glaube an Wunder als ein fast nothwendiges Ergebniß der gegen
alle Natur sich erklärenden Umkehr des Willens zum Leben begreif=
lich werden. Das größte Wunder ist für den natürlichen Menschen
jedenfalls diese Umkehr des Willens, in welcher die Aufhebung der
Gesetze der Natur selbst enthalten ist; das, was diese Umkehr be=
wirkt hat, muß nothwendig weit über die Natur erhaben und von
übermenschlicher Gewalt sein, da die Vereinigung mit ihm als das
einzig Ersehnte und zu Erstrebende gilt. Dieses Andere nannte
Jesus seinen Armen das „Reich Gottes", im Gegensatze zu dem
„Reiche der Welt"; der die Mühseligen und Belasteten, Leidenden
und Verfolgten, Duldsamen und Sanftmüthigen, Feindesfreundlichen
und Allliebenden zu sich berief, war ihr „himmlischer Vater", als
dessen „Sohn" er zu ihnen, „seinen Brüdern", gesandt war.
Wir sehen hier der Wunder allergrößestes und nennen es
„Offenbarung". Wie es möglich ward, hieraus eine Staats=Religion
für römische Kaiser und Ketzer=Henker zu machen, werden wir im
späteren Verlaufe unserer Abhandlung näher in Betrachtung zu
nehmen haben, während für jetzt nur die fast nothwendig scheinende
Bildung derjenigen Mythen uns beschäftigen soll, deren endlich
übermäßiges Anwachsen durch Künstlichkeit das kirchliche Dogma ent=
würdigte, der Kunst selbst jedoch neue Ideale zuführte.
Was wir im Allgemeinen unter künstlerischer Wirksamkeit ver=
stehen, dürften wir mit Ausbilden des Bildlichen bezeichnen; dieß
würde heißen: die Kunst erfaßt das Bildliche des Begriffes, in
welchem dieser sich äußerlich der Phantasie darstellt, und erhebt,
durch Ausbildung des zuvor nur allegorisch angewendeten Gleichnisses

zum vollendeten, den Begriff gänzlich in sich fassenden Bilde, diesen über sich selbst hinaus zu einer Offenbarung. Sehr treffend sagt unser großer Philosoph von der idealen Gestalt der griechischen Statue: in ihr zeige der Künstler der Natur gleichsam, was sie gewollt, aber nicht vollständig gekonnt habe; womit demnach das künstlerische Ideal über die Natur hinausginge. Von dem Götterglauben der Griechen ließe sich sagen, daß er, der künstlerischen Anlage des Hellenen zu Liebe, immer an den Anthropomorphismus gebunden sich erhalten habe. Ihre Götter waren wohlbenamte Gestalten von deutlichster Individualität; der Name derselben bezeichnete Gattungs-begriffe, ganz so wie die Namen der farbig erscheinenden Gegen-stände die verschiedenen Farben selbst bezeichneten, für welche die Griechen keine abstrakten Namen gleich den unserigen verwendeten: Götter hießen sie nur, um ihre Natur als eine göttliche zu bezeich-nen; das Göttliche selbst aber nannten sie: der Gott; „ό θεός". Nie ist es den Griechen beigekommen, „den Gott" sich als Person zu denken, und künstlerisch ihm eine Gestalt zu geben wie ihren be-nannten Göttern; er blieb ein ihren Philosophen zur Definition über-lassener Begriff, um dessen deutliche Feststellung der hellenische Geist sich vergeblich bemühte, — bis von wunderbar begeisterten armen Leuten die unglaubliche Kunde ausging, der „Sohn Gottes" habe, für die Erlösung der Welt aus ihren Banden des Truges und der Sünde, sich am Kreuze geopfert. — Wir haben es hier nicht mit den erstaunlich mannigfaltigen Anstrengungen der spekulirenden menschlichen Vernunft zu thun, welche sich die Natur dieses auf Erden wandelnden und schmachvoll leidenden Sohnes des Gottes zu erklären suchte: war das größeste Wunder der, in Folge jener Erscheinung eingetretenen, Umkehr des Willens zum Leben, welche alle Gläubigen an sich erfahren hatten, offenbar geworden, so war das andere Wunder der Göttlichkeit des Heils-Verkünders in jenem bereits mit inbegriffen. Hiermit war dann auch die Gestalt des Göttlichen in anthropomorphistischer Weise von selbst gegeben: es

war der zu qualvollem Leiden am Kreuze ausgespannte Leib des
höchsten Inbegriffes aller mitleidvollen Liebe selbst. Ein unwider=
stehlich zu wiederum höchstem Mitleiden, zur Anbetung des Leidens
und zur Nachahmung durch Brechung alles selbstsüchtigen Willens
hinreißendes — Symbol? — nein: Bild, wirkliches Abbild. In
ihm und seiner Wirkung auf das menschliche Gemüth liegt der
ganze Zauber, durch welchen die Kirche sich zunächst die griechisch=
römische Welt zu eigen machte. Was ihr dagegen zum Verderb
ausschlagen mußte, und endlich zu dem immer stärker sich ausspre=
chenden „Atheismus" unserer Zeiten führen konnte, war der durch
Herrscherwuth eingegebene Gedanke der Zurückführung dieses Gött=
lichen am Kreuze auf den jüdischen „Schöpfer des Himmels und der
Erde", mit welchem, als einem zornigen und strafenden Gotte, end=
lich mehr durchzusetzen schien, als mit dem sich selbst opfernden all=
liebenden Heiland der Armen. Jener Gott wurde durch die Kunst
gerichtet: der Jehova im feurigen Busche, selbst auch der weißbärtige
ehrwürdige Greis, welcher etwa als Vater segnend auf seinen Sohn
aus den Wolken herabblickte, wollte, auch von meisterhaftester Künst=
lerhand dargestellt, der gläubigen Seele nicht viel sagen; während
der leidende Gott am Kreuze, das „Haupt voll Blut und Wunden",
selbst in der rohesten künstlerischen Wiedergebung, noch jeder Zeit
uns mit schwärmerischer Regung erfüllt.

Wie von einem künstlerischen Bedürfnisse gedrängt, verfiel der
Glaube, gleichsam den Jehova als „Vater" auf sich beruhen lassend,
auf das nothwendige Wunder der Geburt des Heilands durch eine
Mutter, welche, da sie selbst nicht Göttin war, dadurch göttlich
ward, daß sie gegen alle Natur den Sohn als reine Jungfrau,
ohne menschliche Empfängniß, gebar. Ein als Wunder=Annahme
sich aussprechender, unendlich tiefer Gedanke. Wohl begegnen wir
im Verlaufe der christlichen Geschichte wiederholt dem Phänomen
der Befähigung zum Wunderwirken durch reine Jungfräulichkeit,
davon eine metaphysische Erklärung mit einer physiologischen, sich

gegenseitig stützend, sehr wohl zusammentrifft, und dieß zwar im
Sinne der causa finalis mit der causa efficiens; das Wunder der
Mutterschaft ohne natürliche Empfängniß bleibt aber nur durch das
höchste Wunder, die Geburt des Gottes selbst, ergründlich: denn in
diesem offenbart sich die Verneinung der Welt als ein um der Er=
lösung willen vorbildlich geopfertes Leben. Da der Heiland selbst
als durchaus sündenlos, ja unfähig zu sündigen erkannt ist, mußte
in ihm schon vor seiner Geburt der Wille vollständig gebrochen sein,
so daß er nicht mehr leiden, sondern nur noch mitleiden konnte;
und die Wurzel hiervon war nothwendig in seiner Geburt zu er=
kennen, welche nicht vom Willen zum Leben, sondern vom Willen
zur Erlösung eingegeben sein mußte. Was nur der schwärmerischen
Erleuchtung als durchaus nothwendig aufgehen durfte, war als ge=
forderter Glaubenspunkt den grellsten Misdeutungen von Seiten der
realistischen Volksanschauung ausgesetzt: die „unbefleckte Empfäng=
niß" Maria's ließ sich sagen, aber nicht denken und noch weniger
vorstellen. Die Kirche, welche im Mittelalter ihre Glaubenssätze
durch ihre Magd, die scholastische Philosophie, beweisen ließ, suchte
endlich auch die Mittel für eine sinnliche Vorstellung derselben auf=
zufinden: über dem Portale der Kirche des h. Kilian in Würzburg
sehen wir auf einem Steinbilde den lieben Gott aus einer Wolke
herab dem Leibe Maria's, vermöge eines Blaserohrs, den Embryo
des Heilandes einflößen. Es genüge dieses eine Beispiel für un=
säglich viele gleiche! Auf den hieraus einleuchtenden Verfall der
religiösen Dogmen in das Künstliche, welches wir als widerwärtig
bezeichnen mußten, bezogen wir uns sogleich anfänglich: dagegen
gerade an diesem wichtigen Beispiele das erlösende Eintreten der
Wirksamkeit der idealisirenden wahren Kunst am deutlichsten nach=
gewiesen werden möge, wenn wir auf Darstellungen göttlicher Künst=
ler, wie die Raphael's in der sogenannten „Sixtinischen Madonna"
hindeuten. Noch einiger Maaßen im kirchlichen Sinne realistisch
wurde von großen Bildnern die wunderbare Empfängniß Maria's

in der Darstellung der Verkündigung derselben durch den der Jung=
frau erscheinenden Engel aufgefaßt, wenngleich hier bereits die jeder
Sinnlichkeit abgewandte geistige Schönheit der Gestalten uns in das
göttliche Mysterium ahnungsvoll blicken ließ.   Jenes Bild Raphael's
zeigt uns nun aber die Vollendung des ausgeführten göttlichen
Wunders in der jungfräulichen Mutter, mit dem geborenen Sohne
selbst verklärt sich erhebend: hier wirkt auf uns eine Schönheit,
welche die so hoch begabte antike Welt noch nicht selbst nur ahnen
konnte; denn hier ist es nicht die Strenge der Keuschheit, welche
eine Artemis unnahbar erscheinen lassen mochte, sondern die jeder
Möglichkeit des Wissens der Unkeuschheit enthobene göttliche Liebe,
welche aus innerster Verneinung der Welt die Bejahung der Er=
lösung geboren.   Und dieß unaussprechliche Wunder sehen wir mit
unseren eigenen Augen, deutlich hold erkennbar und klar erfaßlich,
der edelsten Erfahrung unseres eigenen Daseins innig verwandt,
und doch über alle Denkbarkeit der wirklichen Erfahrung hoch er=
haben; so daß, wenn die griechische Bildgestalt der Natur das von
dieser unerreichte Ideal vorhielt, jetzt der Bildner das durch Be=
griffe unfaßbare und somit unbezeichenbare Geheimniß des religiösen
Dogma's in unverschleierter Offenbarung, nicht mehr der grübelnden
Vernunft, sondern der entzückten Anschauung zuführte.

Doch noch ein anderes Dogma mußte sich der Phantasie des
Bildners darbieten, und zwar dasjenige, an welchem der Kirche
endlich mehr gelegen schien, als an dem der Erlösung durch die
Liebe.   Der Weltüberwinder war zum Weltrichter berufen.   Der
göttliche Knabe hatte vom Arme der jungfräulichen Mutter herab
den ungeheueren Blick auf die Welt geworfen, mit welchem er sie
durch jeden, das Begehren erweckenden Schein hindurch, in ihrem
wahren Wesen, als todesflüchtig, todverfallen erkannte.   Vor dem
Walten des Erlösers durfte diese Welt der Sucht und des Hasses
nicht bestehen; dem belasteten Armen, den er zur Befreiung durch
Leiden und Mitleiden zu sich in das Reich Gottes berief, mußte er

den Untergang dieser Welt in ihrem eigenen Sündenpfuhle, auf
der Wagschale der Gerechtigkeit liegend, zeigen. Von den sonnen=
umstrahlten lieblichen Bergeshöhen, auf denen er der Menge das
Heil zu verkünden liebte, deutete der immer nur sinnbildlich und durch
Gleichnisse seinen „Armen" Verständliche, auf das grauenhafte todes=
öde Thal „Gehenna" hinab, wohin am Tage des Gerichtes Geiz und
Mord, um verzweiflungsvoll sich anzugrinsen, verwiesen sein würden.
Tartaros, Infernum, Hela, alle die Straf=Örter der Bösen und
Feigen nach ihrem Tode, fanden sich im „Gehenna" wieder, und
mit der „Hölle" zu schrecken ist bis auf den heutigen Tag das
eigentliche Macht=Mittel der Kirche über die Seelen geblieben, denen
das „Himmelreich" immer ferner sich entrückte. Das letzte Gericht:
eine hier trostreiche, dort entsetzliche Verheißung! Es giebt nichts
fürchterlich Häßliches und grausenhaft Anekelndes, was im Dienste
der Kirche nicht mit anwidernder Künstlichkeit verwendet wurde, um
der erschreckten Einbildungskraft eine Vorstellung von dem Orte
der ewigen Verdammniß zu bieten, wofür die mythischen Bilder aller,
mit dem Glauben an Höllenstrafen behafteter Religionen, mit voll=
endeter Verzerrung zusammen gestellt waren. Wie aus Erbarmen
um das Entsetzliche selbst fühlte sich ein übermenschlich erhabener
Künstler auch zur Darstellung dieses Schreckensbildes bestimmt: der
Ausführung des christlichen Gedankens schien auch dieses Gemälde
des jüngsten Gerichtes nicht fehlen zu sollen. Zeigte uns Raphael
den geborenen Gott nach seiner Herkunft aus dem Schooße erha=
benster Liebe, so stellt uns nun Michel Angelo's ungeheures Bild=
werk den seine furchtbare Arbeit vollbringenden Gott dar, vom Reiche
der zum seligen Leben Berufenen abwehrend und zurückstoßend, was
der Welt des ewig sterbenden Todes angehört: doch — ihm zur
Seite die Mutter, der er entwuchs, die mit ihm und um ihn gött=
lichste Leiden litt und nun den der Erlösung untheilhaftig Geblie=
benen den ewigen Blick trauernden Mitleidens nachsendet. Dort
der Quell, hier der angeschwollene Strom des Göttlichen. —

Obgleich es mit den vorliegenden Untersuchungen nicht auf eine
Darstellung der geschichtlichen Entwickelung der Kunst aus der reli=
giösen Vorstellung, sondern nur auf die Bezeichnung der Affinitäten
Beider abgesehen ist, dürfte dennoch jener geschichtliche Verlauf mit
der Beachtung des Umstandes zu berühren sein, daß es fast einzig
die bildende Kunst und vorzüglich die der Malerei war, welche die
ursprünglich eben bildlich sich gebenden religiösen Dogmen in wie=
derum bildlicher Darstellung zu idealer Anschauung vorführen konnte.
Hiergegen war die Poesie durch die bildliche Geartetheit der reli=
giösen Dogmen selbst in der Weise bestimmt, daß sie in dem kano=
nisch festgestellten Begriffe, als einer, reale Wahrheit und Glaub=
haftigkeit in Anspruch nehmenden, Form haften bleiben mußte.
Waren diese Dogmen selbst bildliche Begriffe, so durfte auch das
größte dichterische Genie, welches doch eben nur durch bildliche Be=
griffe darstellt, hieran nichts modeln oder deuten, ohne in Irrgläu=
bigkeit zu verfallen, wie es allen den philosophisch dichterischen
Geistern wiederfuhr, welche in den ersten Jahrhunderten der Kirche
der Beschuldigung der Ketzerei verfielen. Vielleicht war die dem
Dante innewohnende dichterische Kraft die größte, welche je einem
Sterblichen verliehen sein kann; in seinem ungeheuren Gedichte zeigt
uns seine dichterische Erfindung aber doch immer nur da, wo er
die anschauliche Welt von der Berührung mit dem Dogma fern
halten kann, wahrhaft gestaltende Kraft, während er die dogmati=
schen Begriffe stets nur nach der kirchlichen Anforderung realer
Glaubhaftigkeit zu behandeln vermag; daher diese auch hier in der
von uns so bezeichneten krassen Künstlichkeit der Darstellung ver=
bleiben, wodurch sie uns, gerade aus dem Munde des großen Dich=
ters, abschreckend, ja absurd entgegen treten.

Im Betreff der bildenden Kunst bleibt es nun auffällig, daß
ihre ideal schaffende Kraft in dem Maaße abgenommen hat, als sie
von ihrer Berührung mit der Religion sich entfernte. Zwischen jenen
erhabensten kunst=religiösen Offenbarungen der göttlichen Herkunft

des Erlösers und der schließlichen Werk-Vollbringung des Welten-
Richters, war das schmerzlichste aller Bilder, das des am Kreuze
leidenden Heilandes, ebenfalls zur höchsten Vollendung gelangt,
und dieses blieb nun der Grund-Typus für die mannigfachen Darstellungen der Glaubensmärtyrer und Heiligen, mit schrecklichstem
Leiden durch Entrückungs-Wonne verklärt, als Hauptgegenstand. Hier
lenkte die Darstellung der leiblichen Qualen, wie die der Werk-
zeuge und der Ausführenden derselben, die Bildner bereits auf die
gemeine reale Welt, wo dann die Vorbilder menschlicher Bosheit
und Grausamkeit sich von selbst in unabweislicher Zudringlichkeit
aus ihrer Umgebung ihnen darboten. Das „Charakteristische" durfte
den Künstler endlich als durch seine Mannigfaltigkeit lohnend an-
ziehen: das vollendete „Portrait" selbst des gemeinsten Verbrechers,
wie er unter den weltlichen und kirchlichen Fürsten jener merkwürdigen Zeit anzutreffen war, wurde zur fruchtbringendsten Aufgabe
des Malers, welcher andererseits seine Motive zur Darstellung des
Schönen früh genug dem sinnlichen Frauen-Reize seiner üppigen Umgebung zu entnehmen sich bestimmt fühlte. In das letzte Abend-
roth des künstlerisch idealisirten christlichen Dogmas hatte unmittelbar das Morgenroth des wiederauflebenden griechischen Kunstideales
hineingeschienen: was jetzt der antiken Welt zu entnehmen war,
konnte aber nicht mehr jene Einheit der griechischen Kunst mit der
antiken Religion sein, durch welche die erstere einzig aufgeblüht und
zu ihrer Vollendung gelangt war: hierüber belehre uns der Blick
auf eine antike Statue der Venus, verglichen mit einem italienischen
Gemälde der Frauen, die ebenfalls für Venus' ausgegeben wurden,
um über den Unterschied von religiösem Ideal und weltlicher Realität sich zu verständigen. Der griechischen Kunst konnte eben nur
Formen-Sinn abgelernt, nicht idealer Gehalt entnommen werden:
diesem Formensinne konnte wiederum das christliche Ideal nicht mehr
anschaulich bleiben, wogegen nur die reale Welt als einzig von ihm
erfaßlich scheinen mußte. Wie diese reale Welt sich endlich gestal-

tete, und welche Vorwürfe sie der bildenden Kunst einzig zuführen
konnte, wollen wir jetzt unserer Betrachtung noch entziehen, und zu=
nächst dagegen nur feststellen, daß diejenige Kunst, welche in ihren
Affinitäten mit der Religion ihre höchste Leistung zu erreichen bestimmt
war, aus dieser Durchdringung gänzlich ausgeschieden, wie nicht zu
leugnen steht, in gänzlichen Verfall gerathen ist.

Um jene Affinität noch einmal auf das Innigste zu berühren,
lenken wir dagegen jetzt noch einen Blick auf die Tonkunst.

Konnte es der Malerei gelingen, den idealen Gehalt des in
allegorischen Begriffen gegebenen Dogmas dadurch zu veranschau=
lichen, daß sie die allegorische Figur, ohne ihre im eigentlichen Sinne
geforderte Glaubwürdigkeit als zweifelhaft vorauszusetzen zu müssen,
selbst zum Gegenstand ihrer idealisirenden Darstellung verwendete,
so mußte, wie wir dieß zu ersehen genöthigt waren, die Dichtkunst
ihre ähnlich bildende Kraft an den Dogmen der christlichen Religion
ungeübt lassen, weil sie, durch Begriffe darstellend, die begriffliche
Form des Dogmas, als im eigentlichen Sinne wahr, unangetastet
erhalten mußte.   Einzig konnte daher der lyrische Ausdruck ent=
zückungsvoller Anbetung der Dichtkunst nahe gelegt sein, und diese
mußte, da der Begriff hier nur im kanonisch festgesetzten Wortstyle
behandelt werden durfte, nothwendig in den des Begriffes unbedürf=
tigen, rein musikalischen Ausdruck sich ergießen.   Erst durch die Ton=
kunst ward die christliche Lyrik daher zu einer wirklichen Kunst: die
kirchliche Musik ward auf die Worte des dogmatischen Begriffes ge=
sungen; in ihrer Wirkung löste sie aber diese Worte, wie die durch
sie fixirten Begriffe, bis zum Verschwinden ihrer Wahrnehmbarkeit
auf, so daß sie hierdurch den reinen Gefühlsgehalt derselben fast
einzig der entzückten Empfindung mittheilte.   Streng genommen ist
die Musik die einzige dem christlichen Glauben ganz entsprechende
Kunst, wie die einzige Musik, welche wir, zum mindesten jetzt, als
jeder andern ebenbürtige Kunst kennen, lediglich ein Produkt des
Christenthums ist.   Zu ihrer Ausbildung als schöne Kunst trug die

wiederauflebende antike Kunst, deren Wirkung als Tonkunst uns
fast unvorstellbar geblieben ist, einzig nichts bei: weßhalb wir sie
auch als die jüngste, und unendlicher Entwickelung und Wirksam=
keit fähigste Kunst bezeichnen. Ihrer bisherigen Ausbildung nach=
zugehen, oder ihrer zukünftigen Entwickelung vorzugreifen, kann hier
nicht unsere Absicht sein, da wir sie für jetzt nur nach ihrer Affini=
tät zur Religion in Betracht zu ziehen haben. In diesem Sinne ist
nun, nach der vorangegangenen Erörterung über die Nöthigung der
poetischen Lyrik zur Auflösung des wörtlichen Begriffes in das Ton=
gebilde, anzuerkennen, daß die Musik das eigenste Wesen der christ=
lichen Religion mit unvergleichlicher Bestimmtheit offenbart, weßhalb
wir sie sinnbildlich in dasselbe Verhältniß zur Religion setzen möch=
ten, in welchem wir den Gottes=Knaben zur jungfräulichen Mutter
auf jenem Raphaelischen Gemälde uns darstellten: denn, als reine
Form eines gänzlich vom Begriffe losgelösten göttlichen Gehaltes,
darf sie uns als eine welterlösende Geburt des göttlichen Dogmas
von der Nichtigkeit der Erscheinungs=Welt selbst gelten. Auch die
idealste Gestalt des Malers bleibt in Betreff des Dogmas durch den
Begriff bedingt, und jene erhabene jungfräuliche Gottesmutter hebt
uns bei ihrer Beschauung nur über den, der Vernunft widerspän=
stigen, Begriff des Wunders hinweg, indem sie uns gleichsam das
letztere als möglich erscheinen läßt. Hier heißt es: „das bedeutet".
Die Musik aber sagt uns: „das ist", — weil sie jeden Zwiespalt
zwischen Begriff und Empfindung aufhebt, und dieß zwar durch die
der Erscheinungswelt gänzlich abgewendete, dagegen unser Gemüth
wie durch Gnade einnehmende, mit nichts Realem vergleichliche Ton=
gestalt.

Es mußte, bei dieser ihrer erhabenen Eigenheit, der Musik vor=
behalten bleiben, von dem begrifflichen Worte sich endlich ganz los=
zulösen: die ächteste Musik vollzog diese Loslösung auch in dem
Verhältnisse, in welchem das religiöse Dogma zum eitlen Spiele jesui=
tischer Kasuistik oder rationalistischer Rabulistik wurde. Die gänz=

liche Verweltlichung der Kirche zog auch die Verweltlichung der
Tonkunst nach sich: dort wo beide noch vereinigt wirken, wie z. B.
im heutigen Italien, ist auch in den Schaustellungen der einen wie
in der Begleitung der andern kein Unterschied von jedem sonstigen
Parade=Vorgange zu bemerken. Nur ihre endliche volle Trennung
von der verfallenden Kirche vermochte der Tonkunst das edelste Erbe
des christlichen Gedankens in seiner außerweltlich neugestaltenden
Reinheit zu erhalten; und die Affinitäten einer Beethoven'schen
Symphonie zu einer reinsten, der christlichen Offenbarung zu ent=
blühenden Religion, ahnungsvoll nachzuweisen, soll unsere Aufgabe
für den Fortgang dieser begonnenen Darstellung sein.

Um zu solcher Möglichkeit zu gelangen, haben wir jedoch zu=
nächst den mühsamen Weg zu beschreiten, auf welchem uns der
Grund des Verfalles selbst der erhabensten Religionen, und mit
diesem auch der Grund des Versinkens aller Kulturen, die von jenen
hervorgerufen, vor allem auch der Künste, die von ihnen befruchtet
waren, erklärlich zu machen sein dürfte. Nur dieser aber, so Schreck=
haftes er uns auch für das Erste entgegenführen muß, kann der
rechte Weg zur Aufsuchung des Gestades einer neuen Hoffnung für
das menschliche Geschlecht sein.

II.

Wenn wir derjenigen Phase der Entwickelung des menschlichen Geschlechtes nachgehen, welche wir, als auf sichere Überlieferung gegründet, die geschichtliche nennen, so ist es leichter zu begreifen, daß die im Verlaufe dieser Geschichte sich offenbarenden Religionen so bald sich ihrem inneren Verfalle zuneigten, als daß sie einen so langen äußeren Bestand hatten. Die beiden erhabensten Religionen, Brahmanismus mit dem aus ihm sich loslösenden Buddhaismus und Christenthum, lehren Abwendung von der Welt und ihren Leidenschaften, womit sie dem Strome der Weltbewegung sich geradeswegs entgegenstemmen, ohne in Wahrheit ihn aufhalten zu können. Ihr äußerer Fortbestand scheint somit nur dadurch erklärlich, daß einerseits sie die Kenntniß der Sünde in die Welt brachten, und andererseits auf die Benützung dieser Kenntniß, neben dem in der Geschichte sich entwickelnden Systeme der Herrschaft über die Leiber, eine Herrschaft über die Geister sich begründete, welche sofort die Reinheit der religiösen Erkenntniß, ganz im Sinne des allgemeinen Verfalles des menschlichen Geschlechtes, bis zur Unkenntlichkeit entstellte.

Diese Lehre von der Sündhaftigkeit der Menschen, deren Erkenntniß den Ausgang jener beiden erhabenen Religionen bildet, ist den sogenannten „freien Geistern" unverständlich geblieben, da

diese weder den bestehenden Kirchen das Recht der Sünden-Zu-
erkenntniß, noch ebenso wenig dem Staate die Befugniß gewisse
Handlungen für Verbrechen zu erklären, zugestehen zu dürfen
glaubten. Mögen beide Rechte für bedenklich angesehen werden, so
dürfte es nicht minder für ungerecht gelten, jenes Bedenken auch
gegen den Kern der Religion selbst zu wenden, da im Allgemeinen
wohl zugestanden werden muß, daß nicht die Religionen selbst an
ihrem Verfalle schuld sind, sondern vielmehr der Verfall des geschichtlich unserer Beurtheilung vorliegenden Menschengeschlechtes jenen
mit nach sich gezogen hat; denn diesen sehen wir seinerseits mit solch
bestimmter Natur-Nothwendigkeit vor sich gehen, daß er selbst jede
Bemühung, ihm entgegenzutreten, mit sich fortreißen mußte.

Und gerade an jener so übel ausgebeuteten Lehre von der
Sündhaftigkeit ist dieser schreckliche Vorgang am deutlichsten nachzuweisen, wofür wir sofort auf den richtigen Punkt zu treffen
glauben, wenn wir die brahmanische Lehre von der Sündhaftigkeit
der Tödtung des Lebendigen und der Verspeisung der Leichen ge-
mordeter Thiere in Betracht ziehen.

Bei näherem Eingehen auf den Sinn dieser Lehre und der
durch sie begründeten Abmahnung, dürften wir sofort auf die Wurzel
aller wahrhaft religiösen Überzeugung treffen, womit wir zugleich
den tiefsten Gehalt aller Erkenntniß der Welt, nach ihrem Wesen
wie nach ihrer Erscheinung, erfassen würden. Denn jene Lehre entsprang erst der vorangehenden Erkenntniß der Einheit alles Lebenden, und der Täuschung unserer sinnlichen Anschauung, welche uns
diese Einheit als eine unfaßbar mannigfaltige Vielheit und gänz-
liche Verschiedenheit vorstellte. Jene Lehre war somit das Ergebniß einer tiefsten metaphysischen Erkenntniß, und wenn der Brahmane uns die mannigfaltigsten Erscheinungen der lebenden Welt
mit dem Bedeuten: „das bist Du!" vorführte, so war uns hiermit
das Bewußtsein davon erweckt, daß wir durch die Aufopferung eines
unserer Nebengeschöpfe uns selbst zerfleischten und verschlängen. Daß

das Thier nur durch den Grad seiner intellektualen Begabung vom
Menschen verschieden war, daß das, was aller intellektualen Aus=
rüstung vorausgeht, begehrt und leidet, in Jenem aber ganz der=
selbe Wille zum Leben sei wie im vernunftbegabtesten Menschen,
und daß dieser eine Wille es ist, welcher in dieser Welt der
wechselnden Formen und vergehenden Erscheinungen sich Beruhigung
und Befreiung erstrebt, so wie endlich, daß diese Beschwichtigung
des ungestümen Verlangens nur durch gewissenhafteste Übung der
Sanftmuth und des Mitleidens für alles Lebende zu gewinnen
war, — dieß ist dem Brahmanen und Buddhisten bis auf den heutigen
Tag unzerstörbares religiöses Bewußtsein geblieben. Wir erfahren,
daß um die Mitte des vorigen Jahrhunderts englische Spekulanten
die ganze Reis=Ernte Indiens aufgekauft hatten, und dadurch eine
Hungersnoth im Lande herbeiführten, welche drei Millionen der
Eingeborenen dahinraffte: keiner dieser Verhungernden war zu be=
wegen gewesen, seine Hausthiere zu schlachten und zu verspeisen;
erst nach ihren Herren verhungerten auch diese. Ein mächtiges Zeug=
niß für die Ächtheit eines religiösen Glaubens, mit welchem die Be=
kenner desselben allerdings auch aus der „Geschichte" ausgeschie=
den sind.

Gehen wir dagegen den Erfolgen des geschichtlich sich doku=
mentirenden Menschengeschlechtes jetzt etwas näher nach, so können
wir nicht umhin, die jammervolle Gebrechlichkeit desselben uns nur
aus einem Wahne zu erklären, in welchem etwa das reißende Thier
befangen sein muß, wenn es sich, endlich selbst nicht mehr vom
Hunger dazu getrieben, sondern aus bloßer Freude an seiner
wüthenden Kraft, auf Beute stürzt. Wenn die Physiologen noch
darüber uneinig sind, ob der Mensch von der Natur ausschließlich
auf Frucht=Nahrung oder auch auf Fleisch=Atzung angewiesen sei, so
zeigt uns die Geschichte, von ihrem ersten Aufdämmern an, den
Menschen bereits als in stetem Fortschritt sich ausbildendes Raub=
thier. Dieses erobert die Länder, unterjocht die frucht=genährten

19 *

Geschlechter, gründet durch Unterjochung andrer Unterjocher große
Reiche, bildet Staaten und richtet Zivilisationen ein, um seinen
Raub in Ruhe zu genießen.

So ungenügend alle unsere wissenschaftliche Kenntniß im Be=
treff der ersten Ausgangs=Punkte dieser geschichtlichen Entwickelung
ist, dürfen wir doch die Annahme festhalten, daß die Geburt und
der früheste Aufenthalt der menschlichen Gattungen in warme und
von reicher Vegetation bedeckte Länder zu setzen sei; schwieriger
scheint es zu entscheiden, welche gewaltsame Veränderungen einen
großen Theil des wohl bereits stark angewachsenen menschlichen Ge=
schlechtes aus seinen natürlichen Geburts=Stätten rauheren und un=
wirthbareren Regionen zutrieb. Die Urbewohner der jetzigen in=
dischen Halbinsel glauben wir beim ersten Dämmern der Geschichte
in den kälteren Thälern der Hochgebirge des Himalaya, durch Vieh=
zucht und Ackerbau sich ernährend, wiederfinden zu dürfen, von wo
aus sie unter der Anleitung einer, den Bedürfnissen des Hirten=
lebens entsprechenden, sanften Religion in die tieferen Thäler der
Induslänger zurückwandern, um wiederum von hier aus ihre Ur=
heimath, die Länder des Ganges, gleichsam von Neuem in Besitz zu
nehmen. Groß und tief müssen die Eindrücke dieser Einwanderung
und Wiederkehr auf den Geist der nun so erfahrenen Geschlechter
gewesen sein: den Bedürfnissen des Lebens kam eine üppig hervor=
bringende Natur mit williger Darbietung entgegen; Beschauung und
ernste Betrachtung durften die nun sorglos sich Nährenden zu tiefem
Nachsinnen über eine Welt hinleiten, in welcher sie jetzt Bedräng=
niß, Sorge, Nöthigung zu harter Arbeit, ja zu Streit und Kampf
um Besitz kennen gelernt hatten. Dem jetzt sich als wiedergeboren
empfindenden Brahmanen durfte der Krieger als Beschützer der
äußeren Ruhe nothwendig und deßhalb bemitleidenswerth erscheinen;
der Jäger ward ihm aber entsetzlich, und der Schlächter des be=
freundeten Hausthieres ganz undenklich. Diesem Volke entwuchsen
keine Eberhauer aus dem Zahngebisse, und doch blieb es muthiger

als irgend ein Volk der Erde, denn es ertrug von seinen späteren Peinigern jede Qual und Todesart standhaft für die Reinheit seines milden Glaubens, von welchem nie ein Brahmane oder Buddhist, etwa aus Furcht oder für Gewinn, wie dieses von Bekennern jeder andern Religion geschah, sich abwendig machen ließ.

In den gleichen Thälern der Indus-Länder glauben wir aber auch die Scheidung vor sich gehen zu sehen, durch welche verwandte Geschlechter von den südwärts in das alte Geburtsland zurückziehenden sich trennten, um westwärts in die weiten Länder Vorderasiens vorzudringen, wo wir sie im Verlaufe der Zeit, als Eroberer und Gründer mächtiger Reiche, mit immer größerer Bestimmtheit Monumente der Geschichte errichten sehen. Diese Völker hatten die Wüsten durchwandert, welche die äußersten asiatischen Vorländer vom Induslande trennen: das vom Hunger gequälte Raubthier hatte sie hier gelehrt, nicht mehr der Milch, sondern auch des Fleisches ihrer Heerden als Nahrung sich zu bedienen, bis alsbald nur Blut den Muth des Eroberers zu nähren fähig schien. Schon hatten aber die rauhen Steppen des über den indischen Gebirgsländern nordwärts hinaus sich erstreckenden Asiens, wohin einst die Flucht vor ungeheuren Naturvorgängen die Urbewohner milder Regionen getrieben, das menschliche Raubthier groß gezogen. Von dorther entströmten zu allen früheren und späteren Zeiten die Fluthen der Zerstörung und Vernichtung jedes Ansatzes zum Wiedergewinn sanfterer Menschlichkeit, wie sie uns schon die Ursagen der iranischen Stämme in der Meldung von den steten Kämpfen mit jenen turanischen Steppenvölkern bezeichnen. Angriff und Abwehr, Noth und Kampf, Sieg und Unterliegen, Herrschaft und Knechtschaft, Alles mit Blut besiegelt, nichts anderes zeigt uns fortan die Geschichte der menschlichen Geschlechter: als Folge des Sieges des Stärkeren alsbald eintretende Erschlaffung durch eine, von der Knechtschaft der Unterjochten getragene Kultur: worauf dann Ausrottung der Entarteten durch neue rohere Kräfte von noch ungesättigter Blutgier.

Denn immer tiefer verfallend, scheinen Blut und Leichen die einzig
würdige Nahrung für den Welteroberer zu werden: das Mahl des
Thyestes wäre bei den Indern unmöglich gewesen; mit solchen ent=
setzlichen Bildern konnte jedoch die menschliche Einbildungskraft
spielen, seitdem ihr Thier= und Menschenmord geläufig geworden
war. Und sollte die Phantasie der zivilisirten modernen Menschen
mit Abscheu von solchen Bildern sich abwenden dürfen, wenn sie
sich an den Anblick eines Pariser Schlachthauses in seiner frühen
Morgenbeschäftigung, vielleicht auch eines kriegerischen Schlachtfeldes
am Abende eines glorreichen Sieges, gewöhnt hat? Gewiß dürften
wir es bisher nur darin weiter als mit jenen Thyesteischen Speise=
Mählern gebracht haben, daß uns eine herzlose Täuschung darüber
möglich geworden ist, was unsern ältesten Ahnen noch in seiner
Schrecklichkeit offenlag. Noch jene Völker, welche als Eroberer nach
Vorder=Asien vorgedrungen waren, vermochten ihr Erstaunen über
das Verderben, in das sie gerathen, durch Ausbildung so ernster
religiöser Begriffe kund zu geben, wie sie der parsischen Religion
des Zoroaster zu Grunde liegen. Das Gute und das Böse: Licht
und Nacht, Ormuzd und Ahriman, Kämpfen und Wirken, Schaffen
und Zerstören: — Söhne des Lichtes traget Scheu vor der Nacht,
versöhnet das Böse und wirket das Gute! — Noch gewahren wir
hier einen dem alten Indus=Volke verwandten Geist, doch in Sünde
verstrickt, im Zweifel über den Ausgang des nie voll sich entschei=
denden Kampfes.

Aber auch einen anderen Ausgang suchte der, unter Qual und
Leiden seiner Sündhaftigkeit sich bewußt werdende, verirrte Wille
des menschlichen Geschlechtes aus dem, seinen natürlichen Adel ent=
würdigenden, Verderben: doch begabten Stämmen, denen das Gute
so schwer fiel, ward das Schöne so leicht. In voller Bejahung
des Willens zum Leben begriffen, wich der griechische Geist der
Erkenntniß der schrecklichen Seite dieses Lebens zwar nicht aus,
aber selbst diese Erkenntniß ward ihm nur zum Quelle künstlerischer

Anschauung: er sah mit vollster Wahrhaftigkeit das Furchtbare; diese Wahrhaftigkeit selbst ward ihm aber zum Triebe einer Dar= stellung, welche eben durch ihre Wahrhaftigkeit schön ward. So sehen wir in dem Wirken des griechischen Geistes gleichsam einem Spiele zu, einem Wechsel zwischen Gestalten und Erkennen, wobei die Freude am Gestalten den Schrecken des Erkennens zu bemeistern sucht. Hierbei sich genügend, der Erscheinung froh, weil er die Wahrhaftigkeit der Erkenntniß in sie gebannt hat, frägt er nicht dem Zwecke des Daseins nach, und läßt den Kampf des Guten und Bösen, ähnlich der parsischen Lehre, unentschieden, da er für ein schönes Leben den Tod willig annimmt, nur darnach bestrebt, auch diesen schön zu gestalten.

Wir nannten dieß in einem erhabenen Sinne ein Spiel, näm= lich ein Spiel des Intellektes in seiner Freilassung vom Willen, dem er jetzt nur zur eigenen Selbstbeschauung dient, — somit das Spiel des Überreichen an Geist. Aber das Bedenkliche der Be= schaffenheit der Welt ist, daß alle Stufen der Entwickelung der Willensäußerungen, vom Walten der Urelemente durch alle niederen Organisationen hindurch bis zum reichsten menschlichen Intellekt, in Raum und Zeit zugleich neben einander bestehen, und demnach die höchste Organisation immer nur auf der Grundlage selbst der roheſten Willens=Manifestationen sich als vorhanden und wirkend erkennen kann. Auch die Blüthe des griechischen Geistes war an die Bedingungen desselben komplizirten Daseins gebunden, welche einen nach unabänderlichen Gesetzen sich dahin bewegenden Erdball mit all seinen, nach abwärts gesehen, immer roher und unerbittlicher sich darstellenden Lebensgeburten zur Grundlage hat. So konnte sie als ein schöner Traum der Menschheit lange die Welt mit einem täuschenden Dufte erfüllen, an dem sich zu laben aber nur den von der Noth des Willens befreiten Geistern vergönnt war; und was konnte diesen endlich solcher Genuß anders als ein herzloses Gaukelspiel sein, wenn wir ersehen müssen, daß Blut und Mord ungebändigt

und stets neu entbunden, die menschlichen Geschlechter durchrasen,
die Gewalt einzig herrscht, und Geistesbefreiung nur durch Knechtung
der Welt zu erkaufen möglich erscheint? Aber ein herzloses Gaukel=
spiel, wie wir es nannten, mußte das Befassen mit Kunst und der
Genuß der durch sie aufgesuchten Befreiung von der Willensnoth
nur noch sein, sobald in der Kunst nichts mehr zu erfinden war:
das Ideal zu erreichen war die Sache des einzelnen Genies ge=
wesen; was dem Wirken des Genies nachlebt, ist nur das Spiel
der erlangten Geschicklichkeit, und so sehen wir denn die griechische
Kunst, ohne den griechischen Genius, das große römische Reich durch=
leben, ohne eine Thräne des Armen trocknen, ohne dem vertrockneten
Herzen des Reichen eine Zähre entlocken zu können. Vermöchte uns
aus weiter Ferne ein langer Sonnenschein zu täuschen, den wir
über dem Reiche der Antoninen friedvoll ausgebreitet sehen, so
würden wir einen, immerhin noch kurzen, Triumph des künstlerisch
philosophischen Geistes über die rohe Bewegung der rastlos sich
zerstörenden Willenskräfte der Geschichte einzeichnen dürfen. Doch
würde uns auch hierbei nur ein Anschein beirren, welcher uns Er=
schlaffung für Beruhigung ansehen ließe. Für thöricht mußte es
dagegen erkannt werden, durch noch so sorgsame Vorkehrungen der
Gewalt die Gewalt aufhalten zu können. Auch jener Weltfrieden
beruhte nur auf dem Rechte des Stärkeren, und nie hatte das
menschliche Geschlecht, seitdem es zuerst dem Hunger nach blutiger
Beute verfallen, aufgehört durch jenes Recht sich einzig zu Besitz
und Genuß für befugt zu halten. Dem kunstschöpferischen Griechen·
galt es, nicht minder als dem rohesten Barbaren, für das einzige
weltgestaltende Gesetz: es giebt keine Blutschuld, die nicht auch
dieses schön gestaltende Volk in zerfleischendem Hasse auf seinen
Nächsten auf sich lud; bis dann der Stärkere auch ihm wieder nahe
kam, dieser Stärkere abermals dem Gewaltsameren unterlag, und so
Jahrhunderte auf Jahrhunderte, stets neue rohere Kräfte in das
Spiel führend, uns heute endlich zu unserem Schutze hinter all=

jährlich sich vergrößernde Riesenkanonen und Panzermauern gewor=
fen haben.

Von je ist es, mitten unter dem Rasen der Raub= und Blut=
gier, weisen Männern zum Bewußtsein gekommen, daß das mensch=
liche Geschlecht an einer Krankheit leide, welche es nothwendig in
stets zunehmender Degeneration erhalte. Manche aus der Beur=
theilung des natürlichen Menschen gewonnene Anzeigen, sowie sagen=
haft aufdämmernde Erinnerungen, ließen sie die natürliche Art
dieses Menschen, und seinen jetzigen Zustand demnach als eine
Entartung erkennen. Ein Mysterium hüllte Pythagoras ein, den
Lehrer der Pflanzen=Nahrung; kein Weiser sann nach ihm über das
Wesen der Welt nach, ohne auf seine Lehre zurückzukommen. Stille
Genossenschaften gründeten sich, welche verborgen vor der Welt und
ihrem Wüthen die Befolgung dieser Lehre als ein religiöses Reini=
gungsmittel von Sünde und Elend ausübten. Unter den Ärmsten
und von der Welt Abgelegensten erschien der Heiland, den Weg
der Erlösung nicht mehr durch Lehren, sondern durch das Beispiel
zu weisen: sein eigenes Blut und Fleisch gab er, als letztes höchstes
Sühnungsopfer für alles sündhaft vergossene Blut und geschlachtete
Fleisch dahin, und reichte dafür seinen Jüngern Wein und Brot
zum täglichen Mahle: — „solches allein genießet zu meinem Ange=
denken.“ Dieses das einzige Heilamt des christlichen Glaubens: mit
seiner Pflege ist alle Lehre des Erlösers ausgeübt. Wie mit angst=
voller Gewissensqual verfolgt diese Lehre die christliche Kirche, ohne
daß diese sie je in ihrer Reinheit zur Befolgung bringe könnte, trotz=
dem sie, sehr ernstlich erwogen, den allgemein faßlichsten Kern des
Christenthums bilden sollte. Sie wurde zu einer symbolischen Aktion,
vom Priester ausgeübt, umgewandelt, während ihr eigentlicher Sinn
sich nur in den zeitweilig verordneten Fasten ausspricht, ihre strenge
Befolgung aber nur gewissen religiösen Orden, mehr im Sinne einer
Demuth fördernden Entsagung, als dem eines leiblichen wie geistigen
Heilmittels, auferlegt blieb.

Vielleicht ist schon die eine Unmöglichkeit, die unausgesetzte Befolgung dieser Verordnung des Erlösers durch vollständige Enthaltung von thierischer Nahrung bei allen Bekennern durchzuführen, als der wesentliche Grund des so frühen Verfalles der christlichen Religion als christliche Kirche anzusehen. Diese Unmöglichkeit anerkennen müssen, heißt aber so viel, als den unaufhaltsamen Verfall des menschlichen Geschlechtes selbst bekennen. Berufen, den auf Raub und Gewalt begründeten Staat aufzuheben, mußte der Kirche, dem Geiste der Geschichte entsprechend, die Erlangung der Herrschaft über Reich und Staaten als erfolgreichstes Mittel erscheinen. Hierzu, um verfallende Geschlechter sich zu unterwerfen, bedurfte sie der Hilfe des Schreckens, und der eigenthümliche Umstand, daß das Christenthum als aus dem Judenthum hervorgegangen angesehen werden konnte, führte zur Aneignung der nöthig dünkenden Schreckmittel. Hier hatte der Stammgott eines kleinen Volkes den Seinigen, sobald sie streng die Gesetze hielten, durch deren genaueste Befolgung sie gegen alle übrigen Völker der Erde sich abgeschlossen erhalten sollten, die einstige Beherrschung der ganzen Welt, mit allem was darin lebt und webt, verhießen. In Erwiderung dieser Sonderstellung von allen Völkern gleich gehaßt und verachtet, ohne eigene Produktivität, nur durch Ausbeutung des allgemeinen Verfalles sein Dasein fristend, wäre dieses Volk sehr wahrscheinlich im Verlaufe gewaltsamer Umwälzungen ebenso verschwunden, wie die größesten und edelsten Geschlechter völlig erloschen sind; namentlich schien der Islam dazu berufen, das Werk der gänzlichen Auslöschung des Judenthums auszuführen, da er sich des Juden=Gottes als Schöpfers des Himmels und der Erde selbst bemächtigte, um ihn mit Feuer und Schwert zum alleinigen Gott alles Athmenden zu erheben. Die Theilnahme an dieser Weltherrschaft ihres Jehova glaubten, so scheint es, die Juden verscherzen zu können, da sie andererseits Theilnahme an einer Ausbildung der christlichen Religion gewonnen hatten, welche ihnen diese, mit allen ihren Erfolgen für Herrschaft,

Kultur und Zivilisation, im Verlaufe der Zeiten in die Hände zu
liefern sehr wohl geeignet war. Denn der erstaunliche Ausgangs=
punkt hierfür war geschichtlich gegeben: — in einem Winkel des
Winkellandes Judäa war Jesus von Nazareth geboren. Anstatt
in solcher unvergleichlich niedrigen Herkunft ein Zeugniß dafür zu
erblicken, daß unter den herrschenden und hochgebildeten Völkern der
damaligen Geschichtsepoche keine Stätte für die Geburt des Erlösers
der Armen zu finden war, sondern gerade dieses, einzig durch die
Verachtung selbst der Juden ausgezeichnete Galiläa, eben vermöge
seiner tiefest erscheinenden Erniedrigung, zur Wiege des neuen Glaubens
berufen sein konnte, — dünkte es den ersten Gläubigen, armen, dem
jüdischen Gesetze stumpf unterworfenen Hirten und Landbauern, un=
erläßlich, die Abkunft ihres Heilandes aus dem Königsstamme David's
nachweisen zu können, wie zur Entschuldigung für sein kühnes Vor=
gehen gegen das ganze jüdische Gesetz. Bleibt es mehr als zweifel=
haft, ob Jesus selbst von jüdischem Stamme gewesen sei, da die
Bewohner von Galiläa eben ihrer unächten Herkunft wegen von
den Juden verachtet waren, so mögen wir dieß, wie alles die ge=
schichtliche Erscheinung des Erlösers Betreffende, hier gern dem
Historiker überlassen, der seinerseits ja wiederum erklärt mit einem
„sündenlosen Jesus nichts anfangen zu können". Uns wird es da=
gegen genügen, den Verderb der christlichen Religion von der Her=
beiziehung des Judenthums zur Ausbildung ihrer Dogmen herzu=
leiten. Wie wir dieß bereits zuvor berührten, gewann gerade hier=
aus aber die Kirche ihre Befähigung zu Macht und Herrschaft; denn
wo wir christliche Heere, selbst unter dem Zeichen des Kreuzes, zu
Raub und Blutvergießen ausziehen sahen, war nicht der Allbulder
anzurufen, sondern Moses, Josua, Gideon, und wie die Vor=
kämpfer Jehova's für die israelitischen Stämme hießen, waren dann
die Namen, deren Anrufung es zur Befeuerung des Schlachtenmuthes
bedurfte; wovon denn die Geschichte England's aus den Zeiten der
Puritaner=Kriege ein deutliches, die ganze alttestamentliche Entwicke=

lung der englischen Kirche beleuchtendes Beispiel aufweist. Wie
ohne diese Hereinziehung des altjüdischen Geistes und seine Gleich=
stellung mit dem des rein christlichen Evangeliums, wäre es auch
bis auf den heutigen Tag noch möglich, kirchliche Ansprüche an die
„zivilisirte Welt" zu erheben, deren Völker, wie zur gegenseitigen
Ausrottung bis an die Zähne bewaffnet, ihren Friedenswohlstand
vergeuden, um beim ersten Zeichen des Kriegsherrn methodisch zer=
fleischend über sich herzufallen? Offenbar ist es nicht Jesus Christus,
der Erlöser, den unsere Herren Feldprediger vor dem Beginne der
Schlacht den um sie versammelten Bataillonen zum Vorbild empfeh=
len; sondern, nennen sie ihn, so werden sie wohl meinen: Jehova,
Jahve, oder einen der Elohim, der alle Götter außer sich haßte,
und sie deßhalb von seinem treuen Volke unterjocht wissen wollte.

Gehen wir nun unserer so sehr gepriesenen Zivilisation auf
den Grund, so finden wir, daß sie eigentlich für den nie voll er=
blühenden Geist der christlichen Religion eintreten soll, welche einzig
zur gleißnerischen Heiligung eines Kompromisses zwischen Rohheit
und Feigheit benutzt erscheint. Als ein charakteristischer Ausgangs=
punkt dieser Zivilisation ist es zu betrachten, daß die Kirche die von
ihr zum Tode verurtheilten Andersgläubigen der weltlichen Gewalt
mit der Empfehlung übergab, bei der Vollziehung des Urtheils kein
Blut zu vergießen, demnach aber gegen die Verbrennung durch
Feuer nichts einzuwenden hatte. Es ist erwiesen, daß auf diese
unblutige Weise die kräftigsten und edelsten Geister der Völker aus=
gerottet worden sind, die nun, um diese verwaist, in die Zucht zivili=
satorischer Gewalten genommen wurden, welche, ihrerseits dem Vor=
gange der Kirche nachahmend, die, nach neueren Philosophen, a b=
strakt treffende Flinten= und Kanonen=Kugel dem konkret Blut=
wunden schlagenden Schwerte und Spieße substituirten. War uns
der Anblick des den Göttern geopferten Stiers ein Greuel gewor=
den, so wird nun in sauberen, von Wasser durchspülten Schlacht=
häusern ein tägliches Blutbad der Beachtung aller derer entzogen,

die beim Mittagsmahle sich die bis zur Unkenntlichkeit hergerichteten
Leichentheile ermordeter Hausthiere wohl schmecken lassen sollen.
Begründen sich alle unsere Staaten auf Eroberung und Unterjochung
vorgefundener Landes-Insassen, und nahm der letzte Eroberer für
sich und die Seinigen den Grund und Boden des Landes in leibeigenen Besitz — wovon England noch jetzt ein wohlerhaltenes Beispiel darbietet —, so gab Erschlaffung und Verfall der herrschenden
Geschlechter doch auch das Mittel zu einer allmählichen Verwischung
des barbarischen Anscheines solcher ungleichen Besitzes-Vertheilung:
das Geld, für welches endlich Grund und Boden den verschuldeten
Eigenthümern abgekauft werden konnte, gab dem Käufer dasselbe
Recht wie dem einstigen Eroberer, und über den Besitz der Welt
verständigt sich jetzt der Jude mit dem Junker, während der Jurist
mit dem Jesuiten über das Recht im Allgemeinen ein Abkommen
zu treffen sucht. Leider hat dieser friedliche Anschein das Schlimme,
daß Keiner dem Andern traut, da das Recht der Gewalt einzig im
Gewissen Aller lebendig ist, und jeder Verkehr der Völker unter
sich nur durch Politiker geleitet zu werden für möglich gehalten
wird, welche wachsam die von Machiavell aufgezeichnete Lehre be-
folgen: „was du nicht willst, daß er dir thu', das füge deinem
Nächsten zu". So müssen wir es auch diesem staatserhaltenden
Gedanken für entsprechend ansehen, daß unsere leiblich ihn darstellenden höchsten Herren, wenn es für bedeutende Manifestationen
sich im fürstlichen Schmuck zu zeigen gilt, hierfür die Militär-Uni-
form anlegen, so übel und würdelos sie, endlich einzig für praktische
Zwecke hergerichtet, die Gestalten kleiden möge, welche für alle Zeiten
im höchsten Richter-Gewande gewiß edler und würdiger sich ausnehmen dürften.

Ersehen wir hieran, daß unserer so komplizirten Zivilisation
selbst nur die Verhüllung unserer durchaus unchristlichen Herkunft
nicht gelingen will, und kann unmöglich das Evangelium, auf das
wir trotzdem in zartester Jugend bereits vereidigt werden, zu ihrer

Erklärung, geschweige denn zu ihrer Rechtfertigung herbeigezogen
werden, so hätten wir in unserem Zustande sehr wohl einen Triumph
der Feinde des christlichen Glaubens zu erkennen.

Wer hierüber sich klar gemacht hat, muß auch leicht einsehen,
warum in gleicher Weise auf dem der Zivilisation abliegenden Ge=
biete der Geistes=Kultur ein immer tieferer Verfall sich kund giebt:
die Gewalt kann zivilisiren, die Kultur muß dagegen aus dem Boden
des Friedens sprossen, wie sie schon ihren Namen von der Pflege
des eigentlichen Bodengrundes her führt. Aus diesem Boden, der
einzig dem thätig schaffenden Volke gehört, erwuchsen zu jeder Zeit
auch einzig Kenntnisse, Wissenschaften und Künste, genährt durch je=
weilig dem Volksgeiste entsprechende Religionen. Zu diesen Wissen=
schaften und Künsten des Friedens tritt nun die rohe Gewalt des
Eroberers und sagt ihnen: was von Euch zum Kriegshandwerk taugt
— mag gedeihen, was nicht — mag verkommen. So sehen wir,
daß das Gesetz Muhamed's zu dem eigentlichen Grundgesetze aller
unserer Zivilisationen geworden ist, und unseren Wissenschaften und
Künsten sieht man es an, wie sie unter ihm gedeihen. Es stehe
nur irgendwo ein guter Kopf auf, der es zugleich von Herzen red=
lich meint; die Wissenschaften und Künste der Zivilisation wissen
ihm bald die Wege zu weisen. Hier wird gefragt: bist du einer
herzlosen und schlechten Zivilisation nützlich oder nicht? Von den
sogenannten Natur=Wissenschaften, namentlich der Physik und Chemie,
ist den Kriegs=Behörden weis gemacht worden, daß in ihnen noch
ungemein viel zerstörende Kräfte und Stoffe aufzufinden möglich
wäre, wenn auch leider das Mittel gegen Frost und Hagelschlag
sobald noch nicht herbeizuschaffen sei. Diese werden besonders be=
günstigt; auch fördern die entehrenden Krankheiten unserer Kultur
alle die menschenschänderischen Ausgeburten der spekulativen Thier=
Vivisektion in unseren physiologischen Operatorien, zu deren Schutz
Staat und Reich sich sogar auf den „wissenschaftlichen Standpunkt"
stellen. Den Ruin, den in eine mögliche gesunde Entwickelung einer

christlichen Volkskultur die lateinische Wiedergeburt der griechischen
Künste hineingetragen hat, verarbeitet Jahr um Jahr eine dumpf
vor sich dahin stümpernde Philologie, den Hütern des antiken Ge=
setzes des Rechtes des Stärkeren gefallsüchtig zuschmunzelnd. Alle
Künste aber werden herbeigezogen und gepflegt, sobald sie zur Ab=
wendung vom Gewahrwerden des Elendes, in dem wir uns etwa
begriffen fühlen könnten, dienlich erscheinen. Zerstreuung, Zerstreu=
ung! Nur keine Sammlung, als höchstens Geld=Sammlungen für
Feuer= und Wasserbeschädigte, für welche die Kriegskassen kein Geld
haben.

Und für diese Welt wird immerfort gemalt und musizirt. In
den Gallerien wird Raphael fort und fort bewundert und erklärt,
und seine „Sixtina" bleibt den Kunstkennern ein größtes Meister=
stück. In Konzert=Sälen wird aber auch Beethoven gehört; und
fragen wir uns nun, was unserem Publikum wohl eine Pastoral=
Symphonie sagen möge, so bringt uns diese Frage, tief und ernst=
lich erwogen, auf Gedanken, wie sie dem Verfasser dieses Aufsatzes
sich immer unabweisbarer aufdrängten, und welche er nun seinen
geneigten Lesern faßlich mitzutheilen versuchen will, vorausgesetzt,
daß die Annahme eines tiefen Verfalles, in welchen der geschichtliche
Mensch gerathen, nicht bereits vom Weiterbeschreiten des eingeschla=
genen Weges sie abgeschreckt hat.

III.

Die Annahme einer Entartung des menschlichen Geschlechtes dürfte, so sehr sie derjenigen eines steten Fortschrittes zuwider erscheint, ernstlich erwogen, dennoch die einzige sein, welche uns einer begründeten Hoffnung zuführen könnte. Die sogenannte pessimistische Welt=Ansicht müßte uns hierbei nur unter der Voraussetzung als berechtigt erscheinen, daß sie sich auf die Beurtheilung des geschicht= lichen Menschen begründe; sie würde jedoch bedeutend modifizirt werden müssen, wenn der vorgeschichtliche Mensch uns so weit be= kannt würde, daß wir aus seiner richtig wahrgenommenen Natur= Anlage auf eine später eingetretene Entartung schließen könnten, welche nicht unbedingt in jener Natur=Anlage begründet lag. Dürfen wir nämlich die Annahme bestätigt finden, daß die Entartung durch übermächtige äußere Einflüsse verursacht worden sei, gegen welche sich der, solchen Einflüssen gegenüber noch unerfahrene, vorgeschicht= liche Mensch nicht zu wehren vermochte, so müßte uns die bisher bekannt gewordene Geschichte des menschlichen Geschlechtes als die leidenvolle Periode der Ausbildung seines Bewußtseins für die An= wendung der auf diesem Wege erworbenen Kenntnisse zur Abwehr jener verderblichen Einflüsse gelten können.

So unbestimmt, und oft in kürzester Zeit sich widersprechend,
auch die Ergebnisse unserer wissenschaftlichen Forschung sich heraus=
stellen und häufig uns mehr beirren als aufklären, scheint doch eine
Annahme unserer Geologen als unwidersprechlich sich zu behaupten,
nämlich diese, daß das zuletzt dem Schooße der animalischen Bevöl=
kerung der Erde entwachsene menschliche Geschlecht, welchem wir
noch jetzt angehören, wenigstens zu einem großen Theile, eine ge=
waltsame Umgestaltung der Oberfläche unseres Planeten erlebt hat.
Hiervon überzeugend spricht zu uns ein sorgfältiger Überblick der
Gestalt unserer Erdkugel: dieser zeigt uns, daß in irgend einer
Epoche ihrer letzten Ausbildung große Theile der verbundenen Fest=
länder versanken, andere emporstiegen, während unermeßliche Wasser=
fluthen vom Südpole her endlich nur an den, gleich Eisbrechern gegen
sie sich vorstreckenden, spitzen Ausläufern der sich behauptenden Fest=
länder der nördlichen Halbkugel, sich stauten und verliefen, nachdem
sie alles Überlebende in furchtbarer Flucht vor sich hergetrieben
hatten. Die Zeugnisse für die Richtigkeit einer solchen Flucht des
animalischen Lebens aus den Tropenkreisen bis in die rauhesten
nordischen Zonen, wie sie unsere Geologen in Folge von Ausgra=
bungen, z. B. von Elephanten=Skeletten in Sibirien, liefern, sind
allbekannt. Wichtig für unsere Untersuchung ist es dagegen, sich
eine Vorstellung von den Veränderungen zu verschaffen, welche durch
solche gewaltsame Dislokationen der Erdbewohner bei den, bisher
im Mutterschooße ihrer Urgeburtsländer groß gezogenen, thierischen
und menschlichen Geschlechtern nothwendig eingetreten sein müssen.
Sehr gewiß muß das Hervortreten ungeheurer Wüsten, wie der
afrikanischen Sahara, die Anwohner der vorherigen, von üppigen
Uferländern umgebenen Binnenseen in eine Hungersnoth geworfen
haben, von deren Schrecklichkeit wir uns einen Begriff machen können,
wenn uns von den wüthenden Leiden Schiffbrüchiger berichtet wird,
durch welche vollkommen zivilisirte Bürger unserer heutigen Staaten
zum Menschenfraße hingetrieben wurden. In den feuchten Ufer=

Umgebungen der Canadischen Seen leben jetzt noch den Panthern und Tigern verwandte thierische Geschlechter als Fruchtesser, während an jenen Wüstenrändern der geschichtliche Tiger und Löwe zum blut= gierigsten reißenden Thiere sich ausbildete. Daß ursprünglich der Hunger allein es gewesen sein muß, welcher den Menschen zum Thiermord und zur Ernährung durch Fleisch und Blut angetrieben hat, nicht aber diese Nöthigung bloß durch Versetzung in kältere Klimaten eingetreten sei, wie diejenigen wissen wollen, welche thie= rische Nahrung in nördlichen Gegenden als Pflicht der Selbsterhal= tung vorgeschrieben glauben, beweist die offenliegende Thatsache, daß große Völker, welchen reichliche Frucht=Nahrung zu Gebote steht, selbst in rauheren Klimaten durch fast ausschließlich vegetabilische Nahrung nichts von ihrer Kraft und Ausdauer einbüßen, wie dieß an den, zugleich zu vorzüglich hohem Lebensalter gelangenden, russi= schen Bauern zu ersehen ist; von den Japanesen, welche nur Frucht= Nahrung kennen, wird außerdem der tapferste Kriegsmuth bei schärfstem Verstande gerühmt. Es sind demnach ganz abnorme Fälle anzu= nehmen, durch welche z. B. bei den, nordasiatischen Steppen zuge= triebenen malayischen Stämmen, der Hunger auch den Blutdurst er= zeugte, von welchem die Geschichte uns lehrt, daß er nie zu stillen ist und dem Menschen zwar nicht Muth, aber das Rasen zerstören= der Wuth eingiebt. Man kann es nicht anders erfinden, als daß, wie das reißende Thier sich zum König der Wälder aufwarf, nicht minder das menschliche Raubthier sich zum Beherrscher der friedlichen Welt gemacht hat: ein Erfolg der vorangehenden Erd=Revolutionen, der den vorgeschichtlichen Menschen ebenso überrascht hat wie er auf jene unvorbereitet war. Wie nun aber auch das Raubthier nicht gedeiht, sehen wir auch den herrschenden Raubmenschen verkommen. In der Folge naturwidriger Nahrung siecht er in Krankheiten, welche nur an ihm sich zeigen, dahin und erreicht nie mehr weder sein natürliches Lebensalter noch einen sanften Tod, sondern wird von, nur ihm bekannten Leiden und Nöthen, leiblicher wie seelischer Art,

durch ein nichtiges Leben zu einem stets erschreckenden Abbruch des=
selben dahin gequält.*)

Wenn wir anfänglich den Erfolgen dieses menschlichen Raub=
thieres, wie sie uns die Weltgeschichte aufweist, im weitesten Über=
blicke nachgingen, so möge es uns nun dienlich erscheinen, wiederum
näher auf die diesen Erfolgen entgegen wirkenden Versuche zur
Wiederauffindung des „verlorenen Paradieses" einzugehen, denen
wir im Verlaufe der Geschichte mit anscheinlich immer zunehmender
Ohnmacht, und endlich fast unzuverspürender Wirkung, begegnen.

Unter den zuletzt gemeinten Versuchen treffen wir in unserer
Zeit die Vereine der sogenannten Vegetarianer an: gerade aus
diesen, welche den Kernpunkt der Regenerationsfrage des menschlichen
Geschlechtes unmittelbar in das Auge gefaßt zu haben scheinen, ver=
nimmt man von einzelnen vorzüglichen Mitgliedern die Klage da=
rüber, daß ihre Genossen die Enthaltung von Fleischnahrung zumeist
nur aus persönlichen diätetischen Rücksichten ausüben, keineswegs aber
damit den großen regeneratorischen Gedanken verbinden, auf welchen
es, wollten die Vereine Macht gewinnen, einzig anzukommen hätte.
Ihnen zunächst stehen, mit bereits einiger Maaßen ausgedehnterer
praktischer Wirksamkeit, die Vereine zum Schutze der Thiere:
von diesen, welche ebenfalls nur durch Vorhaltung von Zwecken der
Nützlichkeit die Theilnahme des Volkes für sich zu gewinnen suchen,
dürften wahrhaft ersprießliche Erfolge wohl erst dann zu erwarten

---

*) Der Verfasser verweist hier ausdrücklich auf das Buch: „Thalysia,
oder das Heil der Menschheit", von A. Gleizès, aus dem Französischen vor=
trefflich übersetzt und bearbeitet von Robert Springer. (Berlin 1873. Ver=
lag von Otto Janke.) Ohne genaue Kenntnißnahme von den in diesem
Buche niedergelegten Ergebnissen sorgfältigster Forschungen, welche das ganze
Leben eines der liebenswerthesten und tiefsinnigsten Franzosen eingenommen
zu haben scheinen, dürfte es schwer werden, für die hieraus geschöpften und
mit dem vorliegenden Versuche angedeuteten Folgerungen auf die Möglich=
keit einer Regeneration des menschlichen Geschlechtes, bei dem Leser eine
zustimmende Aufmerksamkeit zu gewinnen.

sein, wenn sie das Mitleid mit den Thieren bis zu einer verständ=
nißvollen Durchdringung der tieferen Tendenz des Vegetarianismus
ausbildeten; wonach dann eine, auf solche gegenseitige Durchdringung
begründete, Verbindung beider Vereine eine bereits nicht zu unter=
schätzende Macht bilden dürfte.   Nicht minder würde eine von den
genannten beiden Vereinen geleitete und ausgeführte Veredelung
der bisher einzig an den Tag getretenen Tendenz der sogenannten
Mäßigkeits=Vereine zu wichtigen Erfolgen führen können.   Die
Pest der Trunksucht, welche sich über alle Leibeigenen unserer moder=
nen Kriegszivilisation als letzte Vertilgerin aufgeworfen hat, liefert
dem Staate durch Steuererträge aller Art Zuflüsse, welchen dieser
zu entsagen noch nirgends Neigung gezeigt hat; wogegen die wider
sie gerichteten Vereine nur den praktischen Zweck wohlfeilerer Asse=
kuranz für Seeschiffe, ihre Ladungen und sonstige, der Bewachung
durch nüchterne Diener zu übergebende Etablissements im Sinne
haben.   Mit Verachtung und Hohn blickt unsere Zivilisation auf
die Wirksamkeit der genannten drei, in ihrer Zersplitterung durchaus
unwirksamen Vereinigungen hin: zu solcher Geringschätzung darf sich
aber bereits Erstaunen als über wahnwitzige Anmaaßung, gesellen,
wenn unseren großen Kriegsherren die Apostel der Friedensverbin=
dungen mit unterthänigen Gesuchen gegen den Krieg sich vorstellen.
Hiervon erlebten wir noch in neuester Zeit ein Beispiel und haben
uns der Antwort unseres berühmten „Schlachtendenkers" zu entsinnen,
worin als ein, wohl noch ein paar Jahrhunderte andauerndes, Hin=
derniß des Friedens der Mangel an Religiosität bei den Völkern
bezeichnet wurde.   Was hier unter Religiosität und Religion im
Allgemeinen verstanden sein mochte, ist allerdings nicht leicht sich
klar zu machen; namentlich dürfte es schwer fallen, die Irreligiosität
gerade der Völker und Nationen, als solcher, sich als Feindin des
Aufhörens der Kriege zu denken.   Es muß hierunter von unserem
General=Feldmarschall wohl etwas Anderes verstanden gewesen sein,
und ein Hinblick auf die bisherigen Kundgebungen gewisser inter=

nationaler Friedensverbindungen dürfte erklären, warum man auf
die dort ausgeübte Religiosität nicht viel giebt.

Die Fürsorge religiöser Belehrung ist hiergegen neuester Zeit
wirklich versuchsweise den großen Arbeiter=Vereinigungen zuge=
wendet worden, deren Berechtigung wohlwollenden Freunden der
Humanität nicht unbeachtet bleiben durfte, deren wirkliche oder ver=
meintliche Übergriffe in die Gebiete der zu Recht bestehenden Staats=
gesellschaft den Hütern derselben aber durchaus ungestattbar erscheinen
mußten. Jede, selbst die anscheinend gerechteste Anforderung, welche
der sogenannte Sozialismus an die durch unsere Zivilisation aus=
gebildete Gesellschaft erheben möchte, stellt, genau erwogen, die Be=
rechtigung dieser Gesellschaft sofort in Frage. In Rücksicht hierauf,
und weil es unthunlich erscheinen muß, die gesetzliche Anerkennung
der gesetzlichen Auflösung des gesetzlich Bestehenden in Antrag zu
bringen, können die Postulate der Sozialisten nicht anders als in
einer Unklarheit sich zu erkennen geben, welche zu falschen Rech=
nungen führt, deren Fehler durch die ausgezeichneten Rechner unserer
Zivilisation sofort nachgewiesen werden. Dennoch könnte man, und
dieß zwar aus starken inneren Gründen, selbst den heutigen Sozia=
lismus als sehr beachtenswerth von Seiten unserer staatlichen Ge=
sellschaft ansehen, sobald er mit den drei zuvor in Betracht genom=
menen Verbindungen der Vegetarianer, der Thierschützer und der
Mäßigkeitspfleger, in eine wahrhaftige und innige Vereinigung träte.
Stünde von den, durch unsere Zivilisation nur auf korrekte Geltend=
machung des berechnendsten Egoismus angewiesenen Menschen zu
erwarten, daß die zuletzt in das Auge gefaßte Vereinigung, mit
vollkommenem Verständniß der Tendenz jeder der genannten, in
ihrem Unzusammenhange machtlosen Verbindungen, unter ihnen einen
vollen Bestand gewinnen könnte, so wäre auch die Hoffnung des
Wiedergewinnes einer wahrhaften Religion nicht minder berechtigt.
Was bisher den Begründern aller jener Vereinigungen nur aus Be=
rechnungen der Klugheit aufgegangen zu sein schien, fußt, ihnen

selbst zum Theil wohl unbewußt, auf einer Wurzel, welche wir ohne Scheu die eines religiösen Bewußtseins nennen wollen: selbst dem Grollen des Arbeiters, der alles Nützliche schafft um davon selber den verhältnißmäßig geringsten Nutzen zu ziehen, liegt eine Erkenntniß der tiefen Unsittlichkeit unserer Zivilisation zum Grunde, welcher von den Verfechtern der letzteren nur mit, in Wahrheit, lästerlichen Sophismen entgegnet werden kann; denn gesetzt, der leicht zu führende Beweis dafür, daß Reichthum an sich nicht glück= lich macht, könnte vollkommen zutreffend geliefert werden, so würde doch nur dem Herzlosesten ein Widerspruch dagegen ankommen dürfen, daß Armuth elend macht. Unsere alt=testamentarische christ= liche Kirche beruft sich hierbei zur Erklärung der mislichen Be= schaffenheit aller menschlichen Dinge auf den Sündenfall der ersten Menschen, welcher — höchst merkwürdiger Weise — nach der jüdischen Tradition keineswegs von einem verbotenen Genusse von Thierfleisch, sondern dem einer Baumfrucht sich herleitet; womit in einer nicht minder auffälligen Verbindung steht, daß der Judengott das fette Lammopfer Abel's schmackhafter fand als das Feldfruchtopfer Kain's. Wir sehen aus solchen bedenklichen Äußerungen des Charakters des jüdischen Stamm=Gottes eine Religion hervorgehen, gegen deren un= mittelbare Verwendung zur Regeneration des Menschen=Geschlechtes ein tief überzeugter Vegetarianer unserer Tage bedeutende Einwen= dungen zu machen haben dürfte. Nehmen wir hinwider an, daß, in seinem angelegentlichen Vernehmen mit dem Vegetarianer, dem Thierschutz=Vereinler die wahre Bedeutung des ihn bestimmenden Mitleides nothwendig aufgehen müsse, und beide dann den im Branntwein verkommenen Paria unserer Zivilisation mit der Ver= kündigung einer Neubelebung durch Enthaltung von jenem gegen die Verzweifelung eingenommenen Gifte, sich zuwendeten, so dürf= ten aus dieser hiermit gedachten Vereinigung Erfolge zu gewinnen sein, wie sie vorbildlich die in gewissen amerikanischen Gefängnissen angestellten Versuche aufgezeigt haben, durch welche die boshaftesten

Verbrecher vermöge einer weislich geleiteten Pflanzen=Diät zu den sanftesten und rechtschaffensten Menschen umgewandelt wurden. Wessen Gedenken würden die Gemeinden dieses Vereines wohl feiern, wenn sie nach der Arbeit des Tages sich zum Mahle ver= sammelten, um an Brot und Wein sich zu erlaben? —

Führen wir uns hiermit ein Phantasie=Bild vor, welches uns verwirklicht zu denken durch keine vernünftige Annahme, außer der des absoluten Pessimismus, uns verwehrt dünken darf, so kann es vielleicht als nicht minder ersprießlich gelten, auf die weitergehende Wirksamkeit des gedachten Vereines zu schließen, da wir hierbei von der einen, alle Regeneration bestimmenden Grundlage einer reli= giösen Überzeugung davon ausgehen, daß die Entartung des mensch= lichen Geschlechtes durch seinen Abfall von seiner natürlichen Nah= rung bewirkt worden sei. Die durch besonnene Nachforschung zu erlangende Kenntniß davon, daß nur ein Theil — man nimmt an nur ein Dritttheil — des menschlichen Geschlechtes in diesen Abfall verstrickt worden ist, dürfte uns an dem Beispiel des unleugbaren physischen Gedeihens der größeren Hälfte desselben, welche bei der natürlichen Nahrung verblieben ist, sehr füglich über die Wege be= lehren, die wir zum Zwecke der Regeneration der entarteten, obwohl herrschenden Hälfte einzuschlagen hätten. Ist die Annahme, daß in nordischen Klimaten die Fleisch=Nahrung unerläßlich sei, begründet, was hielte uns davon ab, eine vernunftgemäß angeleitete Völker= wanderung in solche Länder unseres Erdballes auszuführen, welche, wie dieß von der einzigen Südamerikanischen Halbinsel behauptet worden ist, vermöge ihrer überwuchernden Produktivität die heutige Bevölkerung aller Welttheile zu ernähren im Stande sind? Die an Fruchtbarkeit überreichen Länder Süd=Afrika's überlassen unsere Staatslenker der Politik des englischen Handels=Interesses, während sie mit den kräftigsten ihrer Unterthanen, sobald sie vor dem drohen= den Hunger=Tode fliehen, nichts anderes anzufangen wissen, als sie, im besten Falle ungehindert, jedenfalls aber ungeleitet und der Aus=

beutung für fremde Rechnung übergeben, davon ziehen zu laſſen.
Da dieſes nun ſo ſteht, würden die von uns gedachten Vereine, zur
Durchführung ihrer Tendenzen, ihre Sorgſamkeit und Thätigkeit,
vielleicht nicht ohne Glück, der Auswanderung zuzuwenden haben;
und den neueſten Erfahrungen nach erſcheint es nicht unmöglich,
daß bald dieſe, wie behauptet wird, der Fleiſch=Nahrung durchaus
bedürftigen nordiſchen Länder den Sauhetzern und Wildjägern, ohne
alle weiter beläſtigende und nach Brot verlangende untere Bevölke=
rung, zur alleinigen Verfügung zurückgelaſſen blieben, wo dieſe dann
als Vertilger der auf den verödeten Landſtrichen etwa überhand
nehmenden reißenden Thiere ſich recht gut ausnehmen würden. Uns
aber dürfte daraus kein moraliſcher Nachtheil erwachſen, daß wir,
etwa nach Chriſtus' Worten: „gebet dem Kaiſer was des Kaiſers,
und Gotte was Gottes iſt", den Jägern ihre Jagdreviere laſſen,
unſere Äcker aber für uns bauen: die von unſerem Schweiße ge=
mäſteten, ſchnappenden und ſchmatzenden Geldſäcke unſerer Zivili=
ſation aber, möchten ſie ihr Zetergeſchrei erheben, würden wir etwa
wie die Schweine auf den Rücken legen, welche dann durch den
überraſchenden Anblick des Himmels, den ſie nie geſehen, ſofort zu
ſtaunendem Schweigen gebracht werden.

Bei der gewiß nicht verzagten Ausmalung des uns vorſchwe=
benden Phantaſie=Bildes eines Regenerations=Verſuches des menſch=
lichen Geſchlechtes, haben wir für jetzt aller der Einwendungen nicht
zu achten, welche uns von den Freunden unſerer Zivilisation ge=
macht werden könnten. Nach dieſer Seite hin beruht unſere An=
nahme ergebnißvollſter Möglichkeiten auf den durch redliche wiſſen=
ſchaftliche Forſchungen gewonnenen Erkenntniſſen, deren klare Ein=
ſicht uns durch die aufopfernde Thätigkeit edler Menſchen — unter
denen wir zuvor eines der Vortrefflichſten gedachten — erleichtert
worden iſt. Während wir hierauf alle jene denkbaren Einſprüche
verweiſen, haben wir uns ſelbſt ſehr gründlich nur noch in der einen
Vorausſetzung zu beſtärken, daß nämlich aller ächte Antrieb, und

alle vollständig ermöglichende Kraft zur Ausführung der großen
Regeneration nur aus dem tiefen Boden einer wahrhaften Religion
erwachsen könne. Nachdem unsere übersichtliche Darstellung uns
stark beleuchtenden Andeutungen in diesem Betreff bereits wiederholt
nahe geführt hat, müssen wir uns jetzt diesem Hauptstücke unserer
Untersuchung vorzüglich zuwenden, da wir von ihm aus auch erst
den, vorsätzlich uns zunächst bestimmenden, Ausblick auf die Kunst
mit der verlangten Sicherheit zu richten vermögen werden.

Wir gingen von der Annahme einer Verderbniß des vorge=
schichtlichen Menschen aus; unter diesem wollen wir keineswegs den
Urmenschen verstehen, von dem wir vernünftiger Weise keine
Kenntniß haben können, vielmehr die Geschlechter, von denen wir
zwar keine Thaten, wohl aber Werke kennen. Diese Werke sind
alle Erfindungen der Kultur, welche der geschichtliche Mensch für
seine zivilisatorischen Zwecke nur benützt und verquemlicht, keines=
weges erneuert oder vermehrt hat; vor Allem der Sprache, welche
vom Sanskrit bis auf die neuesten europäischen Sprach=Amalgame
eine zunehmende Degeneration aufdeckt. Wer bei diesem Überblicke
die, in unserem heutigen Verfalle uns erstaunlich dünken müssenden
Anlagen des menschlichen Geschlechtes genau erwägt, wird zu der
Annahme gelangen dürfen, daß der ungeheure Drang, welcher, von
Zerstörung zu Neubildung hin, alle Möglichkeiten seiner Befrie=
digung durchstrebend, als sein Werk diese Welt uns hinstellt, mit
der Hervorbringung dieses Menschen an seinem Ziele angelangt war,
da in ihm er seiner sich als Wille selbstbewußt ward, als welcher
er nun, sich und sein Wesen erkennend, über sich selbst entscheiden
konnte. Den zur Herbeiführung seiner letzten Erlösung nothwen=
digen Schrecken über sich selbst zu empfinden, wurde dieser Mensch
durch eben jene ihm ermöglichte Erkenntniß, nämlich durch das Sich=
Wiedererkennen in allen Erscheinungen des gleichen Willens, be=
fähigt, und die Anleitung zur Ausbildung dieser Befähigung gab
ihm das, nur ihm in dem hierzu nöthigen Grade empfindbare,

Leiden. Stellen wir uns unter dem Göttlichen unwillkürlich eine Sphäre der Unmöglichkeit des Leidens vor, so beruht diese Vorstellung immer nur auf dem Wunsche einer Möglichkeit, für welche wir in Wahrheit keinen positiven, sondern nur einen negativen Ausdruck finden können. So lange wir dagegen das Werk des Willens, der wir selbst sind, zu vollziehen haben, sind wir in Wahrheit auf den Geist der Verneinung angewiesen, nämlich der Verneinung des eigenen Willens selbst, welcher, als blind und nur begehrend, sich deutlich wahrnehmbar nur in dem Unwillen gegen das kundgiebt, was ihm als Hinderniß oder Unbefriedigung widerwärtig ist. Da er aber doch selbst wiederum allein nur dieses sich Entgegenstrebende ist, so drückt sein Wüthen nichts Anderes als seine Selbst=Verneinung aus, und hierüber zur Selbstbesinnung zu gelangen darf endlich nur das dem Leiden entkeimende Mitleiden ermöglichen, welches dann als Aufhebung des Willens die Negation einer Negation ausdrückt, die wir nach den Regeln der Logik als Affirmation verstehen.

Suchen wir nun hier, unter der Anleitung des großen Gedankens unseres Philosophen, das unerläßlich uns vorgelegte metaphysische Problem der Bestimmung des menschlichen Geschlechtes mit einiger Deutlichkeit uns nahe zu bringen, so hätten wir das, was wir als den Verfall des durch seine Handlungen geschichtlich uns bekannt gewordenen Geschlechtes bezeichneten, als die strenge Schule des Leidens anzuerkennen, welche der Wille in seiner Blindheit sich selbst auferlegte, um sehend zu werden, — etwa in dem Sinne der Macht, „die stets das Böse will und stets das Gute schafft". Nach den Kenntnissen, welche wir von der allmählichen Bildung unseres Erdballes erlangt haben, hatte dieser auf seiner Oberfläche bereits einmal menschenähnliche Geschlechter hervorgebracht, die er dann durch eine neue Umwälzung aus seinem Innern wieder untergehen ließ; von dem hierauf neu zum Leben geförderten jetzigen menschlichen Geschlechte wissen wir, daß es, mindestens zu einem

großen Theile, aus seinen Urgeburts-Stätten durch eine, die Erd-
Oberfläche bedeutend umgestaltende, für jetzt letzte Revolution ver-
trieben worden ist. Zu einem paradiesischen Behagen an sich
selbst zu gelangen, kann daher unmöglich die letzte Lösung des
Räthsels dieses gewaltsamen Triebes sein, welcher in allen seinen
Bildungen als furchtbar und erschreckend unserem Bewußtsein gegenwärtig bleibt. Stets werden alle die bereits erkannten Möglichkeiten der Zerstörung und Vernichtung, durch die er sein eigentliches
Wesen kund giebt, vor uns liegen; unsere eigene Herkunft aus den
Lebenskeimen, die wir in grauenhafter Gestaltung die Meerestiefen
immer wieder hervorbringen sehen, wird unserem entsetzten Bewußtsein nie sich verbergen können. Und dieses zur Fähigkeit der Beschauung und Erkenntniß, somit zur Beruhigung des ungestümen
Willensdranges gebildete Menschen-Geschlecht, bleibt es selber sich
nicht stets noch auf allen den niedrigeren Stufen beharrend gegenwärtig, auf welchen ungenügende Ansätze zur Erreichung höherer
Stufen, durch wilde eigene Willens-Hindernisse gehemmt, zum Abscheu oder Mitleiden für uns, unabänderlich sich erhielten? Durfte
dieser Um- und Ausblick selbst die im Schooße einer mütterlich sorg-
samen Natur mild gepflegten und zu Sanftmuth erzogenen, edelsten
Geschlechter der Menschen mit Trauer und Bangigkeit erfüllen,
welches Leiden mußte sich ihrer bemächtigen, als sie ihrem eigenen Verfalle, ihrer Entartung bis zu den tiefsten Vorgeburten ihres Geschlechtes hinab, mit nur duldend möglicher Abwehr zuzusehen genöthigt waren? Die Geschichte dieses Abfalles, wie wir sie in weitesten Umrissen uns vorführten, dürfte, wenn wir sie als die Schule
des Leidens des Menschen-Geschlechtes betrachten, die durch sie gewonnene Lehre uns darin erkennen lassen, daß wir einen, aus dem
blinden Walten des weltgestaltenden Willens herrührenden, der Erreichung seines unbewußt angestrebten Zieles verderblichen, Schaden
mit Bewußtsein wieder zu verbessern, gleichsam das vom Sturm
umgeworfene Haus wieder aufzurichten und gegen neue Zerstörung

zu sichern, angeleitet worden seien. Daß alle unsere Maschinen
hierfür nichts ausrichten, dürfte den gegenwärtigen Geschlechtern bald
einleuchten, da die Natur zu meistern nur denen gelingen kann, die
sie verstehen und im Einverständniß mit ihr sich einzurichten wissen,
wie dieß zunächst eben durch eine vernunft-gemäßere Vertheilung
der Bevölkerung der Erde über deren Oberfläche geschehen würde;
wogegen unsere stumpfsinnige Zivilisation mit ihren kleinlichen mecha=
nischen und chemischen Hilfsmitteln, sowie mit der Aufopferung der
besten Menschenkräfte für die Herstellung derselben, immer nur in
einem fast kindisch erscheinenden Kampfe gegen die Unmöglichkeit
sich gefällt.   Hiergegen würden wir, selbst bei der Annahme bedeu=
tender Erschütterungen unserer irdischen Wohnstätten, für alle Zu=
kunft gegen die Möglichkeit des Rückfalles des menschlichen Geschlechtes
von der erreichten Stufe höherer sittlicher Ausbildung gesichert sein,
wenn unsere durch die Geschichte dieses Verfalles gewonnene Erfah=
rung ein religiöses Bewußtsein in uns begründet und befestigt hat,
— dem jener drei Millionen Hindu's ähnlich, deren wir vorangehends
gedachten.

Und würde eine gegen jeden Rückfall in die Unterthänigkeit
unter die Gewalt des blind wüthenden Willens uns bewahrende
Religion erst neu zu stiften sein? Feierten wir denn nicht schon in
unserem täglichen Mahle den Erlöser? Bedürften wir des ungeheuren
allegorischen Ausschmuckes, mit welchen bisher noch alle Religionen,
und namentlich auch die so tiefsinnige brahmanische, bis zur Fratzen=
haftigkeit entstellt wurden? Haben doch wir das Leben nach seiner
Wirklichkeit in unserer Geschichte vor uns, die jede Lehre durch ein
wahrhaftiges Beispiel uns bezeichnet. Verstehen wir sie recht, diese
Geschichte, und zwar im Geiste und in der Wahrheit, nicht nach
dem Worte und der Lüge unserer Universitätshistoriker, welche nur
Aktionen kennen, dem weitesten Eroberer ihr Lied singen, von dem
Leiden der Menschheit aber nichts wissen wollen. Erkennen wir,
mit dem Erlöser im Herzen, daß nicht ihre Handlungen, sondern

ihre Leiden die Menschen der Vergangenheit uns nahe bringen und
unseres Gedenkens würdig machen, daß nur dem unterliegenden,
nicht dem siegenden Helden unsere Theilnahme zugehört. Möge der
aus einer Regeneration des menschlichen Geschlechtes hervorgehende
Zustand, durch die Kraft eines beruhigten Gewissens, sich noch so
friedsam gestalten, stets und immer wird uns in der umgebenden
Natur, in der Gewaltsamkeit der Urelemente, in den unabänderlich
unter und neben uns sich geltend machenden niederen Willens=
Manifestationen in Meer und Wüste, ja in dem Insekte, dem
Wurme, den wir unachtsam zertreten, die ungeheure Tragik dieses
Welten=Daseins zur Empfindung kommen, und täglich werden wir
den Blick auf den Erlöser am Kreuze als letzte erhabene Zuflucht
zu richten haben.

Wohl uns, wenn wir uns dann den Sinn für den Vermittler
des zerschmetternd Erhabenen mit dem Bewußtsein eines reinen
Lebenstriebes offen erhalten dürfen, und durch den künstlerischen
Dichter der Welt=Tragik uns in eine versöhnende Empfindung
dieses Menschenlebens beruhigend hinüber leiten lassen können.
Dieser dichterische Priester, der einzige der nie log, war in den
wichtigsten Perioden ihrer schrecklichen Verirrungen der Menschheit
als vermittelnder Freund stets zugesellt: er wird uns auch in jenes
wiedergeborene Leben hinüberbegleiten, um uns in idealer Wahrheit
jenes „Gleichniß“ alles Vergänglichen vorzuführen, wenn die reale
Lüge des Historikers längst unter dem Aktenstaube unserer Zivilisation
begraben liegt. Eben jener allegorischen Zuthaten, durch welche der
edelste Kern der Religion bisher so weit entstellt wurde, daß, da die
geforderte reale Glaubhaftigkeit derselben endlich geleugnet werden
mußte, dieser Kern selbst angenagt werden konnte, jenes theatralischen
Gaukelwerkes, durch das wir noch heute das so leicht zu täuschende
phantasievolle arme Volk, namentlich südlicher Länder, von wahrer
Religiosität ab zu frivolem Spiele mit dem Göttlichen angeleitet
sehen, — dieser so übel bewährten Beihilfen zur Aufrechterhaltung

religiöser Kulte, werden wir nicht mehr bedürfen. Wir zeigten zuerst, wie nur das größte Genie der Kunst durch Umbildung in das Ideale den ursprünglichen erhabenen Sinn auch jener Allegorien uns retten konnte; wie jedoch dieselbe Kunst, von der Erfüllung dieser idealen Aufgabe gleichsam gesättigt, den realen Erscheinungen des Lebens sich zuwendend, eben von der tiefen Schlechtigkeit dieser Realität zu ihrem eigenen Verfalle hingezogen wurde. Nun aber haben wir eine neue Realität vor uns, ein, mit tiefem religiösen Bewußtsein von dem Grunde seines Verfalles aus diesem sich auf= richtendes und neu sich artendes Geschlecht, mit dem wahrhaftigen Buche einer wahrhaftigen Geschichte zur Hand, aus dem es jetzt ohne Selbstbelügung seine Belehrung über sich schöpft. Was einst den entartenden Athenern ihre großen Tragiker in erhaben gestalteten Beispielen vorführten, ohne über den rasend um sich greifenden Verfall ihres Volkes Macht zu gewinnen; was Shakespeare einer in eitler Täuschung sich für die Wiedergeburt der Künste und des freien Geistes haltenden, in herzloser Verblendung einem unempfundenen Schönen nachstrebenden Welt, zur bitteren Ent= täuschung über ihren wahren, durchaus nichtigen Werth, als einer Welt der Gewalt und des Schreckens, im Spiegel seiner wunder= baren dramatischen Improvisationen vorhielt, ohne von seiner Zeit auch nur beachtet zu werden, — diese Werke der Leidenden sollen uns nun geleiten und angehören, während die Thaten der Han= delnden der Geschichte nur durch jene uns noch vorhanden sein werden. So dürfte die Zeit der Erlösung der großen Kassandra der Weltgeschichte erschienen sein, der Erlösung von dem Fluche, für ihre Weissagungen keinen Glauben zu finden. Zu uns werden alle diese dichterischen Weisen geredet haben, und zu uns werden sie von Neuem sprechen.

Herzlosen, wie gedankenlosen Geistern ist es bisher geläufig gewesen, den Zustand des menschlichen Geschlechtes, sobald es von den gemeinen Leiden eines sündhaften Lebens befreit wäre, als von

träger Gleichgiltigkeit erfüllt sich vorzustellen, — wobei zugleich zu
beachten ist, daß diese nur die Befreiung von der niedrigsten Willens=
noth als das Leben mannigfaltig gestaltend im Sinne haben, während,
wie wir dieß vorangehend soeben berührten, die Wirksamkeit großer
Geister, Dichter und Seher stumpf von ihnen abgewiesen ward.
Hiegegen erkannten wir das uns nothwendige Leben der Zukunft
von jenen Leiden und Sorgen einzig durch einen bewußten Trieb
befreit, dem das furchtbare Welträthsel stets gegenwärtig ist. Was
als einfachstes und rührendstes religiöses Symbol uns zu gemein=
samer Bethätigung unseres Glaubens vereinigt, was uns aus den
tragischen Belehrungen großer Geister immer neu lebendig zu mit=
leidsvoller Erhebung anleitet, ist die in mannigfachsten Formen uns
einnehmende Erkenntniß der Erlösungs=Bedürftigkeit. Dieser Er=
lösung selbst glauben wir in der geweihten Stunde, wann alle Er=
scheinungsformen der Welt uns wie im ahnungsvollen Traume
zerfließen, vorempfindend bereits theilhaftig zu werden: uns be=
ängstigt dann nicht mehr die Vorstellung jenes gähnenden Abgrundes,
der grausenhaft gestalteten Ungeheuer der Tiefe, aller der süchtigen
Ausgeburten des sich selbst zerfleischenden Willens, wie sie uns der
Tag — ach! die Geschichte der Menschheit vorführte: rein und
friedensehnsüchtig ertönt uns dann nur die Klage der Natur,
furchtlos, hoffnungsvoll, allbeschwichtigend, welterlösend. Die in der
Klage geeinigte Seele der Menschheit, durch diese Klage sich ihres
hohen Amtes der Erlösung der ganzen mit=leidenden Natur bewußt
werdend, entschwebt da dem Abgrunde der Erscheinungen, und, los=
gelöst von jener grauenhaften Ursächlichkeit alles Entstehens und
Vergehens, fühlt sich der rastlose Wille in sich selbst gebunden, von
sich selbst befreit.

Im neu bekehrten Schweden hörten die Kinder eines Pfarrers
am Stromufer einen Nixen zur Harfe singen: „singe nur immer",
riefen sie ihm zu, „du kannst doch nicht selig werden". Traurig
senkte der Nix Harfe und Haupt: die Kinder hörten ihn weinen,

und meldeten das ihrem Vater daheim. Dieser belehrt sie und
sendet sie mit guter Botschaft dem Nixen zurück. „Nicker, sei nicht
mehr traurig“, rufen sie ihm nun zu: „der Vater läßt dir sagen,
du könntest doch noch selig werden.“ Da hörten sie die ganze Nacht
hindurch vom Flusse her es ertönen und singen, daß nichts Holderes
je zu vernehmen war. — Nun hieß uns der Erlöser selbst unser
Sehnen, Glauben und Hoffen zu tönen und zu singen. Ihr edelstes
Erbe hinterließ uns die christliche Kirche als alles klagende, alles
sagende, tönende Seele der christlichen Religion. Den Tempel=
Mauern entschwebt, durfte die heilige Musik jeden Raum der Natur
neu belebend durchdringen, der Erlösungs=bedürftigen Menschheit
eine neue Sprache lehrend, in der das Schrankenloseste sich nun
mit unmißverständlichster Bestimmtheit aussprechen konnte.

Aber was sagten unserer heutigen Welt auch die göttlichsten
Werke der Tonkunst? Was können diese tönenden Offenbarungen
aus der erlösenden Traum=Welt reinster Erkenntniß einem heutigen
Konzert=Publikum sagen? Wem das unsägliche Glück vergönnt ist,
mit Herz und Geist eine dieser vier letzten Beethoven'schen Sym=
phonien rein und fleckenlos von sich aufgenommen zu wissen, stelle
sich dagegen etwa vor, von welcher Beschaffenheit eine ganze große
Zuhörerschaft sein müßte, die eine, wiederum der Beschaffenheit des
Werkes selbst wahrhaft entsprechende, Wirkung durch eine Anhörung
desselben empfangen dürfte: vielleicht verhülfe ihm zu solch einer
Vorstellung die analogische Heranziehung des merkwürdigen Gottes=
dienstes der Shaker=Sekte in Amerika, deren Mitglieder, nach feier=
lich und herzlich bestätigtem Gelübde der Entsagung, im Tempel
singend und tanzend sich ergehen. Drückt sich hier eine kindliche
Freude über wiedergewonnene Unschuld aus, so dürfte uns, die wir
die, durch Erkenntniß des Verfalles des menschlichen Geschlechtes
errungene Sieges=Gewißheit des Willens über sich selbst mit unserem
täglichen Speise=Mahle feiern, das Untertauchen in das Element
jener symphonischen Offenbarungen als ein weihevoll reinigender

religiöser Akt selbst gelten. Zu göttlicher Entzückung heiter auf=
steigende Klage. „Ahnest Du den Schöpfer, Welt?" — so ruft der
Dichter, der aus Bedarf der begrifflichen Wort=Sprache mit einer
anthropomorphistischen Metapher ein Unausdrückbares misverständlich
bezeichnen muß. Über alle Denkbarkeit des Begriffes hinaus, offenbart
uns aber der tondichterische Seher das Unaussprechbare: wir ahnen,
ja wir fühlen und sehen es, daß auch diese unentrinnbar dünkende
Welt des Willens nur ein Zustand ist, vergehend vor dem Einen:
„Ich weiß, daß mein Erlöser lebt!"

„Haben Sie schon einmal einen Staat regiert?" frug Mendels=
sohn=Bartholdy einst Berthold Auerbach, welcher sich in einer, dem
berühmten Komponisten vermuthlich unliebsamen, Kritik der preußi=
schen Regierung ergangen hatte. „Wollen Sie etwa eine Religion
stiften?" dürfte der Verfasser dieses Aufsatzes befragt werden. Als
solcher würde ich nun frei bekennen, daß ich dieß für ebenso un=
möglich halte, als daß Herr Auerbach, wenn ihm etwa durch Men=
delssohn's Vermittelung ein Staat übergeben worden wäre, diesen
zu regieren verstanden haben möchte. Meine Gedanken in jenem
Betreff kamen mir als schaffendem Künstler in seinem Verkehre mit
der Öffentlichkeit an: mich durfte bedünken, daß ich in diesem Ver=
kehre auf dem rechten Wege sei, sobald ich die Gründe erwog, aus
welchen selbst ansehnliche und beneidete Erfolge vor dieser Öffent=
lichkeit mich durchaus unbefriedigt ließen. Da es mir möglich ge=
worden ist, auf diesem Wege zu der Überzeugung davon zu gelangen,
daß wahre Kunst nur auf der Grundlage wahrer Sittlichkeit ge=
deihen kann, durfte ich der ersteren einen um so höheren Beruf
zuerkennen, als ich sie mit wahrer Religion vollkommen Eines erfand.
Auf die Geschichte der Entwickelung des menschlichen Geschlechtes
und seine Zukunft zu schließen, durfte dem Künstler so lange fern
liegen, als er sie mit dem Verstande jener Frage Mendelssohn's
begriff und den Staat etwa als die Mühle anzusehen hatte, durch
welche das Getreide der Menschheit, nachdem es auf der Kriegs=
Tenne ausgedroschen, hindurchgemahlen werden müsse, um genießbar
zu werden. Da mich auf meinem Wege der richtige Schauder vor
dieser Zurichtung der Menschheit für unerfindbare Zwecke erfassen
konnte, erschien es mir endlich von glücklicher Vorbedeutung, daß

ein, hiervon abliegender besserer Zustand der zukünftigen Menschheit, welchen Andere sich nur als ein häßliches Chaos vorstellen können, mir als ein höchst wohlgeordneter aufgehen durfte, da in ihm Religion und Kunst nicht nur erhalten werden, sondern sogar erst zur einzig richtigen Geltung gelangen sollten. Von diesem Wege ist die Gewalt vollständig ausgeschlossen, da es nur der Erkräftigung der friedlichen Keime bedarf, die überall unter uns, wenn auch eben nur dürftig und schwach, bereits Boden gefaßt haben.

Anders kann es allerdings sich fügen, sobald der herrschenden Gewalt die Weisheit immer mehr schwinden sollte. Was diese Gewalt vermag, ersehen wir mit dem Erstaunen, welches Friedrich der Große einmal empfunden und humoristisch geäußert haben soll, als er einem fürstlichen Gaste, der ihm bei einem Parademanöver seine Verwunderung über die unvergleichliche Haltung seiner Soldaten ausdrückte, erwiderte: „nicht dieß, sondern, daß die Kerle uns nicht todtschießen, ist das Merkwürdigste." Es ist — glücklicher Weise! — nicht wohl abzusehen, wie bei den ausgezeichneten Triebfedern, welche für die militärische Ehre in Kraft gesetzt sind, die Kriegsmaschine innerlich sich abnützen und etwa in der Weise in sich zusammenbrechen sollte, daß einem Friedrich dem Großen nichts in seiner Art Merkwürdiges daran verbleiben dürfte. Dennoch muß es Bedenken erwecken, daß die fortschreitende Kriegskunst immer mehr, von den Triebfedern moralischer Kräfte ab, sich auf die Ausbildung mechanischer Kräfte hinwendet: hier werden die rohesten Kräfte der niederen Naturgewalten in ein künstliches Spiel gesetzt, in welches, trotz aller Mathematik und Arithmetik, der blinde Wille, in seiner Weise einmal mit elementarischer Macht losbrechend, sich einmischen könnte. Bereits bieten uns die gepanzerten Monitors, gegen welche sich das stolze herrliche Segelschiff nicht mehr behaupten kann, einen gespenstisch grausenhaften Anblick: stumm ergebene Menschen, die aber gar nicht mehr wie Menschen aussehen, bedienen diese Ungeheuer, und selbst aus der entsetzlichen Heizkammer werden sie nicht

mehr desertiren: aber wie in der Natur alles seinen zerstörenden
Feind hat, so bildet auch die Kunst im Meere Torpedo's, und überall
sonst Dynamit=Patronen u. dgl. Man sollte glauben, dieses Alles,
mit Kunst, Wissenschaft, Tapferkeit und Ehrenpunkt, Leben und Habe,
könnte einmal durch ein unberechenbares Versehen in die Luft fliegen.
Zu solchen Ereignissen in großartigstem Style dürfte, nachdem unser
Friedens=Wohlstand dort verpufft wäre, nur noch die langsam, aber
mit blinder Unfehlbarkeit vorbereitete, allgemeine Hungersnoth aus=
brechen: so stünden wir etwa wieder da, von wo unsere weltge=
schichtliche Entwickelung ausging, und es könnte wirklich den An=
schein erhalten, „als habe Gott die Welt erschaffen damit sie der
Teufel hole", wie unser großer Philosoph dieß im jüdisch=christlichen
Dogma ausgedrückt fand.

Da herrsche dann der Wille in seiner vollen Brutalität. Wohl
uns, die wir den Gefilden hoher Ahnen uns zugewendet!

„Was nützt diese Erkenntniß?"

Ein Nachtrag zu: Religion und Kunst.

Fragt ihr, was die Erkenntniß des Verfalles der geschichtlichen Menschheit nützen soll, da wir doch alle durch die geschichtliche Entwickelung derselben das geworden sind, was wir sind, so könnte man zunächst abweisend etwa erwidern: fragt diejenigen, welche jene Erkenntniß von jeher wirklich und vollständig sich zu eigen machten, und erlernt von ihnen wahrhaft ihrer inne zu werden. Sie ist nicht neu; denn jeder große Geist ist einzig durch sie geleitet worden; fraget die wahrhaft großen Dichter aller Zeiten; fraget die Gründer wahrhafter Religionen. Gern würden wir euch auch an die mächtigen Staatenlenker verweisen, wenn selbst bei den größten derselben jene Erkenntniß richtig und vollständig vorauszusetzen wäre, was aus dem Grunde unmöglich ist, weil ihr Geschäft sie immer nur zum Experimentiren mit geschichtlich gegebenen Umständen anwies, nie aber den freien Blick über diese Umstände hinaus und in ihren Urstand hinein gestattete. Gerade der Staatenlenker ist es demnach, an dessen stets misrathenden Schöpfungen wir das üble Ergebniß des Nichtgewinnes jener Erkenntniß am deutlichsten nachzuweisen vermögen. Selbst ein Markus Aurelius konnte nur zur Erkenntniß der Nichtigkeit der Welt gelangen, nicht aber selbst nur zu der Annahme eines eigentlichen Verfalles der Welt, welche etwa auch anders zu denken wäre, geschweige denn der Ursache dieses Verfalles; worauf sich denn von je die Ansicht des absoluten Pessimismus gründete, von welcher, schon einer gewissen Bequemlichkeit halber, despotische Staatsmänner und Regenten im Allgemeinen sich gern leiten lassen: dagegen nun allerdings eine noch weitergehende vollständige Er= kenntniß des Grundes unseres Verfalles zugleich auf die Möglichkeit einer eben so gründlichen Regeneration hinleitet, womit für Staats= männer wiederum gar nichts gesagt ist, da eine solche Erkenntniß weit über das Gebiet ihrer gewaltsamen, stets aber unfruchtbaren Wirksamkeit hinausgeht.

Um demnach zu erfahren, wen wir nicht zu befragen haben, um für die Erkenntniß der Welt mit uns in das Reine zu kommen, hätten wir etwa die gegenwärtige sogenannte politische Weltlage ganz allgemeinhin in das Auge zu fassen. Diese charakterisirt sich uns sofort, wenn wir das erste beste Zeitungsblatt zur Hand nehmen und es in dem Sinne, daß gar nichts darin uns persönlich anginge, durchlesen: wir treffen dann auf Soll ohne Haben, Wille ohne Vor= stellung, und diese mit grenzenlosem Verlangen nach Macht, welche selbst der Mächtige nicht zu besitzen wähnt, wenn er nicht noch viel mehr Macht habe. Was dieser dann mit der Macht anzufangen im Sinne tragen möge, sucht man vergebens aufzufinden. Wir sehen da immer das Bild Robespierre's vor uns, welcher, nachdem ihm vermittelst der Guillotine alle Hindernisse für die Offenbarung seiner volkbeglückenden Ideen aus dem Wege geräumt waren, nun nichts wußte, und mit der Empfehlung der Tugendhaftigkeit im allgemeinen sich zu helfen suchte, welche man sonst viel einfacher in der Frei= maurerloge sich verschaffte. Aber dem Anscheine nach ringen jetzt alle Staatenlenker um den Preis Robespierre's. Noch im vorigen Jahrhundert ward dieser Anschein weniger verwendet; da schlug man sich offen für die Interessen der Dynastien, allerdings sorgfältig überwacht vom Interesse der Jesuiten, die leider noch neuerdings den letzten Gewaltherrscher Frankreichs irre führten. Dieser ver= meinte, für die Sicherung seiner Dynastie und im Interesse der

Zivilisation nöthig zu haben, Preußen eine Schlappe beizubringen, und da Preußen sich hierzu nicht hergeben wollte, mußte es zu einem Kriege für die deutsche Einheit kommen. Die deutsche Einheit wurde demzufolge erkämpft und kontraktlich festgesetzt: was sie aber sagen sollte, war wiederum schwer zu beantworten. Wohl wird es uns aber für dereinst in Aussicht gestellt, hierüber Aufschluß zu erhalten, sobald nur erst noch viel mehr Macht angeschafft worden ist: die deutsche Einheit muß überall hin die Zähne weisen können, selbst wenn sie nichts damit zu kauen mehr haben sollte. Man glaubt Robespierre im Wohlfahrtsausschusse vor sich sitzen zu sehen, wenn man das Bild des in abgeschiedener Einsamkeit sich abmühenden Gewaltigen sich vergegenwärtigt, wie er rastlos der Vermehrung seiner Machtmittel nachspürt. Was mit den bereits bewährten Macht= mitteln auszurichten und demnach der Welt zu sagen gewesen wäre, hätte dagegen zur rechten Zeit jenem Gewaltigen etwa beikommen dürfen, wenn die von uns gemeinte Erkenntniß ihn erleuchtet hätte. Wir glauben seinen Versicherungen der Friedensliebe gern; hat es sein Mißliches, diese durch Kriegführung bewähren zu müssen, und hoffen wir aufrichtig, daß uns dereinst der wahre Frieden auch auf friedlichem Wege gewonnen werde, so hätte dem gewaltigen Niederkämpfer des letzten Friedensstörers es doch aufgehen dürfen, daß dem frevenlich heraufbeschworenen furchtbaren Kriege ein an= derer Friede zu entsprechen habe, als diese zu steter neuer Kriegs= bereitheit geradezu anleitende Abmachung zu Frankfurt a. M. Hier würde dagegen die Erkenntniß der Nothwendigkeit und Möglichkeit einer wahrhaftigen Regeneration des der Kriegs=Zivilisation ver= fallenen Menschengeschlechtes einen Friedensschluß haben eingeben können, durch welchen der Weltfriede selbst sehr wohl anzubahnen war: es waren demnach nicht Festungen zu erobern, sondern zu schleifen, nicht Pfänder der zukünftigen Kriegssicherheit zu nehmen, sondern Pfänder der Friedenssicherung zu geben; wogegen nun historische Rechte gegen historische Ansprüche, alle auf das Recht der

Eroberung begründet, einzig abgewogen und ausschläglich verwendet
wurden. Wohl scheint es, daß der Staatenlenker mit dem besten
Willen nicht weiter sehen kann, als es hier gekonnt wurde. Sie
phantasiren Alle vom Weltfrieden; auch Napoleon III. hatte ihn im
Sinne, nur sollte dieser Friede seiner Dynastie mit Frankreich zu
gute kommen: denn anders können diese Gewaltigen sich ihn doch
nicht vorstellen, als unter dem weithin respektirten Schutze von
außerordentlich vielen Kanonen.

Jedenfalls dürften wir finden, daß, wenn unsere Erkenntniß
für unnütz angesehen werden sollte, die Weltkenntniß unserer großen
Staatsmänner sogar uns noch hart zum Schaden gereicht. —

Es ist mir bereits früher widerfahren, daß meinen Darlegungen
des Verfalles unserer öffentlichen Kunst nicht viel widersprochen,
meinen Gedanken über eine Regeneration derselben jedoch mit hef=
tigem Widerwillen entgegnet wurde. Sehen wir von den eigentlichen
seichten Optimisten, den hoffnungsvollen Schooßkindern Abraham's ab,
so können wir auch annehmen, daß die Ansicht von der Hinfälligkeit
der Welt, ja der Verderbtheit und Schlechtigkeit der Menschen im
Allgemeinen nicht besonders abstößt: was Alle unter einander von
sich halten, wissen sie recht gut; selbst aber die Wissenschaft bekennt
es nicht, weil sie beim „steten Fortschritt" ihre Rechnung zu finden
gelernt hat. Und die Religion? Luther's eigentliche Empörung galt
dem freventlichen Sündenablasse der römischen Kirche, welche bekannt=
lich sogar vorsätzlich erst noch zu begehende Sünden sich bezahlen
ließ: sein Eifer kam zu spät; die Welt wußte die Sünde bald
gänzlich abzuschaffen, und die Erlösung vom Übel erwartet man
jetzt gläubig durch Physik und Chemie.

Gestehen wir uns, daß es nicht leicht ist die Welt für die An=
erkennung des Nutzens unserer Erkenntniß zu gewinnen, wenn gleich
sie den Unnutzen der gemeinen Weltkenntniß leicht unbestritten lassen
dürfte. Möge uns diese Einsicht aber nicht davon abhalten, jenem
Nutzen näher nachzuforschen. Hierfür werden wir uns nicht an die

stumpfe Menge, sondern an die besseren Geister zu wenden haben, durch deren andererseits noch vorherrschende eigene Unklarheit der befreiende Lichtstrahl der richtigen Erkenntniß zu jener Menge eben noch nicht hindurchzudringen vermag. Diese Unklarheit ist aber so groß, daß es wirklich erstaunlich ist, die allerbedeutendsten Köpfe jeder Zeit, seit dem Auftommen der Bibel, davon behaftet und zu Seich= tigkeit des Urtheils angeleitet zu sehen. Man denke an Goethe, der Christus für problematisch, den lieben Gott aber für ganz ausgemacht hielt, im Betreff des letzteren allerdings die Freiheit sich wahrend, ihn in der Natur auf seine Weise aufzufinden; was dann zu aller= hand physikalischen Versuchen und Experimenten führte, deren fort= gesetzte Betreibung den gegenwärtig herrschenden menschlichen In= tellekt wiederum zu dem Ergebnisse führen mußte, daß es gar keinen Gott gebe, sondern nur „Kraft und Stoff". Es war — und dieß, wie spät erst! — einem einzigen großen Geiste vorbehalten, die mehr als tausendjährige Verwirrung zu lichten, in welche der jüdische Gottes=Begriff die ganze christliche Welt verstrickt hatte: daß der unbefriedigte Denker endlich, auf dem Boden einer wahrhaftigen Ethik, wieder festen Fußes sich aufrichten konnte, verdanken wir dem Ausführer Kant's, dem weitherzigen Arthur Schopenhauer.

Wer sich von der Verwirrung des modernen Denkens, von der Lähmung des Intellektes unserer Zeit einen Begriff machen will, beachte nur die ungemeine Schwierigkeit, auf welche das richtige Verständniß des klarsten aller philosophischen Systeme, des Schopen= hauer'schen, stößt. Wiederum muß uns dieß aber sehr erklärlich werden, sobald wir eben ersehen, daß mit dem vollkommenen Ver= ständnisse dieser Philosophie eine so gründliche Umkehr unseres bis= her gepflegten Urtheiles eintreten muß, wie sie ähnlich nur dem Heiden durch die Annahme des Christenthums zugemuthet war. Den= noch bleibt es bis zum Erschrecken verwunderlich, die Ergebnisse einer Philosophie, welche sich auf eine vollkommenste Ethik stützt, als hoff= nungslos empfunden zu sehen; woraus denn hervorgeht, daß wir hoffnungsvoll sein wollen ohne uns einer wahren Sittlichkeit bewußt sein zu müssen. Daß auf der hiermit ausgedrückten Verderbtheit der Herzen Schopenhauer's unerbittliche Verwerfung der Welt, wie diese eben als geschichtlich erkennbar sich einzig uns darstellt, beruht, erschreckt nun diejenigen, welche die gerade von Schopenhauer einzig deutlich bezeichneten Wege der Umkehr des mißleiteten Willens zu erkennen sich nicht bemühen. Diese Wege, welche sehr wohl zu einer Hoffnung führen können, sind aber von unserem Philosophen, in einem mit den erhabensten Religionen übereinstimmenden Sinne, klar und bestimmt gewiesen worden, und es ist nicht seine Schuld, wenn ihn die richtige Darstellung der Welt, wie sie ihm einzig vorlag, so ausschließlich beschäftigen mußte, daß er jene Wege wirklich aufzufinden und zu betreten uns selbst zu überlassen genöthigt war; denn sie lassen sich nicht wandeln als auf eignen Füßen.

In diesem Sinne und zur Anleitung für ein selbständiges Beschreiten der Wege wahrer Hoffnung, kann nach dem Stande unserer jetzigen Bildung nichts anderes empfohlen werden, als die Schopenhauer'sche Philosophie in jeder Beziehung zur Grundlage aller ferneren geistigen und sittlichen Kultur zu machen; und an nichts anderem haben wir zu arbeiten, als auf jedem Gebiete des Lebens die Nothwendigkeit hiervon zur Geltung zu bringen. Dürfte dieß gelingen, so wäre der wohlthätige, wahrhaft regeneratorische Erfolg davon gar nicht zu ermessen, da wir denn andererseits ersehen, zu welcher geistigen und sittlichen Unfähigkeit uns der Mangel einer richtigen, Alles durchdringenden Grund-Erkenntniß vom Wesen der Welt erniedrigt hat.

Die Päpste wußten sehr wohl was sie thaten, als sie dem Volke die Bibel entzogen, da namentlich das mit den Evangelien verbundene alte Testament den reinen christlichen Gedanken in der Weise unkenntlich machen konnte, daß, wenn jeder Unsinn und jede Gewaltthat aus ihm zu rechtfertigen möglich erschien, diese Verwendung klüger der Kirche vorbehalten, als auch dem Volke über-

lassen werden mochte. Fast müssen wir es als ein besonderes Un=
glück ansehen, daß Luther'n gegen die Ausartung der römischen
Kirche keine andere Autoritäts=Waffe zu Gebote stand, als eben
diese ganze volle Bibel, von der er nichts auslassen durfte, wenn
ihm seine Waffe nicht versagen sollte. Sie mußte ihm noch zur
Abfassung eines Katechismus' für das gänzlich verwahrloste arme
Volk dienen; und in welcher Verzweiflung er hierzu griff, ersehen
wir aus der herzerschütternden Vorrede zu jenem Büchlein. Ver=
stehen wir den wahrhaften Jammerschrei des Mitleides mit seinem
Volke recht, das dem seelenvollen Reformator die erhabene Hast des
Retters eines Ertrinkenden eingab, mit der er jetzt dem in äußerster
Nothdurft verkommenden Volke schnell die zur Hand befindliche
nöthige geistige Nahrung und Bekleidung zubrachte: so hätten wir
an ihm auch gerade hierfür ein Beispiel zu nehmen, um zu aller=
nächst jene, nun als nicht mehr zureichend erkannte, Nahrung und
Bekleidung für eine kräftigere Dauer zu ersetzen. Um den Aus=
gangspunkt für ein solches Unternehmen zu bezeichnen, führen wir
hier einen schönen Ausspruch Schiller's, aus einem seiner Briefe an
Goethe, an. „Hält man sich an den eigentlichen Charakter des
Christenthums, der es von allen monotheïstischen Religionen unter=
scheidet, so liegt er in nichts anderem als in der Aufhebung
des Gesetzes, des kantischen Imperativs, an dessen Stelle das
Christenthum eine freie Neigung gesetzt haben will; es ist also,
in seiner reinen Form, Darstellung schöner Sittlichkeit oder der
Menschwerdung des Heiligen, und in diesem Sinne die einzige
ästhetische Religion.“ —

Werfen wir, von dieser schönen Ansicht aus, einen Blick auf
die zehn Gebote der mosaischen Gesetzestafel, mit welchen auch
Luther zunächst einem unter der Herrschaft der römischen Kirche
und des germanischen Faustrechtes geistig und sittlich gänzlich ver=
wilderten Volke entgegentreten zu müssen für nöthig fand, so ver=
mögen wir darinnen vor allem keine Spur eines eigentlichen christ=

lichen Gedankens aufzufinden; genau betrachtet sind es nur Ver=
bote, denen meistens erst Luther durch seine beigegebenen Erklä=
rungen den Charakter von Geboten zuertheilte. In eine Kritik
derselben haben wir uns nicht einzulassen, denn wir würden dabei
nur auf unsere polizeiliche und strafrichterliche Gesetzgebung treffen,
welcher zum Zwecke des bürgerlichen Bestehens die Überwachung
jener Gebote, selbst bis zur Bestrafung des Atheismus' überwiesen
worden ist, wobei nur etwa die „anderen Götter neben mir"
human davon kommen dürften.

Lassen wir daher diese Gebote, als ziemlich gut verwahrt, hier
ganz außer Acht, so stellt sich uns dagegen das christliche Gebot,
— wenn es ein solches hierfür geben kann, — sehr überblicklich in
der Aufstellung der drei sogenannten Theologal=Tugenden dar.
Diese werden gemeiniglich in einer Reihenfolge aufgeführt, welche
uns für den Zweck der Anleitung zu christlicher Gesinnung nicht
ganz richtig dünkt, da wir denn „Glaube, Liebe und Hoffnung" zu
„Liebe, Glaube und Hoffnung" umgestellt wissen möchten. Diese
einzig erlösende und beglückende Dreieinigkeit als den Inbegriff
von Tugenden, und die Ausübung dieser als Gebot aufzustellen,
kann widersinnig erscheinen, da sie uns andererseits nur als Ver=
leihungen der Gnade gelten sollen. Welches Verdienst ihre Er=
werbung jedoch in sich schließt, werden wir bald inne, wenn wir zu
allererst genau erwägen, welche fast übermäßige Anforderung an den
natürlichen Menschen das Gebot der „Liebe", im erhabenen christ=
lichen Sinne stellt. Woran geht unsere ganze Zivilisation zu Grunde
als an dem Mangel der Liebe? Das jugendliche Gemüth, dem sich
mit wachsender Deutlichkeit die heutige Welt enthüllt, wie kann es
sie lieben, da ihm Vorsicht und Mistrauen in der Berührung mit
ihr einzig empfohlen zu werden nöthig erscheint? Gewiß dürfte es
nur den einen Weg zu seiner richtigen Anleitung geben, auf welchem
ihm nämlich die Lieblosigkeit der Welt als ihr Leiden verständlich
würde: das ihm hierdurch erweckte Mitleiden würde dann so viel heißen,

als den Ursachen jenes Leidens der Welt, sonach dem Begehren
der Leidenschaften, erkenntnißvoll sich zu entziehen, um das Leiden
des Anderen selbst mindern und ablenken zu können. Wie aber
dem natürlichen Menschen die hierzu nöthige Erkenntniß erwecken,
da das zunächst unverständlichste ihm der Nebenmensch selbst ist?
Unmöglich kann hier durch Gebote eine Erkenntniß herbeigeführt
werden, die dem natürlichen Menschen nur durch eine richtige Anleitung zum Verständnisse der natürlichen Herkunft alles Lebenden
erweckt werden kann. — Hier vermag unseres Erachtens, am sichersten, ja fast einzig, eine weise Benutzung der Schopenhauer'schen
Philosophie zu einem Verständnisse anzuleiten, deren Ergebniß, allen
früheren philosophischen Systemen zur Beschämung, die Anerkennung
einer moralischen Bedeutung der Welt ist, wie sie, als Krone
aller Erkenntniß, aus Schopenhauer's Ethik praktisch zu verwerthen
wäre. Nur die dem Mitleiden entkeimte und im Mitleiden bis zur
vollen Brechung des Eigenwillens sich bethätigende Liebe, ist die
erlösende christliche Liebe, in welcher Glaube und Hoffnung ganz
von selbst ausgeschlossen sind, — der Glaube als untrüglich
sicheres und durch das göttlichste Vorbild bestätigtes Bewußtsein
von jener moralischen Bedeutung der Welt, die Hoffnung als
das beseligende Wissen der Unmöglichkeit einer Täuschung dieses
Bewußtseins.

Von woher aber könnten wir eine klarere Zurechtweisung für
das von der Täuschung des realen Anscheines der Welt beängstigte
Gemüth gewinnen, als durch unseren Philosophen, dessen Verständnisse wir nur noch die Möglichkeit, es dem natürlichen Verstande
des unwissenschaftlichen Menschen innig faßlich zuzuführen, entnehmen
müßten? In solchem Sinne möge es versucht werden, der unvergleichlichen Abhandlung „über die scheinbare Absichtlichkeit in dem
Schicksale des Einzelnen" eine volksverständliche Abfassung ihres
Inhaltes abzugewinnen, wie sicher wäre dann die, schon ihrer
Mißverständlichkeit wegen so gern im Gebrauch gepflegte, „ewige

Vorsehung" nach ihrem wahren Sinne gerechtfertigt, wogegen der in ihrem Ausdrucke enthaltene Widersinn den Verzweifelnden zu plattem Atheismus treibt? Den durch den Übermuth unserer Physiker und Chemiker Geängstigten, welche sich endlich für schwachköpfig zu halten müssen glauben, wenn sie den Erklärungen der Welt aus „Kraft und Stoff" sich zu fügen scheuen, ihnen wäre nicht minder eine große Wohlthat aus den Zurechtweisungen unseres Philosophen zuzuführen, sobald wir hieraus ihnen zeigten, was es mit jenen „Atomen" und „Molekülen" für eine stümperhafte Bewandtniß habe. Welchen unsäglichen Gewinn würden wir aber den einerseits von den Drohungen der Kirche Erschreckten, andererseits den durch unsere Physiker zur Verzweiflung Gebrachten zuführen, wenn wir dem erhabenen Gebäude von „Liebe, Glaube und Hoffnung" eine deutliche Erkenntniß der, durch die unserer Wahrnehmung einzig zu Grunde liegenden Gesetze des Raumes und der Zeit bedingten, Idealität der Welt einfügen könnten, durch welche dann alle die Fragen des beängstigten Gemüthes nach einem „Wo" und „Wann" der „anderen Welt" als nur durch ein seliges Lächeln beantwortbar erkannt werden müßten? Denn, giebt es auf diese, so grenzenlos wichtig dünkenden Fragen eine Antwort, so hat sie unser Philosoph, mit unübertrefflicher Präzision und Schönheit, mit diesem, gewisser= maaßen nur der Definition der Idealität von Zeit und Raum bei= gegebenen Ausspruche ertheilt: „Friede, Ruhe und Glückseligkeit wohnt allein da, wo es kein Wo und kein Wann giebt."

Nun verlangt es aber das Volk, dem wir leider so jammervoll ferne stehen, nach einer sinnlich realen Vorstellung der göttlichen Ewigkeit im affirmativen Sinne, wie sie ihm selbst von der Theologie nur im negativen Sinne der „Außerzeitlichkeit" gegeben werden kann. Auch die Religion konnte dieses Verlangen nur durch alle= gorische Mythen und Bilder beruhigen, daraus dann die Kirche ihr dogmatisches Gebäude aufführte, dessen Zusammenbruch uns nun offenkundig ward. Wie dessen zerbröckelnde Bausteine zur Grund=

lage einer der antiken Welt noch unbekannten Kunst wurden, bemühete ich mich in meinem vorangehenden Aufsatze über „Religion und Kunst“ zu zeigen; von welcher Bedeutung aber wiederum diese Kunst, durch ihre volle Befreiung von unsittlichen Ansprüchen an sie, auf dem Boden einer neuen moralischen Weltordnung, namentlich auch für das „Volk“ werden könnte, hätten wir mit strengem Ernste zu erwägen. Hierbei würde wiederum unser Philosoph zu einem unermeßlich ergebnißreichen Ausblicke in das Gebiet der Möglichkeiten uns hingeleiten, wenn wir den Gehalt folgender, wunderbar tiefsinnigen Bemerkung desselben völlig zu erschöpfen uns bemüheten: „das vollkommene Genügen, der wahre wünschenswerthe Zustand stellen sich uns immer nur im Bilde dar, im Kunstwerk, im Gedicht, in der Musik. Freilich könnte man hieraus die Zuversicht schöpfen, daß sie doch irgendwo vorhanden sein müssen“. Was hier, durch Einfügung in ein streng philosophisches System, als nur mit fast skeptischem Lächeln aussprechbar erscheinen durfte, könnte uns sehr wohl zu einem Ausgangspunkte innig ernster Folgerungen werden. Das vollendete Gleichniß des edelsten Kunstwerkes dürfte durch seine entrückende Wirkung auf das Gemüth sehr deutlich uns das Urbild auffinden lassen, dessen „Irgendwo“ nothwendig nur in unserm, zeit- und raumlos von Liebe, Glauben und Hoffnung erfüllten Innern sich offenbaren müßte.

Nicht aber kann der höchsten Kunst die Kraft zu solcher Offenbarung erwachsen, wenn sie der Grundlage des religiösen Symboles einer vollkommensten sittlichen Weltordnung entbehrt, durch welches sie dem Volke erst wahrhaft verständlich zu werden vermag: der Lebensübung selbst das Gleichniß des Göttlichen entnehmend, vermag erst das Kunstwerk dieses dem Leben, wiederum zu reinster Befriedigung und Erlösung über das Leben hinaus, zuzuführen. —

Ein großes, ja unermeßliches Gebiet wäre hiermit, in vielleicht scharfen, dennoch ihres fernen Abliegens vom gemeinen Leben wegen,

nicht leicht erkennbaren Umrissen, bezeichnet worden, dessen nähere
Erforschung wohl der Mühe werth erscheinen dürfte. Daß für eine
solche Erforschung uns nicht der Politiker anleiten könnte, glaubten
wir deutlich bezeichnen zu müssen, und es muß uns von Wichtigkeit
erscheinen, dem Gebiete der Politik, als einem durchaus unfrucht=
baren, bei unseren Untersuchungen gänzlich abseits zu gehen. Da=
gegen hätten wir jedes Gebiet, auf welchem geistige Bildung zur
Bestätigung wahrer Moralität anleiten mag, mit äußerster Sorg=
samkeit bis in seine weitesten Verzweigungen zu erforschen. Nichts
anderes darf uns am Herzen liegen, als von jedem dieser Gebiete
her uns Genossen und Mitarbeiter zu gewinnen. Bereits sind diese
auch schon vorhanden; so hat uns z. B. unsere Theilnahme an der
Bewegung gegen die Vivisektion auf dem Gebiete der Physiologie
die verwandten Geister kennen gelehrt, die mit spezialwissenschaft=
licher Sachkenntniß ausgerüstet uns gegen freche Behauptungen
staatlich autorisirter Schänder der Wissenschaft hilfreich, wenn auch
— wie leider jetzt nicht anders möglich! — erfolglos zur Seite
standen. Der durchaus friedlichen Vereinigungen, denen die prak=
tische Durchführung unserer Gedanken ganz wie von selbst zuertheilt
erscheint, erwähnten wir bereits anderen Ortes, und haben wir jetzt
nur zu wünschen, aus ihnen die Nutzarbeiter sich uns zuwenden zu
sehen, welche ihre besonderen Interessen in dem einen großen wie=
derzufinden vermögen, dessen Ausdruck etwa folgender Maaßen zu
bezeichnen wäre: —

> Wir erkennen den Grund des Verfalles der
> historischen Menschheit, sowie die Nothwendigkeit
> einer Regeneration derselben; wir glauben an die
> Möglichkeit dieser Regeneration, und widmen uns
> ihrer Durchführung in jedem Sinne.

Ob die Mitarbeit einer solchen Genossenschaft nicht über die
nächsten Zwecke der Mittheilungen an ein Patronat von Bühnen=

festspielen weit hinaus sich erstrecken dürfte, kann sehr wohl frag=
lich werden. Dennoch wollen wir hoffen, daß die geehrten Theil=
nehmer dieses Vereines jenen Mittheilungen zeither nicht ohne einige
Willigkeit ihre Aufmerksamkeit geschenkt haben. Was den Verfasser
der vorliegenden Zeilen betrifft, so muß er allerdings erklären, daß
nur Mittheilungen von dem bezeichneten Gebiete aus von ihm ferner
noch zu erwarten sein können.

1.

„Erkenne dich selbst".

Uns lehrte der große Kant, das Verlangen nach der Erkenntniß der Welt der Kritik des eigenen Erkenntniß-Vermögens nachzustellen; gelangten wir hierdurch zur vollständigsten Unsicherheit über die Realität der Welt, so lehrte uns dann Schopenhauer durch eine weiter gehende Kritik, nicht mehr unseres Erkenntniß-Vermögens, sondern des aller Erkenntniß in uns vorangehenden eigenen Willens, die untrüglichsten Schlüsse auf das An-sich der Welt zu ziehen. „Erkenne dich selbst, und du hast die Welt erkannt", — so die Pythia; „schau um dich, dieß alles bist du", — so der Brahmane.

Wie gänzlich uns diese Lehren uralter Weisheit abgekommen waren, ersehen wir daraus, daß sie erst nach Jahrtausenden auf dem genialen Umwege Kant's uns durch Schopenhauer wieder aufgefunden werden mußten. Denn, blicken wir auf den heutigen Stand unserer gesammten Wissenschaft und Staatskunst, so finden wir, daß diese, baar jedes wahrhaft religiösen Kernes, sich in einem barbarischen Faseln ergehen, mit welchem sie, durch eine zweitausendjährige Übung darin, dem blöden Auge des Volkes fast ehrwürdig erscheinen mögen.

Wer findet in der Beurtheilung der Lage der Welt wohl je das „Erkenne=dich=selbst" angewendet? Uns ist nicht ein historischer Akt bekannt, welcher in den handelnden Personen die Wirkung jener Lehre uns erkennen ließe. Was nicht erkannt wird, darauf wird losgeschlagen, und, schlagen wir uns damit selbst, so vermeinen wir, der Andere hätte uns geschlagen. Wer erlebte dieß nicht wieder, wenn er, mit jener Lehre im Sinne, etwa der heutigen Bewegung gegen die Juden zusieht? Was den Juden die jetzt so verderblich dünkende Macht unter uns und über uns gegeben hat, scheint von Niemandem gefragt, oder erwogen werden zu müssen; oder, wird darnach geforscht, so hält man vor den Ereignissen und Zuständen etwa des letzten Jahrzehents, oder vielleicht noch einiger Jahre früher, an: zu einer weiteren und tieferen Einkehr in sich selbst, d. h. hier zu einer genauen Kritik des Geistes und Willens unserer ganzen Natur und Zivilisation, die wir z. B. eine „deutsche" nennen, verspüren wir noch nirgends eine hinreichende Neigung.

Der Vorgang, um den es sich hier handelt, ist aber vielleicht mehr als sonst ein anderer geeignet, uns in Verwunderung über uns selbst zu versetzen: in ihm dünkt uns das späte Wiedererwachen eines Instinktes sich kund zu geben, der in uns gänzlich erloschen zu sein schien. Wer, vor etwa dreißig Jahren, die Unbefähigung der Juden zur produktiven Theilnehmung an unserer Kunst in Erwägung brachte und dieß Unterfangen nach achtzehn Jahren zu erneuern sich angeregt fühlte, hatte die höchste Entrüstung von Juden und Deutschen zu erfahren; es wurde verderblich, das Wort „Jude" mit zweifelhafter Betonung auszusprechen. Was auf dem Gebiete einer sittlichen Ästhetik den heftigsten Unwillen erregte, vernehmen wir jetzt plötzlich in populär=rauher Fassung vom Gebiete des bürgerlichen Verkehres und der staatlichen Politik her laut werden. Was zwischen diesen beiden Äußerungen als Thatsache liegt, ist die an die Juden ertheilte Vollberechtigung, sich in jeder erdenklichen Beziehung als Deutsche anzusehen, — ungefähr wie die Schwarzen in Mexiko durch ein Blanket autorisirt wurden, sich für Weiße zu halten. Wer sich diesen Vorgang recht wohl überlegt, muß, wenn ihm das eigentlich Lächerliche desselben entgeht, doch wenigstens in das höchste Erstaunen über den Leichtsinn, ja — die Frivolität unserer Staats=Autoritäten gerathen, die eine so ungeheure, unab= sehbar folgenschwere Umgestaltung unseres Volkswesens, ohne nur einige Besinnung von dem was sie thaten, dekretiren konnten.

Die Formel hierfür hieß „Gleichberechtigung aller deutschen Staatsbürger ohne Ansehung des Unterschiedes der „Konfession‘".

Wie war es möglich, daß es je zu irgend einer Zeit Deutsche gab, welche Alles, was den Stamm der Juden uns in fernster Ent= fremdung erhält, unter dem Begriffe einer religiösen „Konfession" auffaßten, da doch gerade erst und nur in der deutschen Geschichte es zu Spaltungen der christlichen Kirche kam, welche zur staats= rechtlichen Anerkennung verschiedener Konfessionen führten? Aller= dings treffen wir aber in dieser so auffallend mißbräuchlich ange= wendeten Formel auf einen der Hauptpunkte, welche uns zur Er= klärung des unerklärlich Dünkenden führen, sobald wir das „Er= kenne=dich=selbst" mit schonungsloser Energie auf uns richten. Hierbei tritt uns sogleich auch die neuerlich gemachte Erfahrung entgegen, daß unsere Herren Geistlichen sofort in ihrer Agitation gegen die Juden sich gelähmt fühlen, wann das Judenthum andererseits an der Wurzel angefaßt, und z. B. die Stammväter, namentlich der große Abraham, nach dem eigentlichen Texte der mosaischen Bücher= der Kritik unterstellt werden. Alsbald dünkt ihnen der Boden der christlichen Kirche, die „positive" Religion, zu schwanken, das Anerkenntniß einer „mosaischen Konfession" tritt zu Tage und dem Bekenner desselben wird das Recht zugestanden, sich mit uns auf denselben Boden zu stellen, um über die hinlängliche Beglau= bigung einer erneuerten Offenbarung durch Jesus Christus zu dis= kutiren; denn diesen betrachten sie, auch nach der Meinung des vorigen englischen Premier=Ministers, als einen ihrer überschüssigen kleinen Propheten, von dem wir ein viel zu großes Wesen machten. Nun wird es aber schwierig sein, gerade aus der Gestaltung der christlichen Welt und dem Charakter der durch die so früh entartete

Kirche ihr verliehenen Kultur, die Vorzüglichkeit der Offenbarung durch Jesus vor der durch Abraham und Moses zu beweisen: die jüdischen Stämme sind, trotz aller Auseinandergerissenheit, bis auf den heutigen Tag mit den mosaischen Gesetzen ein Ganzes geblieben, während unsere Kultur und Zivilisation mit der christlichen Lehre im schreiendsten Widerspruche stehen. Als Ergebniß dieser Kultur stellt sich dem die letzte Rechnung ziehenden Juden die Nothwendig= keit Kriege zu führen, sowie die noch viel größere, Geld dafür zu haben, heraus. Demzufolge sieht er unsere staatliche Gesellschaft als Militär= und Zivilstand abgetheilt: da er seit ein paar Jahr= tausenden im Militärfach unbewandert blieb, widmet er seine Er= fahrungen und Kenntnisse mit Vorliebe dem Zivilstand, weil er sieht, daß dieser das Geld für das Militär herbeizuschaffen hat, hierin seine eigenen Fähigkeiten aber zur höchsten Virtuosität aus= gebildet sind.

Die erstaunlichen Erfolge der unter uns angesiedelten Juden im Gewinn und in der Anhäufung großer Geldvermögen haben nun unsere Militärstaats=Autoritäten stets nur mit Achtung und freudiger Verwunderung erfüllt: wie es uns bedünken darf, scheint die jetzige Bewegung gegen die Juden aber anzudeuten, daß man jene Autoritäten auf die Frage darnach aufmerksam machen möchte, woher die Juden denn das Geld nehmen? Es handelt sich hierbei im tiefsten Grunde, wie es scheint, um den Besitz, ja um das Eigenthum, dessen wir uns plötzlich nicht mehr sicher dünken, während doch andererseits aller Aufwand des Staates die Sicherstellung des Besitzes mehr als alles Andere zu bezwecken den Anschein hat.

Wenn das „Erkenne=dich=selbst", auf unsere kirchlich religiöse Herkunft angewendet, den Juden gegenüber einen bedenklichen Miß= erfolg herbeiziehen mußte, so dürfte es damit zu nicht minder un= günstigen Ergebnissen führen, wenn wir die Natur des von unseren staatlichen Gesellschaften einzig verstandenen Besitzes untersuchen, sobald wir diesen gegen die Eingriffe der Juden zu sichern gedächten.

Eine fast größere Heiligkeit als die Religion hat in unsrem staatsgesellschaftlichen Gewissen das „Eigenthum" erhalten: für die Verletzung jener giebt es Nachsicht, für die Beschädigung dieses nur Unerbittlichkeit. Da das Eigenthum als die Grundlage alles gesell=schaftlichen Bestehens gilt, muß es wiederum desto schädlicher dünken, daß nicht Alle Eigenthum besitzen, und sogar der größte Theil der Gesellschaft enterbt zur Welt kommt. Offenbar geräth hierdurch, vermöge ihres eigenen Prinzipes, die Gesellschaft in eine so gefähr=liche Beunruhigung, daß sie alle ihre Gesetze für einen unmöglichen Ausgleich dieses Widerstreites zu berechnen genöthigt ist, und Schutz des Eigenthumes, für welchen ja auch im weitesten völkerrechtlichen Sinne die bewaffnete Macht vorzüglich unterhalten wird, in Wahr=heit nichts anderes heißen kann, als Beschützung der Besitzenden gegen die Nichtbesitzenden. Wie viele ernste und scharfrechnende Köpfe sich der Untersuchung des hiermit vorliegenden Problems zu=gewendet haben, eine Lösung desselben, endlich etwa durch gleiche Vertheilung alles Eigenthums, hat noch keinem glücken wollen, und es scheint wohl, daß mit dem an sich so einfach dünkenden Begriffe des Eigenthums, durch seine staatliche Verwerthung, dem Leibe der Menschheit ein Pfahl eingetrieben worden ist, an welchem sie in schmerzlicher Leidens=Krankheit dahin siechen muß.

Da bei der Beurtheilung des Charakters unserer Staaten die geschichtliche Entstehung und Fortbildung derselben uns der uner=läßlichsten Berücksichtigung werth dünkt, indem nur hieraus Rechte und Rechtszustände ableitbar und erklärlich erscheinen, so muß die Ungleichheit des Besitzes, ja die völlige Besitzlosigkeit eines großen Theiles der Staatsangehörigen, als Erfolg der letzten Eroberung eines Landes, etwa wie England's durch die Normannen, oder auch Irland's wiederum durch die Engländer, zu erklären und nöthigen Falls auch zu rechtfertigen für gut dünken. Weit entfernt davon, uns selbst hier auf Untersuchungen von solcher Schwierigkeit ein=zulassen, müssen wir nur die heut zu Tage deutlich erkennbare Um-

wandelung des ursprünglichen Eigenthums-Begriffes durch die recht-
lich zugesprochene Heiligkeit der Besitznahme des Eigenthumes dahin
bezeichnen, daß der Kauftitel an die Stelle des Eigenthumserwerbes
getreten ist, zwischen welchen beiden die Besitzergreifung durch Gewalt die Vermittelung gab.

Soviel Kluges und Vortreffliches über die Erfindung des
Geldes und seines Werthes als allvermögender Kulturmacht gedacht, gesagt und geschrieben worden ist, so dürfte doch seiner Anpreisung gegenüber auch der Fluch beachtet werden, dem es von je
in Sage und Dichtung ausgesetzt war. Erscheint hier das Gold
als der Unschuld würgende Dämon der Menschheit, so läßt unser
größter Dichter endlich die Erfindung des Papiergeldes als einen
Teufelsspuk vor sich gehen. Der verhängnißvolle Ring des Nibelungen als Börsen-Portefeuille dürfte das schauerliche Bild des ge-
spenstischen Weltbeherrschers zur Vollendung bringen. Wirklich wird
diese Herrschaft von den Vertretern unserer fortschrittlichen Zivilisation als eine geistige, ja moralische Macht angesehen, da nun der
geschwundene Glaube durch den „Kredit“, diese durch die strengsten
und raffinirtesten Sicherstellungen gegen Betrug oder Verlust unter-
haltene Fiktion unserer gegenseitigen Redlichkeit, ersetzt sei. Was
nun unter den Segnungen dieses Kredits bei uns zu Tage kommt,
erleben wir jetzt, und scheinen nicht übel Lust zu haben, den Juden
lediglich die Schuld hiervon beizumessen. Allerdings sind diese darin
Virtuosen, worin wir Stümper sind: allein die Kunst des Geld-
machens aus Nichts hat unsere Zivilisation doch selbst erfunden,
oder, tragen die Juden daran Schuld, so ist es, weil unsere ganze
Zivilisation ein barbarisch-judaistisches Gemisch ist, keinesweges aber
eine christliche Schöpfung. Hierüber, so vermeinen wir, wäre es
auch den Vertretern unsrer Kirchen räthlich zu einiger Selbsterkenntniß zu gelangen, zumal wenn sie den Samen Abraham's
bekämpfen, in dessen Namen sie doch immer noch die Erfüllung gewisser Verheißungen Jehova's fordern. Ein Christenthum, welches

sich der Rohheit und Gewalt aller herrschenden Mächte der Welt
anbequemte, dürfte, vom reißenden Raubthiere dem rechnenden
Raubthiere zugewendet, durch Klugheit und List vor seinem Feinde
übel bestehen; weßhalb wir denn von der Unterstützung unserer kirch=
lichen wie staatlichen Autoritäten für jetzt kein besonderes Heil er=
warten möchten.

Dennoch liegt der gegenwärtigen Bewegung offenbar ein inner=
liches Motiv zum Grunde, so wenig es sich auch in dem Gebahren
der bisherigen Leiter derselben noch kundgeben mag. Wir glaubten
zuvor dieses Motiv als das Wiederwachen eines dem deutschen Volke
verloren gegangenen Instinktes erkennen zu dürfen. Man spricht
von dem Antagonismus der Racen. In diesem Sinne wäre uns
eine neue Einkehr zur Selbsterkenntniß veranlaßt, da wir uns denn
deutlich zu machen hätten, in welchem Verhältnisse hier bestimmte
menschliche Geschlechts=Arten zu einander stehen möchten. Hier müßte
denn wohl zunächst erkannt werden, daß, wenn wir von einer deut=
schen „Race" reden wollten, diese mit einer so ungemein ausge=
sprochenen und unverändert erhaltenen, wie der jüdischen, verglichen,
sehr schwer, ja fast kaum, mit Bestimmtheit zu spezifiziren sei. Wenn
die Gelehrten sich darüber unterhalten, ob gemischte oder rein be=
wahrte Racen für die Ausbildung der Menschheit werthvoller seien,
so kommt es für die Entscheidung wohl nur darauf an, was wir
unter einer fortschrittlichen Ausbildung der Menschheit verstehen.
Man rühmt die sogenannten romanischen Völker, wohl auch die
Engländer, als Misch=Racen, da sie den etwa rein erhaltenen Völ=
kern germanischer Race im Kultur=Fortschritt offenbar vorausstünden.
Wer sich nun von dem Anscheine dieser Kultur und Zivilisation
nicht blenden läßt, sondern das Heil der Menschheit in der Hervor=
bringung großer Charaktere sucht, muß wiederum finden, daß diese
unter rein erhaltenen Racen eher, ja fast einzig zum Vorscheine
kommen, wobei es scheint, daß die noch ungebrochene geschlechtliche
Naturkraft alle noch unentsprossenen, nur durch harte Lebens=

prüfungen zu gewinnenden, höheren menschlichen Tugenden für das Erste durch den Stolz ersetzt. Dieser eigenthümliche Geschlechts=Stolz, der uns noch im Mittelalter so hervorragende Charaktere als Fürsten, Könige und Kaiser lieferte, dürfte gegenwärtig in den ächten Adelsgeschlechtern germanischer Herkunft noch anzutreffen sein, wenn auch nur in unverkennbarer Entartung, über welche wir uns ernst=lich Rechenschaft zu geben suchen sollten, wenn wir uns den Verfall des nun dem Eindringen der Juden wehrlos ausgesetzten deutschen Volkes erklären möchten. Auf einem richtigen Wege hierzu dürften wir uns befinden, wenn wir zunächst die beispiellose Menschenver=wüstung, welche Deutschland durch den dreißigjährigen Krieg erlitt, in Betracht ziehen: nachdem die männliche Bevölkerung in Stadt und Land zum allergrößesten Theile ausgerottet, die weibliche aber der gewaltsamen Schändung durch Wallonen, Kroaten, Spanier, Franzosen und Schweden nicht minder großen Theiles unterlegen war, mochte der in seinem persönlichen Bestande verhältnißmäßig wenig angegriffene Adel, nach aller dieser Verwüstung, mit dem Überbleibsel des Volkes sich kaum mehr als ein geschlechtlich Zu=sammengehöriges fühlen. Dieses Gefühl der Zusammengehörigkeit finden wir aber in mehren vorangehenden Geschichtsepochen noch recht deutlich ausgedrückt, und es waren dann die eigentlichen Adels=geschlechter, welche, nach empfindlichen Schwächungen des National=gehaltes, den rechten Geist immer wieder zu beleben wußten. Dieß ersehen wir an dem Wiederaufleben der deutschen Stämme unter neuen Sprossen alter Geschlechter nach der Völkerwanderung, welche den daheim Bleibenden ihre eigentlichen Heldengeschlechter entführt hatte; wir ersehen es an der Neubelebung der deutschen Sprache durch die adeligen Dichter der Hohenstaufenzeit, nachdem schon nur klösterliches Latein einzig noch für vornehm gehalten worden war, wogegen nun der Geist der Dichtung bis in die Bauernhöfe hinab=drang und für Volk und Adel eine völlig gleiche Gebrauchs=Sprache schuf; und nochmals ersehen wir es an dem Widerstande gegen die

von Rom aus dem deutschen Volke zugemuthete kirchliche Schmach,
da der Vorgang des Adels und der Fürsten das Volk zu muthiger
Abwehr führte. Anders war es nun nach dem dreißigjährigen Kriege:
der Adel fand kein Volk mehr vor, dem er sich als verwandt hätte
fühlen können; die großen monarchischen Machtverhältnisse verschoben
sich aus dem eigentlichen deutschen Lande nach dem slavischen Osten:
degenerirte Slaven, entartende Deutsche bilden den Boden der Geschichte des achtzehnten Jahrhunderts, auf welchem sich endlich in
unseren Zeiten, von den ausgesaugten polnischen und ungarischen
Ländern her, der Jude nun recht zuversichtlich ansiedeln konnte, da
selbst Fürst und Adel ihr Geschäft mit ihm zu machen nicht mehr
verschmähen mochten; denn — der Stolz selbst war eben bereits
verpfändet und gegen Dünkel und Habsucht ausgetauscht.

Sehen wir in neuerer Zeit diese letzteren beiden Charakterzüge
auch dem Volke zu eigen geworden, — der uns urverwandte Schwei-
zer z. B. glaubt uns gar nicht anders kennen zu dürfen! — und ward
hiefür die Benennung „deutsch" fast neu erfunden, so fehlt dieser
Neugeburt doch viel zur Wiedergeburt eines wahrhaften Racen-Ge-
fühles, welches sich vor Allem in einem sicheren Instinkte ausdrückt.
Unser Volk, so kann man sagen, hat nicht den natürlichen Instinkt
für das was ihm genehm sein kann, was ihm wohl ansteht, was
ihm hilft und wahrhaft förderlich ist; sich selbst entfremdet, pfuscht
es in ihm fremden Manieren: keinem wie ihm sind originelle und
große Geister gegeben worden, ohne daß es zur rechten Zeit sie zu
schätzen wußte; setzt ihm jedoch der geistloseste Zeitungsschreiber oder
Staatsrabulist mit lügnerischen Phrasen frech zu, so bestellt es ihn
zum Vertreter seiner wichtigsten Interessen: läutet aber gar der Jude
mit der papierenen Börsenglocke, so wirft er ihm sein Geld nach, um
mit seinen Sparpfennigen ihn über Nacht zum Millionär zu machen.

Dagegen ist denn allerdings der Jude das erstaunlichste Beispiel von Racen-Konsistenz, welches die Weltgeschichte noch je geliefert hat. Ohne Vaterland, ohne Muttersprache, wird er, durch

aller Völker Länder und Sprachen hindurch, vermöge des sicheren Instinktes seiner absoluten und unverwischbaren Eigenartigkeit zum unfehlbaren Sich-immer-wiederfinden hingeführt: selbst die Vermischung schadet ihm nicht; er vermische sich männlich oder weiblich mit den ihm fremdartigsten Racen, immer kommt ein Jude wieder zu Tage. Ihn bringt keine noch so ferne Berührung mit der Religion irgend eines der gesitteten Völker in Beziehung: denn in Wahrheit hat er gar keine Religion, sondern nur den Glauben an gewisse Verheißungen seines Gottes, die sich keineswegs, wie in jeder wahren Religion, auf ein außerzeitliches Leben über dieses sein reales Leben hinaus, sondern auf eben dieses gegenwärtige Leben auf der Erde einzig erstrecken, auf welcher seinem Stamme allerdings die Herrschaft über Alles Lebende und Leblose zugesichert bleibt. So braucht der Jude weder zu denken noch auch zu faseln, selbst nicht zu rechnen, denn die schwierigste Rechnung liegt in seinem, jeder Idealität verschlossenen, Instinkte fehlerlos sicher im Voraus fertig vor. Eine wunderbare, unvergleichliche Erscheinung; der plastische Dämon des Verfalles der Menschheit in triumphirender Sicherheit, und dazu deutscher Staatsbürger mosaischer Konfession, der Liebling liberaler Prinzen und Garant unserer Reichseinheit! —

Trotz des sich hier herausstellenden, ganz unausgleichbar dünkenden Nachtheiles, in welchem die deutsche Race (wenn wir eine solche noch annehmen sollten) gegen die jüdische sich befindet, glaubten wir dennoch, um die jetzige Bewegung zu erklären, das Wiedererwachen eines deutschen Instinktes in ungefähre Berechnung ziehen zu müssen. Da wir von der Äußerung eines reinen Racen-Instinktes abzusehen uns genöthigt fanden, dürften wir dagegen vielleicht einem weit höheren Triebe nachzuforschen uns gestatten, welcher, da er dem heutigen Volke doch nur dunkel und wahnvoll bewußt sein kann, wohl zuerst noch als Instinkt, dennoch aber von edlerer Abkunft und höherem Ziele, etwa als Geist reiner Menschlichkeit, bezeichnet werden müßte.

Vom eigentlichen Kosmopoliten, wenn dieser in Wahrheit über=
haupt vorhanden ist, hätten wir uns für die Lösung des hier uns
beschäftigenden Problems wohl wenig zu erwarten. Es ist kein
Kleines, die Weltgeschichte zu durchlaufen und hierbei Liebe zum
menschlichen Geschlechte bewahren zu wollen. Hier kann einzig das
unzerstörbare Gefühl der Verwandtschaft mit dem Volke, dem wir
zunächst entwachsen sind, ergänzend eintreten, um den durch den
Überblick über das Ganze zerrissenen Faden wieder anzuknüpfen:
hier wirkt das, als was wir uns selbst fühlen; wir haben Mitleiden
und bemühen uns zu hoffen, wie für das Loos der eigenen Familie.
Vaterland, Muttersprache: wehe dem um sie Verwaisten! Unermeß=
liches Glück aber, in seiner Muttersprache die Sprache seiner Urväter
selbst erkennen zu dürfen! Durch solche Sprache reicht unser Fühlen
und Erschauen bis in das Urmenschenthum selbst hinab; keine Be=
sitzesgrenzen schließen da unseren Adel ein, und weit über das zu=
letzt uns zugefallene Vaterland, weit über die Marken unserer ge=
schichtlichen Kenntniß und der durch sie zu erklärenden äußeren Ge=
staltungen unseres Bestehens, empfinden wir uns der schöpferischen
Urschönheit des Menschen verwandt. Und dieß ist unsere deutsche
Sprache, das einzige ächt erhaltene Erbtheil unserer Väter. Fühlen
wir unter dem Drucke einer fremden Zivilisation uns den Athem
vergehen, und uns in schwankendes Urtheil über uns selbst gerathen,
so dürfen wir nur in dem wahren väterlichen Boden unserer Sprache
nach deren Wurzel graben, um sofort beruhigenden Aufschluß über
uns, ja über das wahrhaft Menschliche selbst zu gewinnen. Und
diese Möglichkeit stets noch aus dem Ur=Bronnen unserer eigenen
Natur zu schöpfen, welche uns nicht mehr als eine Race, als eine
Abart der Menschheit, sondern als einen Urstamm der Menschheit
selbst fühlen läßt, sie erzog uns von je die großen Männer und
geistigen Helden, von denen es uns nicht zu bekümmern braucht, ob
die Schöpfer fremder vaterloser Zivilisationen sie zu verstehen und
zu schätzen vermögen; wogegen wir im Stande sind, von den Thaten

und Gaben unserer Vorfahren erfüllt, mit klarem Geiste erschauend, jene wiederum selbst richtig zu erkennen und nach dem ihrem Werke inwohnenden Geiste reiner Menschlichkeit zu würdigen. So fragt und forscht denn der ächte deutsche Instinkt eben nur nach diesem Rein=Menschlichen, und durch dieses Forschen allein kann er hilfreich sein, — dann aber nicht bloß sich selbst, sondern allem, noch so entstellten, an sich aber Reinem und Ächtem.

Wem dürfte es nun entgehen, daß dieser edle Instinkt, da er weder in seinem nationalen noch seinem religiös=kirchlichen Leben sich wahrhaftig auszudrücken vermochte, unter den hieraus uns zu= gezogenen Leiden bisher nur schwach, undeutlich, mißverständlich und unzureichend produktiv sich erhalten konnte? Uns dünkt es, daß er leider in gar keiner der Parteien sich kundgiebt, welche, namentlich auch gegenwärtig, die Bewegungen unseres politischen, oder auch geistigen, nationalen Lebens zu leiten sich anmaaßen; schon die Be= nennungen, welche sie sich beilegen, sagen, daß sie nicht deutscher Herkunft, somit gewiß auch nicht vom deutschen Instinkte beseelt sind. Was „Konservative", „Liberale" und „Konservativ=Liberale", endlich „Demokraten", „Sozialisten", oder auch „Sozial=Demokra= ten" u. s. w. gegenwärtig in der Judenfrage hervorgebracht haben, muß uns ziemlich eitel erscheinen, denn das „Erkenne=dich=selbst" wollte keine dieser Parteien an sich erprüfen, selbst nicht die un= deutlichste, und deßhalb einzig deutsch sich benennende „Fortschritts"= Partei. Wir sehen da einzig einem Widerstreite von Interessen zu, deren Objekt den Streitenden gemein und eben nicht edel ist: offenbar wird aber, wer für das Interesse selbst am stärksten, d. h. hier am rücksichtslosesten, organisirt ist, den Preis davon tragen. Mit un= serer ganzen, weit umfassenden Staats= und National=Ökonomie, scheint es, sind wir in einem bald schmeichelnden, bald beängstigen= den, endlich erdrückenden Traume befangen: aus ihm zu erwachen, drängt Alles; aber das Eigenthümliche des Traumes ist, daß, so lange er uns umfängt, wir ihn für das wirkliche Leben halten und vor dem Erwachen aus ihm wie vor dem Tode uns sträuben. Der letzte höchste Schreck giebt dem auf das Äußerste Beängstigten end= lich wohl die nöthige Kraft: er erwacht, und was er für das Aller= Realste hielt, war ein Truggespinnst des Dämons der leidenden Menschheit.

Wir, die wir zu keiner aller jener Parteien gehören, sondern unser Heil einzig in einem Erwachen des Menschen zu seiner ein= fach-heiligen Würde suchen, müssen, von diesen Parteien als Unnütze ausgeschlossen, zwar sympathisch selbst davon beängstigt, den Spasmen des Träumenden doch eben nur zuschauen, da all unser Rufen von ihm nicht gehört werden kann. So sparen, pflegen und stärken wir denn unsere besten Kräfte, um dem nothwendig endlich doch von sich selbst Erwachenden eine edle Labe bieten zu können. Nur aber, wann der Dämon, der jene Rasenden im Wahnsinne des Partei= kampfes um sich erhält, kein Wo und Wann zu seiner Bergung unter uns mehr aufzufinden vermag, wird es auch — keinen Juden mehr geben.

Uns Deutschen könnte, gerade aus der Veranlassung der gegen= wärtigen, nur eben unter uns wiederum denkbar gewesenen Bewe= gung, diese große Lösung eher als jeder anderen Nation ermöglicht sein, sobald wir ohne Scheu, bis auf das innerste Mark unseres Bestehens, das „Erkenne=dich=selbst" durchführten. Daß wir, dringen wir hiermit nur tief genug vor, nach der Überwindung aller falschen Scham, die letzte Erkenntniß nicht zu scheuen haben würden, sollte mit dem Voranstehenden dem Ahnungsvollen angedeutet sein.

2

Heldenthum und Christenthum.

Wenn wir, nach dem Innewerden der Nothwendigkeit einer Regeneration derselben, den Möglichkeiten der Veredelung der menschlichen Geschlechter nachgehen, treffen wir fast nur auf Hemmnisse.
Suchten wir ihren Verfall uns aus einem physischen Verderbe zu
erklären, und hatten wir hierfür die edelsten Weisen aller Zeiten zu
Stützen, welche die gegen die ursprüngliche Pflanzennahrung ein-
getauschte animalische Nahrung als Grund der Ausartung erkennen
zu müssen glaubten, so waren wir nothwendig auf die Annahme
einer veränderten Grundsubstanz unseres Leibes gerathen, und hatten
aus einem verderbten Blute auf die Verderbniß der Temperamente
und der von ihnen ausgehenden moralischen Eigenschaften geschlossen.

Ganz abseits dieser Erklärung, und mit völliger Unbeachtung
der Versuche, die Degeneration der menschlichen Geschlechter von dieser
Seite ihres Bestehens her zu begründen, wies einer der geistvollsten
Männer unserer Zeit diesen Verfall allerdings auch aus einem Verderbe des Blutes nach, ließ hierbei die veränderte Nahrung aber
durchaus unbeachtet, und leitete ihn einzig von der Vermischung der
Racen her, durch welche die edelsten derselben mehr verloren, als
die unedleren gewannen. Das ungemein durchgearbeitete Bild,

welches Graf Gobineau von diesem Hergange des Verfalles der menschlichen Geschlechter uns mit seinem Werke „Essai sur l'iné- galité des races humaines" darbietet, spricht mit erschreckender Über- zeugungskraft zu uns. Wir können uns der Anerkennung der Richtigkeit dessen nicht verschließen, daß das menschliche Geschlecht aus unausgleichbar ungleichen Racen besteht, und daß die edelste derselben die unedleren wohl beherrschen, durch Vermischung sie aber sich nicht gleich, sondern sich selbst nur unedler machen konnte. Wohl könnte dieses eine Verhältniß bereits genügen, unseren Verfall uns zu erklären; selbst, daß diese Erkenntniß trostlos sei, dürfte uns nicht gegen sie verschließen: ist es vernünftig anzunehmen, daß der gewisse Untergang unseres Erdkörpers nur eine Frage der Zeit sei, so werden wir uns wohl auch daran gewöhnen müssen, das mensch- liche Geschlecht einmal aussterbend zu wissen. Dagegen darf es sich aber um eine außer aller Zeit und allem Raume liegende Bestim- mung handeln, und die Frage, ob die Welt eine moralische Be- deutung habe, wollen wir hier damit zu beantworten versuchen, daß wir uns selbst zunächst befragen, ob wir viehisch oder göttlich zu Grunde gehen wollen.

Hierbei wird es wohl zunächst darauf ankommen, die besonderen Eigenschaften jener edelsten Race, durch deren Schwächung sie sich unter die unedlen Racen verlor, in genauere Betrachtung zu ziehen. Mit je größerer Deutlichkeit die neuere Wissenschaft die natürliche Herkunft der niedersten Menschenracen von den ihnen zunächst ver- wandten thierischen Gattungen zur billigenden Anschauung gebracht hat, um desto schwieriger bleibt es uns, die Ableitung der soge- nannten weißen Race aus jener schwarzen und gelben zu erklären: selbst die Erklärung der weißen Farbe erhält unsere Physiologen noch in Unübereinstimmung. Während gelbe Stämme sich selbst als von Affen entstammt ansahen, hielten die Weißen sich für von Göttern entsprossen und zur Herrschaft einzig berufen. Daß wir gar keine Geschichte der Menschheit haben würden, wenn es nicht

Bewegungen, Erfolge und Schöpfungen der weißen Race gegeben hätte, ist uns durchaus klar gemacht worden, und können wir füglich die Weltgeschichte als das Ergebniß der Vermischung dieser weißen Race mit den Geschlechtern der gelben und schwarzen ansehen, wobei diese niederen gerade nur dadurch und soweit in die Geschichte treten, als sie durch jene Vermischung sich verändern und der weißen Race sich anähneln. Der Verderb der weißen Race leitet sich nun aus dem Grunde her, daß sie, unvergleichlich weniger zahlreich an Individuen als die niedrigeren Racen, zur Vermischung mit diesen genöthigt war, wobei sie, wie bereits bemerkt, durch den Verlust ihrer Reinheit mehr einbüßte, als jene für die Veredelung ihres Blutes gewinnen konnten.

Ohne nun hier selbst auf eine nur ferne Berührung der unendlich mannigfachen Ergebnisse der immer mehr vermittelten Mischungen stets neuer Abarten der alten Ur-Racen uns einzulassen, haben wir für unseren Zweck nur bei der reinsten und edelsten derselben zu verweilen, um ihres übermächtigen Unterschiedes von den geringeren inne zu werden. Ist beim Überblick aller Racen die Einheit der menschlichen Gattung unmöglich zu verkennen, und dürfen wir, was diese ausmacht, im edelsten Sinne als Fähigkeit zu bewußtem Leiden bezeichnen, in dieser Fähigkeit aber die Anlage zur höchsten moralischen Entwicklung erfassen, so fragen wir nun, worin der Vorzug der weißen Race gesucht werden kann, wenn wir sie durchaus hoch über die anderen stellen müssen. Mit schöner Sicherheit erkennt ihn Gobineau nicht in einer ausnahmsweisen Entwicklung ihrer moralischen Eigenschaften selbst, sondern in einem größeren Vorrathe der Grundeigenthümlichkeiten, welchen jene entfließen. Diese hätten wir in der heftigeren, und dabei zarteren, Empfindlichkeit des Willens, welcher sich in einer reichen Organisation kundgiebt, verbunden mit dem hierfür nöthigen schärferen Intellekte, zu suchen; wobei es dann darauf ankommt, ob der Intellekt durch die Antriebe des bedürfnißvollen Willens sich bis zu der Hellsichtig-

keit steigert, die sein eigenes Licht auf den Willen zurückwirft und,
in diesem Falle, durch Bändigung desselben zum moralischen An=
triebe wird: dahingegen Überwältigung des Intellektes durch den
blind begehrenden Willen für uns die niedrigere Natur bezeichnet,
weil wir hier die aufreizenden Bedürfnisse noch nicht als vom Lichte
des Intellektes beleuchtete Motive, sondern als gemein sinnliche An=
triebe uns erklären müssen. Das Leiden, so heftig in diesen nied=
rigeren Naturen es sich auch kundgeben mag, wird dennoch im
überwältigten Intellekte zu einem verhältnißmäßig nur schwachen
Bewußtsein gelangen können, wogegen gerade ein starkes Bewußt=
sein von ihm den Intellekt der höheren Natur bis zum Wissen der
Bedeutung der Welt steigern kann. Wir nennen die Naturen, in
welchen dieser erhabene Prozeß durch eine ihm entsprechende That
als Kundgebung an uns sich vollzieht, Helden=Naturen. —

Als erkennbarsten Typus des Heldenthumes bildete die helle=
nische Sage ihren Herakles aus. Arbeiten, welche ihm in der
Absicht ihn dabei umkommen zu lassen aufgegeben sind, verrichtet er
in stolzem Gehorsam und befreit dadurch die Welt von den grau=
samsten Plagen. Selten, und wohl fast nie, treffen wir den Helden
anders als in einer vom Schicksale ihm bereiteten leidenden Stellung
an: Herakles wird von Hera aus Eifersucht auf seinen göttlichen
Erzeuger verfolgt und in dienender Abhängigkeit erhalten. Nicht
ohne Berechtigung dürften wir in diesem Hauptzuge eine Beziehung
auf die Schule der beschwerdevollen Arbeiten erkennen, in welcher
die edelsten arischen Stämme und Geschlechter zur Größe von Halb=
göttern erwuchsen: die keineswegs mildesten Himmelsstriche, aus denen
sie vollkommen gereift endlich in die Geschichte treten, können uns
über die Schicksale ihrer Herkunft füglich Aufklärung geben. Hier
stellt sich denn auch, als Frucht durch heldenmüthige Arbeit be=
kämpfter Leiden und Entbehrungen, jenes stolze Selbstbewußtsein
ein, durch welches diese Stämme im ganzen Verlaufe der Welt=
geschichte von anderen Menschenracen ein für alle Male sich unter=

scheiden. Gleich Herakles und Siegfried wußten sie sich von gött=
licher Abkunft: undenkbar war ihnen das Lügen, und ein freier
Mann hieß der wahrhaftige Mann. Nirgends treten diese Stammes=
Eigenthümlichkeiten der arischen Race mit deutlicherer Erkennbarkeit
in der Geschichte auf, als bei der Berührung der letzten rein er=
haltenen germanischen Geschlechter mit der verfallenden römischen
Welt. Hier wiederholt sich geschichtlich der Grundzug ihrer Stamm=
helden: sie dienen mit blutiger Arbeit den Römern, und — verachten
sie als unendlich geringer denn sie, etwa wie Herakles den Eury=
stheus verachtet. Daß sie, gleichsam weil es die Gelegenheit so her=
beiführte, zu Beherrschern des großen lateinischen Semitenreiches
wurden, dürfte ihren Untergang bereitet haben. Die Tugend des
Stolzes ist zart und leidet keinen Kompromiß, wie durch Vermischung
des Blutes: ohne diese Tugend sagt uns aber die germanische Race
— nichts. Denn dieser Stolz ist die Seele des Wahrhaftigen, des
selbst im dienenden Verhältnisse Freien. Dieser kennt zwar keine
Furcht, aber Ehrfurcht, — eine Tugend, deren Name selbst, seinem
rechten Sinne nach, nur der Sprache jener ältesten arischen Völker
bekannt ist; während die Ehre selbst den Inbegriff alles persönlichen
Werthes ausdrückt, daher sich nicht geben noch auch empfangen läßt,
wie wir dieß heut zu Tage in Übung gebracht haben, sondern als
Zeugniß göttlicher Herkunft den Helden selbst in schmachvollstem
Leiden von jeder Schmach unberührt erhält. So ergiebt sich aus
Stolz und Ehre die Sitte, unter deren Gesetzen nicht der Besitz
den Mann, sondern der Mann den Besitz adelt; was wiederum
darin sich ausdrückt, daß ein übermäßiger Besitz für schmachvoll galt
und deßhalb von Dem schnell vertheilt wurde, dem er etwa zuge=
fallen war.

Beim Überblicke solcher Eigenschaften und aus ihnen geflossener
Ergebnisse, wie diese sich namentlich in einer unverbrüchlichen eblen
Sitte kundgeben, sind wir, sobald wir nun wieder diese Sitte ver=
fallen und jene Eigenschaften sich verlieren sehen, jedenfalls berech=

23 *

tigt, den Grund hiervon in einem Verderbe des Blutes jener Ge=
schlechter aufzusuchen, da wir den Verfall unverkennbar mit der
Vermischung der Racen eintreten sehen. Diese Thatsache hat der
ebenso energische als geistvolle Verfasser des oben angeführten
Werkes über die Ungleichheit der menschlichen Racen so vollständig
ermittelt und dargestellt, daß wir unsere Freunde nur darauf
verweisen können, um annehmen zu dürfen, daß, was wir jetzt
noch an jene Darstellung knüpfen wollen, als nicht oberflächlich
begründet angesehen werde. Für unsere Absicht ist es nämlich
nun wichtig, den Helden wiederum da aufzusuchen, wo er gegen
die Verderbniß seines Stammes, seiner Sitte, seiner Ehre, mit
Entsetzen sich aufrafft, um, durch eine wunderbare Umkehr seines
mißleiteten Willens, sich im Heiligen als göttlichen Helden wieder
zu finden.

Es war ein wichtiger Zug der christlichen Kirche, daß nur voll=
kommen gesunde und kräftige Individuen zu dem Gelübde gänz=
licher Weltentsagung zugelassen wurden, jede leibliche Schwäche
oder gar Verstümmelung aber dazu untüchtig machte. Offenbar
durfte dieses Gelübde nur als aus dem allerheldenmüthigsten Ent=
schlusse hervorgegangen angesehen werden können, und wer dagegen
hierin „feige Selbstaufgebung“ — wie dieß kürzlich einmal zu ver=
nehmen war — erblickt, der möge sich seiner Selbstbeibehaltung
tapfer erfreuen, ohne jedoch weiter mit Dingen sich zu befassen, die
ihn nicht angehen. Dürfen wir auch verschiedene Veranlassungen
als Beweggründe zu jener vollständigen Abwendung des Willens
vom Leben annehmen, so charakterisirt sich diese doch immer als
höchste Energie des Willes selbst; war es der Anblick, das Abbild,
oder die Vorstellung des am Kreuze leidenden Heilands, stets fiel
hierbei die Wirkung eines allen Eigenwillen bezwingenden Mitleides
mit der des tiefsten Entsetzens über die Eigenschaft dieses die Welt
gestaltenden Willens in der Weise zusammen, daß dieser in höchster
Kraftäußerung sich gegen sich selbst wandte. Wir sehen von dann

ab den Heiligen in der Ertragung von Leiden und Selbstaufopferung
für Andere den Helden noch überbieten; fast unerschütterlicher als
der Stolz des Helden ist die Demuth des Heiligen, und seine
Wahrhaftigkeit wird zur Märtyrer-Freude.

Von welchem Werthe dürfte nun das „Blut", die Qualität
der Race, für die Befähigung zur Ausübung solches heiligen Heldenthumes sein? Offenbar ist die letzte, die christliche Heilsver-
kündigung, aus dem Schooße der ungemein mannigfaltigen Racen-
Vermischung hervorgegangen, welche, von der Entstehung der
chaldäisch-assyrischen Reiche an, durch Vermischung weißer Stämme
mit der schwarzen Race den Grundcharakter der Völker des späteren
römischen Reiches bestimmte. Der Verfasser der uns vorliegenden
großen Arbeit nennt diesen Charakter, nach einem der Hauptstämme
der von Nord-Osten her in die assyrischen Ebenen eingewanderten
Völker, den semitischen, weist seinen umbildenden Einfluß auf
Hellenismus und Romanismus mit größter Sicherheit nach, und
findet ihn, seinen wesentlichen Zügen nach, in der so sich nennenden
„lateinischen" Race, durch alle ihr widerfahrenen neuen Vermischungen
hindurch, forterhalten. Das Eigenthum dieser Race ist die römisch-
katholische Kirche; ihre Schutzpatrone sind die Heiligen, welche diese
Kirche kanonisirte, und deren Werth in unseren Augen dadurch nicht
vermindert werden soll, daß wir sie endlich nur noch im unchristlichen Prunke ausgestellt dem Volke zur Verehrung vorgeführt sehen.
Es ist uns unmöglich geworden, dem, durch die Jahrhunderte sich
erstreckenden, ungeheuren Verderbe der semitisch-lateinischen Kirche
noch wahrhafte Heilige, d. h. Helden-Märtyrer der Wahrhaftigkeit,
entwachsen zu sehen; und wenn wir von der Lügenhaftigkeit unserer
ganzen Zivilisation auf ein verderbtes Blut der Träger derselben
schließen mußten, so dürfte die Annahme uns nahe liegen, daß eben
auch das Blut des Christenthums verderbt sei. Und welches Blut
wäre dieses? Kein anderes als das Blut des Erlösers selbst, wie
es einst in die Adern seiner Helden sich heiligend ergossen hatte.

Das Blut des Heilands, von seinem Haupte, aus seinen
Wunden am Kreuze fließend, — wer wollte frevelnd fragen, ob es
der weißen, oder welcher Race sonst angehörte? Wenn wir es gött=
lich nennen, so dürfte seinem Quelle ahnungsvoll einzig in Dem,
was wir als die Einheit der menschlichen Gattung ausmachend be=
zeichneten, zu nahen sein, nämlich in der Fähigkeit zu bewußtem
Leiden. Diese Fähigkeit müssen wir als die letzte Stufe betrachten,
welche die Natur in der aufsteigenden Reihe ihrer Bildungen er=
reichte; von hier an bringt sie keine neuen, höheren Gattungen mehr
hervor, denn in dieser, des bewußten Leidens fähigen, Gattung er=
reicht sie selbst ihre einzige Freiheit durch Aufhebung des rastlos
sich selbst widerstreitenden Willens. Der unerforschliche Urgrund
dieses Willens, wie er in Zeit und Raum unmöglich aufzu=
weisen ist, wird uns nur in jener Aufhebung kund, wo er als
Wollen der Erlösung göttlich erscheint. Fanden wir nun dem
Blute der sogenannten weißen Race die Fähigkeit des bewußten
Leidens in besonderem Grade zu eigen, so müssen wir jetzt im Blute
des Heilands den Inbegriff des bewußt wollenden Leidens selbst
erkennen, das als göttliches Mitleiden durch die ganze menschliche
Gattung, als Urquell derselben, sich ergießt.

Was wir hier einzig mit der Möglichkeit eines schwer verständ=
lichen und leicht misverständlichen Ausdruckes berühren, dürfte sich
unter der Beleuchtung durch die Geschichte in einem vertraulicheren
Lichte gewahren lassen. Wie weit durch jene gesteigerte Hauptfähig=
keit, die wir als die Einheit der menschlichen Gattung konstatirend
annahmen, die bevorzugteste weiße Race sich in der wichtigsten An=
gelegenheit der Welt erhob, sehen wir an ihren Religionen. Wohl
muß uns die brahmanische Religion als staunenswürdigstes Zeugniß
für die Weitsichtigkeit, wie die fehlerlose Korrektheit des Geistes jener
zuerst uns begegnenden arischen Geschlechter gelten, welche auf dem
Grunde einer allerwesenhaftesten Welterkenntniß ein religiöses Ge=
bäude aufführten, das wir, nach so vielen tausend Jahren uner=

schüttert, von vielen Millionen Menschen heute noch als jede Ge=
wohnheit des Lebens, Denkens, Leidens und Sterbens durchdringen=
des und bestimmendes Dogma erhalten sehen. Sie hatte den ein=
zigen Fehler, daß sie eine Racen=Religion war: die tiefsten Erklä=
rungen der Welt, die erhabensten Vorschriften für Läuterung und
Erlösung aus ihr, werden heute noch von einer ungeheuer gemisch=
ten Bevölkerung gelehrt, geglaubt und befolgt, in welcher nicht ein
Zug wahrer Sittlichkeit anzutreffen ist. Ohne bei diesem Anblicke
zu verweilen noch auch selbst den Gründen dieser Erscheinung näher
nachzuforschen, gedenken wir nur dessen, daß es eine erobernde und
unterjochende Race war, welche, den allerdings ungeheuren Abstand
der niederen Racen von sich ermessend, mit einer Religion zugleich
eine Zivilisation gründete, durch deren beiderseitige Durchdringung
und gegenseitige Unterstützung eine Herrschaft zu begründen war,
welche durch richtige Abschätzung und Geltendmachung vorgefundener
natürlicher Gegebenheiten auf festeste Dauer berechnet war. Eine
Meisterschöpfung sonder Gleichen: Herrscher und grauenvoll Be=
drückte in ein Band metaphysischer Übereinstimmung solcher Maaßen
verschlingend, daß eine Auflehnung der Bedrückten undenklich ge=
macht ist; wie denn auch die weitherzige Bewegung des Buddha zu
Gunsten der menschlichen Gattung an dem Widerstande der starren
Racenkraft der weißen Herrscher sich brechen mußte, um als bieder
abergläubische Heilsordnung von der gelben Race zu neuer Erstarrung
aufgenommen zu werden.

Aus welchem Blute sollte nun der Genius der Menschheit, der
immer bewußtvoller leidende, den Heiland erstehen lassen, da das
Blut der weißen Race offenbar verblaßte und erstarrte? — Für
die Entstehung des natürlichen Menschen stellt unser Schopenhauer
gelegentlich eine Hypothese von fast überzeugender Eindringlichkeit
auf, indem er auf das physische Gesetz des Anwachsens der Kraft
durch Kompression zurückgeht, aus welchem nach abnormen Sterblich=
keitsphasen ungewöhnlich häufig erfolgende Zwillingsgeburten erklärt

werden, gleichſam als Hervorbringung der gegen den, das ganze
Geſchlecht bedrohenden Vernichtungsdruck, ſich doppelt anſtrengenden
Lebenskraft: was nun unſeren Philoſophen auf die Annahme hin=
leitet, daß die animaliſche Produktionskraft, in Folge eines beſtimm=
ten Geſchlechtern noch eigenen Mangels ihrer Organiſation, durch
ihr antagoniſtiſche Kräfte bis zur Vernichtung bedroht, in einem
Paare zu ſo abnormer Anſtrengung geſteigert worden ſei, daß dem
mütterlichen Schooße dieſes Mal nicht nur ein höher organiſirtes
Individuum, ſondern in dieſem eine neue Species entſproſſen
wäre.   Das Blut in den Adern des Erlöſers dürfte ſo der äußer=
ſten Anſtrengung des Erlöſung wollenden Willens zur Rettung des
in ſeinen edelſten Racen erliegenden menſchlichen Geſchlechtes, als
göttliches Sublimat der Gattung ſelbſt entfloſſen ſein.

Wollen wir uns hiermit als an der äußerſten Grenze einer
zwiſchen Phyſik und Metaphyſik ſchwankenden Spekulation angekom=
men betrachten und wohl vor dem Weiterbeſchreiten dieſes Weges
hüten, der, namentlich unter Anleitung des alten Teſtamentes,
manchen unſerer tüchtigen Köpfe zu den thörigſten Ausbildungen
verleitet hat, ſo können wir doch der ſoeben berührten Hypotheſe
im Betreff ſeines Blutes noch eine zweite, allerwichtigſte Eigenthüm=
lichkeit des Werkes des Erlöſers entnehmen, nämlich dieſen der
Einfachheit ſeiner Lehre, welche faſt nur im Beiſpiele beſtand.   Das
in jener wundervollen Geburt ſich ſublimirende Blut der ganzen
leidenden menſchlichen Gattung konnte nicht für das Intereſſe einer
noch ſo bevorzugten Race fließen; vielmehr ſpendet es ſich dem
ganzen menſchlichen Geſchlechte zur edelſten Reinigung von allen
Flecken ſeines Blutes.   Hieraus fließt dann die erhabene Einfach=
heit der reinen chriſtlichen Religion, wogegen z. B. die brahmaniſche,
weil ſie die Anwendung der Erkenntniß der Welt auf die Befeſti=
gung der Herrſchaft einer bevorzugten Race war, ſich durch Künſt=
lichkeit bis in das Übermaaß des ganz Abſurden verlor.   Während
wir ſomit das Blut edelſter Racen durch Vermiſchung ſich verderben

ſehen, dürfte den niedrigſten Racen der Genuß des Blutes Jeſu,
wie er in dem einzigen ächten Sakramente der chriſtlichen Religion
ſymboliſch vor ſich geht, zu göttlichſter Reinigung gedeihen. Dieſes
Antidot wäre demnach dem Verfalle der Racen durch ihre Ver=
miſchung entgegen geſtellt, und vielleicht brachte dieſer Erdball ath=
mendes Leben nur hervor, um jener Heilsordnung zu dienen.

Verkennen wir jedoch das Ungeheuerliche der Annahme nicht,
die menſchliche Gattung ſei zur Erreichung voller Gleichheit beſtimmt,
und geſtehen wir es uns, daß wir dieſe Gleichheit uns nur in einem
abſchreckenden Bilde vorſtellen können, wie dieß etwa Gobineau am
Schluſſe ſeines Werkes uns vorzuhalten ſich genöthigt fühlt. Dieſes
Bild wird jedoch erſt dadurch vollſtändig abſtoßend, daß wir nicht
anders als durch den Dunſt unſerer Kultur und Zivilſation es zu
erblicken für möglich halten müſſen: dieſe ſelbſt nun als die eigent=
liche Lügengeburt des misleiteten menſchlichen Geſchlechtes richtig zu
erkennen, iſt dagegen die Aufgabe des Geiſtes der Wahrhaftigkeit,
der uns verlaſſen hat, ſeit wir den Adel unſeres Blutes verloren
und die hiergegen durch den wahrhaftigen Märtyrer=Geiſt des Chriſten=
thums uns zugeführte Rettung im Wuſte der Kirchenherrſchaft als
Mittel zur Knechtung in der Lüge verwendet ſahen. Allerdings
giebt es nichts Troſtloſeres, als die menſchlichen Geſchlechter der
aus ihrer mittelaſiatiſchen Heimath nach Weſten gewanderten Stämme
heute zu muſtern, und zu finden, daß alle Zivilſation und Religion
ſie noch nicht dazu befähigt hat, ſich in gemeinnützlicher Weiſe und
Anordnung über die günſtigſten Klimate der Erde ſo zu vertheilen,
daß der allergrößeſte Theil der Beſchwerden und Verhinderungen
einer freien und geſunden Entwickelung friedfertiger Gemeinde=Zu=
ſtände, einfach ſchon durch die Aufgebung der rauhen Öden, welche
ihnen großentheils jetzt ſeit ſo lange zu Wohnſitzen dienen, ver=
ſchwände. Wer dieſe blödſichtige Unbeholfenheit unſeres öffentlichen
Geiſtes einzig der Verderbniß unſeres Blutes, — nicht allein durch
den Abfall von der natürlichen menſchlichen Nahrung, ſondern

namentlich auch durch degenerirende Vermischung des heldenhaften
Blutes edelster Racen mit dem, zu handelskundigen Geschäftsführern
unserer Gesellschaft erzogener, ehemaliger Menschenfresser — zu=
schreibt, mag gewiß Recht haben, sobald er nur auch die Beachtung
dessen nicht übergeht, daß keine mit noch so hohen Orden geschmückte
Brust das bleiche Herz verdecken kann, dessen matter Schlag seine
Herkunft aus einem, wenn auch vollkommen stammesgemäßen, aber
ohne Liebe geschlossenen Ehebunde verklagt.

Wollen wir dennoch versuchen, durch alle hier angedeuteten
Schrecknisse hindurch uns einen ermuthigenden Ausblick auf die Zu=
kunft des menschlichen Geschlechtes zu gewinnen, so hat uns nichts
angelegentlicher einzunehmen, als noch vorhandenen Anlagen und
aus ihrer Verwerthung zu schließenden Möglichkeiten nachzugehen,
wobei wir das Eine fest zu halten haben, daß, wie die Wirksam=
keit der edelsten Race durch ihre, im natürlichen Sinne durchaus
gerechtfertigte, Beherrschung und Ausbeutung der niederen Racen,
eine schlechthin unmoralische Weltordnung begründet hat, eine mög=
liche Gleichheit aller, durch ihre Vermischung sich ähnlich gewordener
Racen uns gewiß zunächst nicht einer ästhetischen Weltordnung zu=
führen würde, diese Gleichheit dagegen einzig aber uns dadurch
denkbar ist, daß sie sich auf den Gewinn einer allgemeinen morali=
schen Übereinstimmung gründet, wie das wahrhaftige Christenthum
sie auszubilden uns berufen dünken muß. Daß nun aber auf der
Grundlage einer wahrhaftigen, nicht „vernünftigen" (wie ich kürzlich
von einem Philologen sie gewünscht sah), Moralität eine wahrhaf=
tige ästhetische Kunstblüthe einzig gedeihen kann, darüber giebt uns
das Leben und Leiden aller großen Dichter und Künstler der Ver=
gangenheit belehrenden Aufschluß. —

Und hiermit auf unserem Boden angelangt, wollen wir uns
für weiteres Befassen mit dem Angeregten sammeln.

Brief an H. v. Wolzogen.

———

Mein lieber Freund!

Im nächsten Herbst werden es fünf Jahre her sein, daß Sie auf
meine Bitte sich mir aufopferungswillig zur Seite stellten, um bei
einem erneueten Versuche der Gründung eines Patronates für die
praktische Durchführung meiner Idee mir zu helfen. Wir sind nun
soweit, nicht zwar die letzte Erreichung des Zieles, so doch einen
Abschluß unsrer Bemühungen dafür in das Auge fassen zu sollen.
Namentlich Ihrem Antheil an diesen Bemühungen ist es gelungen, eine weitere Kenntniß von jener meiner Idee zu verbreiten,
als es mir bisher, selbst durch die Vorführung der Bühnenfestspiele
vor sechs Jahren, gelungen war. Gerade mit dem Innewerden
dieser Fortschritte hatten wir uns jedoch auch davon zu überzeugen,
daß wir auf dem eingeschlagenen Wege der Werbung von Patronen
nicht zu unserem nächsten praktischen Ziele, der Ermöglichung neuer
Bühnenfestspiele, gelangen konnten. Der theilnehmenden Ungeduld
meiner Freunde hatte ich endlich durch den Entschluß zu begegnen,
die Aufführungen des „Parsifal", um diese bereits in diesem Jahre
1882 zu ermöglichen, zugleich dem allgemeinen Publikum, unter den
gewöhnlichen Bedingungen der Zulassung zu öffentlichen Aufführungen, stattfinden zu lassen. Dem bisherigen Patronatvereine habe
ich demnach, praktisch aufgefaßt, die Beschaffung der Mittel für den

Angriff einer Unternehmung zu verdanken, auf welche ich, in der
Annahme einer weiteren Betheiligung des größeren Publikums, ge=
fahrlos mich einlassen konnte.   Den neuesten mir zugekommenen Be=
richten nach, scheint jede Gefahr eines finanziellen Miserfolges be=
reits beseitigt zu sein, sodaß zu erhoffen steht, ich würde, nach der
Einlösung meiner Verpflichtungen gegen den Patronatverein, mich
in den Stand gesetzt sehen, selbständig die begonnene Unternehmung
damit fortzusetzen, daß ich alljährlich, auf dem nothgedrungen nun
betretenen Wege der vollkommenen Öffentlichkeit derselben, die Büh=
nenfestspiele in Bayreuth wiederhole.

Zu diesen Wiederholungen bestimme ich für das nächste einzig
Aufführungen des Bühnenweihfestspieles „Parsifal", und es geschieht
dieß aus einem äußerlichen wie einem innerlichen Grunde.   Der
äußerliche betrifft die Einträglichkeit solcher Aufführungen, sobald
diese nirgends anders, als einzig nur unter meiner Aufsicht in Bay=
reuth, dem Publikum dargeboten werden; der innerliche Grund, aus
welchem jener äußerliche selbst eben nur sich bestimmt hat, betrifft
dagegen den durchaus unterschiedlichen Charakter dieses meines
Werkes, welchem ich die Benennung eines Bühnenweih=Festspieles zu
geben mich veranlaßt fand.   Hierüber haben Sie, mein Freund, in
diesen unseren Blättern sich bereits so richtig ausgesprochen, daß
ich dem nichts weiter hinzuzufügen für nöthig halte, als etwa den
Hinweis auf die Veranlassungen, welche den „Ring des Nibelungen"
dem Bühnenfestspielhaus in Bayreuth entführten, welchen ich aber
für den „Parsifal" jede Bestimmung meiner Entschlüsse schon da=
durch unmöglich gemacht zu haben glaube, daß ich mit seiner Dich=
tung eine unseren Operntheatern mit Recht durchaus abgewandt
bleiben sollende Sphäre beschritt.

In welcher Weise die einzigen Aufführungen des „Parsifal"
in Bayreuth den Hoffnungen dienen können, welche ich wohlwollen=
den Freunden erweckt habe, und die nun von diesen sorglich fest=
gehalten werden dürften, nämlich die Hoffnungen auf die Begrün=

dung einer „Schule", — wird sich aus dem Charakter dieser Auf=
führungen und der Umstände, unter denen sie stattfinden, leicht
ergeben. Schon jetzt sah ich mich, der im Laufe eines Monates
beabsichtigten vielen Aufführungen wegen, veranlaßt, namentlich
die anstrengendsten Partien mehrfach zu besetzen, um so jedenfalls
der Störung durch mögliche Erkrankungen vorzubeugen: es ward
mir dieß leicht, da ich die Zusage jedes der talentvollen Künstler,
um deren Mitwirkung ich warb, gern und willig erhielt. Dieser
freundliche Umstand hat es mir eingegeben, für jetzt und in Zukunft
die Bayreuther Bühnenfestspiele jedem mir bekannt werdenden be=
gabten Sänger als Übungs=Schule in dem von mir begründeten
Style zu eröffnen, was mir im praktischen Sinne zugleich den Vor=
theil gewährt, durch eine hierfür getroffene Übereinkunft den stören=
den Einwirkungen der, unter den bestehenden Theaterverhältnissen
sehr erklärlichen eifersüchtigen Rangstreitigkeiten der Künstler vorzu=
beugen. Der Vorzüglichste wird sich nämlich sagen, daß, wenn er
heute zurücktritt, er dem für ihn eintretenden Genossen in jeder
Hinsicht ein bildendes und förderndes Beispiel giebt: von dem Ge=
übtesten wird der weniger Erfahrene lernen, ja, an den Leistungen
des Andern sogar ersehen, was zur Vervollkommnung der allgemeinen
Kunstleistung überhaupt noch fehlt. In diesem Sinne würde ich
die besten Sänger jährlich zu Übungen berufen, die ihnen haupt=
sächlich nur dadurch förderlich sein können, daß sie sich gegenseitig
selbst beobachten und belehren; wogegen diejenigen von diesen Übun=
gen von selbst ausgeschlossen sein würden, welche in ihrer Gegen=
überstellung eine Kränkung ihrer Ranges=Ehre ersehen dürften, wie
sie Theater=Intendanten gegenüber zu einer nicht ganz undünkelhaften
Maxime geworden ist.

Ich halte nun gerade alljährliche Wiederholungen des „Parsifal"
für vorzüglich geeignet, der jetzigen Künstler=Generation als Schule für
den von mir begründeten Styl zu dienen, und dieses vielleicht schon
aus dem Grunde, weil mit dem Studium desselben ein nicht bereits

durch üble Angewohnheiten verdorbener Boden betreten wird, wie
dieß bei meinen älteren Werken der Fall ist, deren Aufführungs=
Modus bereits den Bedürfnissen unsrer gemeinen Opernroutine
unterworfen ward. Nicht ohne Grauen zu empfinden könnte ich jetzt
nämlich mich noch der Aufgabe gegenübergestellt sehen, meine älteren
Werke in gleicher Weise, wie ich dieß für den „Parsifal" beabsich=
tige, zu Musteraufführungen für unsere Festspiele vorzubereiten, weil
ich hierbei einer erfahrungsgemäß fruchtlosen Anstrengung mich zu
unterziehen haben würde: bei ähnlichen Bemühungen traf ich, selbst
bei unsren besten Sängern, als Entschuldigung für die unbegreif=
lichsten Mißverständnisse, ja Vergehen, auf die Antwort meines
reinen Thoren: „Ich wußte es nicht!" Dieses Wissen zu begrün=
den, hierin dürfte unsre „Schule" bestehen, von welcher aus dann
erst auch meine älteren Werke mit richtigem Erfolge aufgenommen
werden könnten. Mögen die hierzu Berufenen sich finden: jeden=
falls kann ich ihnen keine andere Anleitung geben, als unser Büh=
nenweihfestspiel.

Wenn ich nun für alle die Theilnehmungen, welche uns bis
zur Ermöglichung dieser Festspiele verholfen haben werden, mit
innigster Werthschätzung derselben mich dankbar verhalte, sehe ich
andererseits doch auch den Zeitpunkt gekommen, welcher die gegen=
seitigen Verpflichtungen unserer Vereinigung löst. Sie selbst, mein
Freund, haben zuletzt in unsern Blättern mit tiefem Verständniß
der hierbei zu berührenden allerernstlichsten Anliegenheiten sich aus=
gesprochen. Mußten wir darauf verzichten, die Möglichkeit der
Fortdauer unsrer Bühnenfestspiele aus dem Vermögen eines Patro=
natfundus' zu gewährleisten, und sahen wir uns genöthigt, sofort
bereits die Beisteuer des allgemeinen Publikums in Anspruch zu
nehmen, dessen Beitrag nicht mehr der Verwirklichung einer Idee
gilt, sondern für einen Theaterplatz gezahlt wird, so ist, wie Sie
dieß sehr richtig erfanden, das Band der bisherigen Vereinigung
unsrer Freunde zu einer nur noch rein theoretischen Beziehung ge=

worden. Zu einer solchen haben bereits unsre „Bayreuther Blätter"
hinübergeleitet, nachdem wir sie Anfangs nur zu Mittheilungen
über den Fortgang unserer Unternehmungen, so wie wohl auch zur
Klärung des Verständnisses derselben bestimmt hatten. Da nun zu
jeder Erkenntniß zweies gehört, nämlich Subjekt und Objekt, und
für unsern Gegenstand als Objekt unser Kunstwerk gestellt war, so
war eine Kritik des Publikums, dem das Kunstwerk vorzuführen
war, als des Subjektes nicht zu übergehen. Ja, es mußte uns
endlich eine vorzüglich gründliche Untersuchung der Eigenschaften
des Publikums nicht minder zweckmäßig dünken, als dem großen
Kant die Kritik der menschlichen Urtheilskraft erschien, als er aus
dieser Kritik erst richtige Schlüsse auf die Realität oder Idealität
der Welt als Objekt zu ziehen sich getrauen vermochte. Durch die
Nöthigung zu einer Kritik des Publikums, ohne welches die Existenz
namentlich eines dramatischen Kunstwerkes gar nicht zu denken ist,
geriethen wir von unserem nächsten Zwecke scheinbar so weit ab, daß
gewiß auch mir schon vor länger eine gewisse Bangigkeit davor an=
kam, wir möchten vor unseren Patronen nicht mehr an der rechten
Stelle stehen. Was hierin Unverhältnißmäßiges lag, dürfte nun
verschwinden und zu einem durchaus deutlichen Verhältniß sich ge=
stalten, sobald die „Bayreuther Blätter" ihrer ersten engeren Be=
stimmung entrückt, und offen der ihnen nun erwachsenen, weiteren
Bestimmung zugeführt werden. Als Herausgeber dieser sonach er=
weiterten Monatsschrift, deren Tendenz Sie kürzlich gewiß recht zu=
treffend bezeichneten, werden Sie zu dem Publikum etwa in die=
selbe Lage gerathen, in welche ich für meine Bühnenfestspiele nach
der Einlösung meiner Verpflichtungen gegen den Patronat=Verein
versetzt sein werde. Vielleicht treffen wir Beide dadurch auf das
Richtige, schon weil es unter den obwaltenden Umständen das einzig
Mögliche erscheint. Gern werde ich, was ich an Mittheilungen aus
den von mir betretenen Gebieten der Kritik des „Subjektes" noch
schulde, an Sie einzig zur freundlichen Verwendung für die „neuen

Bayreuther Blätter" abliefern, und dieß vielleicht dann mit weniger Befangenheit, als jetzt, wo ich manchen unserer geneigten Patrone gegenüber oft wohl etwas zu weit ausschweifte. Immerhin aber muß ich glauben, daß eben in der Kritik des Publikums die weiteste Ausschweifung aufweckender und deutlicher wirken dürfte, als — wofür wir uns hüten müssen — zu enge Einzwängung in das, wegen zu nahe liegender Bekanntschaft damit, einschläfernde sehr Gewohnte. Stellen wir uns immer auf die Bergesspitze, um klare Übersicht und tiefe Einsicht zu gewinnen! Vor Allem, scheuen wir uns vor jedem Behagen, selbst bei Vegetarierkost! —

Mit den herzlichsten Grüßen

Ihr

Palermo, 13. März 1882.　　　Richard Wagner.

Offenes Schreiben

an

Herrn Friedrich Schön in Worms.

Geehrtester Herr und Freund!

Ihnen vor Allen, welche für die Bayreuther Idee opferwillig spendend eintraten, glaube ich mich verpflichtet, noch näher als dieß vor kurzer Zeit in meinem offenen Schreiben an unsern Freund Hans von Wolzogen geschah, meine Stimmung und Ansicht in Betreff der Schule, der Sie so gern sich förderlich erweisen möchten, kund zu geben. —

Zu diesem Zwecke gestatte ich mir zunächst Sie nochmals auf den Bericht zu verweisen, mit welchem ich seiner Zeit die erste Nummer der Bayreuther Blätter eröffnete. Es geschah damals zu einer wahrhaften Erleichterung meines, durch eine mir selbst auferlegte übermäßige Verpflichtung bedrückten Gewissens, daß ich die äußerliche Unmöglichkeit des Zustandekommens der projektirten, und von mir gewissermaaßen angebotenen Schule nachweisen mußte. Gestehe ich Ihnen nun, daß ich seit den wiederum verflossenen fünf Jahren mit mir darüber einig geworden bin, daß, wenn mir jetzt die damals verlangten Mittel in reichster Fülle zu Gebote gestellt würden, ich die Gründung einer Schule durchaus ablehnen müßte. Ich glaube nicht mehr an unsere Musik, und weiche ihr, wo sie mir begegnet, grundsätzlich aus; und sollte unseres Freundes, des Grafen Gobineau, Prophezeiung, daß in zehn Jahren Europa von

asiatischen Horden überschwemmt und unsere ganze Zivilisation nebst
Kultur zerstört werden möchte, in Erfüllung gehen, so würde ich
mit keinem Auge zucken, da ich annehmen dürfte, daß dabei vor
allen Dingen auch unser Musiktreiben zu Grunde gehen würde.

Oft habe ich erklärt, daß ich die Musik für den rettenden guten
Genius des deutschen Volkes hielte, und es war mir möglich, dieß
an der Neubelebung des deutschen Geistes seit Bach bis Beethoven
nachzuweisen: sicherer wie hier gab auf keinem anderen Gebiete die
Bestimmung des deutschen Wesens, die Wirkung seines Gemüthes
nach außen, sich kund; die deutsche Musik war eine heilige Emana=
tion des Menschengeistes, und dämonisch leidende göttliche Naturen
waren ihre Priester. Wie aber das Evangelium verblaßte, seit das
Kreuz des Erlösers auf allen Straßen als Handelswaare feilgeboten
ward, so verstummte der Genius der deutschen Musik, seitdem sie
vom Metier auf dem Allerweltsmarkte herumgezerrt wird, und pro=
fessionistischer Gassen=Aberwitz ihren Fortschritt feiert.

Auch Sie, geehrter Herr und Freund, dürften hiermit nichts
Neues von mir hören, da ich seit dreißig Jahren in mannigfachen
Kunstschriften und Aufsätzen dieses Thema bereits wohl erschöpfend
behandelt habe. Überlebt möchte nur sein, daß ich so lange und
vielseitig es mir angelegen sein ließ, an das Bestehende anknüpfend,
die Wege nachzuweisen, auf welchen die von mir erkannte hohe Be=
stimmung der deutschen Musik festgehalten, und ihre Werke vor
Allem gepflegt werden sollten. Am Schlusse meiner Denkschrift
über eine in München zu errichtende königliche Musikschule durfte
ich mir gestatten, alle meine hierfür ausgeführten Arbeiten und
Organisationsvorschläge aufzuzählen. Daß nichts hiervon beachtet
und zur Ausführung empfohlen wurde, zeigt mir deutlich daß man
mich nicht hierzu für berufen hielt.

Und wahrlich, man hatte Recht. Ich bin kein Musiker, und
empfinde dieß sofort wenn man mir eine berühmte Komposition dieses
oder jenes unserer jetzt gefeierten Meister der Musik vorführt, und

ich eben die Musik darin gar nicht gewahr werden kann. Offenbar
handelt es sich hier um ein Gebrechen, mit dem ich behaftet bin,
und welches mich unfähig macht an dem Fortschritt unserer Musik
theilzunehmen. Vielleicht hätte man mich noch als Konservator ver=
brauchen können, denn, daß ich einige Beethoven'sche Symphonien
gut aufzuführen verstand, hatte man mir lassen müssen. Wahrschein=
lich (— ich sage Ihnen dieß aufrichtig —) würde ich, wenn man
mir jetzt noch eine Schule einrichtete, auf diese meine Lieblingswerke
mich einzig beschränkt haben, und zwar recht eigentlich im Sinne
eines Erhalters, oder auch eines Predigers der am Ende immer
noch nichts Eindringlicheres seiner Gemeinde vorführen kann als
die Evangelien. Nur würden auch diese obstinat konservatorischen
Bemühungen bei dem großen asiatischen Sturme, der über uns her=
einbrechen möchte, nichts genützt haben, da es hier ergehen würde,
wie es der Nachwelt der Völkerwanderung erging, welcher von So=
phokles und Aischylos nur wenige, dagegen von Euripides die
meisten Tragödien erhalten wurden; demnach unserer Nachwelt gegen
etwa neun Brahms'sche Symphonien höchstens zwei Beethoven'sche
übrig bleiben möchten; denn die Abschreiber gingen immer mit dem
Fortschritt.

Auch selbst eine solche Beethoven=Konservator=Stellung würde
mich aber von jetzt an zu stark ermüden. Liszt ist mir in die Sie=
benziger vorangegangen, und ich bin ihm bereits in das Siebenzigste
gefolgt; mit uns Beiden hat man nichts anzufangen gewußt, und
glücklicher war ich als mein großer Freund, der zu gut Klavier
spielt, um nicht bis an sein Lebensende als Klavierlehrer geplagt
zu werden, worin sich wiederum eines der populärsten Mißverständ=
nisse unserer Musik=Jetztzeit recht naiv ausdrückt. Auch Sie, mein
geehrter Herr und Freund, werden mit Ihren so großherzigen
Wünschen sich wohl einzig darauf beschränken müssen, mich, so lange
dieß gehen will, die Bühnenfestspiele in Bayreuth überwachen zu
wissen; und glauben Sie mir, daß damit mir nicht etwa eine mühe=

lose Altersversorgung zufällt.   Sie wissen, in welcher Weise ich die
dem Publikum zu bietenden häufigeren Aufführungen des „Parsifal"
zum Zwecke der Befestigung des meinen Werken nöthigen Styles
des Vortrages und der Darstellung verwenden will, indem ich allen
mir bekannt werdenden vorzüglicheren Talenten die Gelegenheit
gebe, unter meiner Anleitung an den Bühnenfestspielen abwechselnd
sich zu betheiligen.   Auf den Gedanken, mich in dieser Weise noch
nützlich zu bezeigen, wurde ich durch die Kenntnißnahme der außer=
ordentlichen Willigkeit geleitet, die mir gerade die begabtesten Künst=
ler entgegenbrachten.   So mancher beklagte sich, noch nicht dazu
gelangt zu sein von mir für die Darstellung meiner „Partien" an=
geleitet zu werden, und bewarb sich somit um die Gelegenheit zu
solchem Studium.   Wenn ich, diesem entsprechend, für die bevor=
stehenden Aufführungen des „Parsifal" mit einem so vielgliedrigen
Künstlerpersonale ausgestattet worden bin, daß zugleich auch der
Befürchtung von Störungen in der Aufeinanderfolge der angekün=
digten Vorstellungen vorgebeugt ist, so gewahre ich doch bereits auch
die neuen Schwierigkeiten, die mir nicht etwa nur durch meine stark
vermehrten Bemühungen um das mehrfache Spezial=Studium, son=
dern namentlich durch die moralische Verwirrung der Rivalitäten
hierbei erwachsen dürften.   Besonders seitdem man von französischen
und italienischen Theatern her erfahren hat, daß dort Rollen und
Partien „creirt" werden, wird der Vorzug solcher Schöpfer=Bethä=
tigung auch bei uns nicht gern aufgegeben.   Man vermeint hierbei
den Charakter einer Rolle ein für allemal zur Nachahmung in der
Auffassung festgestellt zu haben, sobald man der Erste war, der
darin vor dem Publikum erschien.   Leider kam es hierbei oft weniger
auf die wirkliche Richtigkeit der Auffassung, als darauf an, daß
die Nachfolger sie für richtig hielten; denn daß er von diesen als
Muster betrachtet und nachgeahmt wurde, bestärkte den „Createur"
in seinem Glauben an seinen höheren Werth.   Manches Unheil

erwuchs hieraus, namentlich wenn hinter dem Rücken des Autors creirt wurde.

Scheint es nun hiergegen all den gewogenen Künstlern, welche jetzt ein so schöner und mich ehrender Eifer um mich versammeln wird, vor Allem nur darauf anzukommen, der richtigsten Auffassung und Wiedergebung der von mir gestellten Aufgaben durch meine persönliche Anleitung sich zu versichern, so mag ich allerdings hoffen, daß ich bei dieser Gelegenheit nicht nur auf den Geist, sondern auch auf die Moralität eines durch Theater=Intendanten, und nament= lich auch durch das Theater=Publikum, über die Würde seiner Lei= stungen ziemlich unsicher gemachten Künstlerstandes nicht unvortheil= haft einwirken könnte. Wenig werde ich hierbei auf Unterstützung von Außen rechnen dürfen, und herzlich wünsche ich, daß mein sonst mir so gewogener Freund, das deutsche Publikum, mich dießmal nicht ohne Hilfe lassen möge.

Dieses Publikum, welches sich nun von Neuem wieder einmal zu entscheiden haben wird, empfehle ich jetzt meinen bisherigen Pa= tronen zu besonderer Berücksichtigung. Meinen letzten größeren Unternehmungen mußte stets die Schwierigkeit des ihnen nöthigen bedeutenden Kostenaufwandes entgegenstehen: sollte nur, wer zur Beschaffung dieser Kosten beigetragen hatte, an unseren Bühnenfest= spielen sich erfreuen und bilden können, so — wir müssen uns dieß offen gestehen! — war unser Werk von vornherein zur Unfrucht= barkeit verurtheilt. Da wir nun jetzt durch die Noth der letzten Erfahrungen wieder dahin gedrängt worden, die Fortdauer der Bühnenfestspiele durch Überlassung des Zuschauerraumes an das reichlich zahlende Publikum zu versuchen, und werden demnach, wenn auch kein Kameel durch ein Nadelöhr und kein Reicher durch das Himmelsthor geht, doch vorzüglich nur Reiche in unser Theater ein= gelassen werden müssen, so stellt es sich mir nun als die erste und allerwichtigste Aufgabe für ein neuzubildendes Patronat dar, die

Mittel zu beschaffen um gänzlich freien Zutritt, ja nöthigen Falles die Kosten der Reise und des fremden Aufenthaltes, Solchen zu gewähren, denen mit der Dürftigkeit das Loos der Meisten und oft Tüchtigsten unter Germaniens Söhnen zugefallen ist.

Dieses wichtige Anliegen, worüber Ihnen bereits Mittheilungen zugegangen sind, berühre ich hier im Betreff der Organisation des neuen Patronates nur andeutend, da eine solche Organisation ganz selbständig, als ein moralischer Akt des Publikums für das Publikum, somit ohne alle eigentliche Berührung mit der Thätigkeit des Verwaltungsrathes der Bühnenfestspiele in das Leben treten müßte, wenngleich dieser jeder Zeit bemüht sein würde, das Patronat nach Kräften und Bedürfniß durch Freiplätze zu unterstützen. Den Angriff dieser Vereinsbildung Ihnen, geehrter Herr und Freund, als so vorzüglich Antheilnehmenden, anheimstellend, hätte ich für heute Sie nur noch auf die große und bedeutungsvolle Wirksamkeit hinzuweisen, welche ich einem glücklichen Erfolge der Bemühungen jenes Patronates zusprechen zu dürfen glaube. War dieser Verein bisher der Patron des Kunstwerkes, so wird er nun der Patron des Publikums sein, das an jenem sich erfreuen und bilden soll. Hier ist die für unsern Zweck best erdenkliche Schule; und haben wir hierbei noch zu lehren, das heißt — zu erklären, und den weiten Zusammenhang zu verdeutlichen, in welchen wir uns durch unser Kunstwerk mit fernest hinreichenden Kulturgedanken versetzt glauben, so soll eine reichlichst gepflegte Zeitschrift, als erweiterte Fortsetzung unserer bisherigen Bayreuther Blätter, in freiester Weise uns hierfür die Wege offen erhalten. Niemanden soll aber Mittellosigkeit von der Möglichkeit der wirkungsvollsten Theilnahme an unseren Bestrebungen und Leistungen ausschließen: was jetzt lächerlich unbehilfliche Reisestipendien für gekrönte Preiskompositionen u. dgl. gegen die Verpflichtung in Rom oder Paris höhere Studien zu vollenden, gedankenlos bewirken wollen, werden wir verständiger und sinnvoller zu verrichten wissen, wenn wir eine innige Theil-

nahme an der Bildung unserer eigenen Kunst jedem hierzu Befähig=
ten offen stellen. Und so werden wir endlich auch in dem Sinne
meines eigenen erhabenen Wohlthäters handeln, der wiederum dieses
Mal, als Protektor unserer Bühnenfestspiele, durch huldvollste und
reichlichste Hilfgewährungen mich erst in den Stand setzte, schon in
diesem Jahre mein Werk aufzuführen, während Er, um das Bühnen=
Weih=Festspiel von jeder möglichen trübenden Mischung völlig frei
zu erhalten, großmüthig dem Wunsche, auf Seinem eigenen Hof=
theater es wiederholt zu sehen, entsagte.

Von dem Segen dieses Gedankens erfüllt, sage ich Ihnen, ge=
ehrter Herr und Freund, vor allen unsern bisherigen Patronen
meinen hochachtungsvollen Dank namentlich auch dafür, daß gerade
von Ihnen die ernste Nöthigung zu diesem an Sie gerichteten offenen
Schreiben mir auferlegt sein durfte.

Ergebenst:

Bayreuth, 16. Juni 1882.   Richard Wagner.

Das Bühnenweihfestspiel in Bayreuth

1882.

Wenn unsere heutigen Kirchweihfeste hauptsächlich durch die hierbei abgehaltenen, nach ihnen sich benennenden, sogenannten „Kirmes-Schmäuse" beliebt und anziehend geblieben sind, so glaubte ich das mystisch bedeutsame Liebesmahl meiner Gralsritter dem heutigen Opernpublikum nicht anders vorführen zu dürfen, als wenn ich das Bühnenfestspielhaus dießmal zur Darstellung eines solchen erhabenen Vorganges besonders geweiht mir dachte. Fanden hieran konvertirte Juden, von denen mir christlicherseits versichert wurde, daß sie die unduldsamsten Katholiken abgäben, vorgeblichen Anstoß, so hatte ich mich dagegen allen denen nicht weiter hierüber zu erklären, welche im Sommer dieses Jahres zur Aufführung meines Werkes sich um mich versammelten. Wer mit richtigem Sinne und Blicke den Hergang alles Dessen, was während jener beiden Monate in den Räumen dieses Bühnenfestspielhauses sich zutrug, dem Charakter der hierin sich geltend machenden produktiven wie rezeptiven Thätigkeit gemäß zu erfassen vermochte, konnte dieß nicht anders als mit der Wirkung einer Weihe bezeichnen, welche, ohne irgend eine Weisung, frei über Alles sich ergoß. Geübte Theaterleiter frugen mich nach der, bis für das geringste Erforderniß jedenfalls auf das Genaueste organi-sirten, Regierungsgewalt, welche die so erstaunlich sichere Ausführung aller scenischen, musikalischen wie dramatischen Vorgänge auf, über, unter, hinter und vor der Bühne leitete; worauf ich gutgelaunt erwidern konnte, daß dieß die Anarchie leiste, indem ein Jeder thäte, was er wolle, nämlich das Richtige. Gewiß war es so: ein Jeder verstand das Ganze und den Zweck der erstrebten Wirkung des Ganzen. Keiner glaubte sich zu viel zugemuthet, Niemand zu wenig sich geboten. Jedem war das Gelingen wichtiger als der Beifall, welchen in der gewohnten mißbräuchlichen Weise vom Publikum entgegenzunehmen als störend erachtet wurde, während die andauernde Theilnahme der uns zuziehenden Gäste als Zeugniß für die Richtigkeit unserer Annahme von dem wahren Werthe unserer Leistungen uns erfreuete. Ermüdung kannten wir nicht; von dem Eindrucke eines fast beständig trüben und regnerischen Wetters auf unsere Stimmung erklärte ein Jeder sofort sich befreit, sobald er im Bühnenhause an das Werk ging. Fühlte sich der Urheber aller der Mühen, die er seinen freundlichen Kunstgenossen übertragen hatte, oft von der Vorstellung einer unausbleiblich dünkenden Ermüdung beschwert, so benahm ihm schnell die mit jubelnder Laune gegebene Versicherung der heitersten Rüstigkeit Aller jede drückende Empfindung.

Rangstreitigkeiten konnten unmöglich da aufkommen, wo sechs Sängerinnen sogenannter erster Fächer die unbenannten Führerinnen der Blumenmädchen Klingsor's übernommen hatten, zu welchen sich wiederum Sängerinnen aller Fächer mit freudigster Willigkeit verwenden ließen. Gewiß, — hätte es in Wahrheit erst eines Beispieles für die Darsteller der ersten Partien bedurft, so wäre ihnen dieses von dem künstlerischen Einmuthe der Leistungen jener Zauberblumen-Mädchen gegeben worden. Von ihnen wurde mir zunächst auch eine der wichtigsten Anforderungen erfüllt, welche ich zur ersten Grundlage des richtigen Gelingens ihres Vortrages machen mußte: der vom Operngesange unserer Zeit den Sängern der heutigen Theater zu eigen gewordene leidenschaftliche Akzent, durch welchen jede melodische Linie unterschiedslos durchbrochen zu werden pflegt, sollte hier durchaus nicht mehr sich vernehmen lassen. Sogleich

ward ich von unseren Freundinnen verstanden, und alsbald gewann
ihr Vortrag der schmeichelnden Weisen das kindlich Naive, welchem,
wie es andererseits durch einen unvergleichlichen Wohllaut rührte,
ein aufreizendes Element sinnlicher Verführung, wie es von gewissen
Seiten als vom Komponisten verwendet vorausgesetzt wurde, gänzlich
fern abliegen blieb. Ich glaube nicht, daß ein ähnlicher Zauber des
anmuthigst Mädchenhaften durch Gesang und Darstellung, wie er
in der betreffenden Scene des „Parsifal" von unseren künstlerischen
Freundinnen ausgeübt wurde, je sonst wo schon zur Wirkung kam.

Was hier als Zauber wirkte, nun als Weihe die ganze Auf=
führung des Bühnenfestspieles durchdringen zu lassen, wurde im
Verlaufe der Übungen und Vorstellungen zur angelegentlichsten
Sorge Aller, und welchen ungewohnten Stylanforderungen hierbei
zu genügen war, wird bald ersichtlich, wenn das stark=Leidenschaft=
liche, Rauhe, ja Wilde, was in einzelnen Theilen des Drama's
zum Ausdruck kommen sollte, seinem wahren Charakter nach sich nicht
verleugnen durfte. Welche schwierige Aufgabe den Darstellern der
Hauptpersonen der Handlung dadurch gestellt war, leuchtete uns
immer mehr ein. Vor Allem war hier auf größte Deutlichkeit, und
zwar zunächst der Sprache, zu halten: eine leidenschaftliche Phrase
muß verwirrend und kann abstoßend wirken, wenn ihr logischer
Gehalt unerfaßt bleibt; um diesen von uns mühelos aufnehmen zu
lassen muß aber die kleinste Partikel der Wortreihe sofort deutlich
verstanden werden können: eine fallen gelassene Vorschlag=, eine
verschluckte End=, eine vernachlässigte Verbindungs=Silbe zerstört
sogleich diese nöthige Verständlichkeit. Diese selbe Vernachlässigung
trägt sich aber unmittelbar auch auf die Melodie über, in welcher
durch das Verschwinden der musikalischen Partikeln nur vereinzelte
Akzente übrig bleiben, welche, je leidenschaftlicher die Phrase ist,
schließlich als bloße Stimm=Aufstöße vernehmbar werden, von deren
sonderbarer, ja lächerlicher Wirkung wir einen deutlichen Eindruck
erhalten, wenn sie aus einiger Entfernung zu uns bringen, wo

dann von den verbindenden Partikeln gar nichts mehr vernommen
wird. Wenn in diesem Sinne schon bei dem Studium der Nibe=
lungen=Stücke vor sechs Jahren dringend empfohlen worden war,
den „kleinen" Noten vor den „großen" den Vorzug zu geben, so
geschah dieß um jener Deutlichkeit willen, ohne welche Drama wie
Musik, Rede wie Melodie, gleich unverständlich bleiben, und
diese dagegen dem trivialen Opernaffekte aufgeopfert werden,
durch dessen Anwendung auf meine dramatische Melodie eben
die Konfusion im Urtheile unserer musikalischen sogenannten
„öffentlichen Meinung" hervorgerufen wird, die wir auf keinem
anderen Wege aufklären können als durch jene von mir so uner=
läßlich verlangte Deutlichkeit. Hierzu gehört aber gänzliches Aufgeben
des durch die gerügte Vortragsweise geförderten, falschen Affektes.

Das alles Maaß überschreitende Gewaltsame in den Ausbrüchen
schmerzlichster Leidenschaft, das ja dem tieftragischen Stoffe wie zu
seiner Entlastung naturgemäß zugehörig ist, kann nur dann seine
erschütternde Wirkung hervorbringen, wenn das von ihm überschrit=
tene Maaß eben durchweg als Gesetz der gefühlvollen Kundgebung
eingehalten ist. Dieses Maaß dünkte uns nun am sichersten durch
Ausübung einer weisen Sparsamkeit in der Verwendung des Athems,
wie der plastischen Bewegung, festgehalten zu werden. Wir mußten
bei unseren Übungen der unbeholfensten Vergeudung, zunächst des
Athems, deren wir uns meistens im Operngesange schuldig gemacht
haben, inne werden, sobald wir dagegen schnell erkannten, was ein
einziger wohl vertheilter Athem zu leisten vermochte um einer ganzen
Tonreihe, indem er ihren Zusammenhang wahrt, ihren richtigen
melodischen, wie logischen Sinn zu geben oder zu belassen. Schon
allein durch weise Einhaltung und Vertheilung der Kraft des
Athems sahen wir es uns, wie ganz natürlich, erleichtert, den ge=
wöhnlich tiefer gelegten, von mir sogenannten „kleinen" Noten, als
wichtigen Verbindungs=Partikeln der Rede wie der Melodie, ihr
Recht widerfahren zu lassen, weil wir auf dem von selbst sich her=

aushebenden höheren Tone einer unnützen Athem = Verschwendung uns enthalten mußten, um des Vortheiles der Einigung der ganzen Phrase vermöge der gleichen Respiration uns bewußt zu bleiben. So gelang es uns, lange melodische Linien undurchbrochen einzuhalten, obgleich in ihnen die empfindungsvollsten Akzente in mannigfaltigster Färbung wechselten, — wofür ich die längere Erzählung Kundry's vom Schicksale Herzeleide's im zweiten Aufzuge, sowie die Beschreibung des Charfreitags=Zaubers durch Gurnemanz im dritten Aufzuge als beredte Beispiele unseren Zuhörern zurückrufe.

In genauem Zusammenhange mit dem durch weise Sparsamkeit bei der Ausnützung des Athems gewonnenen Vortheile der wirksamen Verständlichkeit der dramatischen Melodie, erkannten wir die Nöthigung zur Veredelung der plastischen Bewegungen durch gewissenhafteste Mäßigung derselben. Jene, bisher im gemeinen Opernstyle von der Melodie fast einzig herausgehobenen Affekt=Schreie, waren immer auch von gewaltsamen Armbewegungen begleitet gewesen, welcher die Darsteller durch Gewöhnung sich mit solch regelmäßiger Wiederkehr bedienten, daß sie jede Bedeutung verloren und dem unbefangenen Zuschauer den Eindruck eines lächerlichen Automaten=Spieles machen mußten. Gewiß darf einer dramatischen Darstellung, namentlich wenn sie durch die Musik in das Bereich des idealen Pathos erhoben ist, die konventionelle Gebahrung unserer gesellschaftlichen Wohlgezogenheit fremd sein: hier gilt es nicht mehr dem Anstande, sondern der Anmuth einer erhabenen Natürlichkeit. Von dem bloßen Spiele der Gesichtsmienen sich entscheidende Wirkung zu versprechen, sieht der heutige dramatische Darsteller durch die in unserem Theater nöthig gewordene oft große Entfernung vom Zuschauer sich behindert, und die gegen das bleichende Licht der Bühnenbeleuchtung zu Hilfe gerufene Herstellung einer künstlichen Gesichtsmaske erlaubt ihm meistens nur die Wirkung des Charakters derselben, nicht aber einer Bewegung der verborgenen inneren seelischen Kräfte in Berechnung zu ziehen. Hierfür tritt nun eben im musikalischen Drama der Alles

verdeutlichende und unmittelbar redende Ausdruck des harmonischen
Tonspieles mit einer ungleich sichereren und überzeugenderen Wir=
kung ein, als sie dem bloßen Mimiker zu Gebote stehen kann, und
die von uns zuvor in Betracht genommene, verständlichst vorgetra=
gene dramatische Melodie wirkt deutlicher und edler als die studir=
teste Rede des geschicktesten Mienenspielers, sobald sie gerade von
den, diesem einzig hilfreichen Kunstmitteln, am wenigsten beeinträch=
tigt wird.

Dagegen scheint nun der Sänger, mehr als der Mimiker, auf
die plastischen Bewegungen des Körpers selbst, namentlich der so
gefühlsberedten Arme, angewiesen zu sein: in der Anwendung dieser
hatten wir uns aber immer an dasselbe Gesetz zu halten, welches
die stärkeren Akzente der Melodie mit den Partikeln derselben in
Einheit erhielt. Wo wir uns im Opernaffekte gewöhnt hatten, mit
beiden, weit ausgebreiteten Armen, wie um Hilfe rufend uns zu
gebahren, durften wir finden, daß eine halbe Erhebung eines Armes,
ja eine charakteristische Bewegung der Hand, des Kopfes, vollkommen
genügte um der irgendwie gesteigerten Empfindung nach Außen
Wichtigkeit zu geben, da diese Empfindung in ihrer mächtigsten Be=
wegung durch starke Kundgebung erst dann wahrhaft erschütternd
wirkt, wenn sie nun, wie aus langer Verhaltung mit Naturgewalt
hervorbricht.

Wenn das Gehen und Stehen für Sänger, welche zunächst
der Überwindung der oft bedeutenden Schwierigkeiten ihrer rein
musikalischen Aufgabe ihre angestrengteste Aufmerksamkeit zuzuwen=
den haben, gemeinhin einer unüberlegten Ausübung der Routine
überlassen bleibt, so erkannten wir dagegen bald, von welchem er=
giebigen Erfolge eine weise Anordnung des Schreitens und Stehens
für die Erhebung unserer dramatischen Darstellung über das gewöhn=
liche Opernspiel sei. War das eigentliche Hauptstück der älteren
Oper die monologische Arie, und hatte der Sänger, wie er dieß fast
nicht anders konnte, sich gewöhnt, diese dem Publikum gewissermaaßen

in das Gesicht abzusingen, so war aus dieser scheinbaren Nöthigung zugleich die Annahme erwachsen, daß auch bei Duetten, Terzetten, ja ganz massenhaften sogenannten Ensemblestücken, Jedes seinen Part in der gleichen Stellung in den Zuschauerraum hinein zum Besten zu geben habe.   Da hierbei das Schreiten völlig ausgeschlossen war, gerieth dagegen die Armbewegung zu der fast unausgesetzten Anwendung, deren Fehlerhaftigkeit, ja Lächerlichkeit, wir eben inne geworden.   Ist nun hiergegen im wirklichen musikalischen Drama der Dialog, mit allen seinen Erweiterungen, zur einzigen Grund= lage alles dramatischen Lebens erhoben, und hat daher der Sänger nie mehr dem Publikum, sondern nur seinem Gegenredner etwas zu sagen, so mußten wir finden, daß die übliche Nebeneinanderstellung eines duettirenden Paares dem leidenschaftlichen Gespräche zu ein= ander alle Wahrheit benahm: denn die Dialogisirenden hatten ent= weder ihre dem Andern geltenden Reden wieder in das offene Pub= likum hinaus zu sagen, oder sie waren zu einer Profilstellung ge= nöthigt, welche sie zur Hälfte dem Zuschauer entzog und die Deutlichkeit der Rede, wie der Aktion, beeinträchtigte.   Um in diese peinliche Nebeneinander=Stellung Mannigfaltigkeit zu bringen, gerieth man gewöhnlich auf den Einfall, sie dadurch zu variiren, daß, während eines Orchester=Zwischenspieles, die beiden Sänger einander vorbei über die Bühne gingen, und die Seiten, auf denen sie zuvor aufgestellt waren, unter sich vertauschten.   Hiergegen ergab sich uns aus der Lebhaftigkeit des Dialoges selbst der zweckmäßigste Wechsel der Stellungen, da wir gefunden hatten, daß die erregteren Akzente des Schlusses einer Phrase oder Rede zu einer Bewegung des Sän= gers veranlaßten, welche ihn nur um etwa einen Schritt nach vorn zu führen hatte, um ihn, gleichsam den Anderen erwartungsvoll fixirend, mit halbem Rücken dem Publikum zugewendet eine Stellung nehmen zu lassen, welche ihn dem Gegenredner nun im vollen Ge= sichte zeigte, sobald dieser zum Beginn seiner Entgegnung etwa um einen Schritt zurücktrat, womit er in die Stellung gelangte, ohne vom Publikum abgewandt zu sein, seine Rede doch nur an den Gegner zu richten, der seitwärts, aber vor ihm stand.

Im gleichen und ähnlichen Sinne vermochten wir eine nie gänzlich stockende scenische Bewegung, durch Vorgänge, wie sie einem Drama einzig die ihm zukommende Bedeutung als wahrhaftige Handlung wahren, in fesselnder Lebendigkeit zu erhalten, wozu das feierlich Ernsteste, wie das anmuthig Heiterste uns wechselnde Veranlassung boten.

Diese schönen Erfolge, waren sie an und für sich nur durch die besondere Begabung aller Künstler zu gewinnen, würden jedoch unmöglich durch die hier besprochenen technischen Anordnungen und Übereinkünfte allein zu erreichen gewesen sein, wenn nicht von jeder Seite her das scenisch-musikalische Element mit gleicher Wirksamkeit sich betheiligt hätte. Im Betreff der Scene im weitesten Sinne war zuvörderst die richtige Herstellung der Kostüme und der Dekorationen unserer Sorgfalt anheim gegeben. Hier mußte viel erfunden werden, was denjenigen nicht nöthig dünkte, welche durch geschickte Zusammenstellung aller bisher in der Oper als wirksam erfundenen Effekte dem Verlangen nach unterhaltendem Prunk zu entsprechen sich gewöhnt haben. Sobald es sich um die Erfindung eines Kostümes der Blumenzaubermädchen Klingsor's handelte, trafen wir hierfür nur auf Vorlagen aus Ballet oder Maskerade: namentlich die jetzt so beliebten Hofmaskenfeste hatten unsere talentvollsten Künstler zu einer gewissen konventionellen Üppigkeit im Arrangement von Trachten verführt, deren Verwendung zu unserem Zwecke, der nur im Sinne einer idealen Natürlichkeit zu erreichen war, sich durchaus untauglich erwies. Diese Kostüme mußten in Übereinstimmung mit dem Zaubergarten Klingsor's selbst erfunden werden, und nach vielen Versuchen mußte es uns erst geglückt erscheinen, des richtigen Motives für diese, der realen Erfahrung unauffindbare Blumenmächtigkeit uns zu versichern, welche uns die Erscheinung lebender weiblicher Wesen ermöglichen sollte, die dieser zaubergewaltigen Flora wiederum wie natürlich entwachsen zu sein schienen.

Mit zweien jener Blumenkelche, welche in üppiger Größe den Garten schmückten, hatten wir das Gewand des Zaubermädchens hergestellt, das nun, galt es seinen Schmuck zu vollenden, nur eine der bunt= bauschigen Blumen, wie sie rings her zerstreut anzutreffen waren, in kindischer Hast sich auf den Kopf zu stülpen hatte, um uns, jeder Opern=Ballet=Konvention vergessend, als das zu genügen, was hier einzig dargestellt werden sollte.

Waren wir durchaus beflissen, dem idealen Gralstempel die höchste feierliche Würde zu geben, und konnten wir das Vorbild hierfür nur den edelsten Denkmälern der christlichen Baukunst ent= nehmen, so lag es uns wiederum daran, die Pracht dieses Gehäuses eines göttlichsten Heiligthumes keineswegs auf die Tracht der Grals= ritter selbst übertragen zu wissen: eine edle klosterritterliche Einfach= heit bekleidete die Gestalten mit malerischer Feierlichkeit, doch mensch= lich anmuthend.   Die Bedeutung des Königs dieser Ritterschaft suchten wir in dem ursprünglichen Sinne des Wortes „König", als des Hauptes des Geschlechtes, welches hier das zur Hut des Grales auserwählte war: durch nichts hatte er sich von den anderen Rittern zu unterscheiden, als durch die mystische Wichtigkeit der ihm allein vorbehaltenen erhabenen Funktion, sowie durch sein weithin unver= standenes Leiden.

Für das Leichenbegängniß des Urkönigs Titurel hatte man uns einen pomphaften Katafalk, mit darüber von hoch herab hängen= der schwarzer Sammet=Draperie, vorgeschlagen, die Leiche selbst aber in kostbarem Prunkgewande mit Krone und Stab, ungefähr so wie uns öfter schon der König von Thule bei seinem letzten Trunke vorgestellt worden war.   Wir überließen diesen grandiosen Effekt einer zukünftigen Oper, und verblieben bei unsrem durch= gehends eingehaltenen Prinzipe einer weihevollen Einfachheit.

Nur in einem Punkte hatten wir für dieses Mal ein bemühen= des Zugeständniß zu machen.   Durch eine uns noch unerklärlich gebliebene Verrechnung war von dem hochbegabten Manne, dem ich

auch die ganze scenische Einrichtung des „Parsifal", wie bereits vordem der Nibelungenstücke, verdankte, und der nun noch vor der Vollendung seines Werkes durch einen plötzlichen Tod uns entrissen worden,
die Zeitdauer der Vorführung der sogenannten Wandeldekorationen
im ersten und dritten Aufzuge über die Hälfte geringer angeschlagen,
als sie im Interesse der dramatischen Handlung vorgeschrieben war.
In diesem Interesse hatte die Vorüberführung einer wandelnden
Scene durchaus nicht als, wenn auch noch so künstlerisch ausge-
führter, dekorativ-malerischer Effekt zu wirken, sondern, unter der
Einwirkung der die Verwandelung begleitenden Musik, sollten wir,
wie in träumerischer Entrückung, eben nur unmerklich die „pfadlosen" Wege zur Gralsburg geleitet werden, womit zugleich die
sagenhafte Unauffindbarkeit derselben für Unberufene in das Gebiet der dramatischen Vorstellung gezogen war. Es erwies sich, als
wir den Übelstand entdeckten, zu spät dafür, den hierzu erforderlichen, ungemein komplizirten Mechanismus dahin abzuändern, daß
der Dekorationszug um die Hälfte verkürzt worden wäre; für dieses
Mal mußte ich mich dazu verstehen, das Orchester-Zwischenspiel nicht
nur voll wiederholen, sondern auch noch im Zeitmaaße desselben
dehnende Zögerungen eintreten zu lassen: die peinliche Wirkung
hiervon empfanden wir zwar Alle, dennoch war das uns vorge-
führte dekorative Malerwerk selbst so vorzüglich gelungen, daß der
von ihm gefesselte Zuschauer bei der Beurtheilung des Vorganges
selbst ein Auge zudrücken zu müssen glaubte. Wenn wir aber sogleich Alle erkannten, daß für den dritten Akt der Gefahr einer
üblen Wirkung desselben Vorganges, wenngleich er in ganz anderer
Weise und dekorativ fast noch anmuthender als für den ersten
Aufzug von den Künstlern ausgeführt war, da hier ebenfalls keine
Reduktion eintreten konnte, durch völlige Auslassung vorzubeugen
sei, so gewannen wir hierbei eine schöne Veranlassung die Wirkung
der Weihe zu bewundern, welche alle Theilnehmer an unserm Kunstwerke durchdrungen hatte: die hochbegabten liebenswürdigen Künstler

selbst, welche diese Dekorationen, die den größten Schmuck jeder anderen theatralischen Aufführung abgegeben haben würden, aus=geführt hatten, stimmten, ohne irgend welche Kränkung zu empfin=den, den Anordnungen bei, nach welchen dießmal diese zweite soge=nannte Wandeldekoration gänzlich ungebraucht gelassen und dafür das scenische Bild eine Zeit lang durch den Bühnenvorhang verdeckt wurde, und übernahmen es dagegen gern und willig für die Auf=führungen des nächsten Jahres die erste Wandeldekoration auf die Hälfte zu reduziren, die zweite aber der Art umzuarbeiten, daß wir, ohne durch einen anhaltenden Wechsel der Scenerie ermüdet und zerstreut zu werden, dennoch der Unterbrechung der Scene durch Schließung des Bühnenvorhanges nicht bedürfen sollten.

Auf dem hier zuletzt berührten Gebiete der „scenischen Dra=maturgie", wie ich es benennen möchte, für alle meine Angaben und Wünsche auf das Innigste verstanden zu werden, war das große Glück, welches mir durch die Zugesellung des vortrefflichen Sohnes des so schmerzlich schnell mir entrissenen Freundes, dem ich fast ausschließlich die Herstellung unseres Bühnenfestspiel=Raumes und seiner scenischen Einrichtung verdanke, zu Theil ward. In der Wirksamkeit dieses jungen Mannes sprach sich die ungemeine Er=fahrung seines Vaters mit einem so deutlichen Bewußtsein von dem idealen Zwecke aller durch diese Erfahrung gewonnenen technischen Kenntnisse und praktischen Geschicklichkeiten aus, daß ich nun wün=schen möchte, auf dem Gebiete der eigentlichen musikalischen Drama=turgie selbst dem Gleichen zu begegnen, dem ich dereinst mein mühevoll bisher allein verwaltetes Amt übertragen könnte. Auf diesem Gebiete ist leider alles noch so neu und durch weit ausge=breitete üble Routine als für meinen Zweck brauchbar zu solcher Unkenntlichkeit verdeckt, daß Erfahrungen, wie wir sie dießmal ge=meinschaftlich durch das Studium des „Parsifal" machten, nur der Wirkung des Aufathmens aus Wust und eines Aufleuchtens aus Dunkelheit gleichen konnten. Hier war es jetzt eben noch nicht die

Erfahrung, welche uns zu einem schnellen Verständnisse verhelfen
konnte, sondern die Begeisterung — die Weihe! — trat schöpferisch
für den Gewinn eines sorglich gepflegten Bewußtseins vom Richtigen
ein. Dieß zeigte sich namentlich im Fortgange der wiederholten
Aufführungen, deren Vorzüglichkeit nicht, wie dieß im Verlaufe der
gewöhnlichen Theateraufführungen der Fall ist, durch Erkaltung der
ersten Wärme sich abschwächte, sondern deutlich erkennbar zunahm.
Wie in den scenisch-musikalischen Vorgängen, durfte dieß namentlich
auch in der so entscheidend wichtigen, rein musikalischen Mitwirkung
des Orchesters wahrgenommen werden. Waren dort mir intelligente
und ergebene Freunde in aufopferndster Weise durch Dienstleistun-
gen, wie sie sonst nur untergeordneteren Angestellten übergeben sind,
zum schönen Gelingen behilflich, so zeigte es sich hier, welcher Veredelung der Anlagen für Zartsinn und Gefühlsschönheit der Vortrag deutscher Orchester-Musiker fähig ist, wenn diese der ungleich
wechselnden Verwendung ihrer Fähigkeiten anhaltend sich enthoben
fühlen, um bei der Lösung höherer Aufgaben verweilen zu können,
an denen sie sonst nur hastig vorüber getrieben werden. Von der
glücklichen Akustik seiner Aufstellung im zweckmäßigsten Verhältnisse
zur deutlichen Sonorität der Gesammtwirkung mit den Sängern
der Scene getragen, erreichte unser Orchester eine Schönheit und
Geistigkeit des Vortrages, welche von jedem Anhörer unserer Aufführungen auf das Schmerzlichste vermißt werden, sobald er in den
prunkenden Opterntheatern unserer Großstädte wieder der Wirkung
der rohen Anordnungen für die dort gewöhnte Orchester-Verwen-
dung sich ausgesetzt fühlt.

Somit konnten wir uns, auch durch die Einwirkungen der uns
umschließenden akustischen wie optischen Atmosphäre auf unser ganzes
Empfindungsvermögen, wie der gewohnten Welt entrückt fühlen,
und das Bewußtsein hiervon trat deutlich in der bangen Mahnung
an die Rückkehr in eben diese Welt zu Tage. Verdankte ja auch
der „Parsifal" selbst nur der Flucht vor derselben seine Entstehung

und Ausbildung! Wer kann ein Leben lang mit offenen Sinnen und freiem Herzen in diese Welt des durch Lug, Trug und Heuchelei organisirten und legalisirten Mordes und Raubes blicken, ohne zu Zeiten mit schaudervollem Ekel sich von ihr abwenden zu müssen? Wohin trifft dann sein Blick? Gar oft wohl in die Tiefe des Todes. Dem anders Berufenen und hierfür durch das Schicksal Abgeson= derten erscheint dann aber wohl das wahrhaftigste Abbild der Welt selbst als Erlösung weissagende Mahnung ihrer innersten Seele. Über diesem wahrtraumhaften Abbilde die wirkliche Welt des Truges selbst vergessen zu dürfen, dünkt dann der Lohn für die leidenvolle Wahrhaftigkeit, mit welcher sie eben als jammervoll von ihm er= kannt worden war. Durfte er nun bei der Ausbildung jenes Ab= bildes selbst wieder mit Lüge und Betrug sich helfen können? Ihr Alle, meine Freunde, erkanntet, daß dieß unmöglich sei, und die Wahrhaftigkeit des Vorbildes, das er euch zur Nachbildung darbot, war es eben, was auch euch die Weihe der Weltentrückung gab; denn ihr konntet nicht anders als nur in jener höheren Wahrhaf= tigkeit eure eigene Befriedigung suchen. Daß ihr diese auch fandet, zeigte mir die wehmuthvolle Weihe unseres Abschiedes bei der Tren= nung nach jenen edlen Tagen. Uns allen gab sie die Bürgschaft für ein hocherfreuliches Wiedersehen.

Diesem gelte nun mein Gruß! —

Venedig, 1. November 1882.

Bericht

über die

Wiederaufführung eines Jugendwerkes.

An den

Herausgeber des „Musikalischen Wochenblattes".

Lieber Herr Fritzsch!

Es versteht sich ganz von selbst, daß Sie einmal wieder eine Nachricht von mir für Ihr Blatt bekommen müssen. Sie haben es gewagt, meine gesammelten Schriften und Dichtungen, neun Bände, — und in einer sehr starken Auflage, die Ihnen mit der Zeit Beschwerden bereitet hat, — herauszugeben, und mir dafür ein Honorar zu zahlen. Niemand wollte dieß vor zwölf Jahren übernehmen; selbst meine Schrift über Beethoven hatte mir kurz vorher einer Ihrer Vorgänger zurückgewiesen, weil ihn der deutsch-französische Krieg genirte. Seitdem haben Sie in Ihrem Blatte nicht nur sehr förderlich stets über mich berichten lassen, sondern auch bei Mittheilungen über mich auf einen accentuirt anständigen Ton gehalten, für dessen Werth Ihre Herren Kollegen sonst keinen ausgezeichneten Sinn zu erkennen geben: einzig irrten Sie dann und wann nur darin, daß Sie von Anderen begangene Unanständigkeiten durch volle Reproduction derselben zu züchtigen glaubten, während Sie damit nur anständige Leser mit Dingen bekannt machten, die sie eben ignoriren wollten. Indessen, es mag wohl Alles zum Interessanten der Erscheinungswelt beitragen! —

Heute sollen Sie, zum Lohn für alles mir erwiesene Gute, auch etwas ganz Geheimes von mir erfahren. Ich habe am vergangenen Weihnachtsabend, hier in Venedig, ein Familien-Jubiläum der vor gerade fünfzig Jahren stattgefundenen ersten Aufführung einer, in meinem neunzehnten Lebensjahre von mir eigenhändig komponirten Symphonie begangen, indem ich dieselbe, nach einer uneigenhändigen Partitur, von dem Orchester der Professoren und Zöglinge des hiesigen Lyceums St. Marcello, unter meiner Direc= tion, meiner Frau zur Feier ihres Geburtstages vorspielen ließ. Ich betonte: uneigenhändig; und damit hat es eben die besondere Bewandniß, welche diese Angelegenheit in das ganz Geheimnißvolle zieht, weßhalb ich sie denn auch nur Ihnen mittheile.

Geschichtlich sei zunächst Folgendes festgestellt.

In der christlichen Vor=Jetztzeit Leipzig's, deren wohl nur sehr wenige meiner geburtsstädtischen Mitbürger sich noch erinnern wer= den, war das sogenannte Gewandhaus=Konzert selbst für Anfänger meiner „Richtung" accessibel, da in letzter Instanz über die Zu= lassung neuer Kompositionen ein würdiger alter Herr, der Hofrath Rochlitz, als Vorstand entschied, der die Sachen genau nahm und ordentlich sich ansah. Ihm war meine Symphonie vorgelegt wor= den, und ich hatte ihm nun meinen Besuch zu machen: da ich mich ihm persönlich vorstellte, schob der stattliche Mann seine Brille auf und rief: „was ist das? Sie sind ja ein ganz junger Mensch: ich hatte mir einen viel älteren, weil erfahreneren Komponisten erwartet." — Das lautete denn gut: die Symphonie ward angenommen; doch wünschte man, daß sie womöglich zuvor von der „Euterpe", gewisser= maaßen zur Probe, aufgeführt würde. Nichts war leichter als dieß zu bewerkstelligen: ich stand gut mit diesem untergeordneteren Orchestervereine, welcher bereits im „alten Schützenhause" vor dem Petersthore eine ziemlich fugirte Konzertouvertüre von mir freiwillig aufgeführt hatte. Wir hatten uns jetzt, um Weihnachten 1832, nach der „Schneiderherberge" am Thomasthore übergesiedelt, — ein Umstand, den ich zu beliebiger Verwerthung unsren Witzlingen gern überweise. Ich entsinne mich, daß wir dort durch die mangel=

hafte Beleuchtung sehr inkommodirt waren; doch sah man wohl
genug, um nach einer Probe, in welcher ein ganzes Konzertpro=
gramm außerdem noch mit bestritten worden war, meine Symphonie
wirklich herunter zu spielen, wenn mir selbst dieß auch wenig Freude
machte, da sie mir gar nicht gut klingen zu wollen schien. Allein,
wozu ist der Glaube da? Heinrich Laube, der sich damals mit
Aufsehen schriftstellernd in Leipzig aufhielt und sich gar nichts
daraus machte, wie etwas klang, hatte mich in Protektion ge=
nommen; er lobte meine Symphonie in der „Zeitung für die
elegante Welt" mit großer Wärme, und acht Tage darauf erlebte
meine gute Mutter die Versetzung meines Werkes aus der Schnei=
derherberge in das Gewandhaus, wo es, unter so ziemlich ähnlichen
Umständen wie dort, seine Aufführung erlitt. Man war damals
gut für mich in Leipzig: etwas Verwunderung und genügendes
Wohlwollen entließen mich für Weiteres.

Dieses Weitere änderte sich aber sehr. Ich hatte mich auf das
Opernfach geworfen, und im Gewandhause hatte die Gemüthlichkeit
ein Ende erreicht, als nach einigen Jahren Mendelssohn sich
dieser Anstalt angenommen hatte. Erstaunt über die Vortrefflichkeit
der Leistungen dieses damals noch so jungen Meisters, suchte ich
mich, bei einem späteren Aufenthalte in Leipzig (1834 oder 35),
diesem zu nähern, und gab bei dieser Gelegenheit einem sonderbar
innerlichen Bedürfnisse nach, indem ich ihm das Manuscript meiner
Symphonie mit der Bitte überreichte, oder eigentlich aufzwang,
dasselbe — selbst gar nicht anzusehen, sondern nur bei sich zu
behalten. Am Ende dachte ich mir hierbei wohl, er sähe doch viel=
leicht hinein und sage mir irgend einmal etwas darüber. Dieß
geschah aber niemals. Im Laufe der Jahre führten mich meine
Wege oft wieder mit Mendelssohn zusammen; wir sahen uns,
speisten, ja musicirten einmal in Leipzig mit einander; er assistirte
einer ersten Aufführung meines „fliegenden Holländer" in Berlin
und fand, daß, da die Oper doch eigentlich nicht ganz durchgefallen

war, ich doch mit dem Erfolge zufrieden sein könnte; auch bei
Gelegenheit einer Aufführung des „Tannhäuser" in Dresden äußerte
er, daß ihm ein kanonischer Einsatz im Adagio des zweiten Finales
gut gefallen hätte.   Nur von meiner Symphonie und ihrem Manu-
scripte kam nie eine Sylbe über seine Lippen, was für mich Grund
genug war, nie nach dem Schicksale desselben zu fragen.

Die Zeiten vergingen: mein geheimnißvoller berühmter Gönner
war längst gestorben, als es Freunden von mir einfiel, nach jener
Symphonie zu fragen; einer von diesen war mit Mendelssohn's
Sohne bekannt und unternahm bei ihm, als dem Erben des Meisters,
eine Nachfrage; andere Nachforschungen blieben, wie diese erste,
gänzlich erfolglos: das Manuscript war nicht mehr vorhanden, oder
es kam wenigstens nirgends zum Vorschein.   Da meldete mir vor
einigen Jahren ein älterer Freund aus Dresden, es habe sich dort
ein Koffer mit Musikalien vorgefunden, den ich in wilder Zeit
herrenlos hinterlassen hatte: in diesem entdeckte man die Orchester-
stimmen meiner Symphonie, wie sie einst von einem Prager Copisten
für mich ausgeschrieben worden waren.   Nach diesen Stimmen,
welche nun wieder in meinen Besitz gelangten, setzte mein junger
Freund A. Seidl mir eine neue Partitur zusammen, und ich konnte
nun, nach bereits fast einem halben Jahrhundert, durch bequeme
Überlesung derselben mich darüber in Nachsinnen versetzen, was
es mit dem Verschwinden jenes Manuscriptes wohl für eine Bewandniß gehabt haben möge.   Gewiß eine ganz unschuldige.   Denn
in dem Bewußtsein, daß seine Wiederauffindung gar keine Bedeutung
außer einer freundlichen Familien=Erfahrung haben könnte, beschloß
ich, mein Werk auch nur als Familien=Geheimniß noch einmal zum
Ertönen bringen zu lassen.

Dieß geschah nun hier in höchst freundlicher Weise, vor
einigen Tagen in Venedig, und die Erfahrungen, die hierbei zu
machen waren, seien Ihnen jetzt noch in Kürze mitgetheilt.   Vor
Allem bezeuge ich, daß die Aufführung von Seiten des Orchesters

des Lyceum's mich sehr befriedigte, wozu jedenfalls auch eine starke Anzahl von Proben verhalf, welche man mir seiner Zeit in Leipzig nicht zur Verfügung stellen konnte. Die guten Anlagen des italienischen Musikers für Ton und Vortrag dürften zu vortrefflichen Bildungen benützt werden können, wenn deutsche Instrumentalmusik im Interesse des italienischen Musikgeschmackes läge. Meine Symphonie schien wirklich zu gefallen. Mich im Besonderen belehrte das Befassen mit diesem meinem Jugendwerke über den charakteristischen Gang in der Ausbildung einer musikalisch produktiven Begabung zum Gewinn wirklicher Selbständigkeit. Von großen Dichtern, wie von Göthe und Schiller, wissen wir, daß sogleich ihre Jugendwerke das ganze Hauptthema ihres produktiven Lebens mit großer Prägnanz aufzeigten: Werther, Götz, Egmont, Faust, alles ward von Göthe im frühesten Anlaufe ausgeführt oder doch deutlich entworfen. Anders treffen wir es beim Musiker an: wer möchte in ihren Jugendwerken sogleich den rechten Mozart, den wirklichen Beethoven mit der Bestimmtheit erkennen, wie er dort den vollen Göthe, und in seinen Aufsehen erregenden Jugendwerken sofort den wahrhaftigen Schiller erkennt? Wenn wir hier der ungeheuren Diversität der Weltanschauung des Dichters und der Weltempfindung des Musikers nicht weiter auf den Grund gehen wollen, so können wir doch das Eine alsbald näher bezeichnen, daß nämlich die Musik eine wahrhaft künstliche Kunst ist, die nach ihrem Formenwesen zu erlernen, und in welcher bewußte Meisterschaft, d. h. Fähigkeit zu deutlichem Ausdruck eigenster Empfindung, erst durch volle Aneignung einer neuen Sprache zu gewinnen ist, während der Dichter, was er wahrhaftig erschaut, sofort deutlich in seiner Muttersprache ausdrücken kann. Wenn der Musikjünger genügende Zeit in vermeintlicher melodischer Produktion gefaselt hat, beängstigt und beschämt es ihn wohl endlich, gewahr zu werden, daß er eben nur seinen Lieblingsvorbildern bisher nachlallte: ihn verlangt es nach Selbständigkeit, und diese gewinnt er sich nur

26*

durch erlangte Meisterschaft in der Beherrschung der Form. Nun
wird der vorzeitige Melodist Kontrapunktist; jetzt hat er es nicht
mehr mit Melodien, sondern mit Themen und ihrer Verarbeitung
zu thun; ihm wird es zur Lust, darin auszuschweifen, in Engfüh=
rungen, Übereinanderstellungen zweier, dreier Themen bis zur
Erschöpfung jeder erdenklichen Möglichkeit zu schwelgen. Wie weit
ich zu jener Zeit es hierin gebracht, ohne dabei doch die drastisch
feste Formenfassung meiner großen symphonistischen Vorbilder,
Mozart's und besonders Beethoven's, aus den Augen und dem
Bewußtsein zu verlieren, dieß erstaunte eben den trefflichen Hofrath
Rochlitz, als er den neunzehnjährigen Jüngling als den Verfasser
jener Symphonie vor sich gewahrte.

Daß ich nun aber das Symphonieschreiben aufgab, hatte wohl
seinen ernstlichen Grund, über welchen ich mich nach der neuerlichen
Wiederauffindung dieser Arbeit aufzuklären Gelegenheit nahm.
Meiner Frau, welcher die vorbereitete Aufführung derselben als
Überraschung gelten sollte, glaubte ich im Voraus jede Hoffnung
benehmen zu müssen, in meiner Symphonie einem Zuge von Sen=
timentalität begegnen zu können; wenn etwas darin vom Richard
Wagner zu erkennen sein würde, so durfte dieß höchstens die gren=
zenlose Zuversicht sein, mit der dieser schon damals sich um nichts
kümmerte, und von der bald nachher aufkommenden, den Deutschen
so unwiderstehlich gewordenen Duckmäuserei sich unberührt erhielt.
Diese Zuversicht beruhte damals, außer auf meiner kontrapunktischen
Sicherheit, welche mir später der Hofmusiker Strauß in München
dennoch wieder bestritt, auf einem großen Vortheile, den ich vor
Beethoven hatte: als ich mich nämlich etwa auf den Standpunkt
von dessen zweiter Symphonie stellte, kannte ich doch schon die
Eroica, die C moll- und die A dur-Symphonie, die um die Zeit
der Abfassung jener zweiten dem Meister noch unbekannt waren,
oder doch höchstens nur in großer Undeutlichkeit erst vorschweben
konnten. Wie sehr dieser glückliche Umstand meiner Symphonie

zu Statten kam, entging weder mir, noch meinem theuren Franz
Liszt, der in der Eigenschaft meines Schwiegervaters mit der Familie
der Aufführung im Licco beiwohnen durfte. Trotz Hauptthemen,
wie  mit denen sich gut kontrapunktiren, aber
wenig sagen läßt, wurde meine Arbeit als „Jugendwerk", dem ich
leider das Epitheton „altmodisch" geben zu müssen glaubte, gelten
gelassen: dem somit bezeichneten „altmodischen Jugendwerke" stellte
ein heimlicher Antisemit meiner Bekanntschaft das „neumodische
Judenwerk" entgegen; worüber es glücklicher Weise zu keinen
weiteren Kontroversen kam. Damit Sie aber einen Begriff davon
erhalten, wie weit ich es vor fünfzig Jahren doch bereits auch im
Elegischen gebracht hatte, gebe ich Ihnen hiermit das Thema —
nein! wollen wir sagen — die Melodie des zweiten Satzes (Andante)
zum Besten, welche, obwohl sie ohne das Andante der Cmoll- und
das Allegretto der A dur-Symphonie wohl nicht das Licht der
Welt erblickt hätte, mir seiner Zeit so sehr gefiel, daß ich sie in
einem zu Magdeburg veranstalteten Neujahrsfestspiel als melodra=
matische Begleitung des trauernd auftretenden und Abschied neh=
menden alten Jahres wieder benützte. Mit der Bedeutung dieser
Verwendung bezeichne es dießmal meinen Abschied auch von Ihnen.

Venedig, Sylvester 1882.   Richard Wagner.

Brief an H. v. Stein.

Lieber Herr von Stein!

Da ich Sie aufforderte, mit den vor zwei Jahren von Ihnen begonnenen Darstellungen ausdrucksvoller geschichtlicher Vorgänge in dramatischer Form fortzufahren, nahm ich mir zugleich vor, eine kleinere oder größere Sammlung solcher Scenen, sobald Sie sie veröffentlichen wollten, unseren Freunden mit der Kundgebung der Bedeutung, die ich ähnlichen Arbeiten beilege, anzuempfehlen. Zum Erscheinen im Drucke fast überreif, wartet Ihr Werkchen nur auf die Ausführung meines Vorsatzes, um dem Leser vorgelegt zu werden. Während ich nun durch Abhaltungen aller Art verhindert war, theilten Sie sich mir selbst in einem für mich so erfreulichen Schreiben über den Charakter mit, welchen Sie dieser Sammlung zuerkannt zu wissen wünschten, und das von Ihnen hierbei Berührte und Gesagte dünkt mich so werthvoll zur Verwendung für das wiederum von mir darüber zu sagende, daß ich nicht besser thun zu können glaube, als, jenes Ihr Schreiben dem meinigen voranstellend, den uns interessirenden Gegenstand in dieser Form eines Briefwechsels*) vor unseren Freunden zu erörtern.

Sie drückten sich darüber aus, daß Sie, in so nahe Berührung mit mir gerathen, einem Verlangen nach Betheiligung an künstlerischem Gestalten nachgaben, als Sie jene dramatischen Scenen entwarfen. Eine Aufmunterung zur Verwendung gerade dieser Form

---

*) In dieser Form als Einführung des Buches „Helden und Welt. Dramatische Bilder von Heinrich von Stein" abgedruckt. Anm. d. Herausg.

der künstlerischen Darstellung gewannen Sie durch die geistvollen
Arbeiten A. Rémusat's, namentlich dessen Abälard, sodann wohl
besonders durch die geniale Behandlung der charakteristischen Haupt=
momente der Renaissance durch unseren Gobineau. Gewiß konnten
sie keinen glücklicheren Vorschritt thun, als diesen vom philosophi=
renden Nachdenker zum dramatisirenden Klarseher. Sehen, sehen,
wirklich sehen, — das ist es, woran Allen es gebricht. „Habt
Ihr Augen? Habt Ihr Augen?" — möchte man immer dieser ewig
nur schwatzenden und horchenden Welt zurufen, in welcher das
Gaffen das Sehen vertritt. Wer je wirklich sah, weiß woran er
mit ihr ist.

Mehr als alle Philosophie, Geschichts= und Racenkunde be=
lehrte mich eine Stunde wahrhaftigsten Sehens. Es war dieß am
Schließungstage der Pariser Weltausstellung des Jahres 1867.
Den Schulen war an diesem Tage der freie Besuch derselben gestattet
worden. Am Ausgange des Gebäudes durch den Einzug der Tau=
sende von männlichen und weiblichen Zöglingen der Pariser Schulen
festgehalten, verblieb ich eine Stunde lang in der Musterung fast
jedes Einzelnen dieses, eine ganze Zukunft darstellenden, Jugend=
heeres verloren. Mir wurde das Erlebniß dieser Stunde zu einem
ungeheuren Ereigniß, so daß ich vor tiefster Ergriffenheit endlich
in Thränen und Schluchzen ausbrach: dieß wurde von einer geist=
lichen Lehrschwester beachtet, welche einen der Mädchenzüge mit
höchster Sorgsamkeit anleitete und am Portale des Einganges wie
verstohlen nur aufzublicken sich erlaubte; zu flüchtig nur traf mich
ihr Blick, um, selbst wohl im günstigsten Fall, von meinem Zustande
ihr ein Verständniß zu erwecken; doch hatte ich mich soeben bereits
gut genug im Sehen geübt, um in diesem Blicke eine unaussprech=
lich schöne Sorge als die Seele ihres Lebens zu lesen. Diese Er=
scheinung erfaßte mich um so eindringender, als ich nirgends sonst
in den unabsehbaren Reihen der Gefährten und Führer auf eine
gleiche, ja nur ähnliche getroffen war. Im Gegentheile hatte mich

hier Alles mit Grauen und Jammer erfüllt: ich ersah alle Laster
der Weltstadtsbevölkerung im Voraus gebildet, neben Schwäche und
Krankhaftigkeit, Rohheit und boshaftes Begehren, Stumpfheit und
Herabgedrücktheit natürlicher Lebhaftigkeit, Scheu und Angst neben
Frechheit und Tücke. Dieß Alles angeführt von Lehrern allermeist
geistlichen Standes in der häßlich eleganten Tracht des neumodischen
Priesterthums; sie selbst willenlos, streng und hart, aber mehr ge=
horchend als herrschend. Ohne Seele Alles — außer jener einen
armen Schwester.

Ein langes tiefes Schweigen erholte mich von dem Eindrucke
jenes ungeheueren Sehens. Sehen und Schweigen: dieß wären
endlich die Elemente einer würdigen Errettung aus dieser Welt.
Nur wer aus solchem Schweigen seine Stimme erhebt, darf endlich
auch gehört werden. Sie, mein noch so junger Freund, haben,
wenigstens vor mir, diesen Anspruch sich erworben, und was ich
damit meine, möchte ich hier deutlicher bezeichnen. —

Über die Dinge dieser Welt zu reden, scheint sehr leicht zu
sein, da alle Welt eben darüber redet: sie aber so darzustellen, daß
sie selbst reden, ist nur Seltenen verliehen. Zu der Welt reden
kann man nur, wenn man sie gar nicht sieht. Wer vermöchte
z. B. zu einer Reichstagsversammlung zu reden, sobald er sie genau
sähe? Der Parlamentsredner wendet sich an ein Abstraktum, an
Parteien, an Meinungen, die sich selbst wieder für „Anschauungen‟
halten; denn mit Anschauungen verwechseln sich die dort sitzenden
Personen selbst, welchen deßhalb bei Beleidigungen vor Gericht so
schwer beizukommen ist, weil sie behaupten, sie meinten nie eine
Person, sondern nur eine Anschauung. Ich glaube, wer einmal
solch eine Versammlung mit wirklich sehendem Auge Mann für
Mann so musterte, wie es mir mit jenem Pariser Schulheere be=
schieden war, würde nie in seinem Leben ein Wort mehr zu ihr
reden. Wie sollte er in Wahrheit noch zu Leuten sprechen können,
bei denen Alles Schatten ist, Anschauung ohne Ersichtlichkeit? Haltet

ihnen die Bildnisse Gustav Adolf's und Wallenstein's neben einander
vor, und fragt sie, wer von diesen Beiden der freie Held und wer
der hinterlistige Ränkeschmied war, so zeigen sie auf Wallenstein als
Helden und auf Gustav Adolf als Intriguanten, weil dieß eben
ihre „Anschauung" ist. —

Diese nichtigsten und uninteressantesten Wesen, wie anders erscheinen sie uns aber plötzlich, wenn ein Shakespeare sie wieder zu
uns sprechen läßt: jetzt lauschen wir dem albernsten ihrer Worte,
denen der große Dichter einst im Leben sein erhabenes Schweigen
entgegengesetzt hatte. Hier ward dieses zur Offenbarung, und die
Welt, aus der wir jetzt entrückt sind, zu der wir kein Wort zu
reden haben, sie dünkt uns im Lächeln des Dichters erlöst.

Und dieß ist eben das Drama, welches keine Dichtungsart
ist, sondern das aus unsrem schweigenden Inneren zurückgeworfene
Spiegelbild der Welt. Schreiben jene Herren von der „Anschauung" zu hunderten Theaterstücke, in denen sich wieder ihre Anschauungen spiegeln, so hat uns das nicht irre zu machen, wenn wir für
jetzt das Drama auf unsere Weise versuchen, indem wir zunächst
uns des Vortheils bemächtigen, nicht mehr über Menschen und Dinge
zu reden, sondern diese selbst sprechen zu lassen. Daß Ihnen,
lieber Freund, bei diesem Unternehmen sofort die ersten Versuche
gelangen, ward mir alsbald daraus erklärlich, daß Ihnen das sehende
Schweigen zu eigen geworden war; denn nur aus diesem Schweigen
keimt die Kraft der Darstellung des Gesehenen. Sie hatten die
Geschichte und ihre Vorgänge gesehen und konnten sie nun sprechen
lassen, weil sie nicht eigentlich die Geschichte, noch selbst die Vorgänge, die uns ein ewiges Dunkel bleiben werden, sondern die Personen, die in ihrem Handeln und Leiden ersehenen Personen, sprechen
ließen. Jene Geschichte, in welcher es nicht ein Jahrhundert, nicht
ein Jahrzehnt giebt, das nicht fast einzig von der Schmach des
menschlichen Geschlechtes erfüllt ist, überlassen wir, zur Stärkung
ihres steten Fortschritts-Glaubens, den Anschauungen unserer Pro-

fessoren; wir haben es mit den Menschen zu thun, mit welchen, je hervorragender sie waren, die Geschichte zu keiner Zeit etwas anzufangen wußte: ihre Überschreitungen des gemeinen Willensmaaßes, zu denen eine leidensschwere Nothwendigkeit sie drängt, sind es, was uns einzig angeht und die Welt mit ihrer Geschichte uns soweit übersehen läßt, daß wir sie vergessen, — die einzig mögliche Versöhnung des Sehenden mit ihr.

Und hierdurch haben Ihre Scenen, die man ihrer Ankündigung nach für bloße Abhandlungen in dialogischer Form halten möchte, das wahre dramatische Leben gewonnen, welches uns sofort mit der Freude des Sehens fesselt. Sie behandeln keine Abstrakta: mit Allem, was sie umgiebt, treten Ihre Gestalten lebendig, durchaus individuell und unverwechselbar auf uns zu, — hier Katharina von Siena, dort Luther — leibhaftig und vertraut Alle wie diese.

Doch bleibt es unverkennbar, daß die Lust am Dramatisiren Sie nur bestimmte, weil Ihnen Ungeheures am Herzen lag. Das, worüber wir endlich immer weniger gern mehr sprechen und reden, soll aus sich und für sich selbst reden. Es ist wahr, wir haben Anschauungen, und zwar eigentliche, wirkliche, während jene Reichs-Professoren sich der Anschauungen nur aus Sprachverwirrung bedienen, da sie merken, daß sie selbst nicht einmal von Ansichten bei sich reden könnten, sondern höchstens von Meinungen, unter der Anleitung der verschiedenen öffentlichen Meinungen. Unsere Anschauungen von der Welt sind uns aber zu großen, unabweisbar innerlichen Angelegenheiten geworden. Wir fragen uns über das Schicksal dieser so erkannten Welt, und da wir in ihr leiden und leiden sehen, so fragen wir uns nach Heilung oder wenigstens Veredelung der Leiden. Sind wir mit allem Bestehenden zum Untergange bestimmt, so wollen wir auch in diesem einen Zweck erkennen, und setzen ihn in einen würdigen, schönen Untergang.

Die Bestimmung, die wir hiermit unserm Leben geben, haben Sie mit so vollendeter Deutlichkeit, Einfachheit und überzeugender

Beredtheit durch eine Antwort Ihres Solon's auf eine Frage des
Krösos*) bezeichnet, daß ich jene Worte als das Grundthema für
unsere weiteren Verständigungen festgehalten wünschte, und Sie
deßhalb auch bestimmte, im Buchdruck sie für das Auge hervortreten
zu lassen. Einzig von dem Ausspruche Ihres Weisen aus die Welt
betrachtet, muß diese uns werth dünken, die schwersten Mühen unseres
Lebens ihr zuzuwenden, da einzig in diesen Mühen wir sie begriffen
sehen dürfen. Hat den Plan Ihrer folgenden dramatischen Aus=
führungen auch wohl nicht eigentlich die Absicht einer Ausarbeitung
der weiteren, durch jenes Grundthema bestimmten Gedanken Ihnen
eingegeben, so war es doch natürlich, daß jede ihrer Eingebungen
in einer Beziehung dazu stehen mußte. Sie gelangen hierbei in
der Folge der Übersicht der Sie anziehenden Erscheinungen zu
einem letzten Bilde: „Heimathlos", mit welchem Sie für jetzt,
schwerer Gedanken voll, die Reihe beschließen. Wie hier ein Er=
lebniß vorliegt, sehen wir uns dadurch auch unmittelbar wieder auf
das Leben hingewiesen. Hier stehen wir wieder vor dem Abgrunde,
von dem wir uns nicht mit verzagtem Grausen abwenden dürfen,
wenn wir unsere wahrhaftige Durchdrungenheit von jenem Grund=
gedanken bezeugen wollen. Nun scheint es der Thaten mehr als
je zu bedürfen; und doch haben gerade auch Sie uns soeben wahr=
haftig gezeigt, daß auf allem Thun der Edelsten ein Fluch lastet,
der dem dunklen Bewußtsein der Welt von ihrer Unrettbarkeit sich
zu entladen scheint. Will uns nun der Muth sinken, so gedenken
wir Ihres Solon's. Können wir die Welt nicht aus ihrem
Fluche erlösen, so können doch thätige Beispiele der ernsthaftesten
Erkenntniß der Möglichkeit der Rettung gegeben werden. Wir
haben die Wege zu erforschen, auf welchen uns die Natur selbst
mit zart pflegendem und erhaltendem Sinne vorgearbeitet haben
dürfte. Diese suchte Goethe auf, und ward uns dadurch ein so

---

*) S. 9 des angeführten Buches.   Anm. d. Herausg.

beruhigendes und ermuthigendes Vorbild. Daß seinem greisen „Fauſt" zur Herrichtung eines Aſyles für freie menſchliche Thätig= keit der Teufel ſelbſt helfen mußte, läßt uns zwar dieſe ſeine Grün= dung noch nicht als die dauerhafte Freiſtätte des Reinen erkennen: aber dem Teufel ſelbſt war damit die Seele des Verſchuldeten ent= wunden, denn ein Engel des Himmels liebte den Raſtloſen. Wie ernſt der Dichter den im Schaffen der Natur aufgefundenen erhal= tenden Bildungstrieb auch in dieſen Inſtinkten der menſchlichen Geſellſchaft aufzuſuchen ſich angelegen ſein ließ, haben Sie, mein Freund, in den Zuſammenſtellungen ſeiner „Wanderjahre" ſo vor= ſichtig als erſichtlich nachgewieſen: unverkennbar nahm ihn der Ge= danke der Möglichkeit einer geſellſchaftlichen Neubegründung auf einem neuen Erdboden lebhaft ein. Mit klarem Sinne erkannte er, daß von einer bloßen Auswanderung wenig zu erwarten ſei, wenn im Mutterſchooße der alten Heimath ſelbſt eine geiſtig ſittliche Neu= geburt nicht vorangegangen wäre, und für dieſe eben ſuchte er uns ſinnige Vorbilder von ergreifendem Ausdruck darzuſtellen.

In welchem Verhältniſſe Kolonien zu ihrem Mutterlande ganz naturgemäß verbleiben, hat uns Carlyle deutlich nachgewieſen: wie die Äſte des Baumes, welche, von ihm losgelöſt und neu ver= pflanzt, immer nur das Leben dieſes Baumes in ſich tragen, mit ihm altern und ſterben, ſo bleiben die fernſten Verpflanzungen der Zweige eines Volkes dem Leben desſelben unmittelbar zugehörig, ſie können durch ſcheinbare Jugendlichkeit täuſchen, und doch leben ſie nur noch von derſelben Wurzel, aus welcher der Stamm wuchs, alterte, verdorrt und ſtirbt. Die Geſchichte lehrt uns, daß nur neue Völkerſtämme ſelbſt auf dem Boden alternder und dahinſiechen= der neues Leben erwachſen ließen, durch die Vermiſchung mit dieſen aber einem gleichen Siechthume verfielen. Sollte jetzt noch den deutſchen Stämmen durch Zurückgehen auf ihre Wurzeln eine Fähigkeit zugeſprochen werden, die der gänzlich ſemitiſirten ſogenann= ten lateiniſchen Welt verloren gegangen iſt, ſo könnte eine ſolche

Möglichkeit etwa daraus geschöpft werden, daß diese Stämme, durch
ihr Eintreten und Einleben in jene Welt, an ihrer natürlichen Ent=
wickelung eben erst noch verhindert worden seien, und nun, durch
schwere Leiden ihrer Geschichte zur Erkenntniß ihrer nahen völligen
Entartung angeleitet, zur Rettung ihres Kernes durch Verpflanzung
auf einen neuen, jungfräulichen Boden hingetrieben würden. Diesen
Kern zu erkennen, ihn endlich noch lebensvoll und zeugungskräftig
in uns nachzuweisen, möchte denn jetzt unsere wichtigste Aufgabe
sein: gelänge es uns, durch solche Nachweisung ermuthigt, der
Natur selbst, die uns für jede Gestaltung des Individuums wie
der Gattung die einzig richtige Anleitung in sichtbarem Vorbilde
darbietet, mit verständnißvoll ordnendem Sinne nahe zu treten, so
dürften wir uns wohl berechtigt dünken, dem Zwecke dieses so räth=
selvollen Daseins der Welt vertrauenvoller nachzufragen.

Eine schwierige Aufgabe, die wir uns hiermit stellen würden;
jede Voreiligkeit müßte dem Versuche ihrer Lösung große Gefahr
bringen: je schärfer wir die Linien des Bildes der Zukunft zu ziehen
uns veranlaßt sähen, desto unsicherer würden sie den natürlichen
Verlauf der Dinge bezeichnen. Vor Allem würde unsere im Dienste
des modernen Staates gewonnene Weisheit gänzlich zu schweigen
haben, da Staat und Kirche uns nur als abschreckend warnende
Beispiele belehren könnten. Nicht fern genug von der erzielten Vollen=
dung könnten wir beginnen, um das Reinmenschliche mit dem ewig
Natürlichen in harmonischer Übereinstimmung zu erhalten. Schreiten
wir auf solch maaßvollem Wege besonnen vor, so dürfen wir uns
dann auch in der Fortsetzung des Lebenswerkes unseres großen
Dichters begriffen erkennen, und von seinem segenvollen Zuwinke
geleitet uns des „rechten Weges" bewußt fühlen.

Nicht brauche ich Sie, mein Freund, zur Theilnahme an solcher
Arbeit erst aufzufordern: im besten Sinne sind Sie darin bereits
begriffen.

Venedig, 31. Januar 1883.   Richard Wagner.

Parsifal.

Ein Bühnenweihfestspiel.

—

27

Personen der Handlung.

Amfortas.

Titurel.

Gurnemanz.

Parsifal.

Klingsor.

Kundry.

Gralsritter und Knappen. — Klingsor's Zaubermädchen.

Ort der Handlung: auf dem Gebiete und in der Burg der Gralshüter „Monsalvat"; Gegend im Charakter der nördlichen Gebirge des gothischen Spanien's. Sodann: Klingsor's Zauberschloß, am Südabhange derselben Gebirge, dem arabischen Spanien zugewandt anzunehmen. — Die Tracht der Gralsritter und Knappen ähnlich der des Templerordens: weiße Waffenröcke und Mäntel; statt des rothen Kreuzes jedoch eine schwebende Taube auf Wappen und Mäntel gestickt.

Erster Aufzug.

Wald, schattig und ernst, doch nicht düster.

Felsiger Boden. Eine Lichtung in der Mitte. Links aufsteigend wird der Weg zur Gralsburg angenommen. Der Mitte des Hintergrundes zu senkt sich der Boden zu einem tiefer gelegenen Waldsee hinab. — Tagesanbruch. — Gurnemanz (rüstig greisenhaft) und zwei Knappen (von zartem Jünglingsalter) sind schlafend unter einem Baume gelagert. — Von der linken Seite, wie von der Gralsburg her, ertönt der feierliche Morgenweckruf der Posaunen.

Gurnemanz

(erwachend und die Knappen rüttelnd).

He! Ho! Waldhüter ihr!

Schlafhüter mitsammen!

So wacht doch mindest am Morgen!

(Die beiden Knappen springen auf, und senken sich, beschämt, sogleich wieder auf die Knie.)

Hört ihr den Ruf? Nun danket Gott,

daß ihr berufen ihn zu hören!

(Er senkt sich zu ihnen ebenfalls nieder; gemeinschaftlich verrichten sie stumm ihr Morgengebet; sobald die Posaunen schweigen, erheben sie sich dann.)

27*

Jetzt auf, ihr Knaben; seht nach dem Bad;
Zeit ist's, des Königs dort zu harren:
dem Siechbett, das ihn trägt, voraus
seh' ich die Boten schon uns nah'n.

(Zwei Ritter treten, von der Burg her, auf.)

Heil euch! Wie geht's Amfortas heut?
Wohl früh verlangt er nach dem Bade:
    das Heilkraut, das Gawan
mit List und Kühnheit ihm gewann,
ich wähne, daß es Lind'rung schuf?

Der erste Ritter.

Das wähn'st du, der doch Alles weiß?
    Ihm kehrten sehrender nur
    die Schmerzen bald zurück:
    schlaflos von starkem Bresten
befahl er eifrig uns das Bad.

Gurnemanz

(das Haupt traurig senkend).

Thoren wir, auf Lind'rung da, zu hoffen,
    wo einzig Heilung lindert!
Nach allen Kräutern, allen Tränken forscht
    und jagt weit durch die Welt:
        ihm hilft nur Eines —
        nur der Eine.

Erster Ritter.

So nenn' uns den!

Gurnemanz

(ausweichend):

Sorgt für das Bad!

Der erste Knappe

(als er sich mit dem zweiten Knappen dem Hintergrunde zuwendet, nach rechts blickend).

Seht dort die wilde Reiterin!

Zweiter Knappe.

Hei!
Wie fliegen der Teufelsmähre die Mähnen!

Erster Ritter.

Ja! Kundry dort.

Zweiter Ritter.

Die bringt wohl wicht'ge Kunde?

Erster Knappe.

Die Mähre taumelt.

Zweiter Knappe.

Flog sie durch die Luft?

Erster Knappe.

Jetzt kriecht sie am Boden.

Zweiter Knappe.

Mit den Mähnen fegt sie das Moos.

Erster Ritter.

Da schwang sich die Wilde herab.

Kundry stürzt hastig, fast taumelnd herein. Wilde Kleidung, hoch geschürzt; Gürtel von Schlangenhäuten lang herabhängend: schwarzes, in losen Zöpfen flatterndes Haar; tief braun-röthliche Gesichtsfarbe; stechende schwarze Augen, zuweilen wild aufblitzend, öfters wie todesstarr und unbeweglich. — Sie eilt auf Gurnemanz zu und bringt ihm ein kleines Krystallgefäß auf.

Kundry.

Hier nimm du! — Balsam!

Gurnemanz.

Woher brachtest du dieß?

Kundry.

Von weiter her, als du denken kannst:
   Hilft der Balsam nicht,
     Arabien birgt
nichts mehr dann zu seinem Heil. —
Frag' nicht weiter! — Ich bin müde.

       (Sie wirft sich auf den Boden.)

Ein Zug von Knappen und Rittern, die Sänfte tragend und geleitend, in welcher Amfortas ausgestreckt liegt, gelangt, von links her, auf die Bühne. — Gurnemanz hat sich, von Kundry ab, sogleich den Ankommenden zugewendet.

Gurnemanz
(während der Zug auf die Bühne gelangt).

Er naht: sie bringen ihn getragen. —
O weh'! Wie trag' ich's im Gemüthe,
in seiner Mannheit stolzer Blüthe
des siegreichsten Geschlechtes Herrn
als seines Siechthum's Knecht zu seh'n!

(Zu den Knappen.)

Behutsam! Hört, der König stöhnt.

(Jene halten ein und stellen das Siechbett nieder.)

Amfortas

(der sich ein wenig erhoben).

So recht! — Habt Dank! — Ein wenig Rast. —
Nach wilder Schmerzensnacht
nun Waldes-Morgenpracht;
im heil'gen See
wohl labt mich auch die Welle:
es staunt das Weh',
die Schmerzensnacht wird helle. —
Gawan!

Erster Ritter.

Herr, Gawan weilte nicht.
Da seines Heilkrauts Kraft,
wie schwer er's auch errungen,
doch deine Hoffnung trog,
hat er auf neue Sucht sich fortgeschwungen.

Amfortas.

Ohn' Urlaub? — Möge das er sühnen,
daß schlecht er Gralsgebote hält!
O wehe ihm, dem trotzig Kühnen,
wenn er in Klingsor's Schlingen fällt!
So breche Keiner mir den Frieden:
ich harre deß', der mir beschieden.
„Durch Mitleid wissend" —
war's nicht so?

Gurnemanz.

Uns sagtest du es so.

Amfortas.

„der reine Thor" — —:
mich dünkt, ihn zu erkennen: —
dürft' ich den Tod ihn nennen!

Gurnemanz.

Doch hier zuvor: versuch' es noch mit diesem!

(Er reicht ihm das Fläschchen.)

Amfortas

(es betrachtend).

Woher dieß heimliche Gefäß?

Gurnemanz.

Dir ward es aus Arabia hergeführt.

Amfortas.

Und wer gewann es?

Gurnemanz.

Da liegt's, das wilde Weib. —
Auf, Kundry! komm'! (Sie weigert sich.)

Amfortas.

Du, Kundry?
Muß ich dir nochmals danken,
du rastlos scheue Magd? —

Wohl denn!
Den Balſam nun verſuch' ich noch;
es ſei aus Dank für deine Treu'!

Kundry

(unruhig am Boden liegend).

Nicht Dank! — Ha ha! Was wird es helfen?
Nicht Dank! — Fort, fort! Zum Bad!

Amfortas giebt das Zeichen zum Aufbruch; der Zug entfernt ſich
nach dem tieferen Hintergrunde zu. — Gurnemanz, ſchwermüthig nach=
blickend, und Kundry, fortwährend auf dem Boden gelagert, ſind zurück=
geblieben. — Knappen gehen ab und zu.

Dritter Knappe

(junger Mann).

He! Du da! —
Was liegſt du dort wie ein wildes Thier?

Kundry.

Sind die Thiere hier nicht heilig?

Dritter Knappe.

Ja! doch ob heilig du,
das wiſſen wir grad' noch nicht.

Vierter Knappe

(ebenfalls junger Mann).

Mit ihrem Zauberſafte, wähn' ich,
wird ſie den Meiſter vollends verderben.

Gurnemanz.

Hm! — Schuf ſie euch Schaden je? —
Wann Alles rathlos ſteht,

wie kämpfenden Brüdern in fernste Länder
Kunde sei zu entsenden,
und kaum ihr nur wißt, wohin? —
Wer, ehe ihr euch nur besinnt,
stürmt und fliegt da hin und zurück,
der Botschaft pflegend mit Treu' und Glück?
Ihr nährt sie nicht, sie naht euch nie,
nichts hat sie mit euch gemein!
Doch wann's in Gefahr der Hilfe gilt,
der Eifer führt sie schier durch die Luft,
die nie euch dann zum Danke ruft.
Ich wähne, ist dieß Schaden,
so thät' er euch gut gerathen.

Dritter Knappe.

Doch haßt sie uns. —
Sieh' nur, wie hämisch sie dort nach uns blickt!

Vierter Knappe.

Eine Heidin ist's, ein Zauberweib.

Gurnemanz.

Ja, eine Verwünschte mag sie sein:
hier lebt sie heut', —
vielleicht erneu't,
zu büßen Schuld aus früher'm Leben,
die dorten ihr noch nicht vergeben.
Übt sie nun Buß' in solchen Thaten,
die uns Ritterschaft zum Heil gerathen,
gut thut sie dann ganz sicherlich,
dienet uns, und hilft auch sich.

Dritter Knappe.

Dann iſt's wohl auch jen' ihre Schuld,
was uns ſo manche Noth gebracht?

Gurnemanz.

Ja, wann ſie oft uns lange ferne blieb,
dann brach ein Unglück wohl herein.
Und lang' ſchon kenn' ich ſie;
noch länger kennt ſie Titurel:
der fand, als er die Burg dort weih'te,
ſie ſchlafend hier im Waldgeſtrüpp',
erſtarrt, leblos, wie todt.
So fand ich ſelbſt ſie letztlich wieder,
als uns das Unheil kaum geſcheh'n,
das jener Böſe dort über'm Berge
ſo ſchmählich über uns gebracht. —

(Zu Kundry.)

He! Du! — Hör' mich und ſag':
wo ſchweifteſt damals du umher,
als unſer Herr den Speer verlor? —

(Kundry ſchweigt.)

Warum halfſt du uns damals nicht?

Kundry.

Ich helfe nie.

Vierter Knappe.

Sie ſagt's da ſelbſt.

Dritter Knappe.

Iſt ſie ſo treu und kühn in Wehr,
ſo ſende ſie nach dem verlor'nen Speer!

Gurnemanz

(düſter).

Das iſt ein Anb'res: —
jedem iſt's verwehrt. —

(Mit großer Ergriffenheit.)

Oh, wunden=wundervoller
heiliger Speer!
Dich ſah ich ſchwingen
von unheiligſter Hand! —

(In Erinnerung ſich verlierend.)

Mit ihm bewehrt, Amfortas, allzukühner,
wer mochte dir es wehren
den Zaub'rer zu beheeren? — —
Schon nah' dem Schloß, wird uns der Held entrückt:
ein furchtbar ſchönes Weib hat ihn entzückt:
in ſeinen Armen liegt er trunken,
der Speer iſt ihm entſunken;
ein Todesſchrei! — ich ſtürm' herbei: —
von dannen Klingsor lachend ſchwand,
den heil'gen Speer hat er entwandt.
Des Königs Flucht gab kämpfend ich Geleite:
doch eine Wunde brannt' ihm in der Seite:
die Wunde iſt's, die nie ſich ſchließen will.

Dritter Knappe.

So kannteſt du Klingsor?

Gurnemanz

(zu dem erſten und zweiten Knappen, welche vom See her kommen).

Wie geht's dem König?

Zweiter Knappe.

Ihn friſcht das Bad.

Erster Knappe.

Dem Balſam wich der Schmerz.

Gurnemanz

(nach einem Schweigen).

Die Wunde iſt's, die nie ſich ſchließen will! —

Dritter Knappe.

Doch, Väterchen, ſag' und lehr' uns fein:
du kanuteſt Klingsor, wie mag das ſein?

Der dritte und der vierte Knappe hatten ſich zuletzt ſchon zu Gurnemanz' Füßen niedergeſetzt; die beiden anderen geſellen ſich jetzt gleicher
Weiſe zu ihnen.

Gurnemanz.

Titurel, der fromme Held,
der kannt' ihn wohl.
Denn ihm, da wilder Feinde Liſt und Macht
des reinen Glaubens Reich bedrohten,
ihm neigten ſich in heilig ernſter Nacht
dereinſt des Heilands ſel'ge Boten:
daraus er trank beim letzten Liebesmahle,
das Weihgefäß, die heilig edle Schale,
darein am Kreuz ſein göttlich Blut auch floß,
zugleich den Lanzenſpeer, der dieß vergoß, —
der Zeugengüter höchſtes Wundergut, —
das gaben ſie in unſres Königs Hut.
Dem Heilthum baute er das Heiligthum.

Die ſeinem Dienſt ihr zugeſindet
auf Pfaden, die kein Sünder findet,
ihr wißt, daß nur dem Reinen
vergönnt iſt ſich zu einen
den Brüdern, die zu höchſten Rettungswerken
des Grales heil'ge Wunderkräfte ſtärken:
d'rum blieb es dem, nach dem ihr fragt, verwehrt,
Klingsor'n, ſo hart ihn Müh' auch drob beſchwert.
Jenſeits im Thale war er eingeſiedelt;
darüber hin liegt üpp'ges Heidenland:
unkund blieb mir, was dorten er geſündigt;
doch büßen wollt' er nun, ja heilig werden.
Ohnmächtig, in ſich ſelbſt die Sünde zu ertödten,
an ſich legt er die Frevlerhand,
die nun, dem Grale zugewandt,
verachtungsvoll deß' Hüter von ſich ſtieß;
darob die Wuth nun Klingsor'n unterwies,
wie ſeines ſchmählichen Opfers That
ihm gäbe zu böſem Zauber Rath;
den fand er jetzt: —
die Wüſte ſchuf er ſich zum Wonnegarten,
d'rinn wachſen teufliſch holde Frauen;
dort will des Grales Ritter er erwarten
zu böſer Luſt und Höllengrauen:
wen er verlockt, hat er erworben;
ſchon Viele hat er uns verdorben. —
Da Titurel, in hohen Alter's Mühen,
dem Sohne nun die Herrſchaft hier verliehen,
Amfortas ließ es da nicht ruh'n
der Zauberplag' Einhalt zu thun;
das wißt ihr, wie es da ſich fand:
der Speer iſt nun in Klingsor's Hand;

kann er ſelbſt Heilige mit dem verwunden,
den Gral auch wähnt er feſt ſchon uns entwunden.

(Kundry hat ſich, in wüthender Unruhe, oft heftig umgewendet.)

Vierter Knappe.

Vor Allem nun: der Speer kehr' uns zurück!

Dritter Knappe.

Ha! wer ihn brächt', ihm wär's zu Ruhm und Glück!

Gurnemanz
(nach einem Schweigen).

Vor dem verwaiſten Heiligthum
in brünſt'gem Beten lag Amfortas,
ein Rettungszeichen heiß erflehend;
ein ſel'ger Schimmer da entfloß dem Grale;
    ein heilig' Traumgeſicht
    nun deutlich zu ihm ſpricht
durch hell erſchauter Wortezeichen Male: —
     „durch Mitleid wiſſend
     der reine Thor,
     harre ſein',
     den ich erfor."

(Die vier Knappen wiederholen, in großer Ergriffenheit, den Spruch.)
Vom See her hört man Geſchrei und das Rufen der

Ritter und Knappen.

Weh'! Wehe! — Hoho!
Auf! — Wer iſt der Frevler?

Gurnemanz und die vier Knappen fahren auf und wenden ſich
erſchrocken um. — Ein wilder Schwan flattert matten Fluges vom See da=
her; er iſt verwundet, erhält ſich mühſam und ſinkt endlich ſterbend zu
Boden. — Während dem:

Gurnemanz.

Was giebt's?

Erster Knappe.

Dort!

Zweiter Knappe.

Hier! Ein Schwan.

Dritter Knappe.

Ein wilder Schwan!

Vierter Knappe.

Er ist verwundet.

Andere Knappen

(vom See herstürmend).

Ha! Wehe! Weh'!

Gurnemanz.

Wer schoß den Schwan?

Der zweite Ritter

(hervorkommend).

Der König grüßt' ihn als gutes Zeichen,
als über dem See dort kreis'te der Schwan:
da flog ein Pfeil —

Neue Knappen

(Parsifal vorführend).

Der war's! Der schoß! Dieß der Bogen! —
Hier der Pfeil, den seinen gleich.

Gurnemanz
(zu Parſifal).

Biſt du's, der dieſen Schwan erlegte?

Parſifal.

Gewiß! Im Fluge treff' ich was fliegt.

Gurnemanz.

Du thateſt das? Und bangt' es dich nicht vor der That?

Die Knappen.

Strafe den Frevler!

Gurnemanz.
Unerhörtes Werk!

Du konnteſt morden? Hier im heil'gen Walde,
    deß' ſtiller Frieden dich umfing?
Des Haines Thiere nahten dir nicht zahm,
    grüßten dich freundlich und fromm?
Aus den Zweigen, was ſangen die Vöglein dir?
    Was that dir der treue Schwan?
Sein Weibchen zu ſuchen flog der auf,
    mit ihm zu kreiſen über dem See,
den ſo er herrlich weih'te zum heilenden Bad:
    dem ſtauenteſt du nicht, dich lockt' es nur
    zu wild kindiſchem Bogengeſchoß?
Er war uns hold: was iſt er nun dir?
    Hier — ſchau' her! — hier traf'ſt du ihn:
da ſtarrt noch das Blut, matt hängen die Flügel;
    das Schneegefieder dunkel befleckt, —

gebrochen das Aug', siehst du den Blick?

Wirst deiner Sündenthat du inne? —

(Parsifal hat ihm mit wachsender Ergriffenheit zugehört: jetzt zerbricht er seinen Bogen und schleudert die Pfeile von sich.)

Sag', Knab'! Erkennst du deine große Schuld?

(Parsifal führt die Hand über die Augen.)

Wie konntest du sie begeh'n?

Parsifal.

Ich wußte sie nicht.

Gurnemanz.

Wo bist du her?

Parsifal.

Das weiß ich nicht.

Gurnemanz.

Wer ist dein Vater?

Parsifal.

Das weiß ich nicht.

Gurnemanz.

Wer sandte dich dieses Weg's?

Parsifal.

Ich weiß nicht.

Gurnemanz.

Dein Name dann?

Parſifal.

Ich hatte viele,
doch weiß ich ihrer keinen mehr.

Gurnemanz.

Das weißt du Alles nicht?

(Für ſich:)

So dumm wie den
erfand ich bisher Kundry nur. —

(Zu den Knappen, deren ſich immer mehre verſammelt haben.)

Jetzt geht!
Verſäumt den König im Bade nicht! — Helft!

Die Knappen haben den Schwan ehrerbietig aufgenommen, und entfernen ſich mit ihm jetzt nach dem See zu.

Gurnemanz.

(ſich wieder zu Parſifal wendend).

Nun ſag'! Nichts weißt du, was ich dich frage:
jetzt melde, was du weißt!
denn etwas mußt du doch wiſſen.

Parſifal.

Ich hab' eine Mutter; Herzeleide ſie heißt:
im Wald und auf wilder Aue waren wir heim.

Gurnemanz.

Wer gab dir den Bogen?

Parſifal.

Den ſchuf ich mir ſelbſt,
vom Forſt die rauhen Adler zu ſcheuchen.

28*

Gurnemanz.

Doch adelig ſcheinſt du ſelbſt und hochgeboren:
warum nicht ließ deine Mutter
beſſere Waffen dich lehren?

(Parſifal ſchweigt.)

Kundry

(welche, in der Waldecke gelagert, den Blick ſcharf auf Parſifal gerichtet
hat, ruft mit rauher Stimme hinein):

Den Vaterloſen gebar die Mutter,
als im Kampf erſchlagen Gamuret;
vor gleichem frühen Heldentod
den Sohn zu wahren, waffenfremd
in Oeden erzog ſie ihn zum Thoren —
die Thörin!

(Sie lacht.)

Parſifal

(der mit jäher Aufmerkſamkeit zugehört).

Ja! Und einſt am Waldesſaume vorbei,
auf ſchönen Thieren ſitzend,
kamen glänzende Männer;
ihnen wollt’ ich gleichen;
ſie lachten und jagten davon.
Nun lief ich nach, doch konnte ſie nicht erreichen;
durch Wildniſſe kam ich, bergauf, thalab;
oft ward es Nacht; dann wieder Tag:
mein Bogen mußte mir frommen
gegen Wild und große Männer.

Kundry
(eifrig).

Ja, Schächer und Riesen traf seine Kraft:
den freißlichen Knaben fürchten sie Alle.

Parsifal.

Wer fürchtet mich? Sag'!

Kundry.

Die Bösen.

Parsifal.

Die mich bedrohten, waren sie bös'?
(Gurnemanz lacht.)
Wer ist gut?

Gurnemanz
(ernst).

Deine Mutter, der du entlaufen,
und die um dich sich nun härmt und grämt.

Kundry.

Zu End' ihr Gram: seine Mutter ist todt.

Parsifal
(in furchtbarem Schrecken).

Todt? — Meine Mutter? — Wer sagt' es?

Kundry.

Ich ritt vorbei, und sah sie sterben:
dich Thoren hieß sie mich grüßen.
(Parsifal springt wüthend auf Kundry zu und faßt sie bei der Kehle.)

Gurnemanz

(ihn zurückhaltend).

Verrückter Knabe! Wieder Gewalt?

Was that dir das Weib? Es sagte wahr.

Denn nie lügt Kundry, doch sah sie viel.

(Nachdem Gurnemanz Kundry befreit, steht Parsifal lange wie er=
starrt; dann geräth er in ein heftiges Zittern.)

Parsifal.

Ich — verschmachte! —

(Kundry ist hastig an einen Waldquell gesprungen, bringt jetzt Wasser in
einem Horne, besprengt damit zunächst Parsifal, und reicht ihm dann
zu trinken.)

Gurnemanz.

So recht! So nach des Grales Gnade:

das Böse bannt, wer's mit Gutem vergilt.

Kundry

(traurig sich abwendend).

Nie thu' ich Gutes; — nur Ruhe will ich.

(Während Gurnemanz sich väterlich um Parsifal bemüht, schleppt sich
Kundry, von Beiden unbeachtet, einem Waldgebüsche zu.)

Nur Ruhe! Ruhe, ach, der Müden! —

Schlafen! — Oh, daß mich keiner wecke!

(Scheu auffahrend.)

Nein! Nicht schlafen! — Grausen faßt mich!

(Nach einem dumpfen Schrei verfällt sie in heftiges Zittern; dann läßt sie
die Arme matt sinken, neigt das Haupt tief, und schwankt matt weiter.)

Machtlose Wehr! Die Zeit ist da.

Schlafen — schlafen —: ich muß.

(Sie sinkt hinter dem Gebüsch zusammen, und bleibt von jetzt an unbe-
merkt. — Vom See her vernimmt man Bewegung, und gewahrt den im
Hintergrunde sich heimwärts wendenden Zug der Ritter und Knappen
mit der Sänfte.)

Gurnemanz.

Vom Bade kehrt der König heim;
    hoch steht die Sonne:
nun laß' mich zum frommen Mahl dich geleiten;
    denn, — bist du rein,
wird nun der Gral dich tränken und speisen.

(Er hat Parsifal's Arm sich sanft um den Nacken gelegt, und hält dessen
Leib mit seinem eigenen Arme umschlungen; so geleitet er ihn bei sehr
allmählichem Schreiten.)

Parsifal.

Wer ist der Gral?

Gurnemanz.

    Das sagt sich nicht;
doch bist du selbst zu ihm erkoren,
bleibt dir die Kunde unverloren. —
    Und sieh'! —
Mich dünkt, daß ich dich recht erkannt:
kein Weg führt zu ihm durch das Land,
und Niemand könnte ihn beschreiten,
den er nicht selber möcht' geleiten.

Parsifal.

Ich schreite kaum, —
doch wähn' ich mich schon weit.

Gurnemanz.

Du siehst, mein Sohn,
zum Raum wird hier die Zeit.

Allmählich, während Gurnemanz und Parsifal zu schreiten scheinen, verwandelt sich die Bühne, von links nach rechts hin, in unmerklicher Weise: es verschwindet so der Wald; in Felsenwänden öffnet sich ein Thor, welches nun die Beiden einschließt; dann wieder werden sie in aufsteigenden Gängen sichtbar, welche sie zu durchschreiten scheinen. — Lang gehaltene Posaunentöne schwellen sanft an: näher kommendes Glockengeläute. — Endlich sind sie in einem mächtigen Saale angekommen, welcher nach oben in eine hochgewölbte Kuppel, durch die einzig das Licht hereindringt, sich verliert. — Von der Höhe über der Kuppel her vernimmt man wachsendes Geläute.

Gurnemanz

(sich zu Parsifal wendend, der wie verzaubert steht).

Jetzt achte wohl; und laß' mich seh'n,
bist du ein Thor und rein,
welch Wissen dir auch mag beschieden sein. —

Auf beiden Seiten des Hintergrundes wird je eine große Thür geöffnet. Von rechts schreiten die Ritter des Grales in feierlichem Zuge herein, und reihen sich, unter dem folgenden Gesange, nach und nach an zwei überdeckten langen Speisetafeln, welche so gestellt sind, daß sie, von hinten nach vorn parallel laufend, die Mitte des Saales frei lassen: nur Becher, keine Gerichte stehen darauf.

Die Gralsritter.

Zum letzten Liebesmahle
gerüstet Tag für Tag,
gleich ob zum letzten Male
es heut' ihn letzen mag,
wer guter That sich freu't:
ihm sei das Mahl erneu't:
der Labung darf er nah'n,
die hehrste Gab' empfah'n.

Jüngere Männerſtimmen

(von der mittleren Höhe des Saales her vernehmbar).

Den ſündigen Welten
mit tauſend Schmerzen
wie einſt ſein Blut gefloſſen,
dem Erlöſungs=Helden
mit freudigem Herzen
ſei nun mein Blut vergoſſen.
Den Leib, den er zur Sühn' uns bot,
er leb' in uns durch ſeinen Tod.

Knabenſtimmen

(aus der äußerſten Höhe der Kuppel).

Der Glaube lebt;
Die Taube ſchwebt,
des Heilands holder Bote.
Der für euch fließt,
des Wein's genießt,
und nehmt vom Lebensbrode!

Durch die entgegengeſetzte Thüre wird von Knappen und dienenden Brüdern auf einer Tragſänfte Amfortas hereingetragen: vor ihm ſchreiten Knaben, welche einen mit einer purpurrothen Decke überhängten Schrein tragen. Dieſer Zug begiebt ſich nach der Mitte des Hintergrundes, wo, von einem Baldachin überdeckt, ein erhöhtes Ruhebett aufgerichtet ſteht, auf welches Amfortas von der Sänfte herab niedergelaſſen wird; hiervor ſteht ein Altar=ähnlicher länglicher Marmortiſch, auf welchen die Knaben den verhängten Schrein hinſtellen. —

Als der Geſang beendet iſt, und alle Ritter an den Tafeln ihre Sitze eingenommen haben, tritt ein längeres Stillſchweigen ein. — Vom tiefſten Hintergrunde her vernimmt man, aus einer gewölbten Niſche hinter dem Ruhebett des Amfortas, wie aus einem Grabe die Stimme des alten

Titurel.

Mein Sohn Amfortas! Biſt du am Amt?

(Schweigen.)

Soll ich den Gral heut' noch erschau'n und leben?

(Schweigen.)

Muß ich sterben, vom Retter ungeleitet?

Amfortas

(im Ausbruche qualvoller Verzweifelung).

Wehe! Wehe mir der Qual! —
Mein Vater, oh! noch einmal
verrichte du das Amt!
Lebe! Leb' und laß' mich sterben!

Titurel.

Im Grabe leb' ich durch des Heiland's Huld;
zu schwach doch bin ich, ihm zu dienen:
du büß' im Dienste deine Schuld! —
Enthüllet den Gral!

Amfortas

(den Knaben wehrend).

Nein! Laßt ihn unenthüllt! — Oh! —
Daß Keiner, Keiner diese Qual ermißt,
die mir der Anblick weckt, der euch entzückt! —
Was ist die Wunde, ihrer Schmerzen Wuth,
gegen die Noth, die Höllenpein,
zu diesem Amt — verdammt zu sein! —
Wehvolles Erbe, dem ich verfallen,
ich, einziger Sünder unter Allen,
des höchsten Heiligthum's zu pflegen,
auf Reine herabzuflehen seinen Segen! —
Oh, Strafe! Strafe ohne Gleichen
des — ach! — gekränkten Gnadenreichen! —

Nach Ihm, nach Seinem Weihegruße
　　muß ſehnlich mich's verlangen;
aus tiefſter Seele Heilesbuße
　　zu Ihm muß ich gelangen: —
　　die Stunde naht: —
der Lichtſtrahl ſenkt ſich auf das heilige Werk;
　　die Hülle ſinkt:
des Weihgefäßes göttlicher Gehalt
erglüht mit leuchtender Gewalt; —
durchzückt von ſeligſten Genuſſes Schmerz,
　　des heiligſten Blutes Quell
fühl' ich ſich gießen in mein Herz:
des eig'nen ſündigen Blutes Gewell'
　　in wahnſinniger Flucht
　　muß mir zurück dann ſließen,
　　in die Welt der Sündenſucht
　　mit wilder Scheu ſich ergießen: —
　　von Neuem ſprengt er das Thor,
　　daraus es nun ſtrömt hervor,
hier durch die Wunde, der Seinen gleich,
geſchlagen von deſſelben Speeres Streich,
der dort dem Erlöſer die Wunde ſtach,
　　aus der mit blutigen Thränen
der Göttliche weint' ob der Menſchheit Schmach
　　in Mitleid's heiligem Sehnen, —
und aus der nun mir, an heiligſter Stelle,
　　dem Pfleger göttlichſter Güter,
　　des Erlöſungsbalſam's Hüter,
das heiße Sündenblut entquillt,
ewig erneu't aus des Sehnens Quelle,
das, ach! keine Büßung je mir ſtillt!
　　Erbarmen! Erbarmen!

Allerbarmer, ach! Erbarmen!
　　　Nimm mir mein Erbe,
　　　schließe die Wunde,
　　　daß heilig ich sterbe,
　　　rein Dir gesunde!

　　　　(Er sinkt wie bewußtlos zurück.)

Knabenstimmen

(aus der Kuppel).

„Durch Mitleid wissend,
der reine Thor:
harre sein',
den ich erkor."

Die Ritter

(leise).

So ward es dir verkündet,
　　　Harre getrost;
　　　des Amtes walte heut'!

Titurel's

(Stimme).

Enthüllet den Gral!

　　Amfortas hat sich schweigend wieder erhoben. Die Knaben ent-
kleiden den goldenen Schrein, entnehmen ihm den „Gral" (eine antike
Krystallschale), von welchem sie ebenfalls eine Verhüllung abnehmen, und
setzen ihn vor Amfortas hin.

Titurel's

(Stimme).

Der Segen!

Während Amfortas andachtsvoll in stummem Gebete sich zu dem Kelche neigt, verbreitet sich eine immer dichtere Dämmerung im Saale.

Knaben

(aus der Kuppel).

„Nehmet hin mein Blut
um unsrer Liebe Willen!
Nehmet hin meinen Leib
auf daß ihr mein' gedenkt.“

Ein blendender Lichtstrahl dringt von oben auf die Schale herab, diese erglüht immer stärker in leuchtender Purpurfarbe. Amfortas mit verklärter Miene, erhebt den „Gral“ hoch und schwenkt ihn sanft nach allen Seiten hin. Alles ist bereits bei dem Eintritte der Dämmerung auf die Knie gesunken, und erhebt jetzt die Blicke andächtig zum „Grale“.

Titurel's

(Stimme).

Oh! Heilige Wonne!
Wie hell grüßt uns heute der Herr!

Amfortas setzt den „Gral“ wieder nieder, welcher nun, während die tiefe Dämmerung wieder entweicht, immer mehr erblaßt: hierauf schließen die Knaben das Gefäß wieder in den Schrein, und bedecken diesen, wie zuvor. — Mit dem Wiedereintritte der vorigen Tageshelle sind auf den Speisetafeln die Becher, jetzt mit Wein gefüllt, wieder deutlich geworden, neben jedem liegt ein Brod. Alles läßt sich zum Mahle nieder, so auch Gurnemanz, welcher einen Platz neben sich leer hält und Parsifal durch ein Zeichen zur Theilnehmung am Mahle einladt: Parsifal bleibt aber starr und stumm, wie gänzlich entrückt, zur Seite stehen.

(Wechselgesang während des Mahles.)

Knabenstimmen

(aus der Höhe).

Wein und Brod des letzten Mahles
wandelt' einst der Herr des Grales,

durch des Mitleid's Liebesmacht,
in das Blut, das er vergoß,
in den Leib, den dar er bracht'.

Jünglingsstimmen

(aus der mittleren Höhe).

Blut und Leib der heil'gen Gabe
wandelt heut' zu eurer Labe
sel'ger Tröstung Liebesgeist,
in den Wein, der nun euch floß,
in das Brod, das heut' euch speis't.

Die Ritter

(erste Hälfte).

Nehmet vom Brod,
wandelt es kühn
zu Leibes Kraft und Stärke;
treu bis zum Tod,
fest jedem Müh'n,
zu wirken des Heiland's Werke.

(Zweite Hälfte.)

Nehmet vom Wein,
wandelt ihn neu
zu Lebens feurigem Blute,
froh im Verein,
brüdergetreu
zu kämpfen mit seligem Muthe.

(Sie erheben sich feierlich und reichen einander die Hände.)

Alle Ritter.

Selig im Glauben!
Selig in Liebe!

Jünglinge

(aus mittler Höhe).

Selig in Liebe!

Knaben

(aus oberſter Höhe).

Selig im Glauben!

Während des Mahles, an welchem er nicht theilnahm, iſt Amfortas aus ſeiner begeiſterungsvollen Erhebung allmählich wieder herabgeſunken: er neigt das Haupt und hält die Hand auf die Wunde. Die Knaben nähern ſich ihm; ihre Bewegungen deuten auf das erneuerte Bluten der Wunde: ſie pflegen Amfortas, geleiten ihn wieder auf die Sänfte, und, während alle ſich zum Aufbruch rüſten, tragen ſie, in der Ordnung wie ſie kamen, Amfortas und den heiligen Schrein wider von dannen. Die Ritter und Knappen reihen ſich ebenfalls wieder zum feierlichen Zuge, und verlaſſen langſam den Saal, aus welchem die vorherige Tageshelle allmählich weicht. Die Glocken haben wieder geläutet. —

Parſifal hatte bei dem vorangegangenen ſtärkſten Klagerufe des Amfortas eine heftige Bewegung nach dem Herzen gemacht, welches er krampfhaft eine Zeit lang gefaßt hielt; jetzt ſteht er noch wie erſtarrt, regungslos da. — Als die Letzten den Saal verlaſſen, und die Thüren wieder geſchloſſen ſind, tritt Gurnemanz mißmüthig an Parſifal heran und rüttelt ihn am Arme.

Gurnemanz.

Was ſtehſt du noch da?

Weißt du was du ſah'ſt?

(Parſifal ſchüttelt ein wenig ſein Haupt.)

Gurnemanz.

Du biſt doch eben nur ein Thor!

(Er öffnet eine ſchmale Seitenthüre.)

Dort hinaus, deinem Wege zu!

Doch räth' dir Gurnemanz,
laß' du hier künftig die Schwäne in Ruh',
und suche dir Gänser die Gans!

Er stößt Parsifal hinaus und schlägt, ärgerlich, hinter ihm die Thüre stark zu. Während er dann den Rittern folgt, schließt sich der Bühnen-vorhang.

Zweiter Aufzug.

Klingsor's Zauberschloß.

Im inneren Verließe eines nach oben offenen Thurmes; Steinstufen führen nach dem Zinnenrande der Thurmmauer; Finsterniß in der Tiefe, nach welcher es von dem Mauervorsprunge, den der Bühnenboden darstellt, hinabführt. Zauberwerkzeuge und nekromantische Vorrichtungen — Klingsor auf dem Mauervorsprunge zur Seite, vor einem Metallspiegel sitzend.

Klingsor.

Die Zeit ist da, —
Schon lockt mein Zauberschloß den Thoren,
den, kindisch jauchzend, fern ich nahen seh'. —
Im Todesschlafe hält der Fluch sie fest,
der ich den Krampf zu lösen weiß. —
        . Auf denn! An's Werk!

Er steigt der Mitte zu, etwas tiefer hinab, und entzündet dort Räucherwerk, welches alsbald einen Theil des Hintergrundes mit einem bläulichen Dampfe erfüllt. Dann setzt er sich wieder an die vorige Stelle, und ruft, mit geheimißvollen Geberden, nach dem Abgrunde:

Herauf! Hieher! zu mir!
Dein Meister ruft dich Namenlose:

Ur=Teufelin! Höllen=Rose!

Herodias war'st du, und was noch?

Gundryggia dort, Kundry hier:

Hieher! Hieher denn, Kundry!

Zu deinem Meister, herauf!

In dem bläulichen Lichte steigt Kundry's Gestalt herauf. Man hört sie einen gräßlichen Schrei ausstoßen, wie eine aus tiefstem Schlafe aufge= schreckte Halbwache.

Klingsor.

Erwach'st du? Ha!

Meinem Banne wieder

verfiel'st du heut' zur rechten Zeit.

(Kundry's Gestalt läßt ein Klagegeheul, von größter Heftigkeit bis zu bangem Wimmern sich abstufend, vernehmen.)

Sag' wo trieb'st du dich wieder umher?

Pfui! Dort, bei dem Ritter=Gesipp',

wo wie ein Vieh du dich halten läßt?

Gefällt's dir bei mir nicht besser?

Als ihren Meister du mir gefangen —

ha ha! den reinen Hüter des Gral's, —

was jagte dich da wieder fort?

Kundry

(rauh und abgebrochen, wie im Versuche, wieder Sprache zu gewinnen).

Ach! — Ach!

Tiefe Nacht —

Wahnsinn! — Oh! — Wuth! —

Oh! Jammer! —

Schlaf — Schlaf —

tiefer Schlaf! — Tod!

Klingsor.

Da weckte dich ein And'rer? He?

Kundry

(wie zuvor).

Ja! — Mein Fluch! —
Oh! — Sehnen — Sehnen! —

Klingsor.

Ha ha! — dort nach den keuſchen Rittern?

Kundry.

Da -- da — dient' ich.

Klingsor.

Ja, ja! — den Schaden zu vergüten,
    den du ihnen böslich gebracht?
        Sie helfen dir nicht:
        feil ſind ſie Alle,
    biet' ich den rechten Preis;
        der feſteſte fällt,
    ſinkt er dir in die Arme:
    und ſo verfällt er dem Speer,
den ihrem Meiſter ſelbſt ich entwandt. —
Den Gefährlichſten gilt's nun heut' zu beſteh'n:
    ihn ſchirmt der Thorheit Schild.

Kundry.

Ich — will nicht! — Oh! — Oh!

Klingsor.

Wohl willſt du, denn du mußt.

Kundry.

Du — kannſt mich — nicht — halten.

Klingsor.

Aber dich faſſen.

Kundry.

Du?

Klingsor.

Dein Meiſter.

Kundry.

Aus welcher Macht?

Klingsor.

Ha! Weil einzig an mir
deine Macht — nichts vermag.

Kundry

(grell lachend).

Ha! ha! — Biſt du keuſch?

Klingsor

(wüthend).

Was fräg'ſt du das, verfluchtes Weib?

(Er verſinkt in finſtres Brüten.)

Furchtbare Noth! —

So lacht nun der Teufel mein',
daß ich einst nach dem Heiligen rang!
    Furchtbare Noth!
Ungebändigten Sehnens Pein!
Schrecklichster Triebe Höllendrang,
den ich zu Todesschweigen mir zwang, —
   lacht und höhnt er nun laut
   durch dich, des Teufels Braut? —
     Hüte dich!
Hohn und Verachtung büßte schon Einer:
der Stolze, stark in Heiligkeit,
   der einst mich von sich stieß,
    sein Stamm verfiel mir,
     unerlös't
soll der Heiligen Hüter mir schmachten;
   und bald — so wähn' ich —
   hüt' ich mir selbst den Gral. — —
     Ha! Ha!
Gefiel er dir wohl, Amfortas, der Held,
den ich dir zur Wonne gesellt?

       Kundry.

Oh! — Jammer! — Jammer!
Schwach auch Er! Schwach — Alle!
   Meinem Fluche mit mir
   Alle verfallen! —
   Oh, ewiger Schlaf,
   einziges Heil,
wie, — wie dich gewinnen?

      Klingsor.

Ha! Wer dir trotzte, lös'te dich frei:
versuch's mit dem Knaben, der nah't!

Kundry.

Ich — will nicht!

Klingsor.

Jetzt schon erklimmt er die Burg.

Kundry.

O Wehe! Wehe!
Erwachte ich darum?
Muß ich? — Muß?

Klingsor

(ist auf die Thurmmauer gestiegen).

Ha! — Er ist schön, der Knabe!

Kundry.

Oh! Oh! — Wehe mir! —

Klingsor

(stößt nach außen in ein Horn).

Ho! Ho! — Ihr Wächter! Ritter!
Helden! — Auf! — Feinde nah'!

(Außen wachsendes Getöse und Waffengeräusch.)

Hei! — Wie zur Mauer sie stürmen,
die bethörten Eigenholde,
zum Schutz ihres schönen Geteufel's! —
So! — Muthig! Muthig! —
Haha! — Der fürchtet sich nicht: —
dem Helden Ferris entwand er die Waffe;
die führt er nun freislich wider den Schwarm. —

(Kundry beginnt unheimlich zu lachen.)

Wie übel den Tölpeln der Eifer gedeih't!

Dem ſchlug er den Arm, — jenem den Schenkel.

Haha! — Sie weichen, — ſie fliehen:

ſeine Wunde trägt Jeder nach heim!

Wie das ich euch gönne!

Möge denn ſo

das ganze Rittergeſchlecht

unter ſich ſelber ſich würgen! —

Ha! Wie ſtolz er nun ſteht auf der Zinne!

Wie lachen ihm die Roſen der Wangen,

da kindiſch erſtaunt

in den einſamen Garten er blickt! —

He! Kundry!

Er wendet ſich um. Kundry war in ein immer extatiſcheres Lachen
gerathen, welches endlich in ein krampfhaftes Wehgeſchrei überging; jetzt iſt
ihre Geſtalt plötzlich verſchwunden; das bläuliche Licht iſt erloſchen: volle
Finſterniß in der Tiefe.

Wie? — Schon am Werk? —

Haha! Den Zauber kannt' ich wohl,

der immer dich wieder zum Dienſt mir geſellt. —

Du dort, kindiſcher Sproß!

Was auch

Weisſagung dir wies, —

zu jung und dumm

fiel'ſt du in meine Gewalt: —

die Reinheit dir entriſſen,

bleib'ſt mir du zugewieſen!

Er verſinkt langſam mit dem ganzen Thurme; zugleich ſteigt der Zaubergarten auf und erfüllt die Bühne völlig. Tropiſche Vegetation, üppigſte
Blumenpracht; nach dem Hintergrunde zu Abgrenzung durch die Zinne der
Burgmauer, an welche ſich ſeitwärts Vorſprünge des Schloßbaues ſelbſt
(arabiſchen reichen Styles) mit Terraſſen anlehnen.

Auf der Mauer steht Parsifal, staunend in den Garten hinabblickend. Von allen Seiten her, aus dem Garten wie aus dem Palaste, stürzen, wirr durch einander, einzeln, dann zugleich immer mehre, schöne Mädchen herein: sie sind in flüchtig übergeworfener Kleidung, wie soeben aus dem Schlaf aufgeschreckt.

Mädchen

(vom Garten kommend).

Hier war das Tosen,
Waffen, wilde Rüfe!

Mädchen

(vom Schlosse heraus).

Wehe! Rache! Auf!
Wo ist der Frevler?

Einzelne.

Mein Geliebter verwundet.

Andere.

Wo ist der Meine?

Andere.

Ich erwachte allein, —
wohin entfloh er?

Immer Andere.

Drinnen im Saale? —
Sie bluten! Wehe!
Wer ist der Feind? —
Da steh't er! Seht! —
Meines Ferris Schwert?

Ich sah's, er stürmte die Burg. —
Ich hörte des Meisters Horn.
  Mein Held lief herzu,
sie Alle kamen, doch Jeden
empfing er mit blutiger Wehr.
  Der Kühne, der Feindliche!
  Alle sie flohen ihm. —
  Du dort! Du dort!
Was schufst du uns solche Noth?
Verwünscht, verwünscht sollst du sein!
(Parsifal springt etwas tiefer in den Garten herab.)

Die Mädchen.

Ha! Kühner! Wagst du zu trotzen.
  Was schlug'st du uns're Geliebten?

Parsifal
(in höchster Verwunderung).

Ihr schönen Kinder, mußt' ich sie nicht schlagen?
Zu euch Holden ja wehrten sie mir den Weg.

Mädchen.

  Zu uns wolltest du?
  Sah'st du uns schon?

Parsifal.

Noch nie sah ich solch' zieres Geschlecht.
Nenn' ich euch schön, dünkt euch das recht?

Die Mädchen
(von Verwunderung in Heiterkeit übergehend).

So willst du uns wohl nicht schlagen?

Parsifal.

Das möcht' ich nicht.

Mädchen.

Doch Schaden
schuf'st du uns großen und vielen;
du schlugest uns're Gespielen:
wer spielt nun mit uns?

Parsifal.

Das thu' ich gern.

Die Mädchen

(lachend).

Bist du uns hold, so bleib nicht fern;
und willst du uns nicht schelten,
wir werden dir's entgelten;
wir spielen nicht um Gold,
wir spielen um Minne's Sold;
willst du auf Trost uns sinnen,
sollst den du uns abgewinnen.

Einzelne sind in die Lauben getreten, und kommen jetzt, ganz wie in Blumengewändern, selbst Blumen erscheinend, wieder zurück.

Die geschmückten Mädchen

(einzeln).

Lasset den Knaben! — Er gehöret mir. —
Nein! — Nein! — Mir! — mir!

Die andern Mädchen.

Ah, die Schlimmen! — Sie schmücken sich heimlich.

Diese entfernen sich ebenfalls, und kehren alsbald in gleichem Blumenschmucke zurück.

Die Mädchen

(während ſie, wie in anmuthigem Kinderſpiele, in abwechſelndem Reigen
um Parſifal ſich drehen, und ſanft ihm Wange und Kinn ſtreicheln).

Komm'! Komm'!
Holder Knabe,
laß mich dir blühen!
Dir zu wonniger Labe
gilt mein minniges Mühen.

Parſifal

(mit heiterer Ruhe in der Mitte ſtehend).

Wie duftet ihr hold!
Seid ihr denn Blumen?

Die Mädchen

(immer bald einzeln, bald mehre zugleich).

Des Gartens Zier
und duftende Geiſter
im Lenz pflückt uns der Meiſter;
wir wachſen hier
in Sommer und Sonne,
für dich blühend in Wonne.
Nun ſei uns freund und hold,
nicht karge den Blumen den Sold:
kannſt du uns nicht lieben und minnen,
wir welken und ſterben dahinnen.

Erſtes Mädchen.

An deinen Buſen nimm mich!

Zweites.

Die Stirn laß' mich dir kühlen!

Drittes.

Laſſ' mich die Wange dir fühlen!

Viertes.

Den Mund laß' mich dir küſſen!

Fünftes.

Nein, mich! die ſchönſte bin ich.

Sechstes.

Nein ich! Duft' ich doch ſüßer.

Parſifal

(ihrer anmuthigen Zudringlichkeit ſanft wehrend).

Ihr wild holdes Blumengedränge,
ſoll ich mit euch ſpielen, entlaßt mich der Enge.

Mädchen.

Was zank'ſt du?

Parſifal.

Weil ihr ſtreitet.

Mädchen.

Wir ſtreiten um dich.

Parſifal.

Das meidet!

Erstes Mädchen

(zu dem zweiten).

Weiche du! Sieh', er will mich.

Zweites Mädchen.

Nein, mich!

Drittes.

Mich lieber!

Viertes.

Nein, mich!

Erstes Mädchen

(zu Parsifal).

Du wehrest mir?

Zweites.

Scheuchest mich?

Erstes.

Bist du feige vor Frauen?

Zweites.

Magst nicht dich getrauen?

Mehre Mädchen.

Wie schlimm bist du, Zager und Kalter!

Andere Mädchen.

Die Blumen läßt du unbuhlen den Falter?

Erste Hälfte.

Weichet dem Thoren!

Ein Mädchen.

Ich geb' ihn verloren.

Andere.

Uns sei er erkoren!

Andere.

Nein, uns! Nein, mir! —
Auch mir! — Hier, hier! —

Parsifal

(halb ärgerlich sie von sich abscheuchend, will fliehen).

Laßt ab! Ihr fangt mich nicht!

Aus einem Blumenhage zur Seite vernimmt man

Kundry's
Stimme.

Parsifal! — Bleibe!

Die Mädchen erschrecken und halten sogleich ein. — Parsifal steht
betroffen still.

Parsifal.

Parsifal . . ?
So nannte träumend mich einst die Mutter. —

Kundry's
Stimme.

Hier weile, Parsifal! —
Dich grüßet Wonne und Heil zumal. — —

Ihr kindischen Buhlen, weich't von ihm:
   früh welkende Blumen,
nicht euch ward er zum Spiel bestellt!
   Geht heim, pflegt der Wunden:
einsam erharrt euch mancher Held.

Die Mädchen

(zaghaft und widerstrebend sich von Parsifal entfernend).

Dich zu lassen, dich zu meiden, —
   O weh'! O weh' der Pein!
Von Allen möchten gern wir scheiden,
   mit dir allein zu sein. —
     Leb' wohl! Leb' wohl!
     Du Holder! Du Stolzer!
     Du — Thor!

(Mit dem Letzten sind sie, unter leisem Gelächter, nach dem Schlosse zu verschwunden.)

Parsifal.

Dieß Alles — hab' ich nun geträumt?

Er sieht sich schüchtern nach der Seite hin um, von welcher die Stimme kam. Dort ist jetzt, durch Enthüllung des Hages, ein jugendliches Weib von höchster Schönheit — Kundry, in durchaus verwandelter Gestalt — auf einem Blumenlager, in leicht verhüllender, phantastischer Kleidung — annähernd arabischen Styles — sichtbar geworden.

Parsifal

(noch ferne stehend).

Riefest du mich Namenlosen?

Kundry.

Dich nannt' ich, thör'ger Reiner
   „Fal parsi", —
Dich, reinen Thoren „Parsifal".

So rief, da in arab'ſchem Land er verſchied,
dein Vater Gamuret dem Sohne zu,
den er, im Mutterſchooß verſchloſſen,
mit dieſem Namen ſterbend grüßte.
Dir ihn zu künden, harrt ich deiner hier:
was zog dich her, wenn nicht der Kunde Wunſch?

Parſifal.

Nie ſah' ich, nie träumte mir, was jetzt
ich ſchau', und was mit Bangen mich erfüllt. —
Entblühteſt du auch dieſem Blumenhaine?

Kundry.

Nein, Parſifal, du thör'ger Reiner!
Fern — fern iſt meine Heimath!
daß du mich fändeſt, weilte ich nur hier.
Von weither kam ich, wo ich viel erſah'.
Ich ſah' das Kind an ſeiner Mutter Bruſt,
ſein erſtes Lallen lacht mir noch im Ohr;
das Leid im Herzen,
wie lachte da auch Herzeleide,
als ihren Schmerzen
zujauchzte ihrer Augen Weide!
Gebettet ſanft auf weichen Mooſen,
den hold geſchläfert ſie mit Koſen,
dem, bang' in Sorgen,
den Schlaf bewacht der Mutter Sehnen,
ihn weckt' am Morgen
der heiße Thau der Mutter=Thränen.
Nur Weinen war ſie, Schmerz=Gebahren
um deines Vaters Lieb' und Tod;

vor gleicher Noth dich zu bewahren,
galt ihr als höchster Pflicht Gebot:
den Waffen fern, der Männer Kampf und Wüthen,
wollte sie still dich bergen und behüten.
Nur Sorgen war sie, ach! und Bangen:
nie sollte Kunde zu dir hergelangen.
Hör'st du nicht noch ihrer Klagen Ruf,
wann fern und spät du geweilt?
Hei! Was ihr das Lust und Lachen schuf,
wann suchend sie dann dich ereilt!
Wann dann ihr Arm dich wüthend umschlang,
ward dir es wohl gar bei'm Küssen bang? —
Ihr Wehe doch du nicht vernahm'st,
nicht ihrer Schmerzen Toben,
als endlich du nicht wieder kam'st,
und deine Spur verstoben:
sie harrte Nächt' und Tage,
bis ihr verstummt die Klage,
der Gram ihr zehrte den Schmerz,
um stillen Tod sie warb:
ihr brach das Leid das Herz,
und — Herzeleide — starb. —

Parsifal

(immer ernsthafter, endlich furchtbar betroffen, sinkt, schmerzlich überwältigt,
bei Kundry's Füßen nieder).

Wehe! Wehe! Was that ich? Wo war ich?
Mutter! Süße, holde Mutter!
Dein Sohn, dein Sohn mußte dich morden?
O Thor! Blöder, taumelnder Thor!
Wo irrtest du hin, ihrer vergessend?

Deiner, deiner vergeſſend,
traute, theuerſte Mutter?

Kundry

(immer noch in liegender Stellung ausgeſtreckt, beugt ſich über Parſifal's
Haupt, faßt ſanft ſeine Stirne, und ſchlingt traulich ihren Arm um ſeinen
Nacken).

War dir fremd noch der Schmerz,
   des Troſtes Süße
labte nie auch dein Herz:
das Wehe, das dich reu't,
   die Noth nun büße,
im Troſt, den Liebe beut!

Parſifal

(trübe).

Die Mutter, die Mutter konnt' ich vergeſſen!
Ha! Was Alles vergaß ich wohl noch?
Weß' war ich je noch eingedenk?
Nur dumpfe Thorheit lebt in mir!

(Er läßt ſich immer tiefer ſinken.)

Kundry.

Bekenntniß
   wird Schuld und Reue enden,
   Erkenntniß
in Sinn die Thorheit wenden:
die Liebe lerne kennen,
die Gamuret umſchloß,
als Herzeleid's Entbrennen
ihn ſengend überfloß:

         die Leib und Leben

            einſt dir gegeben,

      der Tod und Thorheit weichen muß,

            ſie beut'

            dir heut' —

      als Mutterſegens letzten Gruß

         der Liebe — erſten Kuß.

(Sie hat ihr Haupt völlig über das ſeinige geneigt, und heftet nun ihre
      Lippen zu einem langen Kuſſe auf ſeinen Mund.)

                  Parſifal

(fährt plötzlich mit einer Geberde des höchſten Schreckens auf: ſeine Haltung
drückt eine furchtbare Veränderung aus; er ſtemmt ſeine Hände gewaltſam
gegen ſein Herz, wie um einen zerreißenden Schmerz zu bewältigen; endlich
                  bricht er aus).

      Amfortas! — —

      Die Wunde! — die Wunde! —

      Sie brennt in meinem Herzen. —

         Oh, Klage! Klage!

         Furchtbare Klage!

      Aus tiefſtem Inner'n ſchreit ſie mir auf.

         Oh! — Oh! —

         Elender! —

         Jammervollſter! —

      Die Wunde ſah' ich bluten: —

      nun blutet ſie mir ſelbſt —

         hier — hier!

(Während Kundry in Schrecken und Verwunderung auf ihn hinſtarrt,
      fährt Parſifal in gänzlicher Entrücktheit fort.)

      Nein, nein! Nicht iſt es die Wunde:

      fließe ihr Blut in Strömen dahin!

      Hier! Hier im Herzen der Brand!

                                    30*

Das Sehnen, das furchtbare Sehnen,
das alle Sinne mir faßt und zwingt!
Oh! — Qual der Liebe! —
Wie Alles schauert, bebt und zuckt
in sündigem Verlangen! ...

(Schauerlich leise.)

Es starrt der Blick dumpf auf das Heilsgefäß: —
das heilige Blut erglüh't; —
Erlösungswonne, göttlich mild',
durchzittert weithin alle Seelen:
nur hier, im Herzen, will die Qual nicht weichen.
Des Heiland's Klage da vernehm' ich',
die Klage, ach! die Klage
um das verrath'ne Heiligthum: —
„erlöse, rette mich
aus schuldbefleckten Händen!"
So — rief die Gottesklage
furchtbar laut mir in die Seele.
Und ich? Der Thor, der Feige!
Zu wilden Knabenthaten floh' ich hin!

(Er stürzt verzweiflungsvoll auf die Knie.)

Erlöser! Heiland! Herr der Huld!
Wie büß' ich Sünder solche Schuld?

Kundry

(deren Erstaunen in leidenschaftliche Bewunderung übergeht, sucht schüchtern
sich Parsifal zu nähern).

Gelobter Held! Entflieh' dem Wahn!
Blick' auf! Sei hold der Huldin Nah'n!

Parſifal

(immer in gebeugter Stellung, ſtarr zu Kundry aufblickend, während dieſe
ſich zu ihm neigt und die liebkoſenden Bewegungen ausführt, die er mit
dem Folgenden bezeichnet).

Ja! Dieſe Stimme! So rief ſie ihm; —
und dieſen Blick, deutlich erkenn' ich ihn, —
auch dieſen, der ihm ſo friedlos lachte.
Die Lippe, — ja — ſo zuckte ſie ihm; —
  ſo neigte ſich der Nacken, —
  ſo hob ſich kühn das Haupt; —
  ſo flatterten lachend die Locken,
  ſo ſchlang um den Hals ſich der Arm —
  ſo ſchmeichelte weich die Wange —!
Mit aller Schmerzen Qual im Bund,
    das Heil der Seele
  entküßte ihm ihr Mund! —
    Ha! — dieſer Kuß! —

(Er hat ſich mit dem Letzten allmählig erhoben, ſpringt jetzt vollends auf,
und ſtößt Kundry heftig von ſich.)

Verderberin! Weiche von mir!
Ewig — ewig — von mir!

Kundry

(in höchſter Leidenſchaft).

Grauſamer! — Ha! —
  Fühlſt du im Herzen
  nur Anderer Schmerzen,
ſo fühle jetzt auch die meinen,
  Biſt du Erlöſer,
  was bannt dich, Böſer,
nicht mir auch zum Heil dich zu einen?
Seit Ewigkeiten — harre ich deiner,

des Heiland's, ach! so spät,
den einst ich kühn verschmäht. —
    Oh! —
Kennteſt du den Fluch,
der mich durch Schlaf und Wachen,
    durch Tod und Leben,
    Pein und Lachen,
zu neuem Leiden neu geſtählt,
endlos durch das Daſein quält! —
    Ich ſah — Ihn — Ihn —
    und — lachte . . .
da traf mich ſein Blick. —
Nun ſuch' ich ihn von Welt zu Welt,
ihm wieder zu begegnen:
    in höchſter Noth —
wähn' ich ſein Auge ſchon nah',
den Blick ſchon auf mir ruh'n: —
da kehrt mir das verfluchte Lachen wieder, —
ein Sünder ſinkt mir in die Arme!
    Da lach' ich — lache —,
    kann nicht weinen:
    nur ſchreien, wüthen,
    toben, raſen
in ſtets erneu'ten Wahnſinn's Nacht, —
aus der ich büßend kaum erwacht. —
Den ich erſehnt in Todesſchmachten,
den ich erkannt, den blöd' Verlachten,
laß' mich an ſeinem Buſen weinen,
nur eine Stunde dir vereinen,
und, ob mich Gott und Welt verſtöß't!
in dir entſündig't ſein und erlöſ't!

Parsifal.

In Ewigkeit
wärst du verdammt mit mir
für eine Stunde
Vergessen's meiner Sendung,
in deines Arm's Umfangen! —
Auch dir bin ich zum Heil gesandt,
bleib'st du dem Sehnen abgewandt.
Die Labung, die dein Leiden endet,
beut nicht der Quell, aus dem es fließt:
das Heil wird nimmer dir gespendet,
wenn jener Quell sich dir nicht schließt.
Ein andrer ist's, — ein andrer, ach!
nach dem ich jammernd schmachten sah,
die Brüder dort in grausen Nöthen
den Leib sich quälen und ertödten.
Doch wer erkennt ihn klar und hell,
des einz'gen Heiles wahren Quell?
Oh, Elend! Aller Rettung Flucht!
Oh, Weltenwahns Umnachten:
in höchsten Heiles heißer Sucht
nach der Verdammniß Quell zu schmachten!

Kundry.

So war es mein Kuß,
der Welt-hellsichtig dich machte?
Mein volles Liebes-Umfangen
läßt dich dann Gottheit erlangen!
Die Welt erlöse, ist dieß dein Amt: —
schuf dich zum Gott die Stunde,
für sie lasse mich ewig verdammt,
nie heile mir die Wunde.

Parsifal.

Erlösung, Frevlerin, biet' ich auch dir.

Kundry.

Lass' mich dich Göttlichen lieben,
Erlösung gabst du dann mir.

Parsifal.

Lieb' und Erlösung soll dir lohnen, —
zeigest du
zu Amfortas mir den Weg.

Kundry
(in Wuth ausbrechend).

Nie — sollst du ihn finden!
Den Verfall'nen, lass' ihn verderben, —
den Un=seligen,
Schmach=lüsternen,
den ich verlachte — lachte — lachte!
Haha! Ihn traf ja der eig'ne Speer?

Parsifal.

Wer durft' ihn verwunden mit heil'ger Wehr?

Kundry.

Er — Er —,
der einst mein Lachen bestraft:
sein Fluch — ha! — mir giebt er Kraft;
gegen dich selbst ruf' ich die Wehr,
gieb'st du dem Sünder des Mitleid's Ehr'! —
Ha! Wahnsinn! —
Mitleid! Mitleid mit mir!

Nur eine Stunde mein, —
  nur eine Stunde dein —:
  und des Weges —
  ſollſt du geleitet ſein!

(Sie will ihn umarmen. Er ſtößt ſie heftig von ſich.)

Parſifal.

Vergeh', unſeliges Weib!

Kundry

(zerſchlägt ſich die Bruſt, und ruft in wildem Raſen).

Hilfe! Hilfe! Herbei!
Haltet den Frechen! Herbei!
  Wehr't ihm die Wege!
  Wehrt ihm die Pfade! —
Und flöh'ſt du von hier, und fändeſt
  alle Wege der Welt,
  den Weg, den du ſuch'ſt,
deſſ' Pfade ſollſt du nicht finden!
  Denn Pfad und Wege,
  die mir dich entführen,
ſo verwünſch' ich ſie dir:
  Irre! Irre, —
  mir ſo vertraut —
dich weih' ich ihm zum Geleit'!

Klingsor iſt auf der Burgmauer heraus getreten; die Mädchen
ſtürzen ebenfalls aus dem Schloſſe und wollen auf Kundry zueilen.

Klingsor

(eine Lanze ſchwingend).

Halt da! dich bann' ich mit der rechten Wehr:
den Thoren ſtell' mir ſeines Meiſters Speer!

Er schleudert auf Parsifal den Speer, welcher über dessen Haupte schweben bleibt; Parsifal erfaßt ihn mit der Hand und schwingt ihn, mit einer Gebärde höchster Entzückung, die Gestalt des Kreuzes bezeichnend.

Parsifal.

Mit diesem Zeichen bann' ich deinen Zauber:
>> wie die Wunde er schließe,
>> die mit ihm du schlugest, —
>> in Trauer und Trümmer
>> stürze die trügende Pracht!

Wie durch ein Erdbeben versinkt das Schloß; der Garten verdorrt zur Einöde: die Mädchen liegen als verwelkte Blumen am Boden umher ge= streut. — Kundry ist schreiend zusammen gesunken. Zu ihr wendet sich noch einmal, von der Höhe einer Mauertrümmer herab, der enteilende

Parsifal.

>> Du weißt —
>> wo einzig du mich wiedersieh'st!

(Er verschwindet. Der Vorhang schließt sich schnell.)

Dritter Aufzug.

Im Gebiete des Grales.

Freie, anmuthige Frühlingsgegend mit nach dem Hintergrunde zu sanft-
ansteigender Blumenaue. Den Vordergrund nimmt der Saum des Waldes
ein, der sich nach rechts zu ausdehnt. Im Vordergrunde, an der Waldseite
ein Quell; ihm gegenüber, etwas tiefer, eine schlichte Einsiedlerhütte, an
einen Felsen gelehnt. Frühester Morgen. —

Gurnemanz, zum hohen Greise gealtert, als Einsiedler, nur in das
Hemd des Gralsritters dürftig gekleidet, tritt aus der Hütte und lauscht.

Gurnemanz.

Von dorther kam das Stöhnen. —

So jammervoll klagt kein Wild,

und gewiß gar nicht am heiligsten Morgen heut'. —

Mich dünkt, ich kenne diesen Klageruf?

Ein dumpfes Stöhnen, wie von einer im tiefen Schlafe durch Träume
Geängstigten, wird vernommen. — Gurnemanz schreitet entschlossen einer
Dornenhecke auf der Seite zu: diese ist gänzlich überwachsen; er reißt mit
Gewalt das Gestrüpp auseinander: dann hält er plötzlich an.

Ha! Sie — wieder da?

Das winterlich rauhe Gedörn'

hielt sie verdeckt: wie lang' schon?

Auf! — Kundry! — Auf!

Der Winter floh, und Lenz ist da!

Erwach', erwache dem Lenz!

kalt — und starr! —

Dießmal hielt' ich sie wohl für todt: —

doch war's ihr Stöhnen, was ich vernahm?

Er zieht Kundry, ganz erstarrt und leblos, aus dem Gebüsche hervor, trägt sie auf einen nahen Rasenhügel, reibt ihr stark die Hände und Schläfe, haucht sie an, und bemüht sich in Allem, um die Erstarrung weichen zu machen. Endlich erwacht sie. Sie ist, gänzlich wie im ersten Aufzuge, im wilden Gewande der Gralsbotin; nur ist ihre Gesichtsfarbe bleicher, aus Miene und Haltung ist die Wildheit gewichen. — Sie starrt lange Gurnemanz an. Dann erhebt sie sich, ordnet sich Kleidung und Haar, und geht sofort wie eine Magd an die Bedienung.

Gurnemanz.

Du tolles Weib!

Hast du kein Wort für mich?

Ist dieß der Dank,

daß dem Todesschlafe

noch einmal ich dich entweckt?

Kundry

(neigt langsam das Haupt; dann bringt sie, rauh und abgebrochen, hervor):

Dienen .. dienen! —

Gurnemanz

(schüttelt den Kopf).

Das wird dich wenig müh'n!

Auf Botschaft sendet sich's nicht mehr:

Kräuter und Wurzeln

findet ein Jeder sich selbst,

wir lernen's im Walde vom Thier.

Kundry hat sich während dem umgesehen, gewahrt die Hütte und geht hinein.

Gurnemanz

(verwundert ihr nachblickend).

Wie anders ſchreitet ſie als ſonſt!
Wirkte das der heilige Tag?
Oh! Tag der Gnade ohne Gleichen!
Gewiß zu ihrem Heile
durft' ich der Armen heut'
den Todesſchlaf verſcheuchen.

Kundry kommt wieder aus der Hütte; ſie trägt einen Waſſerkrug
und geht damit zum Quelle. Während ſie auf die Füllung wartet, blickt
ſie in den Wald, und bemerkt dort in der Ferne einen Kommenden; ſie
wendet ſich zu Gurnemanz, um ihn darauf hinzudeuten.

Gurnemanz

(in den Wald ſpähend).

Wer nahet dort dem heiligen Quell?
Im düſt'ren Waffenſchmucke,
das iſt der Brüder keiner.

Kundry entfernt ſich mit dem gefüllten Kruge langſam nach der
Hütte, in welcher ſie ſich zu ſchaffen macht. — Gurnemanz tritt ſtaunend
etwas bei Seite, um den Ankommenden zu beobachten. — Parſifal tritt
aus dem Walde auf. Er iſt ganz in ſchwarzer Waffenrüſtung: mit ge=
ſchloſſenem Helme und geſenktem Speer, ſchreitet er, gebeugten Hauptes,
träumeriſch zögernd, langſam daher, und ſetzt ſich auf dem kleinen Raſen=
hügel am Quelle nieder.

Gurnemanz

(betrachtet ihn lange, und tritt dann etwas näher).

Heil dir, mein Gaſt!
Biſt du verirrt, und ſoll ich dich weiſen?

(Parſifal ſchüttelt ſanft das Haupt.)

Gurnemanz.

Entbietest du mir keinen Gruß?

(Parsifal neigt das Haupt.)

Gurnemanz.

Hei! — Was? —
  Wenn dein Gelübde
dich bindet mir zu schweigen,
  so mahnt das meine mich,
daß ich dir sage, was sich ziemt. —
Hier bist du an geweihtem Ort:
da zieht man nicht mit Waffen her,
geschloss'nen Helmes, Schild und Speer.
Und heute gar! Weißt du denn nicht,
  welch' heil'ger Tag heut' ist?

(Parsifal schüttelt mit dem Kopfe.)

Ja! Woher komm'st du denn?
Bei welchen Heiden weiltest du,
  zu wissen nicht, daß heute
der allerheiligste Char=Freitag sei?

(Parsifal senkt das Haupt noch tiefer.)

Schnell ab die Waffen!
Kränke nicht den Herrn, der heute,
bar jeder Wehr, sein heilig Blut
der sündigen Welt zur Sühne bot!

Parsifal erhebt sich, nach einem abermaligen Schweigen, stößt den Speer vor sich in den Boden, legt Schild und Schwert davor nieder, öffnet den Helm, nimmt ihn vom Haupte und legt ihn zu den anderen Waffen, worauf er dann zu stummem Gebete vor dem Speer niederkniet. Gurnemanz betrachtet ihn mit Erstaunen und Rührung. Er winkt Kundry herbei, welche soeben aus der Hütte getreten ist. — Parsifal erhebt jetzt in brünstigem Gebete seinen Blick andachtvoll zu der Lanzenspitze auf.

Gurnemanz

(leiſe zu Kundry).

Erkenn'ſt du ihn? . .

Der iſt's, der einſt den Schwan erlegt.

(Kundry beſtätigt mit einem leiſen Kopfnicken.)

Gewiß 's iſt Er!

Der Thor, den ich zürnend von uns wies?

Ha! Welche Pfade fand er?

Der Speer, — ich kenne ihn.

(In großer Ergriffenheit.)

Oh! — Heiligſter Tag,

zu dem ich heut' erwachen ſollt'!

(Kundry hat ihr Geſicht abgewendet.)

Parſifal

(erhebt ſich langſam vom Gebete, blickt ruhig um ſich, erkennt Gurnemanz
und reicht dieſem ſanft die Hand zum Gruß).

Heil mir, daß ich dich wieder finde!

Gurnemanz.

So kenn'ſt auch du mich noch?

Erkenn'ſt mich wieder,

den Gram und Noth ſo tief gebeugt?

Wie kamſt du heut'? Woher?

Parſifal.

Der Irrniß und der Leiden Pfade kam ich;

ſoll ich mich denen jetzt entwunden wähnen,

da dieſes Waldes Rauſchen

wieder ich vernehme,

dich guten Alten neu begrüße?

Oder — irr' ich wieder?
Verwandelt dünkt mich Alles.

Gurnemanz.

So sag', zu wem den Weg du suchtest?

Parsifal.

Zu ihm, deß' tiefe Klagen
ich thörig staunend einst vernahm,
dem nun ich Heil zu bringen
mich auserlesen wähnen darf.
Doch — ach! —
den Weg des Heiles nie zu finden,
in pfadlosen Irren
jagt' ein wilder Fluch mich umher:
zahllose Nöthen,
Kämpfe und Streite
zwangen mich ab vom Pfade,
wähnt' ich ihn recht schon erkannt.
Da mußte Verzweiflung mich fassen,
das Heilthum heil mir zu bergen,
um das zu hüten, das zu wahren
ich Wunden jeder Wehr' mir gewann.
Denn nicht ihn selber
durft' ich führen im Streite;
unentweih't
führt' ich ihn mir zur Seite,
den ich nun heim geleite,
der dort dir schimmert heil und hehr, —
des Grales heil'gen Speer.

Gurnemanz.

O Gnade! Höchſtes Heil!

O Wunder! Heilig hehrſtes Wunder! —

　　　(Nachdem er ſich etwas gefaßt.)

O Herr! War es ein Fluch,

der dich vom rechten Pfad vertrieb,

　ſo glaub', er iſt gewichen.

Hier biſt du; dieß des Grals Gebiet,

dein' harret ſeine Ritterſchaft.

　Ach, ſie bedarf des Heiles,

　des Heiles, das du bringſt! —

Seit jenem Tage, den du hier geweilt,

die Trauer, ſo da kund dir ward,

das Bangen — wuchs zur höchſten Noth.

Amfortas, gegen ſeiner Wunde,

　ſeiner Seele Qual ſich wehrend,

begehrt' in wildem Trotze nun den Tod:

　kein Fleh'n, kein Elend ſeiner Ritter

bewog ihn mehr des heil'gen Amt's zu walten,

im Schrein verſchloſſen bleibt ſeit lang' der Gral:

　ſo hofft ſein ſündenreu'ger Hüter,

　　da er nicht ſterben kann

　　wann je er ihn erſchau't,

　　ſein Ende zu erzwingen,

und mit dem Leben ſeine Qual zu enden.

Die heil'ge Speiſung bleibt uns nun verſagt,

　gemeine Atzung muß uns nähren;

darob verſiechte unſrer Helden Kraft:

　　nie kommt uns Botſchaft mehr,

noch Ruf zu heil'gen Kämpfen aus der Ferne;

　bleich und elend wankt umher

die Muth= und Führer=loſe Ritterſchaft.

Hier in der Waldeck' barg ich einsam mich,
  des Todes still gewärtig,
dem ſchon mein alter Waffenherr verfiel,
  denn Titurel, mein heil'ger Held,
ben nun des Grales Anblick nicht mehr labte,
  er ſtarb, — ein Menſch wie Alle!

Parſifal

(vor großem Schmerz ſich aufbäumend).

  Und ich — ich bin's,
    der all' dieß Elend ſchuf!
  Ha! Welcher Sünden,
    Welcher Frevel Schuld
  muß dieſes Thoren=Haupt
    ſeit Ewigkeit belaſten,
  da keine Buße, keine Sühne
    der Blindheit mich entwindet,
  mir, ſelbſt zur Rettung auserkoren,
    in Irrniß wild verloren
  der Rettung letzter Pfad verſchwindet!

Er droht ohnmächtig umzuſinken. Gurnemanz hält ihn aufrecht,
und ſenkt ihn zum Sitze auf den Raſenhügel nieder. — Kundry hat ein
Becken mit Waſſer herbeigeholt, um Parſifal zu beſprengen.

Gurnemanz

(Kundry abweiſend).

  Nicht doch! —
  Die heil'ge Quelle ſelbſt
    erquicke unſ'res Pilgers Bad.
  Mir ahnt, ein hohes Werk
    hat er noch heut' zu wirken,
  zu walten eines heil'gen Amtes:

so ſei er fleckenrein,
und langer Irrfahrt Staub
ſoll jetzt von ihm gewaſchen ſein.

Parſifal wird von den Beiden ſanft zum Rande des Quelles gewendet.
Während Kundry ihm die Beinſchienen löſet und dann die Füße badet,
Gurnemanz ihm aber den Bruſtharniſch entnimmt, frägt

Parſifal

(ſanft und matt).

Werd' heut' ich zu Amfortas noch geleitet?

Gurnemanz

(während der Beſchäftigung).

Gewißlich, unſ'rer harrt die hehre Burg;
die Todtenfeier meines lieben Herrn,
ſie ruft mich ſelbſt dahin.
Den Gral noch einmal uns da zu enthüllen,
des lang' verſäumten Amtes
noch einmal heut' zu walten —
zur Heiligung des hehren Vaters,
der ſeines Sohnes Schuld erlag,
die der nun alſo büßen will, —
gelobt' Amfortas uns.

Parſifal

(mit Verwunderung Kundry zuſehend).

Du wuſcheſt mir die Füße: —
nun netze mir das Haupt der Freund.

31*

Gurnemanz

(mit der Hand aus dem Quell schöpfend und Parsifal's Haupt be-
sprengend).

Gesegnet sei, du Reiner, durch das Reine!
So weiche jeder Schuld
Bekümmerniß von dir!

Während dem hat Kundry ein goldenes Fläschchen aus dem Busen
gezogen, und von seinem Inhalte auf Parsifal's Füße ausgegossen, jetzt
trocknet sie diese mit ihren schnell aufgelösten Haaren.

Parsifal

(nimmt ihr das Fläschchen ab).

Salbtest du mir auch die Füße,
das Haupt nun salbe Titurel's Genoß',
daß heute noch als König er mich grüße.

Gurnemanz

(schüttet das Fläschchen vollends auf Parsifal's Haupt aus, reibt dieses
sanft, und faltet dann die Hände darüber).

So ward es uns verhießen,
so segne ich dein Haupt,
als König dich zu grüßen.
Du — Reiner, —
mitleidvoll Duldender,
heilthatvoll Wissender!
Wie des Erlös'ten Leiden du gelitten,
die letzte Last entnimm nun seinem Haupt.

Parsifal

(schöpft unvermerkt Wasser aus der Quelle, neigt sich zu der vor ihm noch
knienden Kundry, und netzt ihr das Haupt).

Mein erstes Amt verricht' ich so: —

die Taufe nimm,
und glaub' an den Erlöſer!
(Kundry ſenkt das Haupt tief zur Erde und ſcheint heftig zu weinen.)

Parſifal

(wendet ſich um, und blickt mit ſanfter Entzückung auf Wald und Wieſe).

Wie dünkt mich doch die Aue heut' ſo ſchön! —
Wohl traf ich Wunderblumen an,
die bis zum Haupte ſüchtig mich umrankten;
doch ſah' ich nie ſo mild und zart
die Halmen, Blüthen und Blumen,
noch duftete All' ſo kindiſch hold
und ſprach ſo lieblich traut zu mir?

Gurnemanz.

Das iſt Char=Freitags=Zauber, Herr!

Parſifal.

O weh', des höchſten Schmerzentag's!
Da ſollte, wähn' ich, was da blüh't,
was athmet, lebt und wieder lebt,
nur trauern, ach! und weinen?

Gurnemanz.

Du ſieh'ſt, das iſt nicht ſo.
Des Sünders Reuethränen ſind es,
die heut' mit heil'gem Thau
beträufet Flur und Au':
der ließ ſie ſo gedeihen.
Nun freu't ſich alle Kreatur
auf des Erlöſers holder Spur,
will ihr Gebet ihm weihen.

Ihn selbst am Kreuze kann sie nicht erschauen:
da blickt sie zum erlös'ten Menschen auf;
der fühlt sich frei von Sünden=Angst und Grauen,
durch Gottes Liebesopfer rein und heil:
das merkt nun Halm und Blume auf den Auen,
daß heut' des Menschen Fuß sie nicht zertritt,
doch wohl, wie Gott mit himmlischer Geduld
　　sich sein' erbarmt und für ihn litt,
　　der Mensch auch heut' in frommer Huld
　　　　sie schont mit sanftem Schritt.
　　Das dankt dann alle Kreatur,
　　was all' da blüht und bald erstirbt,
　　da die entsündigte Natur
　　heut' ihren Unschulds=Tag erwirbt.

(Kundry hat langsam wieder das Haupt erhoben, und blickt, feuchten
Auges, ernst und ruhig bittend zu Parsifal auf.)

Parsifal.

Ich sah' sie welken, die mir lachten:
ob heut' sie nach Erlösung schmachten? —
Auch deine Thräne wird zum Segensthaue:
du weinest — sieh! es lacht die Aue.

(Er küßt sie sanft auf die Stirne.)

(Fernes Glockengeläute, sehr allmählig anschwellend.)

Gurnemanz.

Mittag. —
Die Stund ist da: —
gestatte, Herr, daß dich dein Knecht geleite! —

Gurnemanz hat Waffenrock und Mantel des Gralsritters herbeigeholt; er und Kundry bekleiden Parsifal damit. Die Gegend verwandelt
sich sehr allmählig, ähnlicher Weise wie im ersten Aufzuge, nur von rechts

nach links. Parſifal ergreift feierlich den Speer und folgt mit Kundry langſam dem geleitenden Gurnemanz. — Nachdem der Wald gänzlich verſchwunden iſt, und Felſenthore ſich aufgethan haben, in welchen die Drei unſichtbar geworden ſind, gewahrt man, bei fortdauernd anwachſendem Geläute, in gewölbten Gängen Züge von Rittern in Trauergewändern. — Endlich ſtellt ſich der ganze große Saal, wie im erſten Aufzuge (nur ohne die Speiſetafeln) wieder dar. Düſtere Beleuchtung. Die Thüren öffnen ſich wieder. Von einer Seite ziehen die Ritter, Titurel's Leiche im Sarge geleitend, herein. Auf der andern Seite wird Amfortas im Siechbette, vor ihm der verhüllte Schrein mit dem „Grale“, getragen. In der Mitte iſt der Katafalk errichtet, dahinter der Hochſitz mit dem Baldachin, auf welchen Amfortas wieder niedergelaſſen wird.

(Geſang der Ritter während des Einzuges.)

Erſter Zug

(mit dem „Gral“ und Amfortas).

Geleiten wir im bergenden Schrein
den Gral zum heiligen Amte,
wen berget ihr im düſt'ren Schrein
und führt ihn trauernd daher?

Zweiter Zug

(mit Titurel's Sarge).

Es birgt den Helden der Trauerſchrein,
er birgt die heilige Kraft;
der Gott ſelbſt einſt zur Pflege ſich gab:
Titurel führen wir her.

Erſter Zug.

Wer hat ihn gefällt, der in Gottes Hut
Gott ſelbſt einſt beſchirmte?

Zweiter Zug.

Ihn fällte des Alters tödtende Laſt,
da den Gral er nicht mehr erſchaute.

Erster Zug.

Wer wehrt' ihm des Grales Huld zu erschauen?

Zweiter Zug.

Den dort ihr geleitet, der sündige Hüter.

Erster Zug.

Wir geleiten ihn heut', denn heut' noch einmal
— zum letzten Male! —
will des Amtes er walten.

Zweiter Zug.

Wehe! Wehe! Du Hüter des Heils!
Zum letzten Male
sei deines Amts gemahnt!

(Der Sarg ist auf dem Katafalk niedergesetzt, Amfortas auf das Ruhebett gelegt.)

Amfortas.

Ja, Wehe! Wehe! Weh' über mich! —
So ruf' ich willig mit euch:
williger nähm' ich von euch den Tod
der Sünde mildeste Sühne!

Der Sarg ist geöffnet worden. Beim Anblick der Leiche Titurel's
bricht Alles in einen jähen Wehruf aus.

Amfortas

(von seinem Lager sich hoch aufrichtend, zu der Leiche gewandt).

Mein Vater!
Hochgesegneter der Helden!
Du Reinster, dem einst die Engel sich neigten!

Der einzig ich ſterben wollte,
dir — gab ich den Tod!
Oh! der du jetzt in göttlichem Glanz
den Erlöſer ſelbſt erſchau'ſt,
erflehe von ihm, daß ſein heiliges Blut,
wenn noch einmal jetzt ſein Segen
die Brüder ſoll erquicken,
wie ihnen neues Leben,
mir endlich ſpende — den Tod!
Tod! Sterben!
Einzige Gnade!
Die ſchreckliche Wunde, das Gift erſterbe,
das es zernagt, erſtarre das Herz!
Mein Vater! Dich — ruf' ich,
ruſe du ihm es zu:
Erlöſer, gieb meinem Sohne Ruh'!

Die Ritter

(ſich näher an Amfortas drängend, durch einander).

Enthüllet den Schrein! —
Walte des Amtes!
Dich mahnet der Vater: —
du mußt, du mußt!

Amfortas

(in wüthender Verzweiflung aufſpringend, und unter die zurückweichenden
Ritter ſich ſtürzend).

Nein — Nicht mehr! Ha!
Schon fühl' ich den Tod mich umnachten, —
und noch einmal ſollt' ich in's Leben zurück?
Wahnſinnige!

Wer will mich zwingen zu leben?
Könnt ihr doch Tod nur mir geben!

(Er reißt sich das Gewand auf.)

Hier bin ich, — die off'ne Wunde hier!
Das mich vergiftet, hier fließt mein Blut.
Heraus die Waffe! Taucht eure Schwerte
tief — tief hinein, bis an's Heft!

Ihr Helden, auf!
Tödtet den Sünder mit seiner Qual,
von selbst dann leuchtet euch wohl der Gral!

Alle sind scheu vor ihm gewichen. Amfortas steht, in furchtbarer Extase, einsam. — Parsifal ist, von Gurnemanz und Kundry begleitet, unvermerkt unter den Rittern erschienen, tritt jetzt hervor, und streckt den Speer aus, mit dessen Spitze er Amfortas' Seite berührt.

Parsifal.

Nur eine Waffe taugt: —
die Wunde schließt
der Speer nur, der sie schlug.

Amfortas' Miene leuchtet in heiliger Entzückung auf; er scheint vor großer Ergriffenheit zu schwanken; Gurnemanz stützt ihn.

Parsifal.

Sei heil, entsündigt und gesühnt!
Denn ich verwalte nun dein Amt.
Gesegnet sei dein Leiden,
das Mitleid's höchste Kraft
und reinsten Wissens Macht
dem zagen Thoren gab.
Den heil'gen Speer —
ich bring' ihn euch zurück. —

(Alles blickt in höchſter Entzückung auf den empor gehaltenen Speer, zu deſſen Spitze aufſchauend Parſifal in Begeiſterung fortfährt:)

Oh! Welchen Wunders höchſtes Glück! —

Die deine Wunde durfte ſchließen,

ihr ſeh' ich heil'ges Blut entfließen

in Sehnſucht dem verwandten Quelle,

der dort fließt in des Grales Welle!

Nicht ſoll der mehr verſchloſſen ſein:

enthüllt den Gral! Oeffnet den Schrein!

Die Knappen öffnen den Schrein: Parſifal entnimmt dieſem den „Gral", und verſenkt ſich, unter ſtummem Gebete, in ſeinen Anblick. Der „Gral" erglüht: eine Glorienbeleuchtung ergießt ſich über Alle. Titurel, für dieſen Augenblick wieder belebt, erhebt ſich ſegnend im Sarge. — Aus der Kuppel ſchwebt eine weiße Taube herab und verweilt über Parſifal's Haupte. Dieſer ſchwenkt den „Gral" ſanft vor der aufblickenden Ritter= ſchaft. — Kundry ſinkt, mit dem Blicke zu ihm auf, langſam vor Parſifal entſeelt zu Boden. Amfortas und Gurnemanz huldigen knieend Parſifal.

Alle

(mit Stimmen aus der mittleren, ſo wie der oberſten Höhe, kaum hörbar leiſe).

Höchſten Heiles Wunder:

Erlöſung dem Erlöſer!

(Der Vorhang ſchließt ſich.)

Inhaltsübersicht

der „Gesammelten Schriften und Dichtungen".

Erster Band.

Zweiter Band.

Dritter Band.

Vierter Band.

Fünfter Band.